本书由国家自然科学基金项目"中国三大城市群创新机制与空间组织模式的比较研究"(项目号 41971201)资助

中国城市创新地理

吕拉昌　著

首都师范大学出版社
CAPITAL NORMAL UNIVERSITY PRESS

图书在版编目(CIP)数据

中国城市创新地理/吕拉昌著.—北京：首都师范大学出版社，2023.6
ISBN 978-7-5656-7508-9

Ⅰ.①中… Ⅱ.①吕… Ⅲ.①城市经济－国家创新系统－研究－中国 Ⅳ.①F299.2

中国国家版本馆 CIP 数据核字(2023)第 087091 号

ZHONGGUO CHENGSHI CHUANGXIN DILI
中国城市创新地理
吕拉昌　著

责任编辑	李佳艺

首都师范大学出版社出版发行

地	址	北京西三环北路 105 号
邮	编	100048
电	话	68418523(总编室)　68982468(发行部)
网	址	http://cnupn.cnu.edu.cn
印	刷	北京印刷集团有限责任公司
经	销	全国新华书店
版	次	2023 年 6 月第 1 版
印	次	2023 年 6 月第 1 次印刷
开	本	710 mm×1000 mm　1/16
印	张	25
字	数	394 千
定	价	75.00 元

版权所有　违者必究
如有质量问题　请与出版社联系退换

前　言

知识经济时代，创新已成为国家和地区科技进步、经济繁荣的关键驱动力和核心竞争力。由于创新发生在特定的区域，创新受区域的社会、经济、文化、地理等方面的影响，创新的区域性受到格外关注，区域创新活动成为区域经济发展和区域核心竞争力提升的关键因素。城市是重要的区域单元，是各种创新要素的集聚区，具有良好的创新基础设施与条件，因而城市成为创新活动的主要集聚发生地，城市创新成为国家和区域创新体系建设的重要环节。

面对全球新一轮产业革命和科技革命，创新在解决中国经济社会发展重大问题和引领高质量发展中的支撑作用日益显著，创新驱动是中国经济发展的必然选择。中国以提升国家综合创新竞争力、实现中华民族伟大复兴为目标，相继发布了一系列的创新战略、行动与措施。从1985年国家提出经济建设必须依靠科学技术的战略方针、1988年提出的科学技术是第一生产力的重要论断、1995年实施的科教兴国战略、2005年的自主创新战略，到党的十八大提出"创新是引领发展的第一动力，实施创新驱动发展战略"，再到党的十九届五中全会审议通过的《中共中央关于制定国民经济和社会发展第十四个五年规划和二〇三五年远景目标的建议》，明确提出应坚持创新在我国现代化建设全局中的核心地位，把科技自立自强作为国家发展的战略支撑。党的二十大报告提出，到2035年，我国科技创新发展的总体目标是"实现高水平科技自立自强，进入创新型国家前列"。中国的城市创新将成为推进中国式现代化的重要动力，将成为提高社会生产力和综合国力、构建"双循环"新发展格局、实现高质量发展、推动区域和国家发展的重要引擎。

随着城市逐渐成为创新活动产生的核心空间，我国在推动城市创新发展方面也作出了努力，2010年国家发展改革委员会发布了《关于推进国家创新型城市试点工作的通知》，指导和推进一批城市开展创建国家创新型城市试点，加快落实国家创新驱动发展战略。2016年科技部和国家发展改革委员会联合发布了《关于印发建设创新型城市工作指引的通知》，探索建设若干具有强大带动力的创新型城市和区域创新中心以及差异化的城市创新发展路径。2018年又发布了《关于支持新一批城市开展创新型城市建设的函》，进一步推进国家创新型城市建设。城市创新已成为探索城市发展新模式、推动我国区域和国家创新体系建设、实现创新发展的关键。

自熊彼特的创新理论提出以来，从创造性破坏得到关注、后福特生产范式建立、创新过程的复杂性和非线性的系统观点形成，到生态创新范式的出现，创新的研究视野不断扩展。创新研究在解释国家或区域的创新发展、提供社会经济发展实践指导、探索创新促进发展规律中发挥了重要的理论指导作用。创新与经济增长的空间研究已是经济地理学的核心研究议题，创新地理学逐渐发展为一门重要的学科。近年来，国内外学者对不同尺度的创新地理开展了广泛的研究，取得了一些成果，创新地理学的学科理论体系正不断形成，并成为重要的学术热点和研究领域。

我国学者在创新地理学的形成和发展中作出了积极贡献，从人文地理的视角研究人类创新活动与地理环境关系的地域系统，在学科建设方面和提供国家创新发展战略的决策与政策依据方面发挥了重要作用。首都师范大学研究团队从2009年就开始了创新地理学的研究，是我国这一领域早期的开拓者。十年内先后三次获得国家自然科学基金面上项目资助，在创新地理学领域取得了一些重要的研究成果，受到同行的关注，产生了较好的学术影响力。2014年由中国地理学会主办，首都师范大学承办了中国首届创新地理学术研讨会，来自不同学科的学者对创新地理专题进行了深入探讨。此外，多次举办全国性的创新地理沙龙，2017年联合国内优秀的创新地理研究骨干出版了我国第一部较为系统的创新地理学专著《创新地理学》，产生了较大的学术影响。团队在国内外期刊共发表中英文论文200余篇，出版学术著作8部，在创新地理领域产生了较大的影响力。

团队的研究可划分三个研究阶段：第一个阶段，关注创新地理学基本理论问题的研究，如创新地理学的研究对象、学科性质与研究内容，创新地理学与人地关系等学科发展的重大理论问题,平息了学界质疑"创新地理学"能否成为一门学科的问题;第二阶段,全面关注各种创新要素在城市与区域发展中的作用,揭示这些创新要素对区域与城市创新的影响机理,并进行大量的实证研究;第三阶段,系统构建中国城市创新地理的研究构架,进一步丰富城市地理学的研究内容。目前,呈现给各位学者及读者的是我们第三阶段研究的部分成果。

当前我国城市正处于向创新驱动转型发展时期,面临着许多需要研究的科学问题,诸如城市如何创新?哪些因素影响城市创新?城市创新具有什么样的空间规律?城市创新对城市发展有什么样的影响?城市创新的联系与网络如何?城市创新的职能如何界定?上述问题迫切需要研究。基于此,我们以中国的城市为实证研究对象,构建了中国城市创新地理的研究框架,积十年之功,形成现在的研究成果。这些成果,一些已在国内外杂志期刊如 *Journal of Geographical Science*、*Journal of Technology Transfer* 以及《地理学报》《地理科学》《地理研究》《人文地理》《经济地理》《中国科技论坛》《科技管理研究》《地域研究与开发》《热带地理》《世界地理》等发表。本书以《中国城市创新地理》为题,对中国城市创新地理的研究成果和进展进行了系统性梳理,既包括理论研究,也包括实证分析。研究视角由城市创新的发生及形成因素,到城市创新格局,再到城市创新联系以及城市的创新职能。本书共二十二章,分为六篇。第一篇对中国城市创新地理的研究进行了述评与展望,并提出基于创新的城市化的理论;第二篇探讨了影响中国城市创新能力的主要因素,分析了诸如城市创新基础设施、城市人口结构、城市知识环境、城市舒适度和城市紧凑度等与城市发展的关系;第三篇研究了技术创新对中国城市发展的影响,包括技术创新对城市进出口贸易和环境污染的影响,以及中国城市绿色创新的空间格局;第四篇分析了中国城市创新空间的形态与网络,包括创新城区、城市的知识专业化、城市工业创新效率、城市创新重心、产业创新网络的内容;第五篇分析了中国城市创新联系与创新体系,包括中国主要城市的创新联系、三大都市经济圈城市以及主要城市群的创新联系;第六篇是中国城市创新职能的研究,提出了城市创新职能的概念,分析了城市的重要职能之一城市的知识创新职能,对我国的主要城市的创新职能进行了测度。

本书是国家自然科学基金项目"中国三大城市群创新机制与空间组织模式的比较研究"（项目号41971201）的部分研究成果，杜志威、孙飞翔、赵彩云、辛晓华、赵雅楠、于英杰、马铭晨、冉丹、梁绮君、孙莉、梁政骥、何爱、胡海鹏、孟国力、廖倩、栾慧、陈东霞、杨俊博等为本书出版作出了贡献。由于篇幅限制，参考文献在文中虽然已有标注，但并未一一列出，特向相关作者致歉。李佳艺责任编辑对全书进行了认真细致的编审，在此表示感谢。由于创新地理学是仍在发展中的学科，城市创新地理的研究仍在不断更新，加之我们的水平有限，本书难免有错漏之处，敬请各位同仁及读者批评指正。

吕拉昌

2022年12月6日

目 录

第一篇 中国城市创新地理概述

第一章 中国城市创新地理研究述评与展望 ……………………… (3)
 第一节 引言 …………………………………………………… (4)
 第二节 创新与中国城市 ……………………………………… (5)
 第三节 中国城市创新地理研究主要内容 …………………… (7)
 第四节 研究评述及展望 ……………………………………… (16)

第二章 基于创新的城市化的理论与实证 ……………………… (21)
 第一节 基于创新的城市化提出的背景 ……………………… (21)
 第二节 基于创新的城市化的概念及实证分析 ……………… (24)
 第三节 基于创新的城市化案例分析：深圳、底特律、硅谷 …… (36)

第二篇 影响中国城市创新能力的主要因素

第三章 城市创新基础设施与创新产出 ………………………… (41)
 第一节 创新基础设施概念及相关研究 ……………………… (41)
 第二节 中国创新基础设施发展历程 ………………………… (44)
 第三节 研究框架、方法及数据 ……………………………… (47)
 第四节 结果分析 ……………………………………………… (52)
 第五节 结论与讨论 …………………………………………… (58)

第四章 中国主要城市人口结构与城市创新能力的关系 ……… (60)
 第一节 城市人口与城市创新能力 …………………………… (60)

第二节　中国主要城市创新能力测度 …………………………… （61）
　　第三节　人口结构与城市创新能力的关系 ……………………… （68）
　　第四节　结论 ……………………………………………………… （76）

第五章　城市知识环境与创业活动 ………………………………………… （79）
　　第一节　引言 ……………………………………………………… （79）
　　第二节　文献综述及理论框架 …………………………………… （81）
　　第三节　研究方法、数据与指标体系 …………………………… （85）
　　第四节　实证结果与分析 ………………………………………… （90）
　　第五节　结论与讨论 ……………………………………………… （97）

第六章　中国城市舒适度对城市创新的影响 ……………………………… （99）
　　第一节　中国城市气候舒适度与城市创新 ……………………… （99）
　　第二节　北京城市舒适性、差异性与创新能力的关系 ………… （109）

第七章　中国城市的紧凑度对城市创新的影响 …………………………… （125）
　　第一节　引言 ……………………………………………………… （125）
　　第二节　理论框架与研究假说 …………………………………… （127）
　　第三节　研究方法与数据说明 …………………………………… （129）
　　第四节　中国城市紧凑度特征及对创新的影响 ………………… （135）
　　第五节　结论与讨论 ……………………………………………… （141）

第三篇　技术创新对中国城市发展的影响

第八章　城市技术创新对进出口贸易的影响 ……………………………… （145）
　　第一节　引言 ……………………………………………………… （145）
　　第二节　文献综述及研究框架 …………………………………… （146）
　　第三节　研究方法与数据 ………………………………………… （149）
　　第四节　技术创新对中国城市进出口贸易的影响分析 ………… （152）
　　第五节　结论与讨论 ……………………………………………… （159）

第九章　城市技术创新对中国城市环境污染的影响 …………… (161)
　　第一节　引言 ………………………………………………… (161)
　　第二节　研究方法与数据 …………………………………… (163)
　　第三节　结果分析 …………………………………………… (166)
　　第四节　结论与讨论 ………………………………………… (172)
第十章　中国城市绿色技术创新的空间格局 ………………… (175)
　　第一节　引言 ………………………………………………… (175)
　　第二节　研究数据及方法 …………………………………… (176)
　　第三节　中国城市绿色技术创新空间分布的特征及演变 … (180)
　　第四节　中国绿色技术创新空间差异的尺度效应 ………… (186)
　　第五节　结论 ………………………………………………… (189)

第四篇　中国城市创新空间的形态与网络

第十一章　创新城区特征及理论诠释 ………………………… (193)
　　第一节　引言 ………………………………………………… (193)
　　第二节　创新城区的基本特征 ……………………………… (194)
　　第三节　创新城区的理论解释 ……………………………… (198)
　　第四节　结论与展望 ………………………………………… (200)
第十二章　中国地级及以上城市知识专业化研究 …………… (202)
　　第一节　引言 ………………………………………………… (202)
　　第二节　研究对象、数据来源与研究方法 ………………… (205)
　　第三节　期刊论文总体的空间分布 ………………………… (206)
　　第四节　我国地级及以上城市知识专业化水平 …………… (207)
　　第五节　知识专业化的影响因素分析 ……………………… (215)
　　第六节　城市知识专业化与经济发展的关系 ……………… (221)
　　第七节　结论 ………………………………………………… (226)

第十三章　中国地级及以上城市工业创新效率空间格局 ………（228）
　　第一节　引言…………………………………………………………（228）
　　第二节　研究方法及数据……………………………………………（229）
　　第三节　城市工业创新投入与产出的空间格局……………………（231）
　　第四节　城市工业创新效率空间格局影响因素……………………（234）
　　第五节　结论…………………………………………………………（235）

第十四章　中国城市创新重心的时空演变特征……………………（237）
　　第一节　引言…………………………………………………………（237）
　　第二节　研究对象、研究方法和数据来源…………………………（239）
　　第三节　中国城市创新重心的时空演变……………………………（241）
　　第四节　中国城市创新重心移动的原因分析………………………（247）
　　第五节　结论…………………………………………………………（250）

第十五章　城市产业园区：以中关村产学研合作创新网络为例
　　………………………………………………………………………（252）
　　第一节　创新网络形成与发展过程…………………………………（252）
　　第二节　数据来源与研究方法………………………………………（253）
　　第三节　中关村产学研内部合作创新网络…………………………（255）
　　第四节　中关村产学研外部合作创新网络…………………………（267）
　　第五节　结论与讨论…………………………………………………（268）

第五篇　中国城市创新联系与空间创新体系

第十六章　中国主要城市间的创新联系研究………………………（273）
　　第一节　引言…………………………………………………………（273）
　　第二节　研究范围及研究方法………………………………………（274）
　　第三节　中国主要城市间创新联系的测算…………………………（277）
　　第四节　结论与讨论…………………………………………………（283）

第十七章　中国城市创新空间体系及变化 ……………………………(284)
- 第一节　引言 ………………………………………………………(284)
- 第二节　文献综述 …………………………………………………(285)
- 第三节　中国城市创新体系空间结构及类型分析 ………………(287)
- 第四节　结论 ………………………………………………………(294)

第十八章　我国三大都市圈城市创新能级体系比较 ………………(296)
- 第一节　引言 ………………………………………………………(296)
- 第二节　三大都市圈内部城市创新能力测度 ……………………(297)
- 第三节　三大都市经济圈城市创新能级分析 ……………………(299)
- 第四节　三大都市经济圈创新能级城市因素分析 ………………(300)
- 第五节　三大都市经济圈内部城市创新联系比较分析 …………(303)
- 第六节　结论 ………………………………………………………(304)

第十九章　城市群创新网络的空间演化与组织 ……………………(306)
- 第一节　引言 ………………………………………………………(306)
- 第二节　研究范围、数据来源与研究方法 ………………………(308)
- 第三节　京津冀城市群创新网络空间演化及特征 ………………(309)
- 第四节　结论及建议 ………………………………………………(316)

第六篇　中国城市创新职能研究

第二十章　中国城市创新职能研究 …………………………………(321)
- 第一节　城市创新职能的发展演化、特征 ………………………(321)
- 第二节　全球城市的创新职能 ……………………………………(323)
- 第三节　广州、深圳创新职能与绩效 ……………………………(324)

第二十一章　基于知识产出的北京城市创新职能 …………………(340)
- 第一节　引言 ………………………………………………………(340)
- 第二节　城市创新职能及北京城市创新职能 ……………………(341)
- 第三节　研究的对象与方法 ………………………………………(343)

第四节　北京市城市创新职能结构分析…………………………………（345）

   第五节　北京市城市创新职能强度分析…………………………………（347）

   第六节　结论与讨论………………………………………………………（349）

第二十二章　中国城市知识创新职能……………………………………………（351）

   第一节　引言………………………………………………………………（351）

   第二节　研究框架…………………………………………………………（353）

   第三节　数据来源与评价方法……………………………………………（356）

   第四节　中国城市知识创新职能评价……………………………………（361）

   第五节　中国城市知识创新职能的综合分析……………………………（368）

   第六节　结论………………………………………………………………（375）

参考文献………………………………………………………………………………（379）

第一篇
中国城市创新地理概述

　　本篇提出了中国城市创新地理研究的框架，包括中国城市创新的发生、中国城市创新生态、中国城市创新空间结构、中国城市创新体系和中国城市创新创意职能，对目前的研究进行评述，提出研究展望。在此基础上，针对中国城市创新发生，提出了基于创新的城市化的概念，在中国多尺度进行了实证研究，并以深圳、底特律、硅谷为案例进一步实证了基于创新的城市化。

第一章　中国城市创新地理研究述评与展望

　　城市创新地理主要研究城市创新的发生以及发展的机制与空间规律。近年来，中国城市创新地理研究取得了多方面的研究进展：①在西方创业城市化、高科技城市化等概念基础上，对中国城市创新空间的产生与发展进行了分析，提出了对城市现代发展与景观更具解释力的基于创新的城市化（innovation-based urbanization）等概念；②研究了中国城市创新生态的空间规律，对不同尺度的城市创新空间如高新技术园区、创新城区等的创新生态以及中国城市创新生态独特性进行了分析；③对传统中国城市空间结构在新知识经济时代的空间重构进行了分析，发现并证实中央智力区、创新城区已在中国城市中出现，并指出"创新流"对城市空间可能产生的影响；④揭示中国城市创新体系的时空规律及影响因素，分析中国城市创新的联系特征；⑤结合知识经济时代城市创新创意职能，对中国城市创新职能特征和规律进行研究。然而，当今世界复杂多变，且中国各城市创新处于不同发展阶段，中国城市创新地理仍面临许多问题需要研究，如城市创新形成的机理、城市创新创业的个性特征、中央智力区的形成机制、城市创新联系与职能的研究方法等。因此，未来中国城市创新地理亟须探索多尺度的中国城市创新机理和中国城市创新生态的理论及独特性；进一步研究知识经济下城市创新空间结构及重构规律；城市创新创意职能理论及与城市规划的关系，以及中国城市创新地理的研究方法和理论基础等，以建立完善的中国城市创新地理理论体系，推动中国城市创新地理学的建立与发展。

第一节　引言

知识经济时代,创新成为国家和区域发展的关键,在经济全球化、知识专业化、信息多样化的浪潮推动下,城市空间与功能呈现出新的特征(Powell et al.,2004)。城市创新基础设施和便利的生活与服务,吸引创新创意企业、技术、人才、资本等向城市集聚。城市中各创新主体高度合作、密切联系,不同创新要素频繁流动,创新主体、创新要素及创新环境相互作用加强,形成城市创新空间,使城市成为创新活动的集聚发生地。在此背景下,城市的内部空间不断重构(吕拉昌,2004),城市间创新联系增强,创新功能成为重要的城市功能(吕拉昌等,2014)。"创新"引致城市结构与功能的革命性变化,推动了城市创新地理的产生与发展。

在"创新"浪潮的推动下,中国以提升国家综合创新竞争力、实现中华民族伟大复兴为目标,相继发布了一系列的创新战略、行动与措施。在城市创新方面,2010年国家发展改革委发布了《关于推进国家创新型城市试点工作的通知》,指导和推进一批城市开展创建国家创新型城市试点,加快落实国家创新驱动发展战略。2016年科技部、国家发展改革委联合发布了《关于印发建设创新型城市工作指引的通知》,探索建设若干具有强大带动力的创新型城市和区域创新中心以及差异化的城市创新发展路径。2018年科技部、国家发展改革委发布了《关于支持新一批城市开展创新型城市建设的函》,进一步推进国家创新型城市建设。城市创新已成为推动我国国家创新的重要引擎。然而,中国城市创新的空间规律仍不十分清晰,亟待进行研究。诸如中国城市如何创新?创新生态条件如何?城市创新的空间关系如何?在空间上有什么规律?这些问题的回答需要建立中国城市创新地理体系并对相关问题进行深入的研究。

近些年来,国内外学者对中国城市创新地理开展了较为广泛的研究,研究主要集中于城市创新空间形成机制(王辑慈,2001;Fang et al.,2014)、城市创新能力评估(何舜辉等,2017)、城市创新格局分布(吕拉昌等,2010)、城市创新网络(叶雷等,2019)、创新创业与产业(Phan et al.,2010)、创新扩散

(Prodi et al.，2018)、技术转移(段德忠等，2018)等。总体来看，目前关于中国城市创新地理研究已取得了一些成果，并成为重要的学术热点，而且中国城市正处于向创新驱动转型发展时期，面临着许多需要研究的科学问题，但目前中国城市创新地理研究仍未形成系统的理论研究框架与体系。鉴于此，本章建立研究理论框架(图1-1)：按照先从个体的城市出发，研究城市创新的发生、城市创新生态、城市创新空间；再从城市体系的视角研究城市创新联系及创新的等级体系；最后，从城市在区域及城市体系中承担的创新角色，探讨城市创新职能。本章基于这样的逻辑对中国城市创新地理已有研究成果进行梳理，并对未来发展进行述评与展望。

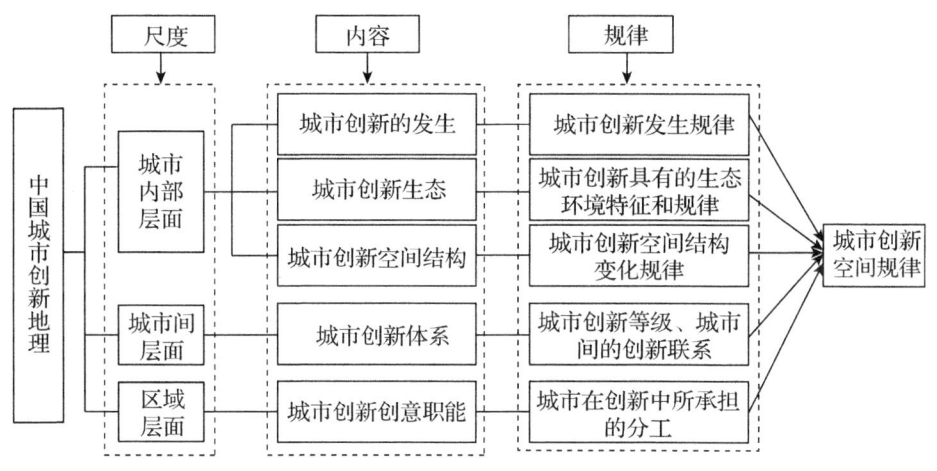

图1-1 中国城市创新地理研究框架

第二节 创新与中国城市

知识经济时代，城市作为创新机器，是创新、创造和创业产生并得以实现的核心空间(Florida et al.，2017)，是创新活动的主要空间载体。城市之所以成为主要的创新发生地，是由于城市具有集中互补的资源组合、多样化的高技能劳动力、便利完善的基础设施、产业协同互动效应强以及空间邻近等优势，能够满足不同群体特定的服务需求(Tosoni，2018)。多样性是影响城市创新发生的关键因素之一，包括城市人口和活动多样性、企业规模和生产组织模式多样性、城市创新政策多样性、公共和私人产品以及服务生产和供应的多样性等(Feldman et al.，1999)。城市创新性和创造性是由城市的制度性、多样性和交流强度等所决定的。然而，城市创新水平在空间和时间上不是均匀分布的，即使在类似城市地区，相似的制度和技术条件下也不是所有地区都能产生创新(Johnson，2008)。创新的集聚性比城市人口和一般经济活动更强，表现为以量变到质变的突变形式(Soo，2018)。

创新是城市增长的驱动力并推动了城市化发展。18世纪60年代工业革命机器生产取代了手工生产，促使了全球城市化浪潮(王前福等，2002)。20世纪60年代后高度发达的交通工具，缩短了市郊与城市中心地带以及城市间的距离，形成了以特大型城市为中心的"大都市圈""城市带""城市群"为现象的第二波全球城市化浪潮(褚云茂，2013)。进入21世纪后，随着"认知-文化资本主义"(Scott，2014)的体制转变和"新经济""知识经济""创意经济""创新经济"发展推动了第三波城市化浪潮(Scott，2011)，创业城市(startup city)(Florida et al.，2016)、高科技创新创业(high-tech startup entrepreneurship)(Adler et al.，2019)崛起，出现了以"硅谷化(Siliconization)"模式为代表的高技术城市化(high-tech urbanization)。这种模式在全球不同国家和地区被不同程度地复制和广泛传播(Rossi et al.，2017)。城市高技能劳动力和具有文化多样性人口向城市集中与迁移，推动了基于创新的城市化(innovation-based urbanization)(Lyu et al.，2019)。因此，一些重要的创新因素如风险投资、高新技术、高技能的人口迁移等成为城市化的新动力，形成了城市化与城市发展的新模式。

中国城市化不同于西方城市化，也与发展中国家的城市化有一定区别。西方城市化主要受工业化发展推动，发展中国家的城市化与过度膨胀的城市人口集聚有关。而中国城市化主要是由政府主导推动发展的城市化，受制度、经济、政治、人口、政策、贸易以及产业等多种因素的作用(叶裕民，2001)。其中，制度创新在中国城市化发展过程中具有重要的作用(顾朝林等，2008)，尤其是1978年改革开放对城市化进程、动因、模式都产生了深远影响，促进乡村人口向城市转移、农业人口向非农产业人口转移,推动了城市化演进发展(叶嘉安等,2006)。进入21世纪,知识经济的发展使城市增长的动力、机制以及城市职能与景观发生了变化。中国建立经济技术开发区、高新技术开发区,引进外资及技术、培育人才,许多城市提出建设创新型城市、创新城市、创意城市等,一些东部沿海城市建立具有国际影响力的科技创新中心,生物技术创新、高新技术创新、科技创新等在中国大城市较为集中(Zhang et al.,2019),北京、上海、广州、深圳等城市正引领中国新一轮的城市化浪潮。城市空间也在迅速地重构,城市智力密集区崛起,创意产业园、创新创业街区、各种类型的孵化器正成为城市新的发展动力,中国城市化发生了由要素驱动向创新驱动较明显的转变(Li et al.,2020)。创新促进城市化发展主要体现在体制创新、技术创新、文化创新、管理创新等方面,以及政府管理人员、技术人员等相互依赖共同作用而产生创新以促进城市化发展(Williams et al.,2002)。

第三节 中国城市创新地理研究主要内容

一、中国城市创新生态

城市创新生态系统是创新群落与创新环境相互作用、相互影响形成的复合系统,协同互动是创新生态系统发展的关键生态机制(王纪武等,2017)。这方面国际上已形成较多的理论。人员的品质、意志与领导素质、人力资源的多样性与各种人才的发展机会、组织文化、地方认同、都市空间与设施、网络动力等7项要素是创意城市的基础(Landry,2012)。集中性、多样性、非稳定性是知识经济时代创意城市发展的重要因素(Hospers,2003)。技术(technology)、人才(talent)和宽容(tolerance)是城市创新创造增长所必须具备的要素(Florida,2003)。技能(skill)、阳光(sun)和城市蔓延(sprawl)是城市创新的核心因素(Glaeser,2005)。这些理论虽然从不同的视角出发,但都强调技术与技能、创新创意人才、文化氛围、创新基础设施等是重要的城市创新生态要素。

然而,由于各国在社会文化、资源禀赋、产业基础、制度法规等方面的差异,不同国家和城市形成不同的创新生态系统,如美国建设以创新集群为主导的创新生态系统,以色列注重加强风险投资体系来推动创新发展,德国加强城市创新基础建设,英国依托科技和金融协同发展具有金融科技初创公司、独角兽企业的创新生态系统。中国实施创新驱动发展战略,不断开放市场,加强人才、技术、资本等投入,使中国城市创新生态表现出一定的特征,主要体现在:

1. 从制度层面来看,中国城市创新发展是在政府主导下,通过制定政策、法律法规等不同方式和手段,对城市创新生态中的创新企业、高校、科研机构、孵化器等进行推动和引导调整,形成政府力与市场力共同作用的城市创新生态系统。中国地方政府电子政务在创新生态发展不同阶段具有不同的作用,主要与用户关注、长期规划和组织文化等因素有关(Schlaeger et al.,2017)。

2. 从空间角度来看,中国城市创新生态水平空间分布不均衡,呈梯度性,差异较大。中国东部沿海城市创新生态水平较中部和西部城市高,北京、上海、深圳、杭州、广州等城市创新生态发展水平较高;南京、成都、武汉等次之,其他城市的创新生态水平相对较低(德勤,2019)。城市创新生态高水平和低水平间差距较大,一般经济发展水平较高的城市创新生态水平高(潘雄锋等,2011),省会城市相对其他城市创新生态水平高(张宏洲等,2020)。中国高新技术园区是中国城市创新空间的主要载体,不同高科技园区的创新生态存在差异(Lai et al.,2005)。在中国一些创新城市已形成良好的创新城区生态,如北京海淀创新城区(任俊宇,2018)、上海杨浦创新城区(陈秉钊等,2006;夏帅伟,2017)等。此外,中国城市具有企业创新生态系统、服务业创新生态系统、制造业创新生态系统、数字创新生态系统等多种类型的创新生态(Oh et al.,2016),各类型的创新生态差异较大。

3. 从创新主体和创新要素的角度来看,中国城市高科技园区和创新城区内部创新主体联系密切、研发产业高度集聚、知识溢出大、产学研高度合作,技术、人才、企业家精神、风险投资、创新基础设施等是推动中国城市创新发展过程中的重要创新要素(Cao et al.,2019)。创新人才对城市创新和经济发展至关重要,就业机会、个人关系网、专业关系网、其他环境因素是城市吸引创新人才的关键要素(Ryan et al.，2011)。风险投资通过增加创新创业机会和城市财富促进城市创新创业生态发展，地方政府机构质量差异对城市创新生态也具有重要的作用，法治不足、腐败严重、监管质量低下会严重阻碍创新(Rodríguez-Pose et al.，2020)。

4. 从总体上看，影响中国城市创新生态特征的因素与大学、科研机构、创新企业、孵化器等创新主体的组织结构、城市创新能力、技术、创新人才、国家政策、第三产业产值规模、专利申请量、研发人员数量等有较大关系(姜庆国，2018)。如政府的优惠政策是北京海淀区高新科技企业快速成长的重要因素(Huang et al.，2013)，高铁网络的建设对欠发达城市的创新有显著提高，城市间可以通过地理邻近效应及时方便沟通、实现合作创新(Wang et al.，2020)，"新基建"是立足于高科技的基础设施建设，提供数字转型、智能升级、融合创新的服务，对我国科学研究、技术开发、产品研制和推动高质量发展具有重要的支撑作用(Mamirkulova et al.，2020)。

综上所述，中国城市创新生态研究已取得了较多研究成果，揭示了中国城市创新生态的特征和规律。但对各城市个性创新生态研究较少；现有研究主要基于发达城市，而对发展中和不发达的城市创新生态案例研究仍较少；缺少关注创新城区内部微观尺度的创新生态研究，如城市社区和公共开放空间等微观尺度的城市创新生态；政府、高校、企业及科研院所等各创新主体对城市创新城区的影响机制仍研究不够深入，新基建对城市创新生态的作用研究也较少，这些方面可能成为中国城市创新生态未来研究的主要问题。

二、中国城市创新空间结构

传统的城市结构中心以商务活动为主，空间形态上是中央商务区(CBD)，城市内部具有明显的功能分区。进入21世纪，随着信息技术和知识经济的发展，在技术流、信息流、知识流、人才流等的流动空间下，各种创新要素向中心城区集聚、城市创新基础设施和中心位置发生变化，改变了传统功能分区形式，使城市空间重构，形成功能混合利用的中央智力区和创新城区等新的城市创新空间现象。这种新空间现象已在全球许多城市出现，但由于各自发展环境不同，而具有较大的差异性。

中央智力区(Central Intelligence District，CID)一词较早源于美国波士顿剑桥(Cambridge)(邓智团等，2012)，是指以知识创造和研发转化为核心活动的具有知识和智力源集聚的城市功能区(屠启宇等，2011)，是城市空间新的增长核心。这一核心区域知识、技术研发以及创新创业等各类资源和信息集聚，经济形态、社会运行、城区组织均围绕知识创新创意和研发进行，各类信息与资源机构高度集聚，创新主体之间高度合作。2003年，上海市首次提出打造城市中央智力区，依托大学强势学科、国家级重点实验室和科研成果，发展创新型城市。随着创新在城市中的地位和作用逐渐增强，中央智力区的发展逐渐引起人们的重视。国内形成了几个典型的发展模式：以北京中关村中央智力区、上海杨浦中央智力区为代表的校区—园区—社区联动式发展模式；以昆明五华中央智力区为代表的科技园区转换升级发展模式；以沈阳市中央智力区为代表的高新区转换升级模式(胡月，2016)。研究发现创新资源和创新人才的集聚度、创新技术水平、配套完备的基础设备等对中央智力区分布有重要影响(任会明等，2018)。通过实施创新主体和创新要素互动，创新区域和创新模式联动结合，增强管理机构服务水平推进科技创新与金融结合，建立创新研发机构并加强国际创新合作与交流等措施可以显著提高中央智力区发展水平(王宝平，2015)。

创新城区(Innovation Districts，ID)的概念，2014年由美国布鲁斯金学会的布鲁斯·凯特兹(Bruce Katz)在《创新城区的崛起：美国创新地理》中提出，是指一个集聚高端机构、创新企业、孵化器、加速器、科研机构的城市新经济空间，并且具有空间紧凑、交通通达以及居住、办公、零售混合布局等特征(Katz et al.，2014)。国内学者对创新城区概念的研究大多是在这一定义的基础上深化的，李健等(2015)认为创新城区是创新主体和创新要素高度集聚并呈网络化互动，空间边界无明显界限的城市新经济空间；李海波等(2018)认为创新城区是由创新企业、教育机构、金融机构等主体要素"混搭"构成的创新创业大社区。创新城区的特征主要是以交易成本为动力、功能混合开发利用、创新要素共享等(李健，2016)，其活动以高技术密集型活动或创造力密集型活动或两者混合活动为主(Yigitcanlar et al., 2020)，创新环境－产业环境－城市环境组成创新城区的基础模型，具有形成与发育的阶段性规律、空间晶体结构组合规律、可持续发展梯度爬升规律的演化机理(程小燕等，2019)。在发展模式上，主要有"支柱核心型""城市区域再造型""城市化科技园区型"。

国内创新城区以北京海淀城区、张江国家自主创新示范区、台湾新竹科技园区等发展较为成熟。北京海淀区创新城区以由政府自上而下和自下而上相结合建设发展的"城市化科技园区型"模式为主(李治堂等，2013)。在影响创新城区发展因素方面，创新主体及创新环境的联系(Wang et al., 2013)、政府政策(Zhu, 2014)、技术研发(Fan et al., 2007)、区域规模、城市经济、城市社会、城市空间环境质量等都是作为影响中国创新城区发展的重要因素。通过集聚创新企业、吸引并留住创新人才、加强创新制度管理、建立开放共享的创新资源等措施可以促进创新城区发展(张婷等，2019)。

综上所述，城市作为创新聚集的空间载体，是推动高质量发展的重要策源地。未来城市创新空间发展呈现新趋势，多类创新空间组织模式涌现：城市空间结构将形成以CBD和CID或CBD和ID双轮驱动发展。以CBD为基础可以为CID或ID内的创新资源提供服务及资金支持，实现业务联动、资金协同和资源分享(中大咨询创新研究院，2018)；CID或ID为CBD提供新的科学技术、创造新的就业机会，使生活更加创新智能化。这种发展转变的内在动因主要为科技变革、生活方式转向及高质量发展诉求。与发达国家不同的是，我国城镇化进程快速发展，城市创新空间在规模、布局等方面的规划与实施存在不匹配现象，城市大量存量资源尚未得到有效利用(王振坡等，2020)，创新空间从增量向存量调整中缺乏政策支撑，未来需加快探索中国城市创新空间结构相关问题。

三、中国城市创新体系

城市创新体系是由城市创新相联系的创新主体、创新要素以及创新环境服务机构等形成的网络结构。Winden等(2014)认为企业能力和领导者、科研和高等教育、有吸引力的环境、场所品牌、制度环境和企业家精神6个方面是城市创新体系发展的重要方面。Fischer 等（2001）通过比较欧洲都市区的不同企业，建立了大都市区创新体系；Matthiessen 等（2002）采用 SCI 论文数据研究了城市间联系，分析了城市的创新网络和节点中心及全球城市创新网络体系。

国内学者对城市创新体系的分析由以论文/专利单一数据为主转向专利、论文、人才、企业、产业等多样化数据，由统计计量方法转向模型测度，由国家城市层面研究转向区域城市层面研究。吕拉昌等（2010）利用论文合作数量测度中国城市间的创新联系。周灿等（2017）基于合作发明专利数据刻画了中国城市创新网络体系。Li 等（2015）采用从 2000 年到 2012 年论文和专利数据，研究了中国城市创新网络的拓扑和空间特征的科学知识网络（SKN）和技术知识网络（TKN）的演变过程。马海涛（2017）将人才流动与城市创新网络研究结合构建了"归国人才三角"模型。鉴于专利、论文、人才等统计计量方法对城市创新联系测度的单一性，学者们利用模型测度并转向区域层面的城市创新联系研究。蒋天颖等（2014）使用重力模型测度了浙江省城市创新产出空间联系。吕拉昌团队采用重力模型测度了中国主要城市间的创新联系强度及联系格局，此后又采用此方法测度了珠三角、长三角、环渤海三大都市圈内部城市的创新联系（吕拉昌等，2013；2015）。黄晓东（2019）基于创新百强企业总部和子公司的空间布局，对中国城市创新网络的空间特征进行了分析。覃成林等（2020）运用社会网络分析方法和负二项回归模型，研究了粤港澳大湾区城市间协同创新联系的网络特征、空间格局演变及其影响因素。

上述研究得出中国城市创新体系具有以下特征和规律：①中国城市创新体系具有等级性（Lu et al.，2012）。这种等级性体现在城市创新联系主要发生在高等级的创新城市、省会城市及经济实力较强的城市间（牛欣，2013；王丰龙等，2017）；且区际城市创新联系强于区内城市创新联系（马双等，2020），区内城市创新联系多数呈现核心-边缘的特征（张惠璇等，2016；刘建华和李伟，2019；郑玉莲等，2017）。②中国城市创新体系具有集聚性，体现在城市创新网络联系节点强度呈现地带性分异和多中心分布，表现为"大集聚、小分散"特征，京津冀城市群、长江三角洲城市群和珠江三角洲城市群是我国创新最有活力的集聚地区（吕拉昌等，2013；管明明，2019），城市创新联系网络空间可分为华北社团、华东社团、华南社团、华西社团4个城市组团(颜子明,2018)。③中国城市创新体系空间格局呈现以北京和上海为顶级城市的东强西弱的五级塔形城市体系结构(吕拉昌和李勇,2010;段德忠等,2018)。其中,东部地区城市创新联系格局显现出以上海、南京、杭州为顶角,以北京与天津、广州与深圳分别作为底角的创新联系"金三角"(吕拉昌等,2015)。广东省城市创新体系结构形成以深圳、广州为塔顶的三级塔形城市创新体系(胡海鹏等,2015)。京津冀、长三角和珠三角所形成的三极格局逐渐增强(段德忠等,2018)。此外,近几年国家政策在城市创新发展上大力支持,一些潜在的城市创新区域及创新城市正在崛起,随着时间变化,中国现有的城市创新体系格局可能会产生一定的变化,但在3—5年内城市创新大的格局变化不大。

影响中国城市创新体系的因素主要有城市创新规模、创新潜力、科技资源、政策制度等方面(吕拉昌等,2010)。其中,城市创新规模包括创新基础设施、外商投资企业数量、信息化规模、城市经济规模及人口总量等。城市创新潜力包括城市高等教育水平、人力资源发展潜力等。科技资源配置效率直接或间接地受到地理要素、经济环境、自然禀赋和创新环境等诸多因素的影响,地级以上城市科技资源配置效率呈现显著的空间自相关(Fan et al.,2014)。Lyu等(2018)研究发现中国城市创新网络受到创新资源禀赋、企业属性、政府干预和区域文化的影响。此外,地理邻近、社会临近、技术临近、制度临近、行政级别、产业结构等也对城市创新联系的形成起着重要作用(王丰龙等,2017;马双等,2020)。

目前已有的研究揭示了中国城市创新体系的规律与特征,为中国城市创新体系发展奠定了理论基础。纵观中国城市创新体系已有的研究成果:多是侧重于创新联系网络的空间特征,从其他功能、产业、行业等角度分析较为薄弱;对发达地区的城市创新联系进行分析较多,而对中国欠发达地区的城市创新联系分析较少;主要是基于论文和专利数据,也有用人才、企业数据研究创新体系的联系,但如何较为综合地、精确地分析中国城市创新体系,仍是需要研究的课题。此外,随着知识经济的快速发展,城市创新集群正在形成,需要研究城市创新集群的创新体系结构及形成机制;未来需要进一步加强城市创新体系测度方法；并加强城市及城市群创新发生的地理基础的研究。

四、中国城市创新创意职能

全球化与知识经济的迅速发展，使城市职能向创新创意职能转化（吕拉昌等，2010）。目前国内外学者直接针对城市传统的职能研究较多，创新创意职能的研究较少，但受到越来越多的关注。Mozuriunaite（2016）认为新技术、经济发展、政治、文化、居民生活方式、全球化等是影响城市职能变化的因素，现代新技术与全球化的发展促进了城市创新创意职能的发展。

城市创新创意职能是指城市中的国民经济各个行业部门在知识和技术创新创意方面所承担的分工以及在区域创新创意方面担当的角色（何爱，2013）。城市创新职能内部结构与城市职能内部结构既具有一定的关联度，又具有其特殊性。城市创新职能等级与城市职能等级存在着高度相关性，从某种程度上城市创新职能是城市职能积累到一定程度的必然结果，其演变经历了从无到有、由弱变强、由低级向高级的发展过程（张永凯，2015）；同时，城市创新职能具有与其他城市职能不同的特征，表现为依附性、复杂性、规划性、专属性与综合性等（吕拉昌等，2009）。目前测度城市创新创意职能的方法主要有数据包络、层次分析法、创新职能指数、区位熵、专门化指数法等。研究数据较多采用制造业数据、专利数据、论文数据等。城市创新创意职能可归纳为6种类型：知识创新职能、技术创新职能、文化创意职能、社会创新职能、产业创新职能、政府创新职能（赵霖等，2016；张虹，2012）。创新创意职能在中国城市中已经显现并逐渐增强（曾鹏等，2018），综合现有研究，已得出了一些中国城市创新创意职能的特征和规律：

1. 城市职能一般由工业城市的生产制造职能、服务城市的管理与协调职能向创新创意职能演变。北京城市职能由古代的军事职能、政治经济职能、政治经济文化职能，演化为新中国成立后的经济社会职能、文化职能、政治职能等；现代更加注重政治、文化、国际交往、科技创新四大功能。目前，北京在工业创新职能、交通信息服务业、科教文卫业创新职能最为突出。广州创新创意职能经历了从改革开放前的工业生产职能，到90年代轻型制造业发展的城市综合职能,到 2000 年强化的服务职能,再到 2000 年以后的全球化与新经济时代凸显的城市创新职能,知识服务业成为城市重要的职能,城市创新职能更加突出(吕拉昌等,2010)。

2. 城市创新职能等级存在差异,创意职能强度空间分布不均衡,不同城市、不同行业、不同区域的创新创意职能强度表现不同。广东省不同城市的创新职能结构表现各异,深圳、佛山以及广州的总体创新职能绩效高于广东省平均水平,深圳的城市创新职能绩效优于广州(孙莉,2013),其余地区总体创新职能绩效低于平均水平,两极化现象明显;城市创新职能等级高的城市主要集中在珠三角地区,粤东、粤西、粤北等地区的城市行业创新职能等级较低;第三产业创新职能较强的城市主要集中在珠江三角洲,商贸业是广东创新职能强度最高的部门,创新强度依次为科教文卫业、金融与房地产业、交通与信息业、工业与建筑业、农林牧渔业、公共管理与服务业(胡海鹏等,2015)。苏南城市制造业创新职能在经过创新极化和创新扩散效应后,形成以苏州为中心,南京、无锡为副中心的三级塔形结构,苏南创新中心的南京城市不断向外分化制造业创新职能,且制造业各部门创新分工明显(丁军等,2016)。北京的交通运输、信息传输、科学研究、技术服务、文化、体育和娱乐业等行业部门的城市创新职能在全国范围内具有绝对优势(吕拉昌等,2014)。

3. 研究发现不同的城市创新职能受行业的性质及城市在产业链位置的影响而呈现出不同的城市职能内部结构特征(吴兰波,2011)。城市规模、教育水平、外商投资、科学技术、产学研联系等是影响广州与深圳城市创新职能的主要因素(孙莉,2013)。北京城市创新职能的发展主要受生产力发展、政府创新政策推动、优良的社会创新文化环境等影响(何爱,2013)。

综上所述,城市创新创意职能已取得了一定的研究成果,但研究还不深入,研究主要集中在中国东部发达的部分城市创新创意职能研究,缺乏对不发达城市创新职能的研究;研究方法还需要多样化;在国家尺度、全球尺度对城市创新职能研究不足。未来亟须加强城市创新创意职能理论与方法的研究。

第四节 研究评述及展望

在全球创新潮流和中国创新驱动发展战略等的推动下,中国城市结构与功能正在发生深刻的变化。从中国城市创新的发生,到中国城市创新生态、创新空间结构、创新体系与网络、创新职能等已有较多研究成果,取得了较大的进展,中国城市创新地理研究正朝着建立中国城市创新地理学的方向迈进。

一、面临的主要问题

1. 虽然已有研究表明创新是城市增长的驱动力,创新与城市化相互作用并推动了城市化的发展,城市是创新活动集聚的空间载体,在中国城市创新创意景观的形成以及城市职能的发生过程中提出了一些具有解释力的概念如基于创新的城市化(innovation-based urbanization),对东部沿海的北京、上海、深圳、广州等城市作了一系列的案例研究,但这些研究还没有进行理论升华,形成相应的研究体系,对中国城市创新形成机理分析仍不够,缺乏从中观以及微观的视角进行分析,以及中国创新基础设施、风险投资、高技能劳动力、技术等创新要素空间组合形态如何、如何推动城市创新等问题仍需要进行深入研究。

2. 对中国城市创新生态在不同尺度如东部沿海城市、高新技术园区、创新城区等有一些研究,这些研究对认识中国城市创新生态有重要作用。但各城市处于不同的发展阶段,其面临的创新生态问题并不完全相同。尤其中西部地区的城市创新生态研究案例相对较少,难以全面解析中国城市创新生态的规律。同时,由于行业创新具有不同的创新生态特点,各城市主导产业并不相同,针对"行业+城市"的综合创新生态研究就更少,还没能概括出基于我国城市发展的创新生态理论。

3. 知识经济下中国城市空间重构,形成了中央智力区(CID)或创新城区(ID),城市内形成了各种类型的创新空间。对这些创新空间有较多的研究,但仍然有较多的研究问题,例如,中央智力区是否像传统城市的中央商务区

(CBD)一样在较大规模的城市一定会形成,形成的机制是什么?创新城区具有什么样的条件与标准?未来基于创新的中国大都市的城市形态如何?这些问题的回答对未来的城市规划将产生深刻的影响。

4. 中外学者对中国城市创新体系、城市群创新体系等进行了研究,揭示了中国城市创新体系的等级与集聚性,对中国城市创新体系的形成影响因素也进行了研究,这些研究对中国城市体系都是新的认识。但中国城市创新体系研究也存在一些问题:首先,如何精确测度每个城市的创新?因为这种测度影响每个城市在创新网络中的位置;其次,因为每个城市创新都具有特点,除了综合性的测度,仍然需要更专业化的测度;最后,中国城市对外的创新联系仍需要加强研究。

5. 城市创新创意的职能已得到学者们的普遍认可,国内外学者从不同视角进行了类别的划分,对中国的一些城市作了城市创新职能的研究,但仍没有对我国的城市创新职能进行全面的研究,研究方法采取了传统城市地理的研究方法,虽然这种研究方法有一定的可取之处,但仍然需要找到一个更好的办法来识别城市的创新职能,研究中国城市创新职能的规律。

6. 研究方法以数据、模型分析使用较多,而基于定性分析、质性分析的案例较少,有时模型可以反映概况,但难以揭示作用机制与机理。例如对城市创新联系现在一般采用合作专利、合作论文、人才流动、重力模型,这些方法可以反映创新联系的一个侧面,但难以回答这些城市创新如何建立联系,以及联系的方式与方法。

二、发展的新趋势

国际上创新地理研究呈现出新的研究趋势:

1. 在研究尺度上,越来越注重城市创新的外扩与内敛。外扩主要表现在对城市创新的一些宏观问题探究,如新兴城市地区的崛起在全球创新网络中的作用以及国内创新能力的发展(Fan et al.,2019)、创新是否越来越集中在大城市(Fritsch et al.,2020)、区域合作创新能否提高城市创新效率(Fan et al.,2020)、城市创新的条件(Lehning et al.,2020)、城市之外的乡村创新(Noack

et al.,2019)等城市创新对全球创新变化的响应。内敛主要是指城市创新研究尺度不断微型化、局域化、本土化、个体化,如创新城区的场所质量评估(Esmaeilpoorarabi et al.,2018)、大学与创新城区的融合(Pancholi et al.,2020)、城市社区创新生态系统发展(Asefi et al.,2020)、创新型企业所处的位置知识环境(Rammer et al.,2020)、餐馆的开放式创新生态系统(Yun et al.,2020)等。

2. 在研究内容上,向城市的社会创新创意、包容性创新、可持续创新、生物医学创新等方面拓展,如社会创新的过程和机制(Christmann et al.,2020;Kar et al.,2019)、社会创新在城市发展和公共房地产管理中的机遇与挑战(Mangialardo et al.,2018)、迈向包容性城市发展(Liu et al.,2020;Friend et al.,2016)、建立对城市社会企业孵化和支持微型风险投资的包容性创新计划(Sonne,2012)、城市公民网络与社会创新空间的关系(Ricciardelli et al.,2020)、制药行业创新生态系统(Wu et al.,2020)、人工智能(AI)在生物医疗中的应用(Alami et al.,2020)等。

3. 在研究方法上,定性研究方法在城市创新的近期研究中运用较多,如社区调查、社会群体调查、深入访谈、案例研究等(Rodríguez-Pose et al.,2020;Cantafio et al.,2020)。

伴随着中国城市转型发展和创新全球化,创新要素集聚与扩散加速流动,城市创新的本地化、社区化、包容化等倾向将日趋明显,在推进中国城市创新驱动发展的过程中,亟须中国城市创新地理理论提供有力的支撑。因此,应结合国际上关于城市创新最新研究进展和中国城市创新发展进程与建设中存在的实际问题,前瞻性地探索中国的国情下城市创新发展过程中带来的特殊的、复杂的新问题、新课题,提出未来中国城市创新地理研究的建议。

三、发展建议

1. 进一步加强中国城市创新地理研究,建立完善的理论体系。国内外学者对中国城市创新地理已发表了不少研究成果,在此基础上需要形成研究的理论体系,形成中国城市创新地理学。需要加强如下方面的研究:中国城市创新地理的研究对象、内容与任务；中国城市人口与创新的关系；中国城市风险投资与创新的关系；中国城市创新基础设施与创新的关系；中国城市的便利性与创新；中国城市创新生态的综合评价；中国城市制造业的创新时空格局与影响因素；中国服务业创新的时空格局与影响因素；中国的城市化与城市创新；中国城市创新的空间格局、形成机制与影响因素；中国城市创新联系的时空格局与影响因素；中国城市创新职能的结构与优化；中国大都市圈创新能力的比较研究；中国城市创新政策及比较分析。这些研究将有利于建立较为完善的中国城市创新地理研究体系。

2. 加强多尺度的中国城市创新机理研究。城市有不同尺度的创新空间，这些创新空间创新活动如何发生？支撑其发生的主要因素有哪些？这些都是需要研究的问题。目前研究多集中于城市尺度，更加关注中国欠发展地区城市创新地理的研究，探讨不同地区的包容性创新及可持续的创新机制。城市中央智力区以及创新城区的创新机理仍需要从理论上进一步阐释。未来社区尺度是重要的研究单元。社区是城市的基本组成单元，未来城市发展更加体现以人为本、产城融合的理念，城市创新的发生与发展影响着城市社区的变化。需要研究：首先，社区创新空间形成的研究。城市社区作为一种重要的创新交流空间，各种想法容易发生碰撞交流，是城市创新创意发生的重要空间，如何使城市社区向创新社区转变是需要研究的问题。其次，社区居民参与城市创新的研究。目前城市创新主要以大学、科研机构、创新创业、孵化器等组织为主，而社区居民参与程度较低。加强城市创新创业与居民生活关系的研究，探索居民的创新需求与意愿，支持创新社区建设。再次，城市社区的创新环境如何建设？创新联系具有什么规律，联系纽带是什么，仍需要进一步深入剖析。

高科技园区是我国城市创新的最重要的载体。要进一步研究大学、科研机构、企业、政府、风险投资等创新要素良好的合作关系的建设；要研究科技成果转化的平台；重视对从知识到产业的转化路径的探索；也要注重高科技园区的性质与特征，研究创新要素的匹配性，促进各科技园建立良好的体制机制环境。

3. 探索中国城市创新生态的理论及独特性。中国具有与西方国家不同的社会制度，制度的独特性使得在创新生态方面有共同性的一面，但也有不同，要认真研究各级城市政府在城市创新生态建设中的作用,包括研究作用方式、作用时序;概括中国城市创新生态建立的独特模式及理论;结合行业特点研究其所在城市的创新生态建设特点;研究不同尺度的创新空间的创新生态规律。对各城市创新生态进行系统的普查以提供更好的决策依据。

4. 进一步研究知识经济下城市创新空间结构及重构规律。近年来,创新城区、中央智力区等新现象已在中国的城市出现。为了更好地推动城市创新创意发展,需要探索其本质特征并界定其概念含义、探讨理论解释;研究其空间结构形成发展规律以及与城市空间规划的相互关系。此外,随着知识经济中城市劳动分工进一步细化,创新企业及绿色环保企业增加、城市产业结构进一步分化等均会不同程度地影响城市空间组织结构变化。高技能劳动力引发基于创新的城市化,对城市创新空间结构产生影响,亟须研究中国城市创新空间结构规律,为解决城市创新发展中的各种社会问题奠定理论研究基础。

5. 城市创新创意职能理论及与城市规划关系研究。城市创新创意职能日益显著,而关于城市创新创意的理论基础研究较为薄弱,对概念与特征、城市创新创意职能与城市规模的关系、城市创新创意职能体系等理论基础需要深入加强研究。同时,随着城市创新空间与创意空间的发展,城市创新创意职能需要在城市规划中加以考虑,探索城市创新创意职能与城市规划的关系。加强城市创新创意要素在城市空间中的分布、城市创新空间与物理空间的联系、创新创意空间的区位选择、知识传播走廊以及如何更好地在城市规划中实现创新联系。

6. 加强中国城市创新地理的研究方法和理论基础。中国城市自然和人文环境复杂多样,城市创新地理研究应加强与案例结合的定性研究,凸显中国城市创新的异质性。在实践调研的基础上摸清城市创新资源要素和创新环境特征,结合城市居民感知和创新企业与创新个体的行为,从多维度、多角度深入研究中国城市创新活动的集聚与扩散以及城市内部和外部创新联系的规律与机制。同时,结合中国国情实际状况将城市文化与城市创新融合发展,提出具有中国特色的城市创新地理理论,以指导中国城市创新发展和增强国家综合创新竞争力。

第二章 基于创新的城市化的理论与实证

城市的创新有多个模式,城市创新流引起的城市创新是最重要的模式之一,人作为创新的重要载体,人流事实上也反映了城市创新流的变化。因此城市化与创新密切联系在一起。本章从"流的空间"视角,提出了基于创新的城市化(innovation-based urbanization)概念。在此基础上,选取中国地级及以上270个城市作为研究的对象(不含港澳台的城市),分析了中国高技能迁移人口和城市文化多元性的空间分布特征,采用空间杜宾模型方法,构建城市创新空间回归模型,测度了中国高技能迁移人口规模和城市文化多元性水平对城市创新产出的影响,验证了基于创新的城市化概念,并给出了基于创新城市化发展的典型案例。

第一节 基于创新的城市化提出的背景

20世纪80年代以来,伴随着全球化和信息技术的深入发展,"流的空间"取代"场的空间",劳动力、资本、信息和技术等生产要素在全球范围内进行自由流动和空间配置,对城市化进程产生深刻影响(吴康等,2013)。后福特制资本主义正在进入新的阶段,"知识经济""信息经济""创意经济""认知资本主义"和"认知-文化经济(cognitive-cultural economy)"等展现全球正在兴起新体制,认知-文化经济的资本主义发展带来城市化与空间发展的第三次浪潮(Scott,2014)。"高技术城市化(high-tech urbanization)"(Castells and Hall,1994)、"创意和知识城市化(creative and knowledge urbanism)"(Siemiatycki,2013)、"创业城市化(entrepreneurial urbanization)"(Datta,2015)等新的城市化现象在全球不同国家城市中不断涌现,并被划分为两个阶段(Rossi and Bella,2017)。第一,在"后福特主义的初期阶段",资本主义生产方式由福特主义的大批量生产模式转向柔性专业化生产,一系列"新产业区""新产业空间"出现并快速发展,以"硅谷化(Siliconization)"模式为代表的高技术城市化在全球范围内扩展,塑造新的城市空间。第二,进入21世纪以来,随着互联网和文化创意产业等新经济的发展,创业城市化(start-up urbanism)在不同国家城市中兴起,并显现出不同于高技术城市化的特征。这些不同的经济标签和城市化过程标签均体现了创新对于城市经济增长和城市发展的深刻影响。同时,第三次浪潮中城市表现出高度的创新性特征,被视为创新、创意产生的场所和创新机器(Shearmur,2012;Florida et al.,2017)。然而,这种由于"流"导致的城市发展动因的变化以及城市创新景观的兴起,仍然没有一个较好的理论解释框架。

创新作用于城市化的表现形式是创新要素形成的"流"在城市、区域的动态集聚与扩散,形成和塑造城市的创新空间和景观(Schoenberger and Walker,2016)。高技能劳动力是创新的核心要素之一,是知识经济、创意经济发展的基础(Scott,2008)。与一般劳动力相比,高技能劳动力具有更高的流动性(Storper and Scott,2009)。高技能劳动力在不同空间尺度上的流动和迁移对城市创新有着不同的影响:一方面,高技能劳动力在企业、高校、科研机构、政府及其他组织之间的流动构成了区域集体学习和知识转移的核心机制,是高技术产业集群和区域创新系统实现动态发展的基础(Trippl and Maier,2010;Asheim et al.,2011)。另一方面,高技能劳动力的国际和全球迁移,促进了发展中国家区域创新系统的发展(Sternberg and Müller,2010),例如北京(Saxenian,2006)、上海(Sternberg and Müller,2005)。高技能劳动力迁移已成为区域、国家和国际创新系统跨边界联系和整合的重要因素(Trippl,2010;Cooke,2011)。国外关于人口迁移与城市创新关系的研究主要集中于:①国际移民对本国、国内区域、城市或地方创新影响的测度,并关注对不同创新类型的影响。根据受教育程度或职业细分迁移人口,进一步测度不同迁移群体尤其是高技能或高学历迁移群体对创新的影响(Bosetti et al.,2015;Gagliardi,2015)。②基于文化多元性的视角探讨国际移民对区域、城市和企业创新的影响(Niebuhr，2010；Lee，2014)。③关注人口迁移作用于创新的渠道和发生机制，如对人力资本流动、创新合作网络和创新扩散关系的研究(Saxenian，2005；Miguélez and Moreno，2013)。国内学者对中国人口迁移的空间特征和原因开展了广泛的研究(丁金宏等，2005；蒲英霞等，2016)，部分研究关注了人口迁移产生的经济、社会等效应(杨传开和宁越敏，2015；李晶晶和苗长虹，2017)。但目前国内学者对人口迁移产生的创新效应关注较少，有关人口迁移和城市创新的研究尚未有系统的研究成果。顾高翔和王铮(2014)对劳动力迁移带来的技术空间扩散进行了模拟。吕拉昌团队(2016)选取了部分中国地级以上城市作为研究对象，分析城市人口迁移和城市创新的关系，但未对迁移人口的异质性进行有效区分。马海涛(2017)探讨了人才迁移和城市网络关系的构建。总体来看，现有人口迁移和城市创新研究仍存在以下问题：研究区域以发达国家和一些知名的高科技地区或城市如硅谷等为主，对发展中国家的相关研究仍有限；研究重点关注了国家间移民对创新的影响，缺乏对一国国内人口的城市间迁移的创新效应的研究；对作为重要的"流"的载体的人口与城市创新的关系仍然没有系统的研究框架。

改革开放以来，中国城市化以前所未有的速度和规模迅速发展，城市数量和规模激增(陈明星，2009)，以长江三角洲、珠江三角洲和京津冀三大城市群为代表的城市群崛起，高技术产业、知识密集型服务业、文化创意产业和电子商务等正在上述城市群和其他较发达城市中迅速发展，对城市空间产生越来越显著的影响(宁越敏，2011；申玉铭等，2015)。第三次城市化浪潮在中国的主要城市群区域中逐渐浮现。国家实施新型城镇化战略，转向以"人"为核心的城镇化。城市化的动力也在发生巨大的变化，由"外向型城市化"(顾朝林和吴莉娅，2005；2008)，转向第三产业、现代化服务业促进城市化的发展(王毅等，2015；王承云等，2013)；文化也成为城市化的动力，城市文化资本成为城市发展的新动力(俞万源，2012；张鸿雁，2010)；以人力资本、智力资本为核心的创新作为中国城市化的新动因(吕拉昌和李勇，2010；吕拉昌，2017)。在这种情势下，城市化的视角也要发生变化，弗里德曼(Friedmann)指出从乡镇优势视角的传统研究方法难以产生新的观点，中国城市化研究需向"城市视角"转变。只强调乡村人口城市化的传统城市化概念,已难以解释城市化的新变化,无法体现当代城市化的新动力、新机制(Friedmann,2006)。因此,需要从关注中国城市化的由乡村向城市的迁移的人口流量转向关注高技能劳动力的跨城市、跨区域流动带来的城市创新空间与景观的新变化。在这种背景下,作者提出了基于创新的城市化(innovation-based urbanization)概念。

第二节 基于创新的城市化的概念及实证分析

一、基于创新的城市化

传统城市化是指人口向城镇集中,乡村向城镇转变的一种复杂过程。其内涵包括三个方面(Pacione,2001):城市人口占总人口比重的增加;城市和镇的人口增加;城市生活的社会和行为特征在整个社会的扩展。传统城市化主要反映乡村人口向城市的迁移,以城市化率作为衡量一个地区城市化的指标。很明显,传统城市化的概念在知识经济下有很大不足:①现代的城市化背景已不是工业社会,而是知识经济时代,对于发达的国家和地区人口的迁移不再是乡村人口向城市人口的迁移,而是城市之间的迁移;②发达国家和地区城市化率基本都在70%以上,这一概念已无法解释这些国家城镇新发展的新动力、新机制。

基于上述原因,结合知识经济的时代特点,我们提出了基于创新的城市化(innovation-based urbanization)概念,其含义是指高技能劳动力向城市的迁移过程,并使城市职能与景观发生变化,城市知识活动与行为扩展。基于创新的城市化有三个方面内涵:①城镇的高技能劳动力增加以及占总人口比重的增加;②创新、创意导致的城市景观变化(创新空间);③城市知识活动与创新行为的传播与扩展。基于创新的城市化更加关注高技能劳动力的空间迁移及其带来的创新效应,其形成机制归纳如下:高技能劳动力进入城市,不同文化背景的人群聚集,产生多种交流,相异的思想产生激烈的冲突到融合、交流,进而形成更为包容的新的规范、思想和价值观,在此过程中释放出巨大的创新能量。因此,城市化便是一种创新过程,高技能人口的迁入推动城市创新景观的不断形成与发展。

城市化过程按照社会经济发展阶段以及城市化要素的流动,具有阶段性的特征,可划分为三个阶段:①乡村城市化,其背景是福特主义工业城市的建立与发展,人口迁移尺度主要发生于区域内,即区域内乡村人口向城市的集中。②跨域城市化,随着工业城市向后福特主义和服务型社会的转变,人口迁移在更大空间尺度上如城市与城市之间发生。③基于创新的城市化,伴随着知识经济的发展,跨区域、跨国、跨文化,甚至全球尺度等多尺度的人才流入成为城市创新发展的重要动力,创意城市和创新城市的兴起和地位不断提升。基于创新的城市化是城市化的高级阶段。

高技能迁移人口对处于不同发展阶段的城市的作用存在一定的差别。在经济模型假设中,通常将发达国家或地区和非发达国家或地区简化为"北方"和"南方"(Krugman,1979)。在发达的、创新的"北方",高技能迁移人口主要进行创新活动;而在欠发达的"南方"城市,高技能迁移人口则主要从事模仿活动(Biswas,2015)。当然,无论是创新还是模仿活动均需要特定技能,这也是高技能劳动力迁移的动因。从技术密集程度上看,模仿行为与创新过程十分相似,"真实的模仿过程需要和其他研究一样的管理人才、科学和技术人才"(Grossman and Helpman,1991)。

二、实证研究

1. 研究假说

基于上述理论分析,提出以下两个假设。在设立假设之前,首先界定文中使用的一些概念:

(1)迁移人口。根据2010年第六次全国人口普查的指标解释,定义文中迁移人口指户口登记地在外省、市的人口。

(2)低技能和高技能迁移人口。一般根据受教育程度将迁移人口划分为低技能劳动力和高技能劳动力两类迁移群体。除了正式教育之外,个人在工作期间从经验和职业培训中获得的隐性知识和非正式知识也将提高个人能力,但这种非正式的、特定的知识或能力属于人力资本的未知部分，难以准确地测度，故一般使用正式的教育层次来表征这些隐性的能力（Graversen and Friis-Jensen，2001）。本章根据中国国民教育系列分类，将具有大学专科及以上学历（即大学专科、大学本科和研究生）迁移群体称为高技能迁移人口，大学专科以下迁移群体归为低技能迁移人口。

（3）城市文化多元性。城市文化是移民文化与城市原生文化相互作用的系统，移民文化是城市文化的有机组成部分，不断地重塑并更新城市文化。城市移民基于集体意识在文化上建立了新的认同关系，并形成自身的文化边界。地缘关系对这种文化边界的形成起着重要作用，并且地缘认同在现代城市中会扩展到省级尺度（黄仲山，2015）。中国虽不是一个移民国家，但在悠久的历史过程中形成了多元的地域文化系统，地域文化多样是中华文化的重要特征（渠爱雪等，2014）。因此，使用迁移人口来源省份的多元性表征文化多元性，并参考已有研究，使用改进的赫芬达尔指数来测度城市文化多元性（Faggian et al.，2017）。具体计算公式为：

$$\mathrm{DIV}_{it} = 1 - \sum_{k=1}^{K} S_{ikt}^2 \qquad (2\text{-}1)$$

式中，DIV 表示 i 城市 t 年份的文化多样性指数；S_{ikt} 表示在 t 年份城市来自 k 省份（自治区、直辖市）的迁移人口数量占 i 城市总人口比重，其中 $K=31$（考虑到数据可得性，未包括中国香港、澳门和台湾地区）。

基于创新的城市化强调知识人群或高技能劳动力的流入。已有研究表明，高技能移民能够通过促进创新和新知识创造为移民目的地带来积极影响（Faggian et al.，2017）。内生增长理论指出经济增长和生产率的提高源自于人力资本基础的增强带来的新知识、技术和创新的发展。许多内生增长研究文献分析了本地和区域间劳动力迁移尤其是高技能劳动力迁移支持新知识、新思想的发展与扩散（Eriksson，2011）。据此提出假设1。

假设1：高技能迁移人口对中国城市创新存在正效应；流入的高技能劳动力越多，城市创新产出越高。

基于创新的城市化指出文化多元性是城市创新的关键过程之一。来自西方经济体的经验证据显示出更具文化多元性的城市有着更高的创新水平。李恩总结了城市文化多元性提升企业创新水平的五种主要途径(Lee，2014)。弗洛里达也指出高技能移民带来的更为多元的城市文化可能被视作一种有吸引力的城市环境，可以吸引更多的高技能劳动力(Florida，2002)。据此，提出假设2：

假设2：文化多元性对中国城市创新存在正效应；文化多元性越强，城市创新产出越高。

2. 研究方法与数据说明

(1)知识生产函数模型

知识生产函数是研究区域知识生产与创新及知识溢出的重要模型工具。格瑞里切最先提出了知识生产函数的理论框架，用以估计研发相关要素对创新产出的影响，把创新产出与创新投入联系了起来(Griliches，1979)。此后，经杰夫修正后的Griliches-Jaff知识生产函数成为此类经验研究的基础，得到了广泛的应用和推广(Jaff，1989)。知识生产函数认为研发是知识创新的最重要投入，其他投入变量包括人力资本、教育水平等(吴玉鸣，2006)。内生增长理论也强调高素质人力资本对研发技术水平的重要作用(Romer，1990)。此外，学者们将专利倾向引入知识生产函数，认为工业比服务业具有更高的专利密度，能够生产更多专利(李志宏等，2013)。综合上述对知识生产函数模型和区域创新投入的经验分析，结合研究假设中对高技能迁移人口规模和文化多元性与城市创新关系分析，除研发经费投入和人力资本投入之外，将专利倾向、高技能迁移人口和文化多元性变量纳入知识生产函数。如此，构建了如下双对数线性形式的知识生产函数模型：

$$\text{Log}(P_i) = \alpha_0 + \alpha_1 \text{Log}(RD_i) + \alpha_2 \text{Log}(HIGH_i) + \alpha_3 \text{Log}(DIV_i) + \alpha_4 \text{Log}(INDUSTRY_i) + \alpha_5 \text{Log}(HC_i) + \mu_i \quad (2-2)$$

式中：① P_i 表示第 i 城市专利申请量，用以表征城市创新产出指标。专利数据是创新研究领域中使用最广泛的数据，尽管存在一些局限性，但凭借数据获取的便利性、详细的信息等优势，正被越来越多的地理学者和其他学科研究者用以创新研究(王承云和孙飞翔，2017)。此外，不管专利申请最终能否获得批准，专利申请行为自身就可以反映城市创新的活跃程度(程叶青等，2014)。因此，采用专利申请量作为创新产出的衡量指标。考虑到从创新投入转化为创新产出需要一定的时限，参考已有研究成果，使用滞后一年的创新投入变量指标。②RD 为研发投入水平，使用 R&D 经费支出来度量。③HIGH 为高技能迁移人口指标，使用城市大学专科及以上学历迁入人口数量来度量。数据来源于各省、自治区和直辖市 2010 年第六次人口普查资料中"全省按现住地、受教育程度、性别分的户口登记地在外省的人口"统计表。该表统计了现居住在各市（区、县）不同受教育程度（未上过学、小学、初中、高中、大学专科、大学本科和研究生）的外省人口数量。不过，该表没有区分外省迁入人口的来源地，导致无法获取城市之间的高技能人口迁移网络数据。④DIV 为城市文化多元性。测度城市文化多元性指数的数据来自各省、自治区和直辖市 2010 年第六次人口普查资料中"全省按现住地分的户口登记地在外省的人口"统计表。该表统计了现居住在各市（区、县）的不同来源省份的迁入人口数量，但没有对受教育程度进行区分。因此，文化多元性指数的测度包含了全部迁移人口，没有对高技能和低技能迁移人口文化多元性进行区分。⑤INDUSTRY 为工业规模水平，用以表征专利倾向，使用规模以上工业企业数来度量。⑥HC 为人力资本水平，使用每万人口大学生数来度量（表 2-1）。μ 表示误差项。

表 2-1 变量说明

变量	变量定义	预期符号
城市创新产出水平（P）	专利申请数	＋
研发投入水平（RD）	研究与试验发展（R&D）经费支出	＋
高技能迁移人口（HIGH）	大学专科及以上学历迁入人口数	＋
文化多元性（DIV）	文化多元性指数	＋
工业规模水平（INDUSTRY）	规模以上工业企业数	＋
人力资本水平（HC）	每万人口在校大学生数	＋

选取中国地级及以上城市作为研究对象，以各个城市作为分析的基本空间单元，除去缺失数据城市，全部样本共计 270 个城市。各城市 2010 年专利申请量数据来自各城市知识产权局统计数据和国家知识产权局专利检索系统。研发投入经费数据来自《2009 第二次全国 R&D 资源清查》。全部人口数据均来自各省、自治区和直辖市 2010 年第六次人口普查资料。规模以上工业企业数、

每万人口大学生数均来自《2010中国城市统计年鉴》。

(2) 空间计量模型

非空间回归模型通常忽略了变量或误差项之间的空间依赖或空间相关性(LeSage，2009)。一般使用全局空间自相关来测度不同变量的整体空间相关性。常用的测度指标是 Moran's I 指数。其计算公式是：

$$I = \frac{1}{S^2}\sum_{i=1}^{n}\sum_{j=1}^{n}W_{ij}(X_i - \overline{X})(X_j - \overline{X}) \Big/ \sum_{i=1}^{n}\sum_{j=1}^{n}W_{ij} \qquad (2\text{-}3)$$

式中，n 为地区总数；$\overline{X}$ 为样本平均值；X_i 为区域 i 的观测值；W_{ij} 为空间权重矩阵，空间相邻取值为 1，不相邻为 0；S^2 为 $\sum_{i=1}^{n}(X_i - \overline{X})^2 \cdot n^{-1}$。Moran's I 取值范围为 [-1, 1]，值趋向于 +1，表明绝对的空间正相关，高值区域或低值区域趋于集聚；趋向于 0，表明空间随机分布；趋向于 -1，表明绝对的负相关，高值区域被低值区域包围或低值区域被高值区域包围。采用 z 检验对 Moran's I 结果进行统计检验：

$$Z(I) = \frac{1 - E(I)}{\sqrt{\text{var}(I)}} \qquad (2\text{-}4)$$

式中，$E(I)$ 为期望值，$\text{var}(I)$ 为变异系数。

已有研究成果揭示了区域创新变量具有空间依赖性和空间溢出效应(Elhorst，2014)。因此，需在回归模型式(2-2)中引入空间变量，构建空间计量模型。空间滞后模型(Spatial Lag Model，SLM)、空间误差模型(Spatial Error Model，SEM)和空间杜宾模型(Spatial Dubin Model，SDM)是三种常用的空间回归模型。SLM 和 SEM 模型分别只考虑了被解释变量之间发生的内生交互效应和误差项之间存在的交互效应一种类型的交互效应，具有非嵌套性。SDM 则嵌套了 SLM、SEM 两种模型，并考虑了外生交互效应。

SDM 的一般方程式为：

$$\boldsymbol{Y} = \rho \boldsymbol{WY} + \alpha \boldsymbol{\tau}_N + \boldsymbol{X\beta} + \boldsymbol{WX}\theta + \boldsymbol{\varepsilon} \qquad (2\text{-}5)$$

式中，$\boldsymbol{Y}$ 是由单位被解释变量值构成的 $N \times 1$ 阶向量，$\boldsymbol{X}$ 为由解释变量构成的 $N \times K$ 阶向量，$\boldsymbol{\tau}_N$ 为 α 与常数项参数相关的 $N \times 1$ 阶单位向量，θ 为空间自回归系数，β、ρ 是 $K \times 1$ 阶待估参数向量，$\boldsymbol{WY}$ 为被解释变量间发生的内生交互

效应，**WX** 为解释变量之间发生的外生交互效应，**W** 为 N×N 阶空间权重矩阵，**ε** 为误差项向量。

由于空间回归模型纳入了邻近观测值的信息，故回归系数不能直接用以度量单独一个区域解释变量和被解释变量的关系，需要将其进行分解，报告直接效应和间接效应或空间溢出效应。直接效应是指某一空间单元的特定解释变量变化对本区域被解释变量产生的平均影响；如果这一解释变量变化还引起其他空间单元的被解释变量变化，就称之为间接效应或者空间溢出效应。就直接效应和间接效应而言，SEM 模型中溢出效应通常是 0；SAR 模型中每一个解释变量的溢出效应和直接效应比值均相同，过于僵化导致一般不适用实证应用；SDM 模型中体现了特定解释变量空间滞后项系数的异质性，每个解释变量的直接效应和间接效应比值可能是不同的(LeSage，2009)。这种弹性使得 SDM 模型在实证应用中更有吸引力。此外，在不同空间计量模型相互误设情形下，SDM 更能够进行无偏系数估计。SDM 的优势使研究者呼吁应把空间计量的重点从只考虑一类交互效应的 SAR 和 SEM 转移到 SDM 上。基于此，选择 SDM 模型，并在式(2-2)的基础上构建了以下城市创新空间回归模型：

$$\text{Log}(P_i) = \rho \sum_{j=1}^{n} W_{ij} P_j + \alpha_1 \text{Log}(RD_i) + \alpha_2 \text{Log}(HIGH_i) + \alpha_3 \text{Log}(DIV_i) +$$
$$\alpha_4 \text{Log}(INDUSTRY_i) + \alpha_5 \text{Log}(HC_i) + \theta \sum_{j=1}^{n} W_{ij} X_{ij} + \varepsilon_i \qquad (2\text{-}6)$$

式中各字母含义同前几式相同。

3. 实证分析与结论

(1) 高技能迁移人口和城市文化多元性空间分布特征

使用 2010 年第六次人口普查资料，计算中国地级及以上城市文化多元性指数时，分别考察了中国地级及以上城市高技能迁移人口的空间分布和城市文化多元性的空间分布特征。

高技能劳动力迁移表现出两个特征：一是东部沿海地市成为主要的流入区域；二是集中于各省会城市。这主要是因为省会城市通常是一省经济、文化和创新的中心，因而成为吸引区域内其他城市和区域外部高技能人口流入的中心。

城市文化多元性呈现出不尽相同的空间分布特征。第一，高文化多元性城市集中分布于长三角和珠三角两大城市群,尤以长三角城市群整体文化多元性最强,京津冀城市群中北京、天津和廊坊同样具有较高的文化多元性。第二,中国边境地区诸如内蒙古、新疆北部地区等文化多元性水平较高。第三,类似于高技能迁移人口分布,省会城市具有较高的文化多元性水平。

(2) 回归结果分析

在进行模型估计之前,首先计算了各变量全局 Moran's I 指数,用以检验变量是否存在空间自相关(表 2-2)。结果显示:除了 HC 变量,其余被解释变量(P)和解释变量(RD、HIGH、DIV、INDUSTRY)Moran's I 指数的 z 统计检验值均大于关键值 2.576,统计显著性均在 1% 水平。这验证了创新变量存在着空间相关性。因此,需要在非空间回归模型中引入空间变量,即使用空间计量模型。

表 2-2 Moran's I 指数

变量	Moran's I	Z 值	p 值
P	0.351	9.177	0.000
RD	0.230	6.048	0.000
HIGH	0.105	2.829	0.002
DIV	0.572	14.894	0.000
INDUSTRY	0.437	11.409	0.000
HC	0.043	1.205	0.114

使用 Matlab(2016a)软件对城市创新空间回归模型进行模型估计,估计结果如表 2-3 所示。模型估计结果显示,调整 R^2 统计量值为 0.885,表明回归模型整体拟合效果良好,总体回归可信度较高。

(1) 被解释变量 P 的空间滞后系数 ρ 值为 0.496,且在 1% 水平上显著,证实了创新产出的空间溢出性的存在。某一城市创新产出的变化会带来邻接城市创新产出的变化,在其他影响因子不变情况下,邻接城市创新产出每增加 1%,对本城市创新产出的贡献率为 0.496%。此外,解释变量空间滞后项 W*RD、W*DIV 估计系数分别在 5%、1% 水平上显著。

表 2-3 模型估计结果

变量	弹性系数	t 值
RD	0.248***	6.985
HIGH	0.283**	4.390
DIV	0.214***	4.241
INDUSTRY	0.507***	7.651
HC	0.094***	2.139
常数项	−1.465	−6.834
$\rho(W*P)$	0.496***	8.229
调整 R^2	0.885	
对数似然值	132.309	
W * RD	−0.137**	−1.944
W * HIGH	−0.045	−0.666
W * DIV	−0.243***	−4.309
W * INDUSTRY	−0.074	−0.681
W * HC	−0.116	−1.468

注：***、**、* 分别表示在 1%、5%、10% 水平上显著，下同。

(2) 由于反馈效应的存在，弹性系数估值是有偏差的，需要计算直接效应和间接效应(空间溢出效应)的估计值，估计结果如表 2-4 所示。反馈效应源自于对一个城市的影响能够传递给邻近城市并且把邻近城市的影响返回这个城市自身。从表 2-4 中可以看出，反馈效应来自于两部分：被解释变量空间滞后 W * P 系数估计值和解释变量空间滞后估计值。高技能迁移人口变量直接效应为 0.297，弹性系数为 0.283，其反馈效应值为 0.014，是直接效应的 4.7%。文化多元性水平变量直接效应为 0.196，弹性系数为 0.214，反馈效应值为 −0.018，是直接效应的 −9.1%。

表 2-4　解释变量边际效应

变量	直接效应	直接效应的 t 值	间接效应	间接效应的 t 值	总效应	总效应的 t 值
RD	0.246***	6.487	−0.030	−0.237	0.215	1.473
HIGH	0.297***	4.475	0.190	1.321	0.487***	2.742
DIV	0.196***	4.211	−0.257***	−3.425	−0.061	−0.877
INDUSTRY	0.530***	8.418	0.333**	2.100	0.863***	5.274
HC	0.084*	1.821	−0.138	−0.932	−0.055	−0.320

（3）从直接效应上看，解释变量的回归系数均显著且为正，符合理论预期。其中，解释变量 HIGH 的直接效应为 0.297，且在 1% 水平上显著，证实假设 1 成立，即高技能人口迁移对中国城市创新存在正效应，其他影响因子不变条件下，城市高技能迁移人口每增加 10%，直接带来的城市创新产出将增加 3%。解释变量 DIV 的直接效应为 0.196，且在 1% 水平上显著，证实假设 2 成立，即文化多元性水平对中国城市创新存在正效应，保持其他影响因素不变，文化多元性水平每增加 10%，直接带来的城市创新产出增加为 2%。一个有意思的现象是解释变量 HIGH 的直接效应明显高于 HC，这意味着高技能迁移人口对城市创新的促进作用可能高于本地人力资本水平，但由于文中采用在校大学生来表征本地人力资本，这一结果仍需要采用更加细化的数据作进一步探讨。直接效应最大的解释变量为 INDUSTRY，其值为 0.530，在 1% 水平上显著，这说明了城市工业规模是城市创新产出的重要因素，揭示了专利倾向的存在，即城市创新产出和城市产业结构相关。

（4）从间接效应或空间溢出效应上看，只有解释变量 DIV 和 INDUSTRY 分别通过了 1% 和 5% 显著性水平检验，表明文化多元性水平和工业规模水平具有空间溢出效应。文化多元性水平表现为负的空间溢出效应，即某一城市的文化多元性水平提高对邻近城市创新产出具有负效应，可能的解释是某一城市文化多元性水平高，可能会吸引邻接城市人才等创新要素向该城市集聚，从而对周边城市创新产生了负效应。工业规模水平具有正向空间溢出效应，这与相邻地区的产业合作与转移相关。

三、结论与讨论

本章提出了基于创新的城市化的概念，并对其进行了实证分析。使用第六次全国人口普查资料，挖掘了高技能人口迁移统计数据，采用空间杜宾模型方法，构建了城市创新空间回归模型，测度了中国高技能迁移人口和城市多元性水平对城市创新产出的影响程度，研究得出以下结论：

基于社会经济发展背景及动力发生的重大变化，传统城市化的概念有明显的不足，基于创新的城市化概念的提出是必要的，顺应知识经济发展的背景，也可以有很好的解释城市发展的新动力、新机制和新的创新景观。基于创新的城市化，强调高技能劳动力向城市的迁移过程，促进城市职能与景观发生变化，城市知识活动与行为的扩展。基于创新的城市化是城市化的高级发展阶段，跨区域、跨国、跨文化、全球尺度等多尺度的人才流及引起的"创新流"，将成为21世纪城市化的新特点，对于发达的地区与国家尤其具有重要的意义。这一概念的提出，也加深了对区域创新系统开放性和动态性的理解与认识。区域创新系统研究将创新要素内置，强调创新要素在区域创新系统内部创新主体包括企业、大学、科研机构、政府与中介机构之间的流动，忽略了创新要素在区域创新系统之间的动态流动及带来的外部创新联系。高技能劳动力的流动不仅促进创新主体内部的有效结合，更为重要的是，创新要素，尤其是高技能劳动力在城市之间的流动，能够促进区域或城市创新系统之间的交流与合作，有利于推动城市创新系统的互动发展。

中国的创新的城市化与中国高技能劳动力的迁移有关，中国的高技能劳动力一是主要流入了东部沿海地市，另一特征是集中于各省会城市，这将推动这一区域或城市的创新的城市化的发展。城市文化多元性与人口迁移有很大的关系，中国城市文化多元性空间分布呈现三个明显的特征：第一，高文化多元性城市集中分布于长三角和珠三角两大城市群，京津冀城市群中北京、天津和廊坊同样具有较高的文化多元性。第二，中国边境地区等诸如内蒙古、新疆北部地区城市文化多元性水平较高。第三，类似于高技能迁移人口分布，省会城市具有较高的文化多元性水平。基于高层次人才流入的文化多元性会极大地推动创新城市化的发展,从而提升城市的发展水平与竞争力。

高技能迁移人口规模和城市文化多元性水平均对中国城市创新产出具有正效应。在其他条件不变的情形下,城市高技能迁移人口每增加10%,直接带来的城市创新产出增加3%;城市文化多元性水平每增加10%,直接带来的城市创新产出增加2%。这一结果表明高技能劳动力向城市的流入能够促进城市的知识活动与创新。因此,在知识经济时代,以高技能劳动力在不同空间尺度的迁移为特征的城市化过程,可以视为是一个创新过程,是城镇新发展的新动力、新机制,即基于创新的城市化。此外,实证结果表明由人口迁移带来的城市文化多元性增加是高技能迁移人口促进城市创新的机制之一。不过,城市创新水平的提升是一个综合系统,需要创新要素相互协调、相互作用,形成完善的城市创新系统。

基于创新的城市化的概念具有重要的政策意义。世界各地跨域进行知识人才、高技能人才引进竞争,使其城市保持竞争力及创新活力。我国的许多城市推出了相应的政策,吸引高层次的人才,推动基于创新的城市化。2018年,西安市推出了实现"五年留百万"大学生在西安就业创业的目标,并出台和进一步完善了三个方面19条政策举措,吸引大学生留在西安就业创业。长沙提出了大学生及高级人才落户的补贴政策。南京提出了高层次人才安居政策,武汉出台大学生落户、住房和收入新政,还有众多的城市在采取类似的政策。

当然,本研究也有不足之处:①由于地市层面的人口迁移数据收集较为困难,本研究使用的第六次全国人口普查资料数据相对较旧,也未能对高技能人口迁移和城市创新关系的时间尺度展开分析。②中国的城市化理论应该是多模式、多维度、多尺度的,基于创新的城市化仅是中国城市化发展的一个维度,中国地域较大,各地区需要根据各自的经济社会发展阶段及实际,选择本地区的城市化模式。本研究未来将在以下方面进一步深入:①以基于创新的城市化为理论框架,分析高技能劳动力迁入带来的城市创新景观的形成与变化;城市内部高技能劳动力聚集与城市创新空间。②人口迁移对整个城市产生的全局创新效应。研究仅关注了高技能劳动力的流入对城市产生的创新效应,尚未考虑高技能人口流出带来的影响,以及对城市全局产生的综合效应。③高技能劳动力迁移引发城市创新的机制。以上将是未来研究的重要方向。

第三节 基于创新的城市化案例分析：深圳、底特律、硅谷

一、深圳的案例

深圳改革开放前是我国边陲的小镇，经过 40 多年的发展，一跃成为我国重要的创新城市，深圳近年来在我国主要大中城市的创新能力比较中位居北京、上海之后，位居全国第三。深圳前 20 年的增长，用传统的城市化理论是可以解释的。改革开放政策，吸引大量的内地、港澳台地区、国外资本进入，内地廉价的劳动力形成"孔雀东南飞"，资本与劳动力结合的跨域城市化，出口导向型工业，促进了深圳的发展。但近十年来，伴随全国的全方位改革开放，深圳特区政策优势已不明显，但深圳仍然保持良好的发展势头，创新方面成就显著。传统的城市化理论难以解释这一现象。创新城市化很好地解释了深圳的发展。深圳开放的政策，大量的知识人口的移入，且输入的人口以大学以上学历人口为主，这与珠江三角洲的其他城市有明显的差别。城市人口年龄中位数低，是我国大中城市中最年轻的城市，这些知识人口来自全国不同的地域，带来不同的文化，在深圳良好的民主氛围及学习机制下，多样化的人才及文化融合、创新，使深圳保持了持续的竞争力。

二、底特律的案例

基于创新的城市化也有相反的案例，底特律是工业化时期美国重要的工业城市，汽车产业兴盛一时，也是福特主义生产方式的起源地。2013 年 7 月 18 日，底特律这座"汽车之城"正式申请破产保护，从而成为美国历史上最大的破产城市。2014 年 11 月 7 日美国联邦法官对其破产退出计划作出许可裁决，美国底特律衰落破产了！这种衰落可以从多方面进行解释。爱德华·格莱泽（Edward Glaeser）在 *Triumph of the City* 一书中作了详细的分析，底特律经

历汽车研制,到汽车产业的发展,形成了汽车产业路径依赖,并最终形成汽车产业路径锁进(lock-in),福特主义的汽车生产依赖的主要是流水线上的工人,底特律汽车制造业的发展吸引了大批低人力资本的产业工人,底特律拥有大学学历的人口仅10%,低于美国的许多城市,这使得底特律难以依靠人力资源实现城市转型发展,加上政府投资大型基础设施,忽视人力资源的投资,导致其衰落破产(Glaeser,2011)。塞伦·奥兹根(Ceren Ozgen)等对欧洲170多个区域1991—2001年的地区人口迁移与创新的研究发现,创新与三个因素有关:人口净迁入;外国人口的比重;迁入人口的平均技能水平以及移民的文化多样性。再一次说明基于创新的城市化的重要性(Ozgen,2011)。

三、美国硅谷的案例

硅谷的发展事实上是基于创新的城市化过程。人作为硅谷最重要的资产,高质量的人口迁移、多样化的移民文化以及创新文化所形成的创新的体制机制环境,造就了硅谷的持续创新与发展。

近几十年来,硅谷人口持续增长,移民(迁入和迁出)和人口自然变动(出生人数和死亡人数的差异)是形成人口增长的主要原因。这些人口群体来自世界各地,带来了世界各地的文化,尤其是创新文化,这些移民具有较高的文化素质,在硅谷的创新"制式"的规范下,这种由创新引致的城市化使硅谷成为世界的创新中心。

硅谷人口自然增长较快,外来移民增加迅速,且具有年轻的人口结构。连续15年年均迁入2.3万人。硅谷人口具有较高的文化素质。硅谷人口受教育程度与美国其他地区相比具有较大的优势,46%的成年人拥有本科及以上学历,这一比例加利福尼亚仅为31%,美国平均水平仅29%。硅谷地区拥有科学与工程(S&E)学位的人数持续增长,1995年到2006年间增加了41%。

硅谷人口具有多元化的文化。硅谷国外出生的居民所占比例很高,2012年为36%,这一比例远高于加州(27%),也高于美国平均水平(13%)。人口中拥有亚裔、西班牙裔及拉美裔,家庭使用语言也极为多样化,有英语、西班牙、汉语、越南语、菲律宾语和其他印欧语,多样化的人口对创新有极大的促进作用(Massaro and Najera，2015)。

四、基于创新的城市化的政策建议

流的空间从提出后，受到广泛的关注，人们尤其关注信息流、网络空间，但事实上，"人流"与其他的物流相比较，产生的效应显然是不同的，因为人具有创造性，不同的"人流"的迁入与迁出，与城市的发展及职能密切相关。因此，需要更为关注基于创新的城市化。

中国的城市化仍处在传统城市化阶段，目前仍强调城镇化率，未来十年乡村人口城镇化仍是城市化的主流，但是应该看到中国城市化的复杂性：(1)中国城市化的背景是在知识经济下进行的，因此，中国的城市化既具有工业城市化的一些特征，也具有基于创新的城市化的特征，提高基于创新的城市化的水平应是未来城市发展的一个重要方向。(2)中国地域辽阔，城市化发展的水平不同，我国沿海的一些大城市已进入创新发展阶段，城市已出现了多种类型的创新空间与创意空间，创新、创意已成为这些城市的重要功能，需要关注基于创新的城市化的过程对城市职能及景观的影响。

基于上述考虑，我国未来城市化在强调新型城镇化时，要将基于创新的城市化作为一个重要的发展方向，在城市化的政策设计上，要分地域、分阶段，形成因地制宜、因时制宜的城市化政策。在我国东部沿海的主要城市要大力推进基于创新的城市化，不仅吸引国内"精英"，而且要吸引国际"精英"，促进国际、国内的创业者、高层次的创新者、知识阶层的扎根，这种全球尺度的全球城市化及基于创新的城市化，必将推进我国东部沿海地区全球城市的建设，也将带动我国的城市化发展水平的提升。对我国西部地区根据城市化及经济发展的阶段要求，采取适合当地地方发展特点的城市化方略，避免仿制东部地区的城市化发展政策与措施，只有这样才能因地制宜、因时制宜地促进中国城镇化的发展。

第二篇
影响中国城市创新能力的主要因素

  本篇探讨了影响中国城市创新能力的主要因素，包括城市创新基础设施、中国主要城市人口结构、城市知识环境、城市舒适度和城市的紧凑度对中国城市创新能力的影响。

第三章 城市创新基础设施与创新产出

知识经济背景下,创新成为区域与城市发展的关键,而创新基础设施作为国家和区域创新体系的重要组成部分,在提供创新支撑、聚集创新资源、提升创新能力等方面具有重要作用。本章首先界定了创新基础设施的概念,构建了测度城市创新基础设施的指标体系,之后基于中国290个地级及以上城市的数据,使用主成分分析和GIS技术分析中国城市创新基础设施的空间格局,并通过构建知识生产函数模型,实证研究城市创新基础设施对城市创新产出的影响。

第一节 创新基础设施概念及相关研究

基础设施是指为社会生产和居民生活提供公共服务的各种物质工程设施和公共服务系统的总和,主要包括交通运输系统、能源系统、信息通信系统、供水供电系统以及其他社会公用事业,具有建设规模和工程量大、投资量大、建设周期长、公共性、服务性等特点(唐建新等,2003)。创新基础设施作为国家基础设施的重要构成,是在全球化和知识经济时代,创新驱动发展背景下产生的新概念。目前,学术界对于创新基础设施的相关研究较少,且概念界定尚未统一。根据对现有文献的分析和梳理,本节归纳出8种具有代表性的创新基础设施概念,并根据界定视角和侧重点的不同,将其分为创新主体视角、创新政策视角、创新机制视角3种类型(表3-1)。

表 3-1 创新基础设施概念的典型表述

界定视角	创新基础设施概念	具体构成	文献
创新主体	创新基础设施包括相关制造业公司、工业研发机构、大学研发机构和商业服务机构,其发展水平由创新行为主体的集聚水平决定	相关制造业公司、工业研发、大学研发和商业服务	Feldman 等(1994)
创新主体	创新基础设施是在创新体系中政府主导建设的基本组成部分	有形基础设施(物质、能源、信息);无形基础设施(制度、文化、科学技术、组织、人力资本)	吴建南 等(1999)
创新政策	政府在市场经济环境下支持创新过程的要素组合,同时表现出超越单个公司需求的规模经济	研发、财务、制造、营销	Justman 等(1986)
创新政策	支持创新活动的一些最重要的投资和政策选择	创新投入(人力和财力);其他决定研发生产率的重要指标	Furman (2000)
创新政策	一套贯穿整个经济的支持创新的投资和政策	支持国家科技进步的人力资源和金融资源;支持国家创新的公共政策	Porter 等(2002)
创新政策	支持创新活动的各种组织、机构、基金和服务体系	科技园、大学创新中心、企业协会、企业孵化器、投资金融机构等	Biktimirov 等(2016)
创新机制	创新基础设施是为创新活动提供公共服务的物质工程设施,是创新生态系统中保证创新活动正常进行、激励创新活动持续开展的公共服务系统	技术基础设施、商业基础设施、教育基础设施、社会基础设施	李天柱 等(2015)
创新机制	创新基础设施主要是指重大科技基础设施、科教基础设施、产业技术创新基础设施等支撑科学研究、技术开发、产品研制的具有公益属性的基础设施	重大科技基础设施、科教基础设施、产业技术创新基础设施	国家发改委新闻发布会(2020-4-20)

我们认为,定义创新基础设施首先要明确以下两点:第一,创新基础设施不同于传统的基础设施,内涵不能太泛,不应包括研发投入、政策、人力资本

等要素。这是因为此类要素是决定创新发展的根本性因素,变动性较大,如果将其纳入创新基础设施,概念内涵会过于宽泛,就失去了定义创新基础设施的必要性。第二,创新基础设施不同于创新环境,后者更强调创新主体、集体效率及创新行为所产生的协同作用,且内容过于广泛,而创新基础设施则应聚焦于影响创新的最基础的物化的设施设备及公共服务活动系统。基于以上两点认识,本节对创新基础设施作出如下界定:创新基础设施是指保证创新相关活动顺利进行的各种物质工程设施和公共服务系统的总和,是国家、区域、城市以及企业进行创新相关活动的基础和前提条件,包括支撑各类创新活动的物质条件和服务条件。

传统的基础设施对城市与区域发展的促进作用已被证实(金凤君,2004;吴建南等,2009)。随着知识经济的蓬勃发展,城市与区域的经济发展已经不再完全由一般资源的占有量和工业发展水平决定,而是越来越依赖于科学技术的发展和创新能力的提升(吕拉昌,2017)。是否拥有完善发达的技术创新基础设施系统成为各类经济主体进行技术创新的关键(吴建南等,1999)。在此背景下,中国始终将创新作为国家发展的第一动力,明确提出创新驱动发展战略,实施了一系列促进技术创新的重大举措,并于2020年4月首次将创新基础设施纳入"新基建"范围,提出要"超前部署创新基础设施",进一步凸显了创新基础设施在国家建设中的重要地位和特殊使命(龙跃梅,2020;隆云滔,2020)。创新基础设施作为国家和区域创新体系的重要组成部分,正逐渐成为国家参与全球竞争、建设世界科技强国的重要战略资源,对于推动区域创新发展、建设创新型国家具有重要的现实意义(王稼琼等,1999)。目前,中国大部分城市正处于由工业城市向创新型城市转化阶段,创新基础设施发展水平依然较为落后,国家创新基础设施建设亟待加强(张于喆,2015)。因此,我们有必要就创新基础设施的发展格局及其对影响创新产出的空间效应展开研究,从而为国家制定创新发展战略、城市与区域实施创新发展举措提供理论参考和科学依据。

20世纪80年代之后,创新基础设施这一概念逐渐兴起,早期研究始于开放经济背景下对创新政策的探讨。Justman(1986)等认为在市场经济环境下单个企业没有足够的能力创造促进区域创新及扩散的条件,需要政府通过发展创新基础设施提供更多的支持。Freeman(1987)提出科学技术政策能促进企业创新,并认为良好的基础设施环境是促进技术创新的重要机制。之后,国内外学者逐渐认识到创新基础设施在创新发展中的重要性(吴建南等,1999;Florida,1994),并针对二者之间的关系展开研究。从已有的研究文献看,学者们从宏观层面上关注创新基础设施对区域创新能力的影响(Florida,1994;Furman et al.,2000;Keeley,2006;程雁和李平,2007);在微观层面上分析了城市内部的企业(吴晓松,2012;蔡晓慧等,2016)、高校(党杨等,2017;邓草心,2013)、产业集群(Irina et al.,2018)、国家高新区(张克俊,2010)等各部门创新基础设施的建设情况及其对各部门创新能力的影响。然而,迄今为止,学术界对于创新基础设施的概念尚未统一,测度指标不尽相同。大多数研究仅是基于政策解读和案例解析的定性分析,实证研究相对较少,且主要集中于对发达国家的分析,在发展中国家,如中国,这种研究结论是否成立还需要进一步的核实。另外,城市是创新的重要载体,但在城市尺度上,创新基础设施是否有利于创新产出仍没有基于定量分析的实证研究,限制了创新基础设施建设的实践。因此,本节提出一个科学问题:在发展中国家,基于城市尺度的创新基础设施建设是否能促进城市创新产出?

第二节 中国创新基础设施发展历程

根据不同时期中国创新基础设施发展状况,可把中国创新基础设施发展划分为以下三个阶段:

一、起步阶段(20世纪50年代初至70年代末):以国家建设为导向的创新基础设施建设

中国创新基础设施的建设起步较晚,最初主要是基于国家发展需要的科技基础设施建设。新中国成立初期,中国经济建设和社会发展主要依靠大规模的工业建设。为了解决发展过程中存在的重大科学技术难题,国家在一些国民经济发展的重点领域(如化工冶金、计算机、半导体、自动化、电子等)和重点科学技术领域(如数学、化学、物理、植物、动物、微生物、遗传等)陆续建设了

一批科研院所,并依托大型工业部门和科研院所研制了一些大型科学仪器,用以支持科学研究和技术开发。但由于当时处于计划经济背景之下,中国企业活动以生产为主,只有少量的工业实验室,企业研发机构极少,研发活动规模小。由于国家建设的需要,人才培养深受重视,一大批高等院校陆续建成,这一时期的高等学校数量除"文革"期间有所下降之外,整体上呈增加趋势。

二、快速发展阶段(20世纪80年代初至90年代末):以创新体系建设为导向的创新基础设施建设

20世纪80年代,为了改善中国基础研究整体实力薄弱、科技水平落后的状况,国家开始了以创新体系为导向的创新基础设施建设。1984年国家重点实验室建设计划的组织实施,揭开了重点实验室建设的序幕。在此后的十年间,国家先后在基础研究和应用研究领域建设156个重点实验室,之后国家重点实验室的建设主要围绕科学技术新兴前沿领域展开。为进一步满足国民经济发展的需求,90年代后期开始组织实施国家工程技术研究中心建设计划。截至2000年,全国共建立95个工程技术研究中心。随着新一轮科技革命的深入和信息技术的发展,中国顺应新的发展形势,新建了一批以理化技术、软件、微电子、空间科学、空间应用工程与技术等为主要研究方向的科研院所,完善了国家基础科学和应用科学领域的建设。

20世纪80年代开始,中国高等院校逐步扩大招生规模、完善培养制度、优化学科体系、兴办科技型产业及大学科技园,以支撑国家创新体系建设。1999年科技部和教育部确立了包括清华大学国家大学科技园、北京大学国家大学科技园在内的15个国家大学科技园试点(王惠礼等,2003)。之后,各地区大学科技园规范有序发展,逐渐成为高校创新成果转化和高新技术产业发展的孵化器(阳剑兰,2003)。

改革开放之后,中国的沿海地区成为经济发展的重心,形成了以制造业为主的劳动密集型中小企业集群。要提高生产效率,推动产业升级,离不开高新技术企业的发展。为进一步集聚创新资源,部署高新技术企业发展,国家自1988年启动火炬计划,进行高新技术产业开发区、高新技术创业服务中心以及国家火炬计划软件产业基地等的建设(李金华,2019)。这一时期,伴随中国

信息化进程的发展,信息技术成为中国高新技术的龙头产业,技术市场的发展进一步推进了科技成果转移转化的进程,也促进了科技服务这一新生业态的发展。自1987年中国第一家科技企业孵化器在武汉成立到20世纪末,已形成国家级企业技术中心、省级企业技术中心和一般企业研发机构三个层次,已建成164家科技企业孵化器,在促进新产品的开发与科研成果转化、孵化和培育科技型中小企业以及新兴产业等方面取得了显著的成效。

三、质量提升阶段(21世纪初至今):以高质量发展为导向的创新基础设施建设

进入21世纪,创新基础设施建设水平进一步提升,逐渐由高速发展转向高端发展。在重点实验室建设基础上,进一步开展了省部共建国家重点实验室培育基地工作。2006—2016年,国家建成并正常运行的重点实验室达254个,涉及科研机构、高校、企业等各个部门,覆盖了基础科学研究和应用科学研究的重点领域。国家工程技术研究中心建设也受到重视,截至2016年,全国各地共建成省部级工程技术研究中心以及依托高科技企业的工程技术研究中心347个(孙晓冬等,2019)。此外,一系列代表科学技术前沿的国家重大科技基础设施也相继投入建设,500米口径球面射电望远镜(FAST)、大亚湾反应堆中微子实验站、天宫二号空间实验室、量子通信卫星等标志着中国科技基础设施质的飞跃。

2001年5月,科技部、教育部认定第一批国家大学科技园,截至2019年,国家已持续开展11批国家大学科技园的认定工作,认定国家大学科技园115家,在创新要素集聚、科技人才培养、产学研合作、新兴产业培育等方面作用重大。近年来,中国许多科研机构、企业和高校等部门设立了大型科学仪器开放共享平台,有效提升了资源利用效率和科技创新效率。为适应经济发展的需要,越来越多的企业开始建立研发机构,成为推动企业自主创新、提高区域创新能力的重要力量。2011年,科技部启动实施了"创新型产业集群建设工程",集群内聚集了大量专业化研发队伍、专业化的管理和培训服务平台、专业化的中介服务机构和创新创业孵化平台。截至2020年,中国科技企业孵化器已突破5000个。

综上所述，中国创新基础设施建设虽然起步较晚，但发展稳定且迅速，在国家重大科技基础设施、科教基础设施、产业技术创新基础设施、创新创业服务基础设施等方面都有较大突破。国家重大科技基础设施体系日益完善，新型研发机构成为创新驱动发展的新力量，产业集群创新基础设施及创新技术创新能力不断转型升级，创新服务生态体系不断优化完善。

第三节　研究框架、方法及数据

一、分析框架

创新基础设施在概念上的逻辑和边界已经清晰，即物化性的创新投入以及服务性的创新支持。基于其支撑科学研究、技术开发、产品研制的具体功能，可将物化性的创新投入细化为"国家重大科技基础设施"、"科教基础设施"和"产业技术创新基础设施"，服务性的创新支持则主要体现为"创新创业服务基础设施"的建设水平。四种类型的创新基础设施在复杂的创新过程中分别扮演着不同的角色，承担着不同的职能(图3-1)。

国家重大科技基础设施为进行科学探索、实现技术变革、解决全球共同面临的重大问题提供了有效支撑，是推动人类文明进步的时代重器(伍浩，2019)，其"重大"不仅体现在科技发展的目标和意义上，还体现在组织规模和投资体量等方面(王贻芳和白云翔，2020)。这类设施由国家重点实验平台和大型科学仪器及装置构成，国家重点实验平台是促进科学思想交流、学科交叉研究的重要场所，也是培养科技人才的重要基地，大型科学仪器及装置是大量高技术的集成，为实现核心关键技术突破、促进高技术产业创新提供重要支撑。科教基础设施是进行研究与开发活动、实现"产学研"协同创新的重要空间载体，构成了创新活动要求的科研装备体系(邢淑英，2009)，主要包括研发机构、大学科技园、公共图书馆等，旨在通过科学教育培养一批具有科学知识、传播科学思想、发扬科学精神的后备人才。产业技术创新基础设施是产业创新的重要载体，在促进新工艺和新技术发展、推进产业融合、产业链协同、产业集群转型等方面提供有效支撑作用,在产业技术创新体系及大企业双创体系构建过程中起到重要的推动作用(李佳洺等,2016)。创新创业服务基础设施为创新创业活动提供有力的服务性支持,通过打造人才培训平台、咨询服务平台、成果转化平台等创新服务型平台,提供知识供给、研发规划、要素集聚、技术检测、技术推广等服务,推动创新主体(国家级科研机构、高校、科研院所及企业)之间的技术融合与成果转化,进一步促进技术转移和创新扩散(闫同柱,2020),包括创新孵化器、众创空间和技术转移机构等。

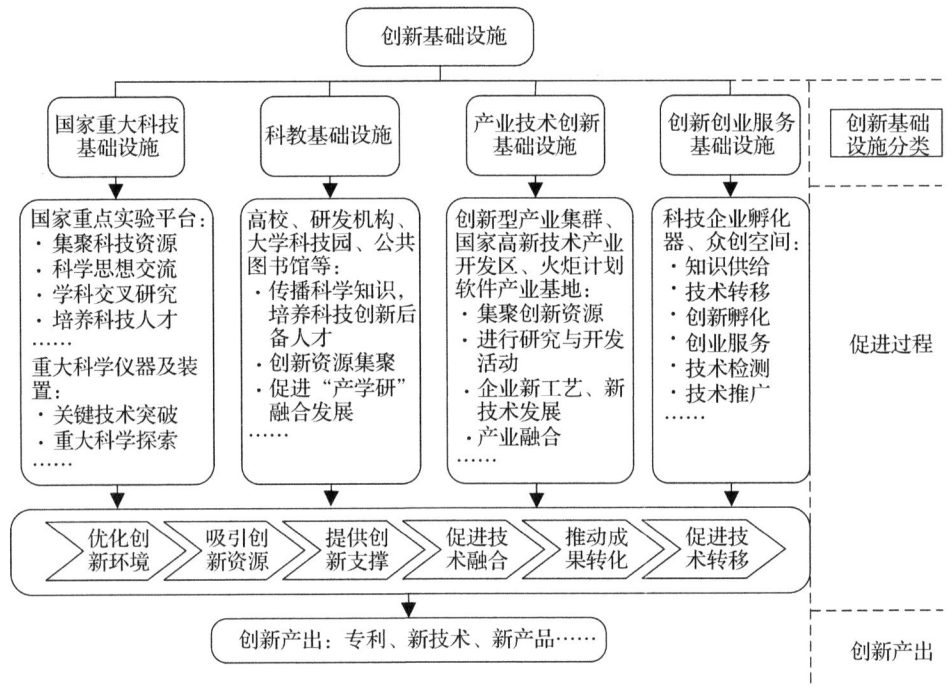

图 3-1 创新基础设施促进创新产出的分析框架

总而言之,创新基础设施对创新产出的影响涉及多个方面,虽然不同类型创新基础设施之间存在相互区分、相互独立的内涵与特征,但它们作为创新发展的重要支撑,共同构成一个有机的作用整体,推进形成人才、技术、资源、产业、平台相互促进、协调的创新局面。概括地说,作用机制主要包括以下两个方面:一是城市创新资源聚集。创新基础设施有效承载了创新要素在区域内和区域间的流动(张庆滨,2012),科研院所、国家级实验室、科技园区、产业集群等既为城市创新提供了必要的基础性条件,也促进了城市的技术扩散和创新扩散(张玲,2006),从而为城市间及区域间的知识交流和技术合作创造条件,节省了创新的时间成本和经济成本,降低了创新过程中的风险性和不确定性,促进了知识溢出和更多创新活动的发生(孙玉涛,2010)。二是城市创新环境。城市的创新和学习支持性环境体现在拥有完善的创新基础设施、良好的制度与文化环境等方面(张健,2012)。良好的城市环境是企业进行区位选择的重要影响因素,有利于人才集聚与资源集聚,提高企业创新能力和企业学习能力,保障城市创新活动的顺利开展及城市创新系统的有效运行(周立军,2009)。

二、研究方法

1. 创新基础设施评价指标的主成分分析

主成分分析法是一种在尽可能减少信息损失的同时综合提取有效信息的降维方法,可以把多个变量简化为几个综合变量,以计算城市创新基础设施的综合得分,确定各城市创新基础设施发展的差异化水平。具体步骤包括:①对创新基础设施的原始数据进行标准化处理,以提升数据间的可比性;②进行KMO和Bartlett检验,检验样本数据是否符合主成分分析的要求;③进行Cronbach α 信度检验,检验数据稳定性;④进行主成分分析,提取特征值大于1的主成分,并计算主成分载荷;⑤以每个主成分的方差贡献率作为计算权重系数,对多个主成分进行加权求和,得到创新基础设施综合得分。

2. 中国城市创新基础设施影响中国城市创新产出的空间计量分析

在传统线性回归模型中纳入空间效应,进行空间计量分析和检验。首先通过 Moran's I 指数测度各个变量的空间自相关性,若存在空间自相关,则进一步在城市创新产出的双对数知识生产函数模型的基础上,构建空间计量模型,并基于地理学的空间视角分析城市创新基础设施对城市创新产出的影响(吴玉鸣,2006)。本节使用的空间计量模型是空间滞后模型(Spatial Lag Model,SLM)与空间误差模型(Spatial Error Model,SEM),它们均考虑空间效应的影响,适用于截面数据的回归分析。

(1)全局空间自相关分析(Global Moran's I)

全局空间自相关(Global Moran's I)可以根据要素的位置数值度量其在空间上的集聚与分散程度。计算公式为(周佳宁等,2020):

$$I = \frac{n \sum_{i=1}^{n} \sum_{j=1}^{n} W_{ij}(X_i - \bar{X})(X_j - \bar{X})}{\sum_{i=1}^{n}(X_i - \bar{X})^2 \sum_{i=1}^{n} \sum_{j=1}^{n} W_{ij}} \tag{3-1}$$

式中,n 为地区总数,$\bar{X}$ 为样本平均值,X_i、X_j 为样本 i 和 j 的观测值,W_{ij} 为空间权重矩阵,Moran's I 的取值范围为[-1,1],Moran's I>0 为空间正相关;Moran's I=0 为随机分布;Moran's I<0 为空间负相关。

(2)知识生产函数模型

知识生产函数是研究区域内的知识生产、知识溢出及其影响因素的重要理论模型。学者们倾向于将专利引入知识生产函数,分析创新投入与创新产出的关系(马静等,2017)。其中,研发经费和人力资本是创新投入的两个重要部分。相关研究表明,工业比服务业拥有更高的知识产出和专利密度(李志宏等,2013)。基于此,结合本节的主要研究目标,将城市创新基础设施水平、研发投入强度、人力资本水平以及工业规模水平纳入知识生产函数,构建双对数线性形式的知识生产函数模型:

$$\mathrm{Log}(\mathrm{PATENT}_i) = \alpha_0 + \alpha_1 \mathrm{Log}(\mathrm{INFRAS}_i) + \alpha_2 \mathrm{Log}(\mathrm{R\&D}_i) + \alpha_3 \mathrm{Log}(\mathrm{HUMAN}_i) + \alpha_4 \mathrm{Log}(\mathrm{INDUSTRY}_i) + \varepsilon \tag{3-2}$$

式中,PATENT_i 为 i 城市的创新产出水平;INFRAS_i 为 i 城市的创新基础设施水平;$\mathrm{R\&D}_i$ 为 i 城市的资金投入水平;HUMAN_i 为 i 城市的人力资本水平;$\mathrm{INDUSTRY}_i$ 为 i 城市的工业规模水平;α_0、α_1、…、α_4 为各变量的系数,ε 为随机误差项。

(3)空间滞后模型(SLM)

空间滞后模型(SLM)考虑到邻近区域的因变量之间可能存在相互影响,因此将因变量的空间滞后值作为自变量纳入回归。空间滞后模型的表达式为:

$$y = \rho Wy + X\beta + \varepsilon \tag{3-3}$$

式中，y 为因变量；ρ 为空间滞后变量的回归系数，能够测度要素在空间上的扩散或溢出程度；W 为空间权重矩阵；Wy 为空间滞后因变量；X 为外生解释变量矩阵；β 表示自变量对因变量的影响程度；ε 为随机误差项。

(4) 空间误差模型(SEM)

空间误差模型(SEM)考虑到某些因素会共同影响邻近的空间单元，如果这些影响没有被纳入回归模型，那么这些影响就会被包含在误差项中，造成误差项的空间相关。空间误差模型可以把这些共同的影响因素考虑进来，从而消除误差项的空间相关。空间误差模型的表达式为：

$$y = X\beta + (1 - \lambda W)^{-1}\varepsilon \tag{3-4}$$

式中，λ 为空间误差系数；其余参数解释同上。

3. 变量选择与数据来源

结合创新基础设施的概念界定及理论框架分析，依据科学性、系统性和可操作性原则，构建测度中国创新基础设施综合水平的指标体系(表3-2)。同时，选择研发投入强度、人力资本水平以及工业规模水平三个因素作为控制变量，将城市创新基础设施水平对创新产出的影响进行空间计量分析，具体数据说明见表3-3。由于部分城市缺乏相关数据，本节选取了中国290个地级及以上城市作为研究对象，香港、澳门和台湾地区未包含在内。

表3-2 创新基础设施评价指标体系

目标层	准则层	指标层	数据来源
创新基础设施	国家重大科技基础设施	国家重点实验室、国家工程技术研究中心、大型科学仪器及装置	中国科技资源网
	科教基础设施	科学研究与技术开发机构数、规模以上工业企业办研发机构数、高等学校数、国家大学科技园数、公共图书馆图书藏量(册)	各城市统计年鉴以及各城市统计局、中华人民共和国科技部、《中国城市统计年鉴》

续表

目标层	准则层	指标层	数据来源
创新基础设施	产业技术创新基础设施	创新型产业集群企业总数、国家高新技术产业开发区企业总数、火炬计划软件产业基地企业总数	科技部火炬高技术产业开发中心、《中国火炬统计年鉴》、各城市统计年鉴及各城市统计局,部分数据来源于网络新闻和公开信息
	创新创业服务基础设施	国家级科技企业孵化器数、众创空间数、国家技术转移示范机构数	

表3-3 空间计量分析变量说明

变量	具体变量	变量说明	数据来源
被解释变量	创新产出	发明专利申请量	国家专利信息服务平台
解释变量	城市创新基础设施水平、研发投入强度	城市创新基础设施综合得分、R&D经费支出占地区GDP比重	主成分分析结果、各城市统计年鉴以及各城市统计局
控制变量	人力资本水平、工业规模水平	每万人口科技从业人员数、规模以上工业企业数	由《中国城市统计年鉴》数据计算得到

第四节 结果分析

一、中国城市创新基础设施综合水平及空间格局

1. 中国城市创新基础设施综合水平测度

使用SPSS17.0对创新基础设施各维度指标进行KMO和Bartlett球形检验,原始变量的KMO值为0.925,近似卡方值为6738.02,检验结果显著,说明适合采用主成分分析降维;Cronbach α信度检验结果表明,样本数据信度为0.971,数据稳定性较好。进一步运用SPSS软件进行主成分分析,对中国地级及以上城市的创新基础设施的14个变量进行方差最大正交法旋转。结果显示,14个创新基础设施变量的信息主要集中在两个主成分中(表3-4为提取

的特征值大于1的主成分），其正交旋转后的特征值均大于4，累计方差贡献率为82.894%，即前两个主成分累计含有原始14个变量82.894%的信息量，能够较好地代表城市创新基础设施水平。因此，可以提取前两个主成分作为评价创新基础设施的主成分，进而评价中国290个地级及以上城市创新基础设施的综合水平。

表3-4 主成分特征值及贡献率

成分	特征值及贡献率			正交旋转后的特征值及贡献率		
	特征值	贡献率/%	累计贡献率/%	特征值	贡献率/%	累计贡献率/%
1	10.311	73.648	73.648	6.395	45.677	45.677
2	1.294	9.246	82.894	5.210	37.217	82.894

在确定主成分后，运用SPSS软件可以得到中国城市创新基础设施在各主成分上的主成分得分，每个城市对应两个主成分得分。获得各个主成分正交旋转后的方差贡献率，并以此为权重，基于各个城市的主成分得分进行加权求和，得到290个地级及以上城市的创新基础设施综合得分及排名（表3-5只保留前10位与后10位），并根据数值大小，将其划分为高、中、低三种类型，用来表征不同程度的创新基础设施发展水平。其中，北京和上海分别以7.236和3.919的综合得分遥遥领先于其他城市，其次为武汉、成都、天津、广州、杭州、深圳、南京。创新基础设施水平较低的城市为嘉峪关、七台河、中卫、固原、定西、资阳、鄂州、朝阳、贵港等，这些城市的创新基础设施综合得分均在-0.203以下。整体来看，2016年中国创新基础设施低水平发展（综合得分小于0）的城市有233个，占研究城市总数的80.34%；创新基础设施高水平发展（综合得分大于1）的城市有12个，仅占研究城市总数的4.14%。这说明中国大部分地级及以上城市创新基础设施水平较低，创新基础设施高水平发展的城市较少，城市创新基础设施建设发展的整体水平较低。

表 3-5　中国地级及以上城市创新基础设施综合得分前 10 位与后 10 位

排名	城市	综合得分	排名	城市	综合得分
1	北京市	7.236	281	酒泉市	−0.203
2	上海市	3.919	282	贵港市	−0.204
3	武汉市	1.841	283	朝阳市	−0.204
4	成都市	1.596	284	鄂州市	−0.205
5	天津市	1.486	285	资阳市	−0.205
6	广州市	1.423	286	定西市	−0.206
7	杭州市	1.419	287	固原市	−0.206
8	深圳市	1.381	288	中卫市	−0.206
9	南京市	1.326	289	七台河市	−0.209
10	西安市	1.244	290	嘉峪关市	−0.211

2. 中国城市创新基础设施空间分布格局

为了更直观地显示中国城市创新基础设施的空间分布，本节对 2016 年中国地级及以上城市创新基础设施综合得分进行分析。中国各城市创新基础设施的发展水平存在显著的空间差异，整体上表现为东部沿海地区的城市创新基础设施水平高于中西部地区的城市创新基础设施水平，并呈现出多样性的特征。创新基础设施高水平发展城市数量极少，且分布较为分散；中等水平发展城市大体分布在高水平发展城市周围，主要集聚于京津冀、长三角、珠三角等区域，在辽宁、山东、湖北、河南等地也有零星分布；低水平发展城市在全国范围内广泛分布。

二、中国创新基础设施影响城市创新产出的空间回归分析

1. 空间自相关性检验

使用 GeoDa 软件，对表 3-6 中的所有变量进行全局空间自相关（Global Moran's I 指数）分析，检验研究变量在地理空间中的相互依赖性。检验结果显示各变量在空间上存在正向的不同程度的空间自相关性（表 3-6）。创新产出（PATENT）、研发资金投入强度（R&D）和工业规模水平（INDUSTRY）三个变量均通过了 1% 水平的显著性检验，说明三者在空间上存在较强的集聚特征；

根据拟合程度最优的空间误差模型（SEM）估计结果，空间误差项系数 λ 为 0.330，并通过了 1% 的显著性检验，表明城市之间的创新产出存在明显的正向空间溢出效应，即一个城市的创新产出不仅受当地创新基础设施及其他因素的影响，还受到周围地区相关因素的影响，邻近地区的创新产出水平每提高 1%，本地区的创新产出水平将会提高 0.33%。SEM 模型中，创新基础设施水平、研发投入强度、人力资本水平、工业规模水平的所有变量的回归系数均显著为正，除人力资本水平通过 5% 的显著性检验外，其他指标均通过了 1% 的显著性检验。创新基础设施水平（INFRAS）对城市创新产出的回归系数为 0.175，表现为创新基础设施水平每提高 1%，创新产出正向变动 0.175%。这主要得益于创新基础设施对城市创新产出的直接和间接影响。直接影响主要表现为创新基础设施通过集聚创新资源、搭建创新平台等方式为创新研发活动提供物质保障，进而促进城市创新产出；间接影响表现在通过提升人流、物流、知识流、信息流在空间范围内的流动速度，提高知识生产函数中对生产要素的使用效率，增加创新主体之间的交流与合作，促进知识的扩散和溢出，进而在数量和质量两个方面提升城市创新产出水平。在其他因素中，研发资金投入强度（R&D）、工业规模水平（INDUSTRY）和人力资本水平（HUMAN）每提高 1%，创新产出分别正向变动 0.637%、0.151% 和 0.073%。可以看出研发资金投入和人力资本水平均能促进创新产出，这与国内外多数研究结果一致，创新资源投入（财力投入、人力投入）是城市创新系统的重要组成部分，在很大程度上决定了城市的创新产出水平（何舜辉等，2017）。其中人力资本水平虽然对创新产出存在正向影响，但贡献程度相对较低，可能是因为我国城市人力资本存在资源配置不合理、使用效率低下等现象，导致人力资本转换为创新产出的能力不足，人力资本的价值尚未充分体现，也可能是因为创新研发活动大多是向资本密集型而非劳动密集型发展。工业规模水平对创新产出也具有显著正向影响，这与吕拉昌等（2018）的研究结果一致，可以解释为工业规模水平具有正向空间溢出效应，工业规模的扩大增加了城市与相邻地区的产业合作与转移的可能性，也进一步说明了城市创新产出和城市产业结构相关。

第五节 结论与讨论

本节在理论分析与实证研究的基础上,分析了创新基础设施的空间格局及其对创新产出的影响。基于既有文献研究,首先界定创新基础设施的概念及内涵,将其划分为国家重大科技基础设施、科教基础设施、产业技术创新基础设施及创新创业服务基础设施4种类型,将其发展历程划分为以国家建设为导向的起步阶段、以创新体系建设为导向的快速发展阶段和以高质量发展为导向的质量提升阶段,进而提出城市创新基础设施影响创新产出的分析框架,并在此基础上进行实证研究。研究主要结论如下:

第一,创新基础设施是一个新的并且内涵较为广泛的概念,相关研究在国内起步较晚,在国外虽有一定的研究基础但也未成体系,对创新基础设施的概念界定要么过于片面,要么过于宽泛。本节在前人研究的基础上,区分创新基础设施、基础设施与创新环境的具体内涵,强调创新基础设施的"创新"针对性,明确创新基础设施的物质支撑和创新服务功能,进而提出创新基础设施的概念。这一概念的提出具有一定的创新价值,顺应创新驱动发展的新时代背景,也可以很好地解释城市创新发展的新动力和新机制,在一定程度上丰富了创新基础设施的相关研究,也为国家推进创新基础设施建设提供科学依据。

第二,中国城市创新基础设施水平整体偏低,且存在显著的空间差异,整体上表现为东部沿海地区的城市创新基础设施水平高于中西部地区的城市创新基础设施水平,并呈现出多样性的特征。创新基础设施高水平发展城市数量极少,且分布较为分散;中水平发展城市大体分布在高水平发展城市周围,主要集聚于京津冀、长三角、珠三角等区域,在辽宁、山东、湖北、河南等地也有零星分布;低水平发展城市在全国范围内广泛分布。创新基础设施水平最高的城市为北京和上海;其次为武汉、成都、天津、广州、杭州、深圳、南京、西安、重庆、苏州;创新基础设施水平较低的城市为嘉峪关、七台河、中卫、固原、定西、资阳、鄂州、朝阳、贵港等。

第三,创新产出存在显著的正向空间溢出效应,周围地区的创新产出水平每提高1%，本地区的创新产出水平提高0.33%。城市创新基础设施水平能够有效促进创新产出的增加，创新基础设施水平每提高1%，创新产出正向变动0.175%。创新基础设施能够通过集聚创新资源、搭建创新平台等方式为创新研发活动提供物质保障，并通过促进人流、物流、知识流、信息流在空间范围内的流动，提高知识生产函数中对生产要素的使用效率，增加创新主体之间的交流与合作，促进知识的扩散和溢出，进而推动城市创新产出水平的提升。加强城市创新基础设施建设对促进创新发展、城市转型发展尤为重要。政府需要制定创新基础设施的发展规划与建设规划，有效推动中国的城市创新基础设施建设。

第四，创新基础设施的研究具有重要的政策意义。国家根据新冠疫情后的复工复产提出加强"新型基础设施"建设，这既是当前局势下的权宜之计，也是保证中国经济长期稳定发展的重大战略。将创新基础设施纳入"新基建"，充分显示了科技创新在国家建设中的重要地位。因此，需要以此为契机，加强中国创新基础设施建设，在重大科技基础设施、科教基础设施、产业技术创新基础设施及创新创业服务基础设施方面加强投入，改变我国创新基础设施发展水平不高的局面，形成中国城市知识经济发展的新引擎，推动中国的城市创新与转型，促进创新型国家的建设。

此外，本节仍存在一些不足：首先，虽然根据国内外相关学者的建议，构建了中国创新基础设施的评价指标体系，并基于数据的可获得性，进行了现状评价，但由于数据收集的限制，一些可能对城市创新有显著影响的创新基础设施指标未被包含在内，可能导致创新基础设施评价指标体系不够完善，难以精确反映一个城市的创新基础设施发展水平；其次，本节仅选取了2016年一个年份进行研究，虽然反映了中国城市创新基础设施的现状，但仅从静态反映中国城市创新基础设施发展现状与格局及其对城市创新产出的影响。因此，今后研究将进一步完善中国的创新基础设施评价指标体系；划分不同经济阶段进一步研究不同经济发展阶段的创新基础设施对城市产出的影响。

第四章　中国主要城市人口结构与城市创新能力的关系

城市人口与城市发展有较复杂的关系,在知识经济的今天,人口作为创新的重要的资源之一,对创新发展有重要的影响,尤其人才因素对创新发展影响更为重要。本章基于我国50个样本城市分析,对各城市人口结构要素、总体人口结构与城市创新能力进行相关性分析,试图回答中国城市人口结构与城市创新能力之间的关系。以通过改善城市人口结构,提升中国的城市创新能力。

第一节　城市人口与城市创新能力

人口与经济发展的研究有较长的历史。古希腊时期,柏拉图(Plato)在《理想国》一书中阐述了教育对人口素质的提高乃至城邦制度的巩固繁盛的贡献。古典经济学家亚当·斯密(Adam Smith)认为满足资本主义经济发展的需要,提高劳动生产率是直接原因,归根结底就是人口质量的提升。近代经济学家巴蒂斯特·萨伊(Jean Baptiste Say)在《政治经济学概论》中强调人才特别是有才能的企业家对积累资本、促进社会生产力的重要作用。威廉·配第(William Petty)认为国家的富强依靠人民技术水平和勤劳程度。李嘉图(David Ricardo)在《政治经济学及赋税原理》中指出,不仅要把人口和生活资料作对比,更要把人口和生产资料、就业手段等联系起来。马克思主义人口理论认为,适量的人口能够促进物质资料的生产,也就是能够提高经济水平(陈芳芳,2011)。

现代西方经济学对人口与发展进行了大量研究。美国经济学家西奥多·舒尔茨(Theodor W. Schultz)提出了"人力资本理论",强调人力资本对发展的重要性。美国经济学家罗伯特·卢卡斯(Robert Lucas)阐述经济增长理论应该更关注人类资源转化为人力资本的积累，并提出人力资本内生型经济增长理论。20 世纪 90 年代以后，新经济增长理论将知识和人力资本因素引入到经济增长模式当中，其理论核心是专业化的知识和人力资本累积可以产生递增的收益，从而使总规模收益递增。

城市人力资源对城市的作用，是通过创新体现的，创新和城市密不可分。城市有丰富的信息，企业为获取信息，寻找供应商、合作者和客户与城市相关联，更为重要的是城市有丰富的人力资本，人口是人力资本的基础要素。Glaeser(1998)认为受过教育人口密度高的地方，更有利于推动区域经济增长。英国学者 Simon(1986)认为城市创新的核心是高素质的劳动力，因为城市创新要求当地成员具有应对复杂、全球化机遇的能力，并且应当具备相应的组织结构，例如有主持资金运作的能力、先进的生产技术和服务知识、创新的创业形式以及良好的法律制度和管理机制。美国学者理查德·弗洛里达（Richard Florida，2002）在《创意阶层的崛起》一书中，提出了著名的城市创意的 3T 理论（3Ts Model：Technology，Talent，Tolerance），认为城市的创意与城市的三个条件——技术、人才和包容性密切相关。

上述研究强调人力资本与人才对城市创新、创意的作用，人口质量作为人力资本的一个重要因素，与城市创新关系密切，这一观点已被证明。但从人口结构角度，人口自然结构、社会结构、地域结构到底与城市创新有无关系？关系如何？本章基于我国内地 50 个样本城市，通过对中国 50 个城市人口结构与城市创新的相关性分析，试图回答人口结构与城市创新的关系问题。

第二节 中国主要城市创新能力测度

一、研究对象及资料来源

选取了中国部分地级及以上城市作为研究对象，根据由《科技日报》、北京大学战略研究所、全国科技振兴城市经济研究会等多个单位联合发布的《2011

年中国城市创新报告》中对城市的创新排名①,确定了创新能力排名前100名中直辖市、副省级市、省会城市和地级市4个类别的50个创新能力较强的城市作研究对象。其中,(1)直辖市共4个:北京、上海、天津、重庆。(2)副省级城市共15个:深圳、广州、宁波、杭州、南京、青岛、武汉、成都、大连、沈阳、西安、长春、厦门、济南、哈尔滨。(3)省会城市共7个:长沙、郑州、福州、石家庄、太原、合肥、昆明。(4)地级市共24个:苏州、佛山、东莞、无锡、嘉兴、绍兴、烟台、温州、珠海、常州、泉州、淄博、中山、南通、金华、唐山、台州、潍坊、包头、江门、威海、大庆、东营、镇江。

本节资料来源包括:第六次全国人口普查数据、各市第六次人口普查数据、《中国城市统计年鉴2011》、《中国城市年鉴2011》、《中国科技统计年鉴2011》、《中国统计年鉴2011》、《中国火炬统计年鉴2011》、2011年各样本城市统计年鉴及各样本城市政府公开网站相关统计数据等。

二、中国主要城市创新能力测度

本节选取26个综合性指标,构建由目标层、准则层、指标层三个层次组成的城市创新能力指标体系(表4-1),并利用主成分分析法分析所选出的中国50个主要城市的创新能力现状。

表4-1 城市创新能力指标体系

目标层	准则层	指标层	单位
城市创新能力	知识创新能力	X_1:普通高等学校数	所
		X_2:普通高等学校教师数	人
		X_3:从事科技活动人员数	人
		X_4:每万人享受科学与教育财政投入	万元
		X_5:科技活动经费内部支出	千元
		X_6:平均受教育年限	年
		X_7:大专以上人口比重	%

① http://sass-ces.com/details.php?id=109.

续表

目标层	准则层	指标层	单位
城市创新能力	技术创新能力	X_8：工业企业数	个
		X_9：外商投资企业数	个
		X_{10}：R&D经费内部支出	千元
		X_{11}：授权专利数	个
		X_{12}：信息传输、计算机服务和软件业及科学研究、技术服务和地质勘查业从业人员	人
		X_{13}：国家高新技术产业区开发工业总产值	千元
		X_{14}：国家高新技术产业从业人员	人
	城市创新支撑	X_{15}：国际互联网用户数	户
		X_{16}：移动电话年末总户数	万户
		X_{17}：邮政、电信业服务收入	万元
		X_{18}：每百人公共图书馆藏书	册
		X_{19}：城市恩格尔系数	%
		X_{20}：城市化水平	%
	宏观社会环境	X_{21}：市辖区年末总人口	万人
		X_{22}：地区生产总值	亿元
		X_{23}：当年实际利用外资金额	万美元
		X_{24}：第三产业同比增长率	%
		X_{25}：空气质量二级以上天数	天
		X_{26}：城市绿化覆盖率	%

从表4-1列出的衡量城市创新能力的4类共26项指标与所选出的50个城市共同构成观察数据矩阵，采用SPSS17.0软件统计计算，主要运用主成分分析法和因子分析法，找出影响城市创新能力发展的主要因素(表4-2)。

表 4-2　城市创新能力的主成分特征值及贡献率

主成分	特征值及贡献率			正交旋转后的特征值及贡献率		
	特征值	贡献率/%	累计贡献率/%	特征值	贡献率/%	累计贡献率/%
1	10.412	40.045	40.045	7.986	30.715	30.715
2	3.174	13.206	53.251	3.326	13.791	44.507
3	1.941	8.467	61.717	2.351	10.041	54.548
4	1.541	5.929	67.646	2.043	7.858	62.406
5	1.282	4.932	72.578	1.802	6.930	69.336
6	1.179	4.533	77.111	1.672	6.429	75.765
7	1.032	3.968	81.079	1.382	5.314	81.079

计算结果表明，反映城市创新能力的 26 个变量的变异信息主要集中在 7 个主成分上，这 7 个主成分的特征值都大于 1，累计方差占原变量总方差的 81.079%，符合因子分析的原则。此时初步主成分因子分析的结果不能令人满意地解释某些因子，故根据方差极大化的准则进行因子正交旋转。由于得出的前 7 个特征值的累计贡献率超过 80%，前 7 个因子提供了原始数据的足够信息，所以取前 7 个特征值建立因子载荷矩阵(表 4-3)。

表 4-3　正交旋转后的 7 个主成分在 26 个变量上的载荷矩阵

变量	主成分						
	1	2	3	4	5	6	7
X_1：普通高等学校数	0.521	0.242	0.666	-0.165	0.153	0.131	0.109
X_2：普通高等学校教师数	0.534	0.189	0.702	-0.133	0.065	0.125	0.173
X_3：从事科技活动人员数	0.832	0.243	-0.081	0.152	0.127	-0.094	-0.085
X_4：每万人享受科学与教育财政投入	0.134	0.344	-0.744	-0.142	0.107	0.001	0.079
X_5：科技活动经费内部支出	0.948	0.133	0.074	0.082	-0.088	0.043	0.066
X_6：平均受教育年限	0.191	0.012	-0.099	-0.013	0.782	0.063	-0.316
X_7：大专以上人口比重	0.214	0.915	-0.062	0.047	-0.009	0.002	0.018

续表

变量	主成分						
	1	2	3	4	5	6	7
X_8：工业企业数	0.123	0.110	0.077	0.096	0.300	0.909	−0.204
X_9：外商投资企业数	0.237	0.601	−0.251	0.175	0.366	0.351	−0.007
X_{10}：R&D经费内部支出	0.879	0.156	0.063	0.045	−0.101	0.102	0.041
X_{11}：授权专利数	0.521	0.351	−0.225	0.255	0.545	0.318	0.081
X_{12}：信息传输、计算机服务和软件业及科学研究、技术服务和地质勘查业从业人员	0.936	0.118	0.126	−0.020	−0.190	−0.300	−0.670
X_{13}：国家高新技术产业区开发工业总产值	0.778	0.104	0.158	0.086	0.106	0.216	0.082
X_{14}：国家高新技术产业从业人员	0.950	−0.045	0.082	0.019	0.095	0.105	0.004
X_{15}：国际互联网用户数	0.224	0.876	0.133	0.210	0.031	0.063	−0.076
X_{16}：移动电话年末总户数	0.594	0.365	0.154	0.220	0.137	0.450	0.243
X_{17}：邮政、电信业服务收入	0.772	0.367	−0.042	0.258	0.179	0.120	0.308
X_{18}：每百人公共图书馆藏书	0.551	0.264	−0.246	0.496	−0.009	0.145	−0.012
X_{19}：城市恩格尔系数	0.144	−0.184	−0.041	−0.317	−0.477	0.182	−0.429
X_{20}：城市化水平	0.245	−0.048	−0.046	0.780	0.007	0.270	0.049
X_{21}：市辖区年末总人口	0.692	0.392	0.486	0.054	0.173	0.190	0.001
X_{22}：地区生产总值	0.097	−0.068	0.075	0.017	−0.100	0.035	0.895
X_{23}：当年实际利用外资金额	0.435	0.468	−0.024	0.075	0.301	0.244	0.138
X_{24}：第三产业投资增长率	−0.064	−0.363	−0.038	−0.750	−0.034	0.112	−0.060
X_{25}：空气质量二级以上天数	−0.403	0.006	−0.454	0.374	−0.159	0.218	−0.153
X_{26}：城市绿化覆盖率	0.118	0.001	−0.325	0.075	−0.478	−0.005	−0.092

利用各个因子正交旋转后的方差贡献率作权重,根据多指标加权综合评价模型,计算出城市创新能力的综合评价值。利用SPSS17.0软件计算出各个城市的7个主成分得分、城市创新能力的综合评价值及得出城市创新能力综合排名情况(表4-4)。

表4-4 城市创新能力综合得分及排名

城市	主成分1	主成分2	主成分3	主成分4	主成分5	主成分6	主成分7	得分	排名
北京	6.000 8	−1.029 9	−0.152 1	−0.466 7	−0.445 9	−0.991 1	−0.677 2	151.857 1	1
上海	1.216 1	5.995 8	0.714 1	1.463 8	−0.336 9	0.459 8	−0.644 4	135.911 2	2
成都	0.670 3	−0.470 3	0.523 0	0.120 6	−0.695 4	0.239 1	6.202 2	49.976 2	3
广州	0.273 8	−0.564 4	1.544 6	0.265 6	−0.870 7	5.917 7	−0.438 5	47.902 7	4
深圳	1.820 8	−0.303 7	−2.757 2	2.382 8	−0.147 1	0.298 4	0.229 6	44.895 2	5
天津	0.549 1	−0.264 3	0.666 7	−0.902 2	3.998 9	0.292 6	−0.633 6	39.051 8	6
武汉	0.661 6	−0.006 8	2.034 7	−0.241 0	−0.288 0	−0.493 2	0.636 2	36.977 2	7
南京	0.418 7	−0.091 5	1.315 9	0.283 1	−0.560 9	−0.213 6	0.100 2	22.309 2	8
杭州	0.332 4	−0.283 7	0.200 6	0.199 4	1.102 3	0.256 6	0.269 5	20.598 7	9
重庆	−0.194 3	0.804 9	0.734 0	−0.748 6	2.282 2	−0.190 7	−0.180 5	20.249 5	10
西安	0.454 2	−0.156 6	1.743 4	−0.916 5	−0.121 6	−0.148 9	−0.256 3	18.934 1	11
苏州	0.093 5	0.495 1	−2.068 9	−0.678 7	2.427 4	1.626 5	0.525 6	13.665 4	12
郑州	−0.338 6	0.142 0	1.901 0	0.196 5	−0.281 7	−0.485 4	0.192 7	8.141 7	13
长沙	0.187 6	−0.054 0	0.591 0	0.331 0	0.207 5	−1.036 8	−0.096 4	7.814 0	14
无锡	−0.031 6	−0.593 3	−0.425 5	−0.081 9	1.569 4	0.414 9	0.442 2	1.824 2	15
佛山	−0.153 7	−0.897 6	−0.011 4	1.883 5	0.257 8	0.572 6	−0.389 9	0.980 1	16
济南	−0.035 4	−0.277 6	1.196 0	−0.682 5	0.185 6	0.029 4	−0.499 0	0.551 2	17
东莞	−0.489 3	0.197 2	−0.594 4	2.556 2	−0.263 3	−0.025 1	0.114 9	0.443 1	18
大连	−0.205 3	0.263 0	−0.287 2	0.212 0	0.461 4	0.128 6	0.024 8	0.267 6	19
哈尔滨	−0.145 8	0.147 1	1.371 2	−0.920 2	−0.419 4	−0.397 2	−0.080 6	−1.801 9	20
沈阳	−0.033 2	1.802 1	−1.699 6	−1.631 8	0.199 4	−0.485 1	0.666 3	−4.251 2	21
合肥	−0.287 3	−0.340 0	0.765 9	0.009 5	1.028 9	−1.068 1	−0.037 3	−5.681 1	22

续表

城市	主成分1	主成分2	主成分3	主成分4	主成分5	主成分6	主成分7	得分	排名
太原	-0.2523	-0.3453	1.3036	0.6502	-0.8285	-0.5417	-0.4680	-6.0242	23
长春	0.0510	-0.3702	0.5942	-0.5710	0.3569	-0.3553	-0.9831	-7.0946	24
青岛	-0.3873	0.3179	-0.0863	-0.2805	-0.1848	0.3288	0.3314	-7.9867	25
宁波	-0.4150	0.0598	-0.6640	-0.0615	0.7655	0.5915	0.2983	-8.3813	26
南通	-0.1950	-0.5042	-0.3708	0.6294	-0.3165	0.2767	0.0590	-11.8213	27
厦门	-0.5241	-0.3889	0.0217	1.5981	0.3490	-0.5192	-0.5861	-12.7179	28
石家庄	-0.5429	0.3817	0.8701	-0.6007	-0.4280	-0.7688	0.4597	-12.8623	29
福州	-0.7923	0.4288	0.3789	0.5354	-0.1442	-0.6633	0.1417	-14.9201	30
珠海	-0.2850	-0.9078	-0.2674	2.3209	-0.2805	-0.5776	-0.9102	-16.2125	31
镇江	-0.5829	-0.4506	-0.1028	0.1915	1.1220	-0.6435	0.5767	-16.9423	32
中山	-0.5170	-0.9088	-0.4145	1.4487	0.9194	-0.2360	-0.3116	-17.9939	33
烟台	-0.0603	-0.2915	-0.7595	-0.6771	-0.2360	0.4111	-0.0834	-18.2524	34
常州	-0.1852	-0.3534	-0.2337	-0.1962	-0.5611	0.2221	-0.2900	-18.4521	35
温州	-0.7166	0.1302	-0.1933	0.0309	-0.1086	0.1133	0.2035	-20.8521	36
包头	-0.2228	-0.7072	0.0593	0.4485	-0.3958	-0.5523	-0.6535	-22.2427	37
昆明	-0.6780	-0.1275	0.4329	-0.5399	-0.1050	-0.0608	0.0727	-23.2098	38
泉州	-1.0209	0.8587	-0.4051	0.5510	-0.5701	-0.6139	0.4147	-24.9382	39
台州	-0.4872	-0.2490	-0.3365	-0.0325	-0.3041	-0.3050	0.1744	-25.1748	40
嘉兴	-0.2282	0.3172	-1.2204	-0.7213	-1.1560	0.1152	0.1099	-27.2437	41
淄博	-0.0197	-0.6714	-0.0409	-0.9722	-1.1130	0.3559	-0.7715	-27.4376	42
江门	-0.6668	-0.3209	-0.2462	0.6591	-0.1958	-0.5813	-0.0934	-27.7832	43
唐山	-0.3886	-0.2061	-0.0027	-0.3887	-0.3756	-0.5277	-0.7989	-28.1005	44
绍兴	-0.1990	0.4164	-1.5079	-1.5526	-0.0564	-0.7418	0.3391	-31.0665	45
金华	-0.5122	0.1002	-0.8042	-0.5622	-0.8359	0.0707	-0.1366	-32.9076	46
潍坊	-0.2430	-0.1605	-0.8331	-1.4860	-0.5808	0.6237	-0.7600	-33.7726	47
大庆	-0.1584	-0.3211	-0.5695	-0.6750	-1.0878	-0.4521	-0.5927	-33.9145	48
东营	-0.2989	-0.1365	-0.5156	-0.8464	-1.7501	-0.0661	-0.5670	-38.4579	49
威海	-0.2359	-0.1039	-1.3923	-1.5364	-1.1888	0.3955	-0.6449	-43.8527	50

根据城市创新能力的综合评价值，对所选取的 50 个城市进行聚类分析，把全部样本城市划分成 4 个级别(表 4-5)。

表 4-5 城市创新能力情况分类

等级	能力情况	得分范围	城市
第一级	强	≥86.62	北京、上海
第二级	较强	21.38~86.61	成都、广州、深圳、天津、武汉、南京
第三级	中等	−11.23~21.38	杭州、重庆、西安、苏州、郑州、长沙、无锡、佛山、济南、东莞、大连、哈尔滨、沈阳、合肥、太原、长春、青岛、宁波
第四级	一般	<−11.23	南通、厦门、石家庄、福州、珠海、镇江、中山、烟台、常州、温州、包头、昆明、泉州、台州、嘉兴、淄博、江门、唐山、绍兴、金华、潍坊、大庆、东营、威海

第三节 人口结构与城市创新能力的关系

本节运用 SPSS17.0 软件，利用最小二乘法估计模型参数，分别对各人口结构要素与城市创新能力进行相关分析，并进行回归方程的显著性检验及回归系数的显著性检验，得出各人口结构要素与城市创新能力的关系。再运用主成分分析法和因子分析法，找出主导城市人口结构的主要因素，计算出人口结构综合得分，得出影响人口结构与城市创新能力关系的主要因素。

一、中国主要城市人口自然结构与城市创新能力的关系

1. 人口自然结构

选取城市常住人口性别构成(男女性别比)及常住人口年龄构成作为人口自然结构的要素，年龄分组采用国际通用的分组方案，将人口划分为幼年组、成年组和老年组三组。其中 0~14 岁为幼年组，15~64 岁为成年组，65 岁以上为老年组。中国主要城市人口自然结构状况见表 4-6。

表 4-6 中国主要城市常住人口性别、人口年龄构成、人口受教育程度及城市化水平（不含港澳台地区）

城市	常住人口性别比	幼年组比例/%	成年组比例/%	老年组比例/%	大学（大专以上）/%	高中（含中专）/%	初中/%	小学/%	城镇人口占比/%
北京	106.80	8.60	82.70	8.70	33.49	22.56	33.37	10.59	86.00
天津	114.52	9.80	81.68	8.52	18.73	22.13	40.88	18.27	79.55
石家庄	100.24	15.23	76.64	8.13	14.09	18.95	45.27	21.68	28.16
唐山	104.46	14.62	76.19	9.19	9.66	16.27	47.30	26.76	53.33
太原	104.97	13.49	78.58	7.93	25.30	22.12	36.39	16.19	68.26
包头	106.79	13.30	77.89	8.81	15.54	20.15	42.07	22.24	56.60
沈阳	102.10	9.77	79.86	10.37	21.53	19.10	43.56	15.81	64.60
大连	101.84	9.90	79.39	10.71	18.57	18.06	40.95	22.42	62.00
长春	102.10	12.00	79.95	8.05	17.44	16.87	41.87	23.81	44.10
哈尔滨	103.44	10.95	81.01	8.04	15.67	17.20	43.20	23.93	48.16
大庆	101.76	12.93	80.15	6.92	12.93	20.25	42.31	24.51	49.30
上海	106.18	8.63	81.25	10.12	23.63	22.56	39.24	14.57	88.30
南京	107.31	9.51	81.29	9.20	28.21	22.49	32.01	17.30	79.73
苏州	104.10	9.21	82.28	8.51	15.00	20.49	41.28	23.23	49.84
南通	89.67	10.63	72.86	16.51	8.34	16.18	42.25	33.23	52.70
镇江	105.14	10.30	79.34	10.36	12.45	20.03	43.72	23.80	61.96
常州	104.01	11.51	78.71	9.78	12.81	18.57	45.69	22.93	63.90
无锡	107.79	10.29	80.21	9.50	13.78	19.05	44.61	22.56	70.95
杭州	105.04	11.39	79.59	9.02	20.72	19.45	34.95	24.88	41.91
宁波	104.34	11.69	79.71	8.60	11.36	15.07	41.61	31.97	68.31
温州	110.93	14.31	78.07	7.62	8.31	14.70	42.74	34.25	66.02
嘉兴	101.65	11.93	78.08	9.99	8.69	13.37	44.94	33.01	53.33
绍兴	101.09	12.78	77.28	9.94	7.66	15.04	44.90	32.40	58.58
金华	107.50	14.23	76.67	9.10	7.81	15.71	45.47	31.02	59.02
台州	106.73	15.46	74.71	9.83	7.02	13.69	40.99	38.31	55.54
合肥	109.65	14.05	77.49	8.46	21.67	18.69	38.09	21.55	68.17

续表

城市	常住人口性别比	幼年组比例/%	成年组比例/%	老年组比例/%	大学（大专以上）/%	高中（含中专）/%	初中/%	小学/%	城镇人口占比/%
福州	104.16	14.49	77.30	8.21	13.64	18.56	39.95	27.85	61.95
厦门	107.83	12.84	82.60	4.56	19.59	20.81	38.16	21.44	88.33
泉州	107.31	14.50	79.51	5.99	6.31	13.00	48.37	32.31	58.43
济南	101.00	13.64	77.21	9.15	22.12	18.57	37.32	21.99	71.35
青岛	101.58	13.44	76.30	10.26	16.49	19.20	42.56	21.74	62.84
淄博	100.64	14.58	75.40	10.02	12.45	20.01	41.17	26.37	43.15
东营	102.62	15.57	75.52	8.91	16.10	19.74	39.19	24.97	43.75
潍坊	102.65	15.16	74.74	10.10	8.85	16.76	47.17	27.22	51.66
烟台	102.23	10.97	77.57	11.46	10.76	19.34	46.54	23.37	49.66
威海	101.55	10.08	77.85	12.07	10.22	20.23	47.46	22.09	51.24
郑州	105.17	16.00	76.84	7.16	21.01	21.45	39.42	18.12	63.61
武汉	105.91	9.98	81.89	8.13	27.03	23.37	35.38	14.22	67.68
长沙	103.42	13.57	77.40	9.03	20.53	18.93	36.75	23.78	63.00
广州	109.46	11.47	81.91	6.62	20.45	24.39	38.43	16.73	60.84
深圳	118.34	9.84	88.40	1.76	18.26	25.47	46.83	9.44	100.00
珠海	108.65	13.50	81.57	4.93	19.89	26.59	36.01	17.50	69.59
中山	113.09	11.66	83.97	4.37	8.32	22.48	48.15	21.04	52.57
佛山	116.74	11.85	82.97	5.18	10.17	20.81	46.84	22.18	51.49
东莞	117.81	8.25	89.49	2.26	7.45	21.30	57.08	14.17	50.66
江门	104.75	14.20	76.81	8.99	5.81	21.40	46.40	26.39	56.27
重庆	102.43	16.98	71.46	11.56	9.75	14.91	37.21	38.13	55.02
成都	103.33	10.94	79.35	9.71	17.94	18.03	37.91	26.11	65.51
昆明	105.76	15.70	75.93	8.37	17.11	15.74	34.79	32.36	64.00
西安	105.18	12.89	78.65	8.46	23.67	22.22	38.37	15.74	46.30

2. 人口自然结构与城市创新能力的关系

人口自然结构中的性别构成与年龄构成，直接影响社会人口在再生产及社会、经济长远发展的人口储备。利用第六次全国人口普查中人口自然结构的数据及城市创新能力综合得分,进行线性回归分析。运用SPSS17.0软件,利用最小二乘法估计模型参数,分别对性别构成与城市创新能力、年龄构成与城市创新能力、年龄中位数与城市创新能力进行相关分析,并进行回归方程的显著性检验及回归系数的显著性检验,结果见表4-7、表4-8。

表4-7 性别构成与城市创新能力相关性

	常住人口性别比	城市创新能力
相关性	0.234	1
显著性水平(两侧检验)	0.102	

从表4-7可以看出,在城市创新能力与常住人口性别比的相关性分析中,相关系数为$0.234(R>0.5)$,显著性水平为$0.102(p<0.05)$,说明城市创新能力与常住人口性别比之间的关系无统计学意义,不认为两者之间存在线性相关,即认为常住人口性别比的变动对城市创新能力几乎没有影响。

表4-8 城市常住人口年龄构成与城市创新能力相关性

	0~14岁	15~64岁	65岁以上	城市创新能力
相关性	-0.515	0.401	-0.079	1
显著性水平(两侧检验)	0.000	0.004	0.584	

从表4-8可以看出,在城市创新能力与常住年龄组的相关性分析中,城市创新能力与年龄构成的"0~14岁""15~64岁""65岁以上"组的显著性水平分别是0.000、0.004、0.584,相关系数分别是-0.515、0.401、-0.079。说明城市创新能力与"0~14岁"年龄组有非常显著的负相关关系,与"15~64岁"年龄组有正相关关系;与"65岁以上"年龄组由于其显著性水平大于0.05,说明城市创新能力与"65岁以上"年龄组之间无统计学意义,不认为两者之间存在线性相关,可以认为常住人口中65岁以上的人口比例的变动对城市创新能力没有太大影响。

二、中国主要城市人口教育结构与创新能力的关系

1. 人口教育结构

人口社会结构较为复杂,本节选择常住人口受教育程度作为测试指标,依据是教育与经济发展有较强的相关性。本节中所选取的受教育程度分组,采用全国人口普查的分组方法,将人口划分为四组,其中具有大专及以上教育程度的为大学组,具有高中(含中专)教育程度的为高中组,具有初中教育程度的为初中组,具有小学教育程度的为小学组。

2. 人口教育结构与城市创新能力的关系

利用第六次全国人口普查中人口社会结构中常住人口受教育程度比例的数据及城市创新能力综合得分,进行线性回归分析。运用SPSS17.0软件,利用最小二乘法估计模型参数,对人口受教育程度比例与城市创新能力进行相关分析,并进行回归方程的显著性检验及回归系数的显著性检验,结果见表4-9。

表4-9 受教育程度比例与城市创新能力相关性

	大学 (大专及以上)	高中 (含中专)	初中	小学	城市创新能力
显著性	0.662	0.438	−0.419	−0.547	1
显著性水平(两侧检验)	0.000	0.001	0.002	0.000	

从表4-9可以看出,在城市创新能力与常住人口受教育程度比例的相关性分析中,城市创新能力与受教育程度中的"大学(大专及以上)""高中(含中专)""初中""小学"组的显著性水平分别是0.000、0.001、0.002、0.000,相关系数分别是0.662、0.438、−0.419、−0.547。说明城市创新能力与"大学(大专及以上)"组有非常显著的正相关,对"高中(含中专)"组呈较显著的弱相关,对"小学"组和"初中"组呈现较为显著的负相关。

三、中国主要城市人口城乡结构与城市创新能力的关系

1. 人口城乡结构

中国人口地域结构较为复杂,与城市创新能力的关系较为密切的是人口城乡结构,本节选取常住人口城乡结构作为指标,中国主要城市人口结构状况如表 4-6。

2. 人口城乡结构与城市创新能力的关系

采用第六次全国人口普查中人口地域结构中常住人口城乡结构比例的数据及城市创新能力综合得分,进行线性回归分析。运用 SPSS17.0 软件,利用最小二乘法估计模型参数,对人口城乡结构比例与城市创新能力进行相关分析,并进行回归方程的显著性检验及回归系数的显著性检验,计算出人口城乡结构对城市创新能力的影响(表 4-10)。

表 4-10　人口城乡结构比例与城市创新能力相关性

	城镇人口占比	城市创新能力
相关系数	0.542	1
显著性水平(两侧检验)	0.000	

从表 4-10 可以看出,在城市创新能力与常住人口城乡结构比例的相关性分析中,城市创新能力与城镇人口占比重的显著性水平是 0.000,显著水平非常好,相关系数 0.542,说明城市创新能力与城镇人口占比呈非常显著的正相关。

四、总体人口结构与城市创新能力的关系

1. 总体人口结构综合得分计算

将上述涉及的 9 项指标作为人口总体结构(表 4-6),与所选出的 50 个城市共同构成观察数据矩阵,采用 SPSS17.0 软件统计计算,运用主成分分析法和因子分析法,找出主导城市人口结构的主要因素(表 4-11),计算正负旋转后的 3 个主成分在 9 个变量上的载荷矩阵(表 4-12),计算出人口结构综合得分(表 4-13)。

表 4-11 城市人口结构的主成分特征值及贡献率

主成分	特征值及贡献率			正交旋转后的特征值及贡献率		
	特征值	贡献率/%	累计贡献率/%	特征值	贡献率/%	累计贡献率/%
1	4.253	47.255	47.255	2.691	29.905	29.905
2	2.116	23.507	70.762	2.412	26.801	56.706
3	1.099	12.216	82.978	2.364	26.272	82.978

计算结果表明,反映城市人口结构的 9 个变量的变异信息主要集中在 3 个主成分上,这 3 个主成分的特征值都大于 1,累计方差占原变量总方差的 82.978%,符合因子分析的原则。此时初步主成分因子分析的结果不能令人满意地解释某些因子,故根据方差极大化的准则进行因子正交旋转。由于得出的前 3 个特征值的累计贡献率超过 80%,可见被放弃的其他 6 个因子的解释方差仅占不到 20%,说明前 3 个因子提供了原始数据的足够信息,所以取前 3 个特征值建立因子载荷矩阵。

表 4-12 正交旋转后的 3 个主成分在 9 个变量上的载荷矩阵

变量	主成分		
	1	2	3
X_1:男女性别比	0.917	0.006	0.157
X_2:0~14 岁人口占比	0.003	−0.022	−0.947
X_3:15~64 岁人口占比	0.689	0.032	0.675
X_4:65 岁以上人口占比	−0.957	−0.025	−0.058
X_5:大学(大专及以上)程度人口占比	0.015	0.911	0.317
X_6:高中(含中专)程度人口占比	0.407	0.496	0.545
X_7:初中程度人口占比	0.227	−0.903	0.196
X_8:小学程度人口占比	−0.367	−0.470	−0.702
X_9:城镇人口占比	0.329	0.546	0.234

2. 总体人口结构综合评价模型

利用各个因子正交旋转后的方差贡献率作权重,根据多指标加权综合评价模型,计算出人口结构的综合评价值。利用 SPSS17.0 软件计算出各个城市的 3 个主成分得分、城市人口结构的综合评价值(表 4-13)。

表 4-13 人口结构综合得分

城市	主成分1	主成分2	主成分3	综合分	城市	主成分1	主成分2	主成分3	综合分
北京	−0.17	2.26	1.50	94.66	合肥	0.45	1.02	−0.83	18.93
天津	0.77	0.51	0.85	59.01	福州	0.13	0.21	−1.00	−16.59
石家庄	−0.35	−0.65	−0.50	−41.10	厦门	1.37	1.11	−0.42	59.66
唐山	−0.07	−0.94	−0.72	−46.32	泉州	0.94	−1.49	−1.19	−42.88
太原	0.16	1.58	−0.21	41.57	济南	−0.46	1.16	−0.48	4.73
包头	0.11	0.07	−0.23	−0.99	青岛	−0.64	0.21	−0.10	−16.20
沈阳	−0.90	0.13	1.43	14.12	淄博	−0.69	−0.14	−0.64	−41.18
大连	−1.03	0.05	0.96	−4.29	东营	−0.25	0.36	−1.10	−26.79
长春	−0.38	−0.33	0.16	−15.84	潍坊	−0.40	−0.90	−0.83	−57.99
哈尔滨	−0.26	−0.60	0.53	−9.84	烟台	−1.04	−0.99	0.90	−34.09
大庆	0.09	−0.33	−0.06	−7.86	威海	−1.26	−1.11	1.37	−31.35
上海	−0.38	1.12	1.62	61.09	郑州	0.55	1.14	−1.05	19.41
南京	−0.19	1.98	0.85	69.43	武汉	−0.06	1.49	1.06	66.04
苏州	−0.37	−0.43	1.20	8.74	长沙	−0.28	0.95	−0.59	1.61
南通	−3.38	−0.84	0.76	−103.59	广州	0.76	0.81	0.50	57.70
镇江	−0.51	−0.49	0.86	−5.85	深圳	3.00	0.35	1.29	132.94
常州	−0.38	−0.57	0.53	−12.89	珠海	1.33	1.42	−0.28	70.65
无锡	−0.04	−0.41	0.79	8.72	中山	1.74	−1.20	0.47	32.10
杭州	−0.47	0.56	0.06	2.67	佛山	1.79	−1.04	0.13	29.14
宁波	−0.12	−0.49	−0.31	−24.72	东莞	2.46	−2.53	2.09	60.57
温州	0.87	−0.63	−1.48	−29.98	江门	0.12	−0.84	−0.41	−29.41
嘉兴	−0.76	−1.25	−0.20	−61.18	重庆	−0.76	0.17	−2.42	−81.70

续表

城市	主成分1	主成分2	主成分3	综合分	城市	主成分1	主成分2	主成分3	综合分
绍兴	-0.65	-1.04	-0.39	-57.51	成都	-0.59	0.39	0.23	-1.10
金华	0.21	-0.91	-0.99	-44.13	昆明	0.16	0.88	-1.95	-23.03
台州	-0.04	-0.63	-1.96	-69.70	西安	-0.13	0.88	0.19	24.59

3. 总体人口结构与城市创新能力的相关性分析

计算出总体人口结构综合得分后，结合城市创新能力综合得分作线性回归分析。运用SPSS17.0软件，利用最小二乘法估计模型参数，对总体人口结构与城市创新能力进行相关分析，并进行回归方程的显著性检验及回归系数的显著性检验。结果见表4-14。

表4-14　人口结构与城市创新能力相关性

	人口结构	城市创新能力
相关系数	0.613	1
显著性水平（两侧检验）	0.000	

从表4-14可以看出，在城市创新能力与人口结构的相关性分析中，城市创新能力与人口结构的显著性水平是0.000，显著水平非常好，相关系数为0.613。说明城市创新能力与人口结构呈非常显著的正相关。由于计算得出人口结构与城市创新能力呈正相关，即可认为人口结构优化对城市创新能力的发展有利。

第四节　结论

一、各人口结构要素与城市创新能力的关系

1. 性别结构对城市创新影响不大，不同年龄组对城市创新有不同的效应

在人口自然结构中，50个城市性别比的变化与城市创新能力没有明显的

相关性，可认为性别比的变化不影响城市创新能力的提高或下降。

50个城市年龄成构成当中，"0~14岁"组与城市创新能力呈非常显著的负相关，可认为"0~14岁"组人口比例的增加会为城市创新能力的发展带来不利的影响。"15~64岁"组与城市创新能力有一定的相关性，可以认为"15~64岁"组人口比例的增加会对城市创新能力的提高有一定的贡献。"65岁以上"组与城市创新能力没有明显的相关性，可认为"65岁以上"组人口比例的变化对城市创新能力的发展影响不大。

2. 人口教育结构对城市创新能力影响较大

在50个城市人口社会结构的常住人口受教育程度当中，"大学（大专及以上）"组与城市创新能力有非常显著的相关性，可以认为"大学（大专及以上）"组人口比例的增加会对城市创新能力的提高有很大的贡献。"高中（含中专）"组与城市创新能力呈弱相关，可以认为"高中（含中专）"组人口比例的增加对城市创新能力的发展影响甚微。"初中"组及"小学"组与城市创新能力呈负相关性，可以认为"初中"组与"小学"组人口比例的增加对城市创新能力有一定的负面影响。

3. 城乡人口结构对城市创新能力有一定的影响

在50个城市人口地域结构当中，城镇人口占比与城市创新能力有非常显著的相关性，可认为城镇人口占总体人口的比例对目前中国的城市创新能力有影响，城镇化有利于提升城市的创新能力。

二、总体人口结构要素与城市创新能力的关系

50个城市总体人口结构与城市创新能力呈非常显著的正相关，可以认为总体人口结构的良莠对城市创新能力的发展有很大的影响，合理的年龄构成、较好的教育素质，以及城市化水平对城市创新能力影响很大。

三、各城市总体人口结构与城市创新能力的关系

从计算出的人口结构综合得分及城市创新能力综合得分，可以看出各个城市总体人口结构与城市创新能力的关系。北京、天津、上海、南京、苏州、无

锡、杭州、郑州、武汉、长沙、广州、深圳、佛山、东莞和西安这 15 个城市人口结构与城市创新能力均为正值，表明这些城市的人口结构与城市创新能力较为协调，而石家庄、唐山、包头、长春、哈尔滨、大庆、南通、镇江、常州、宁波、温州、嘉兴、绍兴、金华、台州、福州、泉州、青岛、淄博、东营、潍坊、烟台、威海、江门和昆明这 25 个城市的人口结构与城市创新能力均为负值，表明这些城市的人口结构与创新潜力不协调。太原、沈阳、合肥、厦门、珠海和中山这 6 个城市的人口结构为正值而城市创新能力为负值，表明这些城市的人口结构的潜力没有发挥，从而影响城市的创新能力，南通、重庆等城市面临改善人口结构的巨大压力。

第五章 城市知识环境与创业活动

知识经济时代，随着知识和创业活动在城市中的作用日益增加，城市知识环境与创业活动的关系成为重要的研究议题。本章分析了城市知识环境可以通过知识溢出效应促进城市创业活动，基于城市知识存量和知识基础设施两个方面构建了城市知识环境指数，测度了中国 275 个地级及以上城市知识环境指数的空间分布特征，在此基础上采用空间回归模型方法分析了城市知识环境与中国城市创业活动的关系。

第一节 引言

近年来，中国政府高度关注创业活动，为推动创业发展，国务院办公厅自 2015 年以来相继发布了《关于发展众创空间推进大众创新创业的指导意见》《国务院办公厅关于建设第三批大众创业万众创新示范基地的通知》《"十四五"就业促进规划》《国务院办公厅关于进一步支持大学生创新创业的指导意见》等文件。创业活动不仅对推动经济增长、增加居民收入、激发市场活力、扩大就业、加速新兴产业发展、促进社会阶层流动和公平正义等具有重要影响，还加速了新知识、新技术的商业化应用，助力实现创新驱动和高质量发展，加速技术创新和科技成果转化。然而，目前我国创业活动在空间上分布不均匀，而集聚于主要城市或区域，这是因为城市或区域间存在着影响创业活动差异的创业环境因素。有研究表明，创业环境对激发创业活动具有重要的作用，创业活动不能离开其所在的创业环境而单独进行（Fogel，2001）。随着知识经济时代发展，知识在城市中的作用日益重要，知识氛围日渐浓厚，城市知识环境逐渐形成。与此同时，根据国家统计局发布的相关资料显示，1996—2017年全国企业总量从262.8万个增加到1 809.8万个，增长了近5.9倍，高新技术企业、独角兽、科技小巨人等企业也快速增加。在此背景下，城市知识环境与创业活动的关系成为政府和社会各界关注的焦点。

地理学者对创业活动的空间差异及成因(杨晨等，2021)、创业与产业集聚(符文颖，2016)、创业与区域创新发展(高顺成，2013)、人口回流创业行为(殷江滨等，2021)等方面进行了大量研究，这些研究成果对于理解创业活动环境因素有着重要贡献。关于城市知识环境与创业活动关系的研究，较多学者基于知识经济视角，分析城市中知识要素与创业活动的关系，如新知识与创业(单鹏等，2015)、高等学校和科研院所与创业(贾建锋等，2021)、人力资本与创业(姜海宁等，2018)、知识基础与创业(宓泽锋等，2021)、知识吸收与企业创新(曹平等，2022)、知识获取与创业(郭润萍，2016)等，研究得出这些知识要素对创业活动的影响具有一定的意义。Acs等(2009)提出了知识溢出创业理论，认为知识溢出与创业活动之间存在很强的关系，表现为在位企业溢出的新知识内生地产生了创业机会。Qian等(2013)认为知识溢出创业不仅受新知识影响，更重要的是取决于企业家对新知识的吸收能力，企业家通过对新知识的理解、判断，认识到其价值，然后通过创业活动将其商业化。另外一些学者已关注到以知识为基础的城市整体环境与创业活动的关系。Penco等(2020)通过分析欧盟60个城市以知识为基础的城市环境与创业活动的关系，研究得出以知识为基础的城市环境为创业活动提供动力机制，刺激产生新创业活动。Baptista等(2009)，研究发现当地环境中的知识和人力资本对知识型企业进入有重要作用。综合来看，尽管对知识环境与创业活动有了一定的研究，但仍没有对城市知识环境整体特征与创业活动的关系进行深入的分析，没有凸显出城市具有的典型知识特征与创业活动的关系；而且，这些研究案例多集中在发达国家如美国和欧洲国家城市，且鲜有基于城市尺度探讨，对中国等发展中国家城市知识环境与创业的关系缺乏深入分析。基于以上分析，本节从城市尺度，结合城市典型知识特征，对城市知识环境和创业活动的关系进行研究。本节首先回顾了已有相关研究，在此基础上，构建了城市知识环境与城市创业活动的理论分析框架,然后分析了中国 275 个地级及以上城市知识环境指数的空间分布特征,采用空间回归模型方法探讨了城市知识环境对城市创业活动的关系,分析了影响创业活动机理和空间异质性。

本节的边际贡献可能有三个方面:第一,从城市尺度层面,对知识环境和创业活动进行了分析,讨论二者的空间特征和关系。第二,构建了城市知识环境影响创业活动的理论框架,探讨了城市知识环境如何影响城市创业活动。第三,建立了综合测度城市知识环境的指标体系,较全面地衡量了城市知识环境对创业活动的影响。

第二节 文献综述及理论框架

一、文献综述

城市知识环境的相关研究可追溯到 20 世纪 90 年代,欧美学者意识到知识对经济增长和可持续发展的作用日益重要。Knight(1995)较早提出了以知识为基础的发展(Knowledge-Based Development)概念,将其定义为知识资源为地方发展服务、对可持续发展提供基础。而后随着气候变化对城市经济、社会、环境、管理等造成严重的损害和威胁,Yigitcanlar(2011)重新定义了以知识为基础的城市发展(Knowledge-Based Urban Development),即"以知识为基础的城市发展旨在为城市带来经济繁荣、环境可持续性、社会空间秩序公正和管理完善,并建立环境保护、经济安全、社会公正和管理良好的知识生产和流通的城市"。伴随着以知识为基础的城市发展理论与实践研究,知识城市(Knowledge City)(Tuli et al.,2019)、知识环境(Knowledge Environment)(Van et al.,1999)等相关研究引起了广泛关注。知识城市是致力于以知识为基础发展,不仅强调知识的重要性,还注重经济、社会、建筑、空间、环境等各方面发展,旨在把可持续性发展作为知识城市的终极目标(Edvardsson et al.,2017)。通过应用知识资源提升组织能力,形成创新、创业、学习和知识信息流动的知识环境(Van et al.,1999;Penco et al.,2020)。目前知识环境的概念还没有形成明确统一定义(李妙玲等，2013)，有学者从管理学角度出发，认为知识环境是知识产生、发现、学习、共享等多种行为条件的集合，包括完整知识信息流动、支撑其运行的软硬件环境等(张吉等，2010)。知识经济时代，城市内部聚集大量以高水平大学和研究所为代表的知识源、可以被编码的显性知识和难以表述的隐性知识，这些知识源和知识存量支撑着城市内部知识的流动、扩散、溢出，也是衡量城市知识竞争力的重要指标，还是新企业区位选择的重要参考因素(李丹丹等，2015)。然而，以知识为基础的发展、知识城市、知识环境等概念虽然都强调了知识在城市中的重要作用，但这些概念内涵过于宽泛且综合性较强，包括了经济、社会、生态、管理等较广泛的内容，没有很好地聚焦于城市具有的典型知识特征。因此，本节在已有相关研究基础上，聚焦于城市具有的典型知识特征，对城市知识环境进行定义：城市知识环境是指城市中支撑各类知识活动的物质条件和服务条件的环境总和。总体上，城市知识环境可以分为城市知识硬环境和城市知识软环境两类。城市知识硬环境主要指为城市提供知识活动的硬件设施，包括大学、科研机构、图书馆、科技馆等知识基础设施；城市知识软环境主要指为城市提供知识活动服务的知识资源，包括论文、专利、图书等知识存量。

关于城市知识环境与创业活动的关系研究，大多是基于知识溢出创业理论和以知识为基础的城市发展两个视角来分析：①从知识溢出创业理论(Knowledge Spillover Theory of Entrepreneurship)出发研究新知识与创业活动的关系，认为未被利用的新知识是创业机会的内生动力来源，创业者通过利用这些知识产生创业活动(Acs et al., 2009)。Audretsch 等(1999)分析了生物技术领域新公司的出现，发现知识从创造来源(如大学、研究所或在位企业)溢出到新成立的企业，这是由于从生物技术科学家那里溢出的知识内生地创造了创业机会。Ghio 等(2014)认为知识溢出在创业中起着杠杆作用，新企业是将大学和在位企业研发溢出的知识实现商业价值。由于知识是不可排他性的，也不是完全可占用的，大学、研究所、大公司所创造和拥有的知识并未被全部商业化，即存在着知识过滤(Braunerhjelm et al., 2010)。而创业者通过创业活动，把那些没有被充分利用的知识实现商业价值(舒成利等，2019)。Marks 等(2020)

认为知识溢出创业不仅取决于新知识，更重要的是取决于创业者对知识的吸收能力，这种能力使创业者能够理解新知识，认识到其价值，并通过创建企业将其商业化。知识溢出创业理论这一观点得到了大量的实证研究支持（林苞，2013；Audretsch et al.，2021；Lattacher et al.，2021）。综合来看，国际上基于知识溢出创业理论研究创业活动较成熟，而国内研究相对较少（舒成利等，2019）。②以知识为基础的城市发展视角，探讨城市知识环境及其组成的知识要素与创业活动的关系。Penco 等（2020）建立由经济、社会、环境、创新、创业组成的以知识为基础的城市发展创业（Knowledge Based City Developing Entrepreneurship）指数，分析欧盟 60 个城市以知识为基础的城市环境与创业活动的关系，研究得出城市知识环境刺激产生新的创新创业活动；良好的社会和教育环境对创业活动具有积极影响。这是由于城市中大学、科研院、企业研发机构所创造的知识为创业提供显性知识和隐性知识，创业者和创业团队通过利用创造的知识，提高创新精神与机会警觉性，识别出更多有潜力的创业机会，成立新企业或高科技初创企业、公司衍生企业和大学附属机构等以知识为基础的企业（Knowledge-Based Entrepreneurship）（Hayter，2013）。高校具有研究和培训的双重作用，还为城市创业提供高等学历人力资本。城市创新对创业活动也有促进作用（Penco et al.，2020），城市技术创新不断开发出新产品、新服务，而新产品、新服务给创业活动提供了广泛的选择空间和创业技能支持。城市完善的信息通信技术、便利设施、文化和娱乐运营商等创造的良好生活环境（Musterd et al.，2013），吸引创业人才保留（Florida，2002），增强大学、科研院所与企业之间的合作，产生更多的创业活动，促进城市创新创业发展。此外，知识密集型企业区域，成功的创业者给潜在创业者提供更多的机会模仿，并帮助他们与其他创业者建立有效的关系网络（单鹏等，2015）。综合来看，虽然学者从不同方面分析了城市知识环境与创业活动的关系，但目前研究多以城市中的知识要素为主，城市知识环境整体与创业活动的关系研究较薄弱，且测度指标较宽泛。基于上述认识，需要更准确地测度城市知识环境指标，分析其与创业活动的关系。

二、理论框架

结合上述城市知识环境定义和已有文献对知识的分类(Le et al., 2020),认为城市知识环境主要通过两个方面影响城市创业活动:

第一,城市知识环境通过知识存量(Knowledge Stock)的知识溢出效应促进城市创业活动。城市知识环境中的知识存量通常表现为专利文献、教科书、期刊报纸、文字、数据库等通过编码方式传播的显性知识(Explicit Knowledge)。显性知识一方面为创业活动提供创业机会,由于产生的新知识具有不确定性、不对称性及高交易成本等特征,不会全部被在位企业充分利用,因此个人、离职专业人员等潜在创业者通过创业活动充分利用这些新知识并创造市场价值(齐玮娜等,2014)。这也是知识溢出创业理论所强调的知识溢出是创业机会内生的重要来源。另一方面显性知识为创业者和创业团队提供创业技能、创业经验、运营管理等,创业者和创业团队通过正式培训学习和"干中学",将这些显性知识内化为自身所需要的创业知识,增强创业者和创业团队的信心,促进创业活动。目前关于知识存量对创业活动影响的实证研究,较多指出地区知识存量的溢出效应能够正向影响创业活动(Acs et al., 2012),知识存量越多,创业机会也越多(陶锋等,2015)。

第二,城市知识环境通过知识基础设施(Knowledge Infrastructure)的知识溢出效应促进城市创业活动。城市中隐性知识(Tacit Knowledge)的溢出效应与知识基础设施紧密相关(Acs et al., 2012),尤其是企业之间隐性知识的溢出效应与知识基础设施联系更为密切(Krugman, 1991)。知识基础设施产生的隐性知识存在明显的空间黏性(Geographic Stickiness),其知识溢出过程与显性知识溢出有较大区别,隐性知识溢出需要言传身教、当面交流、近距离接触等(Acs et al., 2009)。创业者和创业团队通过与本地的大学、科研机构进行近距离沟通,不断形成新想法和新观念,有效获取所需要的技能型隐性知识和认知型隐性知识,进而实现商业价值,促进创业活动。此外,大学、科研机构等知识基础设施能够帮助创业者解决创业过程中的技术、人才和管理等方面的关键问题,为其提供尽可能多的技术服务,增强了创业者和创业团队的创业能力，有效降低了创业成本。知识经济时代，城市中的大学院校、科研院所等对新兴技术领域的发展具有极为重要的作用(宓泽锋等，2021)。目前关于知识基础设施对创业活动影响的实证研究，较多学者研究表明初创企业与本地大学、科研机构等知识基础设施具有互动关系(俞国军等，2020)，创新创业企业和新型产业选择更靠近大学和研究机构(Rammer et al.，2020)，大学、科研机构影响着企业的区位布局(宋周莺，2012)，这些研究均说明了知识基础设施对创业活动具有积极影响。

综上，较高水平的城市知识环境可以通过较多的知识存量和知识基础设施产生较多的知识溢出效应，形成较多的创业机会，为创业者和创业团队提供更多的创业资源和服务，从而促进城市创业活动。基于上述分析，建立了本节的理论框架(图 5-1)，并提出研究假设：城市知识环境对城市创业活动存在正效应，城市知识环境水平越高，城市创业活动越多。

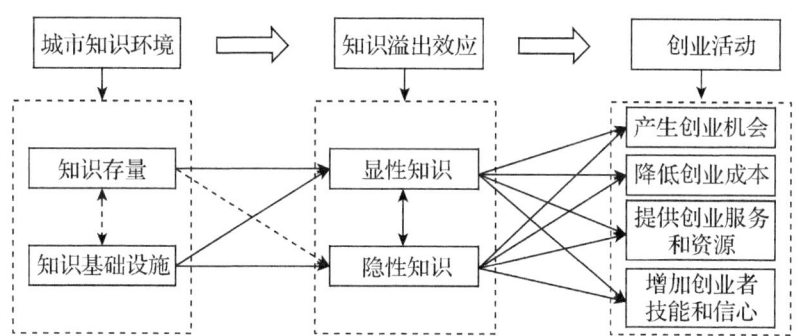

图 5-1　城市知识环境与城市创业活动理论分析框架

第三节　研究方法、数据与指标体系

一、城市知识环境评价指标体系和方法

本节在上述城市知识环境定义基础上，结合城市层面相关数据可获得性，从城市知识存量和知识基础设施两方面对城市知识环境水平进行综合评价。关于知识存量，李志宏等(2013)选取发明专利数来估计各省份的知识存量，本节

在此基础上加入发表论文数量、图书数量指标，采用专利数据、论文数据、图书数据综合表示知识存量。对于城市知识基础设施，在王艳(2007)学者研究基础上，采用城市高等院校、研发机构、图书馆、科技馆、博物馆、天文馆、美术馆的 poi 数量表示。结合以上两方面的指标数据（表 5-1），通过 DP2 方法计算得到城市知识环境(Urban Knowledge Environment)指数，记 UKE。

The Pena Distance Index，又叫 DP2，由 Pena 等(2008)提出，该方法在构建复合指标体系和确定权重中，具有特定的优势，克服了传统方法如主成分分析法和数据包络分析法在指标复合计算中权重分配任意性、信息冗余等缺陷(Penco et al.，2019)。本节采用 DP2 方法计算各个维度指标的复合指数。DP2 方法表达式为：

$$\mathrm{DP2}(j) = \sum_{i=1}^{n} \left[\left(\frac{d_{ij}}{\sigma_i} \right) (1 - R^2_{i,i-1,\cdots,1}) \right] \quad (5-1)$$

$$i = 1, 2, \cdots, n; j = 1, 2, \cdots, m; d_{ij} = |x_{ji} - x*i|$$

式中，i 是各个变量，n 是变量个数；j 是样本城市，m 是城市数量；$x*i$ 是变量 i 的基准参考，通常选择 0 或者最小值作为变量的基准参考值，本研究取 0 作为各个变量的基准参考值，即 $x*i=0$。x_{ji} 是变量 i 在城市 j 中的值；σ_i 是变量 i 的标准差；$R^2_{i,i-1,\cdots,1}$ 是 x_i 与 $x_{i-1}, x_{i-2}, \cdots, x_1$ 线性回归的决策系数，且 $R_1^2=0$。

表 5-1 城市知识环境和创业活动评价指标体系

一级指标	二级指标	指标表示	数据来源
城市知识环境	城市知识存量	专利授权数量、论文数量、图书数量	国家知识产权局、中国知网、《2016 年中国城市统计年鉴》
	城市知识基础设施	高等院校、研发机构、图书馆、科技馆、博物馆、天文馆、美术馆的数量	百度地图 poi 开放平台
创业活动	新企业成立	新注册企业数量	爱企查官网
	企业精英	独角兽数量、瞪羚企业数量	中国独角兽官网

二、城市创业活动评价指标

城市创业活动评价指标较多学者选取中国私营企业创业指数(杨晨等,2021)、自我雇佣比率、企业所有权比率、企业进入率和退出率、新企业成立数量(段吕晗等,2019)、每万人拥有的中小企业数量等指标来测度(郭琪等,2019)。然而,近些年随着知识经济的发展,独角兽企业数量增加,对城市创业具有较大影响,国外学者选取每千名工作年龄人口中新注册的公司数量和独角兽的数量来评估城市创业(Penco et al.,2020)。因此,本节借鉴国内外学者的测度指标,并结合中国城市实际,考虑到独角兽企业在中国城市分布差异较大,采用新注册企业数量、独角兽数量以及瞪羚企业数量来综合测度算城市创业活动(Entrepreneurship),指标体系见表5-1。采用DP2方法测度城市创业活动指数,记为ENP。

三、空间计量模型

为检验提出的研究假设,构建如下的基本模型:

$$\ln(ENP_i) = \alpha_0 + \alpha_1 \ln(UKE_i) + \alpha_2 \ln(HR_i) + \alpha_3 \ln(VC_i) + \alpha_4 \ln(MS_i) + \alpha_5 \ln(BE_i) + \alpha_6 \ln(CD_i) + \mu_i \tag{5-2}$$

式中,ENP_i表示第i个城市创业活动指数,作为本研究的被解释变量。α_0为截距项。UKE_i表示第i个城市知识环境指数,作为本研究的核心解释变量。μ_i为随机扰动项。

模型中的控制变量具体设定如下(表5-2),HR为人力资源(Human Resources),可能开展创业活动的潜在企业家,本研究使用每万人口大学及以上学历人口数量来反映地区可能具有创业活动的人力规模。VC为创业资本(Venture Capital),创业初期创业者自身拥有的资本积累是创业资金的重要来源,采用城乡居民储蓄年末余额占GDP比重反映创业活动资金支持。MS为市场规模(Market Scale),一般而言,市场规模越大,需求越多,就会吸引越多的人选择创业,采用城市年平均人口表示。BE为营商环境(Business Environment),选取城市商业信用环境指数反映城市市场信用交易和营商环境状况。CD为文化多样性(Cultural Diversity),地区创业活跃程度与当地社会文化有较大的关系,借鉴已有研究采用改进的赫芬达尔指数来测度城市文化多样性(吕拉昌等,2018)。

表5-2 模型变量指标和数据来源

变量类型	变量指标	变量表示	数据来源
被解释变量	城市创业活动指数(ENP)	城市创业活动综合得分	根据城市创业活动评价指标计算
核心解释变量	城市知识环境指数(UKE)	城市知识环境综合得分	根据城市知识环境评价指标计算
控制变量	人力资源(HR)	每万人口大学及以上学历人口数	第六次人口普查资料计算
	创业资本(VC)	城乡居民储蓄年末余额占GDP比重	《2016年中国城市统计年鉴》
	市场规模(MS)	城市年平均人口	《2016年中国城市统计年鉴》
	营商环境(BE)	城市商业信用环境指数	中国城市商业信用环境指数官网
	文化多样性(CD)	改进的赫芬达尔指数	腾讯位置服务

为提高研究结果准确性,对模型中的所有变量取对数。由变量描述性统计结果显示(表5-3),城市创业活动指数的自然对数(lnENP)的均值为-0.869,最大值为3.02,最小值为-6.91,表明不同地区间创业活动差异较大。城市知识环境指数的自然对数(lnUKE)同样呈现"均值小、标准差大"的特点。从控制变量看,不同城市在人力资源(HR)、创业资本(VC)、市场规模(MS)、营商环境(BE)、文化多样性(CD)等方面也存在着明显的差异。

表5-3 变量描述性统计结果

ln(变量)	观测数	均值	标准差	最小值	中间值	最大值
ln(ENP)	275	-0.869	1.000	-6.910	-0.900	3.020
ln(UKE)	275	-0.784	1.112	-3.020	-0.960	3.210
ln(HR)	275	11.382	1.011	9.380	11.250	15.150

续表

ln(变量)	观测数	均值	标准差	最小值	中间值	最大值
ln(VC)	275	−2.698	1.466	−7.390	−2.690	0.610
ln(MS)	275	5.908	0.679	3.010	5.940	8.120
ln(BE)	275	4.243	0.042	4.160	4.240	4.460
ln(CD)	275	−0.159	0.062	−0.480	−0.140	−0.080

此外，已有研究文献也揭示了创业活动在空间上具有空间相关性(丁玥等，2017)，因此，为进一步讨论城市知识环境对城市创业活动的空间效应，在式(5-2)中引入空间变量，构建空间计量模型。

最常用的两种空间回归模型为空间滞后模型(Spatial Lag Model，SLM)和空间误差模型 (Spatial Error Model，SEM)。

SLM模型表达式为：

$$y = \rho W y + x\beta + \varepsilon,$$
$$\varepsilon \sim N(0, \sigma^2) \tag{5-3}$$

SEM模型表达式为：

$$y = x\beta + u,$$
$$u = \lambda W u + \varepsilon, \varepsilon \sim N(0, \sigma^2) \tag{5-4}$$

式(5-3)和(5-4)中，y 是被解释变量，x 是解释变量，ρ 为空间自回归系数，λ 为空间误差系数，β 是待估参数向量，W 为空间权重矩阵。

模型选择步骤：首先使用最小二乘估计法，得到一般模型的回归结果，然后对回归结果的残差项进行 Moran's I 统计检验，判断是否具有空间自相关性。若没有空间自相关性，选择 OLS 模型。若有空间自相关性，选择空间回归模型，需要进一步分析。

Global Moran's I 指标进行空间自相关检验，其计算公式是：

$$I = \frac{1}{S^2} \sum_{i=1}^{n} \sum_{j=1}^{n} (x_i - \bar{x})(x_j - \bar{x}) \Big/ \sum_{i=1}^{n} \sum_{j=1}^{nj=1} W_{ij},$$
$$S^2 = \sum_{i=1}^{n}(x_i - \bar{x})^2 / n \tag{5-5}$$

式中，n 为城市总数；$\bar{x}$ 为样本平均值；x_i 为城市 i 的观测值；W_{ij} 为空间权重矩阵。$I \in [-1, 1]$；$I > 0$，表示有正相关性；$I < 0$，表示具有负相关性。

然后，判断选择 SLM 或 SEM。对残差项进行拉格朗日乘数检验（Lagrange Multiplier Test），判断 LM-Error 和 LM-Lag 两个统计量的显著性，若其中一个显著一个不显著，则选择统计量显著的模型；若 LM-Error 和 LM-Lag 均高度显著，则继续比较 Robust LM-Error 和 Robust LM-Lag 的显著性，最后选择最优模型。

第四节 实证结果与分析

一、中国城市知识环境特征

依据自然间断点分级法，将城市知识环境指数划分为 5 级。处于高水平的城市有 31 个，包括北京、上海、广州、南京、武汉等城市；处于较高水平的城市有 54 个，包括南通、兰州、厦门、乌鲁木齐、泉州等城市；一般水平的城市有 77 个，包括泰安、大庆、阜阳、滨州等城市；较低水平的城市有 75 个，包括渭南、荆门、舟山、盘锦等城市；低水平的城市有 38 个，包括广安、石嘴山、武威、张家界等城市。城市知识环境指数最高水平与最低水平相差 6.22，说明我国城市之间的知识环境水平不平衡，差距较大，未来应提高落后地区的城市知识环境水平。

从空间格局上看，2015 年中国城市知识环境呈现出以下特征：①东部沿海地区城市知识环境指数相对较高，中部和西部城市知识环境指数相对较低。②京津冀城市群、山东半岛城市群、长三角城市群、珠三角城市群、成渝城市群等主要城市群区域的城市具有较高的城市知识环境水平。③直辖市、副省级城市、省会城市的知识环境水平最高，一般地级市的城市知识环境水平较低。这可能是因为东部和行政级别较高的城市，吸引大量的高学历人才，拥有较多的大学、科研院所等知识基础设施，产生更多的知识存量，促进城市知识环境水平提升。

二、回归结果分析

1. 全部样本回归结果

全部样本回归的 OLS 模型、SLM 模型和 SEM 模型的估计结果见表 5-4，OLS 模型 Moran's I 统计检验值为 4.028 且在 1%统计水平上显著，表明城市创业活动变量在空间上呈现聚类分布特征。因此，需要进一步使用空间回归模型分析。由表可知，LM-Lag 和 LM-Error 统计量均高度显著，Robust LM-Error 显著性高于 Robust LM-Lag，因此选择空间误差模型（SEM）估计结果。

表 5-4 回归模型估计结果

	OLS		SLM		SEM	
	系数	p 值	系数	p 值	系数	p 值
ln(UKE)	0.241***	0.000	0.244***	0.000	0.239***	0.000
ln(HR)	0.260***	0.001	0.246***	0.001	0.196***	0.009
ln(VC)	0.041**	0.048	0.020	0.338	0.034	0.121
ln(MS)	0.661***	0.000	0.647***	0.000	0.732***	0.000
ln(BE)	0.756	0.392	0.971	0.254	0.763	0.381
ln(CD)	0.365	0.364	0.525	0.175	0.821**	0.034
常数项	−10.582	0.004	−11.178	0.001	−10.257	0.004
ρ			0.141			
λ					0.365	
调整 R^2	0.842					
R^2	0.845		0.853		0.859	
Log likelihood	−133.204		−127.045		−125.153	
赤池信息量（AIC）	280.407		270.089		264.306	
施瓦茨准则（SC）	305.725		299.023		289.623	
残差空间依赖检验	统计值	p 值				
Moran's I	4.028	0.000				
LM-Lag	12.886	0.000				

续表

	OLS		SLM		SEM	
	系数	p 值	系数	p 值	系数	p 值
Robust LM-Lag	4.330**	0.037				
LM-Error	13.870***	0.000				
Robust LM-Error	5.313**	0.021				

注：*、**、***分别表示在10%、5%、1%的统计水平上显著。

表5-4中，空间误差模型(SEM)结果显示，核心变量城市知识环境指数在1%统计水平上显著，系数为0.239，表明在其他变量得到控制的情况下，城市知识环境指数每提高1%，城市创业活动将增加0.239%。这一结果验证了研究假设，即城市知识环境对中国城市创业活动存在正效应；城市知识环境指数越高，城市创业活动越活跃。其他控制变量，人力资源和市场规模均在1%水平上显著，系数分别为0.196、0.732，反映了人力资源和市场规模对城市创业活动具有显著促进作用。文化多样性在5%水平上显著，系数为0.821，说明增强文化多样性，对创业活动有积极影响。创业资本和营商环境变量虽然未通过10%显著性检验，但不表示两者对创业活动没有影响，后续还需进一步分析；由其回归系数分别为0.034、0.763，说明创业资本和营商环境与创业活动均存在正向联系。

进一步分析城市知识环境的各项指标对城市创业活动的影响(见表5-5)，即城市知识存量(KS)(模型1)和城市知识基础设施(KI)(模型2)与城市创业活动的关系。空间误差模型分析结果显示，城市知识存量指数和城市知识基础设施指数均显著为正，说明城市知识存量和城市知识基础设施对城市创业活动均有积极促进作用。其中，城市知识存量指数在1%水平上显著，系数为0.209，说明城市知识存量对城市创业具有显著促进作用，即具有越高知识存量的城市，城市创业活动越活跃。知识基础设施也在1%水平上显著，系数为0.153，表明城市知识基础设施对创业活动也存在显著促进效应。进一步发现，城市知识存量的系数高于城市知识基础设施的系数，这可能是因为具有编码形式的知识存量容易被创业者吸收，而知识基础设施产生的隐性知识不能全部被显性化表示,需要创业者去领悟和体会,再将其内化成个人能力后运用到创业中。

表 5-5 估计结果

	模型 1		模型 2	
	系数	p 值	系数	p 值
ln(KS)	0.209***	0.000		
ln(KI)			0.153***	0.003
ln(HR)	0.280***	0.000	0.270***	0.000
ln(VC)	0.037*	0.085	0.043**	0.048
ln(MS)	0.693***	0.000	0.739***	0.000
ln(BE)	0.532	0.544	0.770	0.382
ln(CD)	0.723*	0.065	0.894**	0.022
常数项	−9.978	0.005	−11.160	0.002
λ	0.305		0.376	
R^2	0.856		0.855	
Log likelihood	−126.251		−128.465	
赤池信息量(AIC)	266.501		270.929	
施瓦茨准则(SC)	291.819		296.247	

注:*、**、***分别表示在 10%、5%、1%的统计水平上显著。

2. 空间异质性分析

由于地区经济水平、社会文化、创新发展阶段、人力资源、市场环境等条件不同,使城市知识环境水平和创业活动水平在空间分布上都存在着异质性。因而,城市知识环境对城市创业活动的影响也可能存在空间异质性。为此,将对不同区域、不同层级的城市进行深入分析。在区域上,分为东部、中西部;在城市层级上,为了研究需要文中将直辖市、副省级城市和省会城市记为重点城市,其他地级市记为一般城市。

表 5-6、表 5-7 为空间异质性回归结果。根据残差空间依赖检验,东部的 LM-Error、LM-Lag、Robust LM-Error、Robust LM-Lag 均显著,这时需要将数据在 SLM 和 SEM 中运行后比较两个模型的拟合优度(R^2),最后判断出

东部最优模型为 SEM；中西部为 SEM；重点城市的残差空间依赖未通过显著性检验，即空间效应不显著，因此选取 OLS 模型；一般城市的最优模型为 SEM。模型结果显示，核心变量城市知识环境指数在东部、中西部、重点城市和一般城市均在 1% 统计水平上显著，且系数均为正，说明城市知识环境对创业活动具有显著促进作用，再次验证了假设。城市知识环境指数的回归系数在东部和中西部城市，重点城市和一般城市存在较大差异，分别为 0.207、0.214、0.727、0.228，表明东部、中西部、重点城市、一般城市的城市知识环境指数每提高 1%，对应的城市创业活动分别增加 0.207%、0.214%、0.727% 和 0.228%。由结果可以看出，重点城市的城市知识环境指数提高带来的创业活动增加最多，比东部、中西部、一般城市要高出 2 倍多，系数值也高于全部样本回归结果中的 0.239。这一结果产生的原因可能是，直辖市、副省级城市和省会城市拥有较多的知识存量和知识基础设施，使得知识溢出效应更多，带来的创业机会也更多。这一结果也表明，中国直辖市、副省级城市和省会城市的知识溢出效应对城市创业活动的作用明显，应当继续保持；同时，应提升地级城市知识环境水平，加强知识基础设施建设，提高城市知识存量，以促进中国创业活动与经济均衡发展。

其他控制变量在不同地区、城市层级也具有异质性。如人力资源在中西部和一般城市的回归系数均为正，说明在中西部和一般城市地区增加人力资源对创业活动有正向作用；而东部和重点城市不显著，这可能是因为东部和重点城市层级较高，拥有企业数量多，就业机会多，在就业得到满足的情况下，潜在创业者可能考虑市场竞争激烈和创业风险成本，降低创业意愿（Davidsson et al.，2003），选择就业的可能性比较大。市场规模在东部、中西部均在 1% 统计水平上显著且系数均为正，分别为 0.635、0.794，说明提高东部、中西部的市场规模均能有效促进城市创业活动，但提高市场规模带来的创业活动效应存在区域差异，表现在中西部城市提高市场规模产生的创业活动效应更加突出。

表 5-6 城市知识环境对城市创业活动的空间异质性分析结果

	东部			中西部			重点城市			一般城市		
	OLS	SLM	SEM	OLS	SLM	SEM	OLS	SLM	SEM	OLS	SLM	SEM
ln(UKE)	0.226**	0.138	0.207**	0.189**	0.187**	0.214***	0.727**	0.715**	0.702**	0.228***	0.233***	0.228***
	(0.044)	(0.153)	(0.034)	(0.014)	(0.013)	(0.004)	(0.030)	(0.013)	(0.014)	(0.000)	(0.000)	(0.000)
ln(HR)	0.257**	0.269***	0.178	0.264***	0.265***	0.198**	−0.140	−0.123	−0.117	0.311***	0.291***	0.254***
	(0.033)	(0.008)	(0.111)	(0.005)	(0.004)	(0.034)	(0.691)	(0.700)	(0.705)	(0.000)	(0.000)	(0.001)
ln(VC)	0.161***	0.167***	0.192***	−0.005	−0.005	−0.005	0.127	0.128	0.131	0.028	0.018	0.028
	(0.001)	(0.000)	(0.000)	(0.828)	(0.842)	(0.831)	(0.161)	(0.101)	(0.107)	(0.183)	(0.406)	(0.213)
ln(MS)	0.572***	0.598***	0.635***	0.738***	0.739***	0.794***	0.237	0.238	0.245	0.685***	0.676***	0.740***
	(0.000)	(0.000)	(0.000)	(0.000)	(0.000)	(0.000)	(0.205)	(0.141)	(0.131)	(0.000)	(0.000)	(0.000)
ln(BE)	2.201	2.409*	2.232*	0.069	0.059	0.203	2.631	2.627	2.629	1.812	1.611	1.545
	(0.148)	(0.061)	(0.086)	(0.948)	(0.955)	(0.848)	(0.333)	(0.267)	(0.264)	(0.110)	(0.145)	(0.164)
ln(CD)	0.048	0.434	−0.662	0.431	0.424	0.789*	−0.276	−0.279	0.032	0.294	0.233	0.658*
	(0.959)	(0.591)	(0.465)	(0.315)	(0.315)	(0.060)	(0.926)	(0.915)	(0.990)	(0.465)	(0.557)	(0.097)
常数项	−15.977	−17.014	−15.611	−8.391	−8.376	−8.468	−11.260	−11.448	−11.527	−15.811	−14.635	−14.316
ρ		0.282			−0.005			−0.023			0.093	
λ			0.554			0.241			−0.110			0.293
调整 R^2	0.847			0.828			0.745			0.791		

续表

	东部			中西部			重点城市			一般城市		
	OLS	SLM	SEM	OLS	SLM	SEM	OLS	SLM	SEM	OLS	SLM	SEM
R^2	0.856	0.887	0.891	0.834	0.834	0.840	0.793	0.793	0.794	0.797	0.800	0.810
Log likelihood	-39.316	-28.221	-30.022	-78.828	-78.824	-76.440	-11.122	-11.102	-11.080	-112.248	-110.148	-106.855
赤池信息量(AIC)	92.632	72.442	74.045	171.655	173.647	166.880	36.243	38.204	36.161	238.495	236.295	227.71
施瓦茨准则(SC)	110.798	93.203	92.210	193.848	199.011	189.073	46.719	50.176	46.636	262.918	264.207	252.132

表 5-7 Moran's I 指数及 LM 检验

	东部	中西部	重点城市	一般城市
Moran's I	4.587*** (0.000)	2.322** (0.020)	-0.281 (0.779)	3.404*** (0.001)
LM-Lag	24.709*** (0.000)	0.007 (0.931)	0.050 (0.823)	4.232** (0.040)
Robust LM-Lag	11.917*** (0.001)	1.714 (0.190)	0.018 (0.892)	0.275 (0.600)
LM-Error	15.758*** (0.000)	4.150** (0.042)	0.069 (0.792)	9.582*** (0.002)
Robust LM-Error	2.966* (0.085)	5.857** (0.016)	0.038 (0.846)	5.625** (0.018)

注: 1. *, **, *** 分别表示在 10%, 5%, 1% 的统计水平上显著; 2. 括号内为 p 值。

第五节 结论与讨论

本章构建了城市知识环境对城市创业活动影响的理论分析框架,以中国275个地级及以上城市的资料为依据,探索了中国城市知识环境指数的空间分布特征,在此基础上,采用空间回归模型方法对中国城市知识环境与城市创业活动的关系进行了实证研究,并对空间异质性进行了比较分析,得出以下结论:

第一,城市知识环境通过知识存量和知识基础设施的知识溢出效应促进城市创业活动。知识存量通常表现为通过编码方式传播的显性知识,这些显性知识一方面通过知识溢出效应产生创业机会,促进城市创业活动发生;另一方面为创业者和创业团队提供创业技能、创业经验、运营管理等,增强创业者的信心,促进创业活动发生。靠近知识基础设施可以有效地帮助创业者解决创业过程中的技术、人才和管理等方面的关键问题,为其提供尽可能多的服务,降低创业风险和成本。

第二,中国城市知识环境指数空间格局,呈现出东中西部依次下降;直辖市、副省级城市、省会城市及主要城市群的城市具有较高的知识环境指数。这在一定程度上说明东部和行政级别较高的城市,吸引大量的高学历人才,拥有较多的大学、科研院所等知识基础设施,产生更多的知识存量,在制度邻近、认知邻近等因素的影响下,加速城市知识空间流动,促进城市知识环境水平提升。

第三,中国城市知识环境对创业活动存在显著的促进作用,即城市知识环境指数越高,城市创业活动越高,城市知识环境指数每提高1%,城市创业活动将增加0.239%。城市知识环境指数在东部、中西部、省会及以上行政级别的城市、地级市均在1%统计水平上显著且系数均为正。同时,城市知识环境对城市创业活动的影响存在空间异质性,城市知识环境带来的边际效应在不同区域、不同层级的城市之间存在着较大差异,省会及以上行政级别的城市知识环境提高带来的创业活动比东部、中西部、地级市要高出2倍多。这一结果表明不同城市知识环境产生的知识溢出效应对城市创业活动具有不同的效应，存在空间异质性。

第四，城市知识环境中的知识存量和知识基础设施均对创业活动具有促进作用，相比较来说，知识存量对于城市创业的促进作用程度较大。这可能是因为具有编码形式的知识存量容易被创业者吸收，而知识基础设施产生的隐性知识不能全部被显性化表示，需要创业者去领悟、体会、吸收，内化为创业的动力更为困难。

本章研究结果有一定的政策启示，在推动大众创业万众创新向纵深发展、强调人才引进、资本投入的同时，要注重提高城市知识存量水平，加强知识基础设施建设，尤其是在当前积极推进新型研发机构、新基建的机遇下，加强中国城市知识环境建设，使其得到大力提升与发展。文中研究也存在一些不足：选择了横截面数据，虽然因知识存量及基础设施具有相对的稳定性，可以反映城市知识环境和城市创业的关系，但并未从时间序列分析城市知识环境与城市创业之间的关系，这是未来需要进一步做的工作。

第六章　中国城市舒适度对城市创新的影响

第一节　中国城市气候舒适度与城市创新

地理环境对城市社会经济活动有着重要的影响,中国城市人居环境气候舒适度是否影响城市创新?本节选取中国创新水平较高的91个地级及以上城市,首先采用温湿指数和风效指数的组合模型并参照相应的分级标准计算各城市年气候舒适期,以城市发明专利申请数代表城市创新水平,分析城市人居环境气候舒适度对城市创新的影响及机制。

一、研究概述

人居环境是人类赖以生存、生活的空间,气候舒适度是人居环境的重要的指标。气候舒适度是健康人群在无须借助任何防寒、避暑装备和设施的情况下对气温、湿度、风速和日照等气候因子感觉的适宜程度。城市人居环境气候舒适度反映了城市环境中不同天气(气候)条件下人体的舒适状态,是人类社会经济活动的重要影响因素。知识经济时代,创新已成为城市社会经济活动的核心,各种创新活动对区域与城市发展都产生了深刻的影响,成为区域与城市发展的关键。因此,需要开展城市人居环境气候舒适度对城市创新影响的相关研究,为城市创新提供一种有关人—地关系的基础认识,并为不同区域和城市的创新发展提供必要的科学依据。

1. 气候舒适度的相关评价

以温湿指数和风效指数为代表的组合模型评价体系成为目前国内气候舒适

度评价研究的主流模式(孙美淑等,2015)。李山等(2016)采用温湿指数和风效指数的组合模型评价策略,定义气候舒适期为某段时间内天气舒适日数累加,根据中国大陆775个基本(基准)气象站点1961—2010年间的逐日气象数据,计算了中国大陆近50年来的年平均气候舒适期,并分析其空间格局和时间演变。一些学者运用温湿指数和风效指数的组合模型对城市旅游气候舒适度进行了研究,例如,李秋等(2005)在进行环渤海地区旅游气候资源评价时,采用温湿指数和风效指数的综合值作为旅游气候舒适度指标;范业正等(1998)采用温湿指数和风效指数的综合指标分析了我国25个滨海城市和12个岛屿的旅游气候适宜性;唐焰等(2008)运用GIS技术,计算了中国1km×1km栅格尺度的温湿指数和风效指数,系统分析了二者的时空分布规律,定量评价了中国人居环境气候舒适期与适宜性。也有学者采用温湿指数、风效指数和着衣指数的组合模型来测定城市旅游气候舒适度,例如,马丽君等(2009)运用温湿指数、风寒指数(也称风效指数)和着衣指数构建综合气候舒适度评价模型,分析了我国东部沿海26个热点旅游城市和西部11个热点旅游城市的气候舒适度;刘清春等(2007)运用人生气候舒适指数(包括温湿指数、风效指数和着衣指数)分析了我国44个城市的旅游气候舒适期。此外,一些研究着重分析某区域或某个城市的人居环境气候舒适度特征,例如,蒲金涌等(2010)研究了甘肃省31个城市的人居环境气候舒适期;王汶等(2009)以河南省为例,基于GIS空间分析方法进行气候舒适度评价;刘金丽等(2016)分析了珠海市人居环境气候舒适度特征;何佳等(2015)研究了宝鸡市近54年来人居环境气候舒适度的变化特征;王胜等(2012)研究了安徽省气候舒适度的时空分布特征。关于气候舒适度的其他方面的研究还包括:气候舒适度评价研究进展(闫业超等,2013)、园林规划中微气候舒适度研究(陈睿智等,2013;2014)。

2. 气候对人类创新活动的影响

一些学者研究了气候对知识型产业区位、科技园区位的影响。王铮(1999)以美国计算机产业为例,引入人生气候指数模型,研究发现知识型产业区位趋向于气候条件较好的地区,并指出,舒适的生产、生活环境有助于知识型产业高技术人员的创造性劳动和知识产品的创造。吴林海等(2002)在分析科技园区对于气候舒适期，因时间粒度和时间连续性差异，存在三种不同界定：第一种界定，以月或旬等较大时间粒度来界定气候舒适期，一般不要求月份之间的连续性；第二种界定，天气舒适日起止日期之间的连续一整段时间，以"天"为单位；第三种界定，某个时间段内天气舒适日数累加，同样以"天"为单位，而不要求舒适日之间的连续性（Rappaport，2007）。文中采用第三种界定来界定气候舒适期，时间段选取 2009 年，即 2009 年天气舒适日数累加，而某天是否舒适则通过上述温湿指数和风效指数的计算并参照表 6-1 的综合评价标准来界定，其中等级 3 对应的为舒适日。

（2）主成分回归

回归分析方法是通过建立统计模型研究变量间相互关系的密切程度、结构状态的一种有效工具。多元线性回归模型的一般表达式为：

$$y = \beta_0 + \beta_1 x_1 + \beta_2 x_2 + \cdots + \beta_p x_p + \varepsilon \tag{6-3}$$

式中，β_0 为回归常数，β_1，β_2，$\cdots$，β_p 为回归系数，y 为因变量，x_1，x_2，$\cdots$，x_p 为自变量，ε 为随机误差。

当某一经济现象涉及多个影响因素时，这些影响因素之间大都有一定的相关性，当这种相关性较强时，就认为回归自变量之间存在多重共线性。多重共线性违背了多元线性回归模型的基本假设，主成分回归是对回归自变量之间存在多重共线性的一种有效的改进方法，主成分分析的基本思想是一种降维的思想，在损失很少信息的前提下把多个指标利用正交旋转变换转化为几个综合指标，我们把转化生成的综合指标称为主成分，每个主成分都是原始变量的线性组合，且各主成分之间互不相关，这样在研究复杂问题时就可以只考虑少数几个主成分且不至于损失太多信息。

文中选取 2009 年发明专利申请数排名前 100 的地级及以上城市进行研究，其中辽宁省第二次 R&D 资源清查主要数据公报中缺少各城市的 R&D 人员全时当量数据，湖北省、海南省和青海省第二次 R&D 资源清查主要数据公报中缺少各城市的 R&D 人员全时当量数据和 R&D 经费数据，所以剔除位于上述省份的城市，最终选取 2009 年发明专利申请数前 100 名中的 91 个地级及以上城市为研究对象。以城市发明专利申请数代表城市创新水平并作为因变量，选取 GDP、R&D 人员全时当量、R&D 经费、普通高等学校在校学生数作为影响城市创新的关键变量，以城市年气候舒适期代表城市人居环境气候舒适度并作为影响城市创新的变量之一，运用 SPSS18.0 进行主成分回归。

三、气候舒适性与创新的关系

1. 气候舒适度的计算

采用温湿指数和风效指数的组合模型，并参照表 6-1 的综合评价标准，计算了 91 个地级及以上城市 2009 年气候舒适期，其中昆明、攀枝花、贵阳、成都等中国西南部城市的年气候舒适期最长；其次为汕头、深圳、惠州、东莞、厦门、广州、中山、佛山等中国广东、福建沿海地区城市，年气候舒适期均在 100 天以上；其余大部分城市年气候舒适期在 70~100 天之间。

表 6-2 中"创新排名"的依据是各城市 2009 年发明专利申请数，"气候舒适度排名"的依据是各城市 2009 年气候舒适期。通过分析表 6-2 可以发现，深圳、成都、广州、重庆不仅年气候舒适期长，即城市人居环境气候舒适度高，并且城市创新水平也高（创新排名靠前），佛山、东莞、福州、厦门、昆明这几个人居环境气候舒适度高的城市，其城市创新水平也相对较高；年气候舒适期在 80 天以下的 15 个城市中，除济南、长沙、哈尔滨之外，其余城市的创新水平均较低；分地区来看，中国西南地区部分城市例如成都、重庆、昆明等城市，以及中国广东、福建沿海地区部分城市例如深圳、广州、东莞、佛山、厦门、福州等城市，其人居环境气候舒适度较高，城市创新水平也较高，而中国东北、西北、内蒙古等地区部分城市例如大庆、包头、呼和浩特、乌鲁木齐等城市，其人居环境气候舒适度较低，城市创新水平也较低。如果仅考虑上述部分城市，似乎人居环境气候条件较好的城市其创新水平也较高，而人居环境气候条件较差的城市其创新水平也较低。但是从表 6-2 整体来看，城市人居环境气候舒适度与城市创新之间并无明显关联。例如创新水平排名第一的北京，其年气候舒适期为 91.25 天，排名 32 位，而创新水平排名第三的上海，其年气候舒适期为 86.37 天，排名 57 位，其余杭州、天津、南京、西安等创新水平高的城市，气候舒适度排名都靠后，其余大部分城市的气候舒适度与其创新水

平之间也并无明显关联。

表 6-2 2009 年 91 所城市气候舒适期

城市	气候舒适期/天	气候舒适度排名	创新排名	城市	气候舒适期/天	气候舒适度排名	创新排名
昆明	149.67	1	25	烟台	94.44	25	29
攀枝花	148.02	2	77	泉州	93.61	26	82
贵阳	129.36	3	31	南宁	93.48	27	46
成都	123.58	4	9	台州	93.27	28	49
汕头	112.63	5	68	株洲	92.54	29	55
深圳	112.23	6	2	秦皇岛	92.36	30	66
德阳	111.36	7	87	洛阳	92.32	31	35
惠州	111.26	8	50	北京	91.25	32	1
东莞	109.01	9	19	柳州	91.03	33	85
厦门	107.65	10	24	唐山	90.36	34	76
广州	106.74	11	7	潍坊	90.12	35	48
中山	105.74	12	38	金华	89.34	36	79
佛山	105.34	13	17	桂林	88.93	37	65
江门	104.87	14	63	南阳	88.92	38	78
珠海	104.23	15	39	西安	88.47	39	8
重庆	103.53	16	10	淄博	88.46	40	36
福州	103.25	17	21	杭州	88.45	41	4
温州	102.45	18	40	临沂	88.24	42	61
湛江	100.36	19	83	苏州	87.92	43	11
威海	98.83	20	44	连云港	87.91	44	73
绵阳	98.32	21	47	淮安	87.89	45	54
长治	97.68	22	67	镇江	87.87	46	30
太原	95.96	23	27	南通	87.59	47	32
青岛	94.79	24	16	宁波	87.56	48	18

续表

城市	气候舒适期/天	气候舒适度排名	创新排名	城市	气候舒适期/天	气候舒适度排名	创新排名
泰州	86.86	49	64	郑州	83.22	71	26
绍兴	86.68	50	69	廊坊	83.21	72	80
湖州	86.59	51	51	常州	82.91	73	23
无锡	86.49	52	12	芜湖	82.32	74	28
盐城	86.48	53	56	长春	80.99	75	20
咸阳	86.46	54	60	聊城	80.36	76	70
东营	86.45	55	45	南昌	79.25	77	34
枣庄	86.38	56	84	吉林	78.89	78	90
上海	86.37	57	3	济南	78.53	79	13
焦作	86.37	58	89	保定	78.37	80	58
南京	86.26	59	6	长沙	78.29	81	15
嘉兴	85.38	60	57	包头	77.35	82	91
邯郸	85.37	61	74	呼和浩特	76.98	83	59
扬州	85.28	62	43	湘潭	75.43	84	71
徐州	84.99	63	42	大庆	75.37	85	75
天津	84.87	64	5	莱芜	75.29	86	86
马鞍山	84.67	65	88	乌鲁木齐	74.36	87	52
济宁	84.51	66	81	哈尔滨	74.28	88	14
新乡	84.38	67	72	石家庄	71.93	89	37
菏泽	84.13	68	62	兰州	70.13	90	33
合肥	84.01	69	22	泰安	63.88	91	41
蚌埠	83.29	70	53				

2. 气候舒适期与创新的关系

为分析城市创新与气候舒适度的相关关系，以各城市发明专利申请数（Y）作为因变量，GDP（X_1）、R&D经费（X_2）、R&D人员全时当量（X_3）、普通高等学校在校学生数（X_4）、年气候舒适期（X_5）作为自变量，构建多元线性回归模型并对回归模型进行检验。等级相关系数法检验结果表明,回归模型随机误差项不存在异方差;残差图检验法表明,回归模型随机误差项不存在自相关;运用方差扩大因子法和特征根判定法对回归自变量进行多重共线性检验,结果表明回归自变量之间存在多重共线性。主成分回归是对回归自变量之间存在多重共线性的一种有效的改进方法。因此,采用主成分回归方法分析城市人居环境气候舒适度对城市创新的影响。

根据主成分分析的思想,利用 SPSS18.0 对 5 个自变量计算主成分。5 个自变量的信息主要集中在两个主成分中(提取特征值大于 1 的主成分),累计方差贡献率达到了 84.908%,即前两个主成分累计含有原始 5 个变量 84.908%的信息量,因此,只取前两个主成分。成分矩阵(表 6-3)中,GDP、R&D 人员全时当量、R&D 经费、普通高等学校在校学生数在第一个主成分上的载荷较大,分别为 0.942,0.958,0.971,0.696,年气候舒适期在第二个主成分上的载荷较大,为 0.992。因此,第一个主成分整体上代表了前 4 个自变量,而第二个主成分整体上代表了第 5 个自变量即年气候舒适期。

表 6-3　成分矩阵

自变量	主成分	
	1	2
X_1 GDP	0.942	0.018
X_2 R&D 经费	0.958	0.017
X_3 R&D 人员全时当量	0.971	0.032
X_4 普通高等学校在校学生数	0.696	−0.154
X_5 年气候舒适期	0.044	0.992

利用 SPSS18.0 进行因子分析时可以输出因子得分,主成分得分为特征值与因子得分的乘积,据此进一步计算前两个主成分得分,分别记为 D_1 和 D_2,并用因变量 Y 对主成分 F_1 和 F_2 进行普通最小二乘法(OLS)回归。结果显示 D_2 未通过显著性检验,而第二个主成分整体上代表了年气候舒适期,说明年气候舒适期对因变量 Y 并无显著影响,即城市人居环境气候舒适度对城市创

新无显著影响。因此，应剔除 D_2，用因变量 Y 对 D_1 进行普通最小二乘法回归。

从 OLS 模型分析结果中可以看出，复相关系数 R 为 0.909，样本决定系数 R^2 为 0.826，调整的 R^2 为 0.824，表明回归方程的拟合优度较好。F 检验结果表明，回归方程整体的显著性较好，即回归自变量从整体上对因变量 Y 有显著影响。回归系数的 t 检验结果显示，D_1 在 $\alpha=0.01$ 的显著性水平下通过了检验。

根据计算结果，得到标准化后的主成分回归方程为：

$$Y=0.909D_1 \tag{6-4}$$

以 D_1 为因变量，5 个原始变量为自变量进行线性回归，得到 D_1 用原始变量表示的标准化后的线性方程：

$$D_1=0.291X_1+0.296X_2+0.300X_3+0.215X_4+0.013X_5 \tag{6-5}$$

代入主成分回归方程 $Y=0.909D_1$ 中，得到还原后的标准化主成分回归方程为：

$$Y=0.265X_1+0.269X_2+0.273X_3+0.195X_4+0.012X_5 \tag{6-6}$$

由此可以看出，5 个自变量对发明专利申请数均存在正向影响，对发明专利申请数影响程度由大到小的因素依次为是 R&D 人员全时当量、R&D 经费、GDP、普通高等学校在校学生数、气候舒适期。其中，R&D 人员全时当量每增加 1%，对发明专利申请数的贡献率为 0.273%；R&D 经费每增加 1%，对发明专利申请数的贡献率为 0.269%；GDP 每增加 1%，对发明专利申请数的贡献率为 0.265%；普通高等学校在校学生数每增加 1%，对发明专利申请数的贡献率为 0.195%；气候舒适期对发明专利申请数的影响非常小，气候舒适期每增加 1%，对发明专利申请数的贡献率仅为 0.012%，这说明城市人居环境气候舒适度对城市创新有一定程度的影响，但与前几个因素相比，其对城市创新的影响并不十分显著。

四、结论与讨论

文中基于温湿指数和风效指数的组合模型以及相应的舒适分级标准，计算了中国91个地级及以上城市2009年气候舒适期，进而通过构建主成分回归模型，将城市人居环境气候舒适度纳入影响城市创新的变量，研究发现城市人居环境气候舒适度对城市创新有一定的影响，但影响并不显著。尽管适宜的人居环境气候条件有利于人的智力活动和知识产品的创造，有利于知识型产业和高技术产业的发展，但相对于城市经济基础、创新投入、高等教育水平等影响城市创新的关键因素，城市人居环境气候条件只能作为次要因素。

本研究存在一些不足之处，首先，影响城市创新的关键因素除经济基础、创新投入、高等教育水平之外有很多，例如对外开放水平、国家政策的支持等，但由于这些因素定量化较为困难，文中没有将其纳入影响城市创新的变量；其次，由于各城市R&D人员全时当量和R&D经费数据收集比较困难，第二次全国R&D资源清查的时期资料仅为2009年度，因此发明专利申请数、GDP、高等教育、气候舒适期等变量也仅采用了2009年度的数据；最后，城市人居环境气候条件对城市创新的影响可能是复杂的、间接的。其间可能存在一定的复杂的机制，本研究采用主成分回归分析方法，仅从一个侧面探讨了气候条件对城市创新的简单影响，并没有深入研究其间的复杂机制。

文中初步探究了城市人居环境气候舒适度对城市创新的影响，但存在诸多不足，后续研究应当进一步关注以下几个方面：首先，研究年份适当拓宽，可研究连续多年的城市人居环境气候舒适度对城市创新的影响；其次，探索更优的城市人居环境气候舒适度对城市创新影响的评价模型，从而深入研究气候条件影响城市创新的复杂机制；再次，为给城市创新提供更多有关人-地关系的基础认识，未来可进一步研究地理环境中的其他因素对城市创新的影响；最后，人居环境气候条件是人类社会经济活动的重要影响因素，未来研究还可以拓展到气候条件对其他人类活动的影响，从而为人类活动提供相应的参考和科学依据。

第二节 北京城市舒适性、差异性与创新能力的关系

一、概述

知识经济时代，创新逐渐成为城市与区域发展的核心动力（吕拉昌，

2017)。城市创新能力反映了城市的创新水平,不仅受 R&D 资金、基础设施等物质要素影响,还受市场环境、金融环境、制度环境等创新环境的影响(侯纯光等,2016;吕拉昌等,2010),高素质人才和创意工作者是城市创新和经济发展的重要资产(Cooke,2007)。近年来,城市的舒适性(便利性)"urban amenity"为城市创新创意的发展提供了一个新的解释视角,指出舒适性是地方特有的、不能出口的、能为当地居民或工作者提供的商品或服务(Gottlieb,1994),包括自然舒适性、历史舒适性和现代舒适性(Brueckner,1999),能够为居民提供物质和精神上的高质量生活。城市舒适性理论认为城市舒适性作为城市增长动力,并不直接作用于城市发展,而是通过吸引人才间接推动城市发展(项本武等,2017)。舒适的城市具有多样性、宽容环境和可供居民选择多种生活方式,城市舒适的设施提供了高质量生活,吸引受过高等教育的劳动力,尤其是创新人才。而高素质人才的集中又会对创新型企业产生强大的吸引力,从而促进城市经济的发展。

城市舒适性对城市创新能力的影响,主要是通过城市舒适性对人才的定居、就业和企业区位选择而产生影响。首先,舒适性水平高的城市能够吸引人才来此定居;其次,人才在工作选择上,会不同程度考虑城市的舒适性;再次,舒适性高的城市更能吸引企业的分布,通过吸引人才从而吸引到企业。早在 20 世纪 50 年代,美国地理学家乌尔曼(Ullman)发现城市舒适性是影响区域发展的重要因素,令人愉快的生活环境——舒适性是造成美国各地区人口迁入率不同的主要原因,美国阳光地带人口的增长就反映出城市舒适性对人们居所选择的重要性(Perloff,1960;Chen,2008)。进入后工业社会,这种影响更加突出。弗洛里达(Florida,2002)认为在物质生活比较丰富的后工业社会中,人们对工资等经济条件的关注降低,反而对城市中气候、湿度、剧院、咖啡厅等舒适性条件的需求越来越高。格拉泽(Glaeser,2001)发现舒适性较好的城市具备完善的商品市场和服务、优美建筑物和完善的城市风貌、安全的生活环境、便捷的交通和通信等基础设施。克拉克(Clark,2003)提出不同类型的人群对舒适性的要求不同,高校毕业的年轻人在人工便利性高的城市集中,老年人在自然便利性高的城市集中,高技能人才更集中于自然和人工舒适性都较高的城市。

近年来，城市舒适性被广泛应用于美国国内的旧城改造和城市更新实践（张瀚月，2017），并引起国内研究者的重视。学者们以城市尺度测算我国地级市城市的舒适性水平，分析其空间分布格局及影响机制（喻忠磊等，2016；温婷，2016），围绕着舒适性与城市人口增长进行实证研究（项本武等，2017）。在城市舒适性与城市创新能力的关系上，国内外学者主要是通过对人才的定居、就业和企业区位选择上分析舒适性对创新能力的影响，研究表明城市舒适性对城市创新能力有影响（Hall，2003；Brown，2012；段楠，2012）。由此可见，舒适性影响城市创新发展已有一定的理论与实证研究，城市舒适性水平与创新能力具有一定的相关性。既然城市舒适性可以影响一个地区的创新能力，那么城市舒适性的空间差异性是否也会影响区域内部创新能力的差异？这一方面的研究多以国家为研究尺度，那么对于规模较大的城市大都市区，地域范围广，城市内部差异明显，城市内部舒适性及差异较大，是否会影响城市的创新能力？这一问题仍有待回答。基于此，本节以北京市为例，在市域尺度上实证分析城市舒适性、差异性对城市创新能力的影响，以期为城市舒适性影响城市创新发展提供新的证据。

二、研究区概况、数据来源与方法

1. 研究区概况

本节以北京市为研究区域，范围包括北京市 16 个市辖区：东城区、西城区、朝阳区、丰台区、石景山区、海淀区、门头沟区、房山区、通州区、顺义区、昌平区、大兴区、怀柔区、平谷区、密云区、延庆区。以北京作为案例研究区域的原因：一是北京是中国的科技创新中心，科技教育水平居全国首位；二是北京作为中华人民共和国首都，集中了全国最优质的科技、教育、医疗、文化等公共资源；三是北京市域面积达 1.64 万平方公里，空间差异较大，城市中心区与郊区的舒适性、创新能力差异较大。因此，选择北京市作为研究对象。

2. 数据来源

文中 2018 年北京舒适性数据来源于 2019 年《北京区域统计年鉴》，其中舒适性评价中的餐厅、电影院、星级酒店、综合商场数据均通过 Python 爬取

2018年的美团网,娱乐休闲、生活服务商家数据来源于大众点评网,三甲医院数据来源于微医网,空气质量数据来源于北京市环境保护检测中心网站,地铁站数来源于高德地图。规模以上文化创意产业人均收入、技术合同成交总额、专利申请量、研究与试验发展人员数、科技财政支出占财政总支出数据均来源于2019年的《北京区域统计年鉴》。

3. 研究方法

(1) 综合测评方法

在计算综合得分前,首先对数据进行标准化预处理,文中采用极差标准化方法对正向指标和负向指标进行处理。为了得到更客观的指标权重,选择熵值法确定权重。通过计算各指标层的权重系数,然后按照线性加权综合方法求得各区要素层的得分,以各区的要素层舒适性水平得分为基础,按照以上步骤计算各要素层对于目标层的权重系数,最终得到目标层的综合得分。计算公式为:

$$S_i = \sum_{j=1}^{m} W_j \times Z_{ij} \tag{6-7}$$

式中,当 S_i 表示北京市 i 区的舒适性水平总分时,Z_{ij} 是通过线性加权算出的要素层指标得分,W_j 表示要素层指标权重;当 S_i 为某一要素层指标分值时,Z_{ij} 是指标层数据,W_j 为各具体指标相对于所属要素层的权重。

(2) 空间格局分析法

空间自相关分析是通过空间自相关指数来反映自然或社会要素在空间上的关联程度,揭示其空间分布规律的一种空间统计方法。基于各区的舒适性水平得分,利用空间自相关分析法,探究各区之间整体上的舒适性与创新能力的空间关联程度。计算公式为:

$$\text{Moran's I} = \frac{1}{M^2} \sum_{i=1}^{n} \sum_{j \neq 1}^{n} W_{ij}(X_i - \overline{X})(X_j - \overline{X}) \Big/ \sum_{i=1}^{n} \sum_{j \neq 1}^{n} W_{ij} \tag{6-8}$$

式中,n 为地区总数;X_i 为区域 i 观测值;$\overline{X}$ 为样本平均值;W_{ij} 为空间权重矩阵,使用基于距离的空间权重矩阵;M^2 为 $\sum_{i=1}^{n}(X_i - \overline{X})^2 \cdot n^{-1}$。Moran's I 取值范围为[−1,1],大于0为正相关,高值区域或低值区域趋于集聚,小于0为负相关,高值区域被低值区域包围或低值区域被高值区域包围,等于0表示随机分布。

(3) 耦合协调度模型

根据熵值法和前文评价内容计算出的指标权重和得分，建立耦合协调度模型，以度量系统之间相互作用及协同关系强弱，其中耦合度是对体系间相互影响程度的度量，具体计算公式为：

$$C = 2\sqrt{(U_1 \times U_2)/(U_1 + U_2)^2} \tag{6-9}$$

式中，C 为创新能力和城市舒适性的耦合度，C 值在 0~1 之间，其值越接近 1，说明耦合程度越高，越接近 0，则说明两个系统耦合程度越低。U_1 表示城市舒适性评价值，U_2 表示创新能力评价值。

协调度采用评价系统整体协调发展水平，其表达式为：

$$D = \sqrt{C \times T}$$
$$T = \alpha U_1 + \beta U_2 \tag{6-10}$$

式中，D 为创新能力和城市舒适性发展的协调度，其值在 0~1 之间，D 值越高，表示系统间发展协调程度越高。T 为两系统的综合协调指数，反映两系统整体协同的效应。α 和 β 为待定权数且和为 1，一般在两者同等重要的情况下均取值 0.5，考虑到城市创新能力和舒适性的相互影响和影响程度不确定，α 和 β 也均取值 0.5。

耦合协调度可以准确评估城市舒适性与创新能力的耦合协调发展水平，却难以评估二者的相对发展状况。进一步引入相对发展度 E 模型，以评价城市舒适性供给与创新需求的相对发展状况，公式为：

$$E = U_1 / U_2 \tag{6-11}$$

式中，U_1 表示城市舒适性评价值，U_2 表示创新能力评价值。

(4) 多元线性回归分析

结合权重分析计算出城市舒适性和创新能力的综合得分，利用多元线性回归分析，探讨创新能力与区域舒适性指标之间的关系。公式为：

$$Y = \beta_0 + \beta_1 F_1 + \beta_2 F_2 + \cdots + \beta_p F_p + \varepsilon \tag{6-12}$$

式中，Y 为因变量，β_0 为常数项，β_1，…，β_p 为回归系数，F_1，F_2，…，F_p 为自变量和控制变量，p 为自变量数量，ε 为随机误差。

三、北京城市舒适性评价

在借鉴国内外学者关于城市舒适性评价指标的基础上，本文充分考虑中西方评价的具体内容差异及特点，从数据可获取性、科学性、真实性和可操作性的原则出发，构建北京城市舒适性的指标体系。在计算舒适性综合得分的基础上，分析城市舒适性空间特征。

1. 城市舒适性指标体系构建及权重赋值

国内外关于城市舒适性、宜居性、生活质量的评价已有相关研究。克拉克(Clark，2003)把舒适性分成自然舒适性和建设舒适性，布鲁克纳(Brueckner，1999)进一步把建设舒适性分成历史舒适性和现代舒适性两部分。史蒂文(Steven，2001)和斯科特(Scott，2010)等选择当地气候等自然条件、休闲基础设施和人口分布密度等作为舒适性评价要素。张文忠(2007)对宜居城市评价从客观和主观展开，客观是社会提供的服务和保障，主观是居民对其满意度评价。国内其他学者也基本从自然和社会两大方面展开，自然涉及气候、环境等，社会条件包括文化教育、卫生、交通、休闲游憩、基础设施、社会保障等(周瑞瑞，2017；马凌等，2018)，喻忠磊等(2016)从自然环境、人工环境以及社会氛围三个角度展开对城市舒适性的评价。综合国内外学者对舒适性的评价体系，文中对城市舒适性的评价从自然环境、人工环境以及社会氛围三个维度，构建城市舒适性评价体系，通过熵值法计算各要素的权重(表6-4)。

表6-4 北京城市舒适性水平评价指标及权重

目标层	要素层	权重	指标层	权重	功效性
城市舒适性水平	生态环境	0.1132	X_1：森林覆盖率	0.3094	正向指标
			X_2：人均公园绿地面积	0.3205	正向指标
			X_3：空气质量高于二级的天数	0.3701	正向指标
	娱乐休闲	0.1394	X_4：每万人餐厅数量	0.1453	正向指标
			X_5：每万人电影院数量	0.1166	正向指标
			X_6：每万人星级酒店数量	0.1789	正向指标
			X_7：每万人综合商场数量	0.0730	正向指标
			X_8：每万人生活服务商家数量	0.1493	正向指标

续表

目标层	要素层	权重	指标层	权重	功效性
城市舒适性水平			X_9：每万人休闲娱乐商家数量	0.112 6	正向指标
			X_{10}：人均社会消费品零售额	0.082 5	正向指标
			X_{11}：每万人体育场地数量	0.141 9	正向指标
	文化教育	0.242 3	X_{12}：每万人拥有公共图书馆藏书数量	0.237 4	正向指标
			X_{13}：每万人博物馆藏品数量	0.114 5	正向指标
			X_{14}：每万人中小学教师数量	0.648 1	正向指标
	医疗条件	0.274 3	X_{15}：每万人三甲医院数量	0.614 7	正向指标
			X_{16}：每万人医院床位数量	0.385 3	正向指标
	交通条件	0.168 9	X_{17}：每万人汽车拥有量	0.244 7	正向指标
			X_{18}：人均备案停车场数量	0.270 7	正向指标
			X_{19}：交通事故数量	0.056 5	负向指标
			X_{20}：每公顷地铁站数量	0.428 1	正向指标
	社会氛围	0.062 0	X_{21}：每万人失业人数	0.060 9	负向指标
			X_{22}：每万人参加失业保险人数	0.104 1	正向指标
			X_{23}：每万人参加基本养老保险人数	0.112 5	正向指标
			X_{24}：常住外来人口占比	0.094 1	正向指标
			X_{25}：每万人入境旅游人数	0.414 7	正向指标
			X_{26}：收入房价比	0.107 2	正向指标
			X_{27}：刑事案件破案立案比	0.066 5	正向指标
			X_{28}：常住人口密度	0.039 9	负向指标

(1) 自然环境

城市自然舒适性中一般包含气候和生态条件两方面，Clark采用湿度、温度、气候、山川等对自然环境进行舒适性评价。考虑到城市内部气候条件差异不大，选择生态环境的指标，包括森林覆盖率、人均公园绿地面积、空气质量高于二级的天数作为评价依据。

(2) 人工环境

基于张瀚月和温婷对城市的人工环境舒适性分析，文中从娱乐休闲、文化教育、医疗条件和交通四个方面表征人工环境的舒适性。娱乐休闲方面选择每万人餐厅数量、每万人电影院数量、每万人星级酒店数量、每万人综合商场数量、每万人生活服务商家数量、每万人休闲娱乐商家数量、每万人体育场馆数量和人均社会消费品零售额作为指标来表示各区为居民提供衣食娱乐方面的舒适性。文化教育方面选择每万人拥有公共图书馆藏书数、每万人博物馆藏品数、每万人中小学教师数来表示城市提供的文化教育舒适性。医疗的舒适性以每万人三甲医院数和每万人床位数等指标来反映。交通条件舒适性评价采用每万人汽车拥有量、交通事故数量、人均备案停车场数及每公顷地铁站数指标来表征。

(3) 社会氛围

社会氛围是居民对生活城市舒适性的心理层面的体验，可从城市包容性、开放性、安全性、城市拥挤程度、生活成本等方面进行评价（温婷等，2016）。文中选择每万人失业人数、每万人参加失业保险人数、每万人参加养老保险人数、常住外来人口占比、每万人入境旅游人数、收入房价比、刑事案件破案立案比、常住人口密度指标反映社会氛围舒适性。每万人失业人数表征社会民生的安全稳定性，是舒适性水平的负向指标；每万人参加养老保险人数和失业保险人数可表示社会保障性；常住外来人口一定程度反映了城市包容性；城市开放性用入境旅游人数表征；收入房价比在一定程度上能反映人口在该城市居住的难易程度，为城市生活成本的重要指标；刑事案件破案立案比体现城市治安治理效果；利用常住人口密度指标表示城市拥挤程度。综合以上指标评价城市社会氛围方面的舒适性。

2. 北京城市舒适性空间分布特征

(1) 北京各类舒适性空间特征

根据各区在各类舒适性水平上的得分，采用 ArcGIS 10.2 中的自然断裂点法将其划分为高、较高、中等、较低和低五个等级，得到各类舒适性的空间分布。生态环境舒适性水平总体呈现从西北地区向东南地区逐渐递减特征，延庆区、门头沟区、怀柔区和昌平区位居前四位，其次是密云区、平谷区和顺义区，海淀区、石景山区和房山区处于中等水平，朝阳区、丰台区生态环境水平较低，东城区和西城区得分远低于平均分 0.470 5，属于生态环境水平最低的区域。

娱乐休闲舒适性分值最高的区域集中在市中心的东城区和朝阳区，其次是西城区和海淀区。门头沟区娱乐休闲方面的舒适性水平最低，大兴区、石景山区、平谷区和顺义区娱乐休闲方面的舒适性水平较低，总体上由市中心向周围郊区逐渐减弱。

文化教育舒适性：海淀区、东城区和朝阳区的文化教育得分明显高于其他行政区，其中高校云集的海淀区位居首位，门头沟区、石景山区、延庆区、怀柔区、密云区和平谷区得分较低。昌平区、顺义区、丰台区、通州区、大兴区、房山区在文化教育上的舒适性水平得分较为平均，处于中等水平，总体由市中心向南北两侧递减。

医疗条件舒适性：从市中心向郊区递减，西南部城区略高于东北部城区。其中分值较高的集中在西城区、东城区、朝阳区和海淀区。房山区、通州区、顺义区、大兴区、怀柔区、平谷区、密云区和延庆区的得分均低于平均分0.314，市中心和周围郊区差异较大。

交通条件舒适性：北京各城区交通舒适性水平呈现南部高于北部，中心城区高于周边郊区的空间分布格局。东城和西城交通最便利，其次是朝阳区、海淀、丰台区和石景山四区，延庆区、怀柔区、密云区、昌平区、顺义区的交通便利程度最低，房山区和平谷区、门头沟区、大兴区、通州区的交通舒适性程度处于中等和较低水平。

社会氛围舒适性：朝阳区和东城区社会氛围舒适性水平得分最高，其次为海淀区和西城区，门头沟区和通州区社会氛围舒适性水平最低，延庆区、平谷区、石景山区和丰台区相对较低，总体上社会氛围舒适性的空间分布特征也呈现出由中心城区向四周递减的特点。

(2) 北京城市总体舒适性特征

根据北京各行政区在舒适性水平上的综合得分，在 ArcGIS10.2 中用自然断裂点分类法将各区划分为五类：高水平区(0.329 5~0.617 6)、较高水平区(0.248 7~0.329 4)、中等水平区(0.193 9~0.248 6)、较低水平区(0.170 1~0.193 8)和低水平区(0.160 6~0.170 0)。总体来看，北京城市舒适性水平呈现出从城市中心向周边地区递减的特点，中心城区舒适性水平较高，远离中心的城区舒适性水平逐渐降低。密云区、平谷区、大兴区和通州区处于低水平区域，门头沟区、顺义区、怀柔区和延庆区处于较低水平区，石景山区和房山区处于中等水平区域，丰台区和昌平区处于较高水平区，市中心的东城区、西城区、海淀区和朝阳区处于高水平区域（图6-1）。

在GeoDa软件平台中采用莫兰指数（Moran's I）对北京市舒适性进行全局空间自相关分析。结果显示Moran's I指数为0.324，且在10%水平下显著，说明相邻区的舒适性水平在空间分布呈集聚现象。为了进一步反映局域空间关联特征，借助LISA图来反映不同局域的关联模式。高-高型聚类集中在东城区、西城区、朝阳区、海淀区及丰台区，说明北京市中心区舒适性水平最高且对周围相邻区域的带动性较强，形成北京市"高舒适性"区域。低-高型聚类分布在石景山区、昌平区、顺义区和通州区，这些区舒适性明显低于周围城区，且受周围城区的影响小（图6-1）。

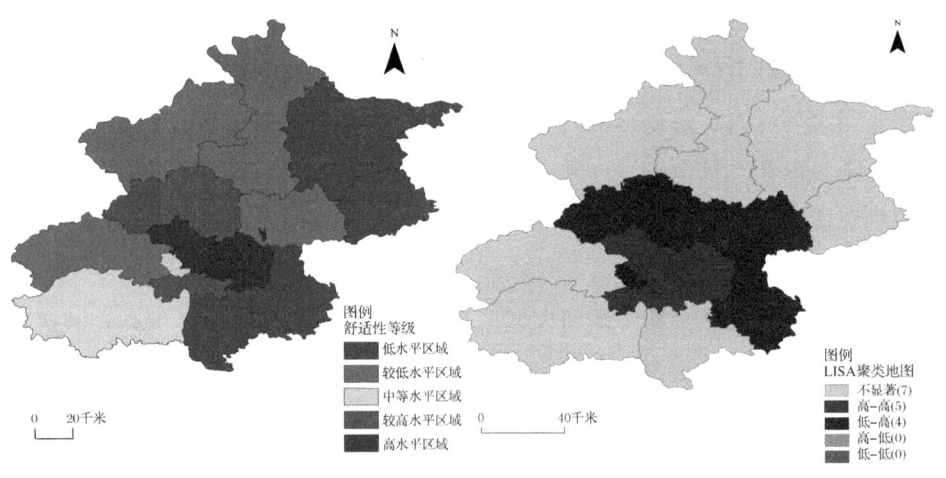

图6-1 2018年北京市总体舒适性分布情况

四、北京城市舒适性与创新能力的关系分析

首先对北京城市各区创新能力进行评价，再分析其与城市舒适性的相关性。在构建城市创新能力的评价指标时，选取指标较多可能会与城市舒适性的一些变量重复，影响结果的科学性，因此对城市创新能力的评价采用既能代表

创新能力,又较为简化的指标。采用规模以上文化创意产业人均收入、技术合同成交总额、专利申请量作为评价指标来反映该研究区的产业创新和技术创新,用熵值法计算各指标的权重。然后根据各区的舒适性得分和创新能力得分利用耦合协调度计算舒适性水平与创新能力发展的协调程度,最后采用多元线性回归分析研究北京城市舒适性水平对创新能力的影响。

通过熵值法计算得出规模以上文化创意产业人均收入的权重系数为0.161 4,技术合同成交总额的权重系数为0.452 9,专利申请量的权重系数为0.385 6。经过加权计算得出北京各区的创新能力得分,按自然断裂点分类法分为5个级别:高水平区域(0.560 4~0.950 8)海淀区,较高水平区域(0.375 6~0.560 3)朝阳区,中等水平区域(0.163 3~0.375 5)有东城区、西城区和丰台区,较低水平区域(0.037 1~0.163 2)为大兴区、通州区、房山区、石景山区、昌平区、顺义区和怀柔区,其他4个行政区是低水平区域(0.006 2~0.037 0)(图6-2)。

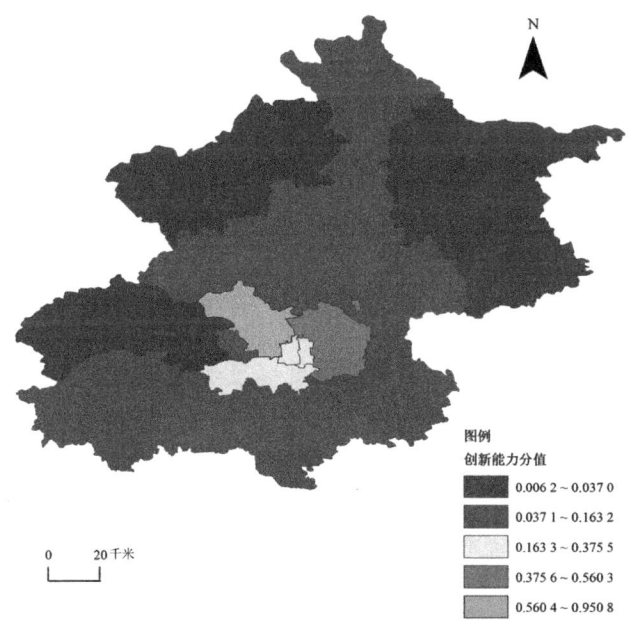

图6-2　2018年北京市创新能力空间分布

1. 北京市各区舒适性与创新能力耦合协调度

根据已有研究,学者对耦合度 C 与耦合协调度 D 划分出不同类别或阶段。结合黄金川等(2003)的划分标准,将耦合度从 $0<C\leqslant0.3$、$0.3<C\leqslant0.5$、$0.5<C\leqslant0.8$、$0.8<C\leqslant1.0$ 分别划分为低水平耦合阶段、拮抗阶段、磨合阶段和高水平耦合阶段。根据吴玉鸣等(2008)将耦合协调度 D 值划分为 4 个等级,$0<D\leqslant0.4$、$0.4<D\leqslant0.5$、$0.5<D\leqslant0.8$、$0.8<D\leqslant1.0$ 分别为低度协调耦合、中度协调耦合、高度协调耦合与极度协调耦合。相对发展度 E 借鉴刘浩(2011)的研究成果,$0<E\leqslant0.8$、$0.8<E\leqslant1.2$、$E>1.2$ 分别为城市舒适性供给滞后于城市创新发展需要、城市舒适性供给同步于城市创新需求、城市舒适性供给超前于城市创新发展。

利用式(6-9)、(6-10)、(6-11)测算北京市各区的城市舒适性和城市创新的耦合度、耦合协调度和相对发展度。从耦合度来看,北京市大部分区处于高水平耦合阶段,只有平谷区和密云区处于磨合阶段,系统向良性耦合阶段转变。延庆区还处于拮抗阶段,城市创新能力的发展可能受低水平舒适性影响的制约,目前还未能与城市创新形成良好耦合。

从耦合协调度来看,北京各区创新能力和舒适度发展整体协调度较低,门头沟区、通州区、顺义区、昌平区、大兴区、怀柔区、平谷区、密云区和延庆区处于低度协调耦合阶段,石景山区和房山区目前处于中度协调耦合阶段,东城区、西城区、朝阳区和丰台区的 D 值均高于 0.55,处于较高度协调耦合阶段,海淀区的 D 值最高达 0.804,处于高度协调耦合阶段。

从相对发展度 E 来看,东城区和西城区虽然处于高度协调耦合,但城市舒适性供给超前于创新发展,说明两地未能充分利用当地的舒适性所带来的对创新发展的促进影响。海淀区、朝阳区和丰台区的舒适性供给却稍滞后于城市创新需求,未来还需进一步提升地区的舒适性水平推动创新发展。处于中度协调耦合的石景山区和房山区舒适性相对较好,但创新能力提高较慢。处于低度协调耦合的通州、昌平、平谷、密云、延庆也存在同样问题,顺义区和怀柔区的舒适性和创新发展比较同步,但处于低水平发展阶段(表6-5)。

表 6-5　北京各区舒适性与创新能力耦合协调度

地区	耦合度 C 值	耦合协调度 D 值	相对发展度 E	地区	耦合度 C 值	耦合协调度 D 值	相对发展度 E
东城区	0.985 4	0.628 7	1.410 3	通州区	0.969 9	0.317 4	1.643 2
西城区	0.893 6	0.518 2	2.629 0	顺义区	0.995 9	0.361 3	1.199 5
朝阳区	0.990 9	0.699 4	0.762 2	昌平区	0.910 5	0.385 7	2.410 2
丰台区	0.981 9	0.550 8	0.681 2	大兴区	0.992 9	0.373 6	0.787 9
石景山区	0.992 2	0.408 2	1.285 5	怀柔区	0.998 5	0.373 3	1.116 2
海淀区	0.930 2	0.804 3	0.462 9	平谷区	0.702 0	0.223 9	5.948 0
门头沟区	0.805 1	0.270 5	3.915 8	密云区	0.730 2	0.230 2	5.314 5
房山区	0.997 3	0.418 5	1.158 0	延庆区	0.409 1	0.171 3	9.852 8

2. 北京市舒适性对创新的影响

首先对城市总体舒适性与创新能力进行相关性分析，选取控制变量：每万人研究与试验发展人员数、科研财政支出占总支出比重。在进行相关性分析之前对城市舒适性和两个控制变量进行熵值法权重赋值，城市舒适性的权重系数为 0.218 3，每万人研究与试验发展人员数权重系数为 0.422 4，科研财政支出占总支出比重的权重系数为 0.359 3。然后通过多元线性回归模型进行相关性分析（表 6-6），公式如下：

$$Y = \beta_0 + \beta_1 F_1 + \beta_2 F_2 + \beta_3 F_3 + \varepsilon \qquad (6-13)$$

式中，Y 为创新能力得分，β_0 为常数项，β_1、β_2、β_3 为回归系数，F_1 为城市舒适性得分，F_2 为每万人研究与试验发展人员数得分，F_3 为科研财政支出占总支出比重得分，ε 为随机误差。

表 6-6　城市总体舒适性与创新能力的相关性分析

变量	非标准化系数 B	非标准化系数 标准误差	标准化系数	t	Sig.
常量	0.141	0.174		0.189	0.997
F_1	1.449	0.513	0.357***	3.801	0.003
F_2	0.041	0.395	0.213*	1.105	0.081
F_3	0.819	0.407	0.380*	2.012	0.067

注：B 为非标准化系数，*、**、*** 分别表示回归系数在 10%、5%、1% 水平上显著。

结果显示：R^2 为 0.688，拟合程度较好，VIF 的值均小于 1.5，不存在共线性问题。城市舒适性与创新能力总分相关性为 0.357，并在 1% 的水平上显著。说明城市舒适性与城市创新能力存在明显的正相关关系，且城市舒适性每增加 1%，对城市创新的贡献率增加 0.357%。

对城市各类型舒适性与创新能力进行多元回归分析，将创新能力作为因变量，X_1、X_2、X_3、X_4、X_5、X_6 作为自变量分别代表生态环境、娱乐休闲、文化教育、医疗条件、交通条件和社会氛围，利用 SPSS 进行多元线性回归分析。通过计算得 R^2 为 0.78，但 X_2 娱乐休闲的 VIF 值为 12.91 大于 10，说明存在较大的共线性问题。因此剔除该变量，对其他变量再次进行回归分析。结果显示，R^2 为 0.89，VIF 值均小于 5，说明存在较弱的共线性，但对结果影响不大，无须采取纠正措施（表 6-7）。

表 6-7　舒适性各要素与创新能力的相关性分析

变量	非标准化系数		标准化系数	t	Sig.
	B	标准误差			
常量	0.316	0.117		0.369	0.024
X_1	−0.046	0.117	−0.185	1.257	0.250
X_3	0.865	0.298	0.365***	3.552	0.000
X_4	−0.186	0.282	−0.026	−1.658	0.902
X_5	0.206	0.263	0.194**	2.783	0.045
X_6	0.135	0.279	0.261**	5.984	0.015

注：B 为非标准化系数，*、**、*** 分别表示回归系数在 10%、5%、1% 水平上显著。

分析结果表明：北京市生态环境舒适性和医疗条件对城市创新影响不显著，说明与其他因素相比，城市创新受气候、绿地等自然生态环境舒适性影响较小。文化教育环境的舒适性与城市创新存在明显正相关，且通过 1% 的显著性水平检验，每增加 1% 对城市创新的贡献率为 0.365%。文化资源丰富、文化氛围浓厚利于高素质人才集聚，为创新活动的发生提供了基础条件。交通便利性和社会氛围对城市创新也具有较大积极影响，均在 5% 的水平上显著。这表明城市交通便利增加了生活的便利性，也利于人才、资本、知识与信息的传递与集聚，对城市创新影响较大。城市的安全性、保障性、居住条件、拥挤度等形成的社会环境会给创新创业者的创新活动提供保障，激发科技创新活动。由此可见，北京市的文化教育环境、交通便利性和社会氛围对创新影响较大，因此未来还需不断优化这三方面的舒适性环境，推动创新水平的进一步提高。

五、结论与讨论

城市舒适性作为影响城市创新发展的重要因素，已有大量的理论与实证分析，但对一个较大的城市或是都市区，城市舒适性具有差异性，对不同区域有不同的影响。本章以城市舒适性理论为依据，结合北京市城市发展与建设的实际情况，从生态环境、娱乐休闲、文化教育、医疗条件、交通条件和社会氛围6个维度出发构建舒适评价指标体系，利用综合测评法对北京市16个区的舒适性水平进行评价，分析北京市舒适性的空间分布格局并分析各区的舒适性与创新能力的耦合协调关系，进一步探讨不同类型的舒适性对城市创新的影响程度，研究得出以下主要结论：

第一，北京市生态环境舒适性水平的空间格局总体呈现从西北地区向东南地区逐渐递减的特征；娱乐休闲舒适性水平总体上由市中心向四周逐渐减弱；众多高等院校和知识分子聚集的海淀区、东城区和朝阳区成为文化教育氛围最浓厚的地区，文化教育舒适性总体由市中心向南北两侧递减；医疗条件舒适性趋向于向市中心集中，其中西南部城区略高于东北部城区，市中心和周围郊区差异较大；北京各城区交通舒适性水平呈现南部高于北部，中心城区高于周边郊区的空间分布格局；在社会氛围舒适性上，朝阳区和东城区分值最高，其次为海淀区和西城区，空间分布特征也呈现出由中心城区向四周递减的特点。

第二，从总体上看，北京市舒适性水平排在前4位的是东城区、西城区、海淀区和朝阳区，密云区、平谷区、大兴区和通州区处于低水平区域。整体上北京中心城区舒适性高于周边地区，南部地区优于北部地区。各区的舒适性水平在空间分布上呈集聚现象，高-高型聚类集中在东城区、西城区、朝阳区、海淀区及丰台区，形成北京市"高舒适性"区域。低-高型聚类分布在石景山区、昌平区、顺义区和通州区，说明东城区和西城区对相邻区域的带动作用较强，而朝阳区、海淀区及丰台区对外围区域的辐射带动作用不明显。

第三，北京城市创新能力的空间分布与舒适性表现特征相似，呈现出以市中心为核心向四周递减的格局。结合耦合协调度模型发现北京市除平谷区、密云区和延庆区，其他城区目前均处于高水平耦合阶段，但各区创新能力和舒适性发展整体协调度较差，海淀区和东城区、西城区、朝阳区、丰台区处于较高或高度协调耦合阶段，平谷区和密云区处于磨合阶段，系统有向良性耦合阶段转变。延庆区还处于拮抗阶段，目前还未能与城市创新形成良好的协调互动。

第四，总体而言，北京城市创新能力与各类舒适性因素均有关系，计量模型回归结果显示文化教育舒适性、交通便利性和社会氛围是创新能力提高的关键因素，而生态环境和医疗条件相比之下对城市创新发展作用不明显。

北京目前在推动"四个中心"建设，要建成宜居城市，文化中心、科技中心建设尤其重要。但各行政区的城市舒适性差异较大，创新能力也有较大的差异。要全面推动"四个中心"建设，就要求北京市进一步优化各区的舒适性水平，推动创新能力和舒适性整体协调发展。在打造城市舒适性时可优先发展文化教育、提高交通便利性以及营造良好的社会氛围，通过满足和提高创新人才的生活和工作舒适性水平，吸引高层次人才及企业集聚，带动城市创新发展。东城区和西城区需进一步提高区域的生态环境舒适性；朝阳区要努力解决交通拥堵问题，提高出行的便利性；海淀区、丰台区需全方面改善和提高娱乐休闲舒适性、交通舒适性和社会氛围；石景山区、房山区等周围地区由于舒适性供给快于创新发展需求，因此要加大其他创新要素的供给，如创新资金的投入、创新基础设施的建设等。

本章的研究丰富和深化了中国城市舒适性研究，对中国其他大都市区域创新发展和城市舒适性建设也有一定参考价值。当然，文中也存在一些不足之处，未来还需继续完善。如文中仅选取 2018 年数据分析北京市舒适性空间分布特征及与创新能力的关系，结果可能存在一定偏差。对于选取的指标也未能完全覆盖各区的舒适性发展状况，未来还需详细考虑各类型舒适性的指标选择。此外，文中关注的是北京城市舒适性水平与创新能力的关系，对于其他大都市来说是否存在相同的分布规律也是值得深入研究的问题。

第七章　中国城市的紧凑度对城市创新的影响

第一节　引言

自 20 世纪 80 年代以来，全球经济由传统工业经济向知识经济转变，资本积累体制从"福特主义"转向"后福特主义"，并且正在进入新的阶段（Rossi and Bella，2017）。Scott 指出"知识经济""创意经济""创新型经济""认知-文化经济（cognitive-cultural economy）"等标签所描述的一种以知识、创意和创新为核心的新体制正在全球范围内浮现（Scott，2014）。相比传统经济对密集劳动力等传统生产要素的依赖，这种知识经济主要依靠创业者、创新型企业和包括"创意阶层"的人才资本（talented human capital）等创新要素（Zandiatashbar et al.，2019）。这些创新要素在空间上并不是均匀分布的，而是集聚于世界主要城市及城市区域。因此，在知识经济时代，城市的重要性更加凸显（Florida et al.，2017）。正如列斐伏尔所言"每一个时代都会产生它自己的空间"。资本积累体制的转变过程带来了新的城市形态与景观，城市内部空间也得以重塑，并表现出高度的创新性特征（Charnock and Ribera-Fumaz，2011）。另一方面，空间不只是社会与经济存在的容器，也是社会生产出来的关系空间。人类活动的特定空间组织也会反作用于社会关系，并影响其关系结构与动力机制。创新作为一个社会过程，理解这种社会-空间辩证法的运转对通过空间作用于创新尤为重要（Scott，2008）。在此背景下，学者、规划者和政策制定者们纷纷寻求理解城市空间如何培育和支持知识生产、创意和创新（Katz and Bradley，2013）。

已有文献主要沿两个理论脉络对城市空间与创新之间的关系开展研究。一是从集聚经济理论出发，研究区位与创新的关系，集聚经济外部性和空间邻近带来的面对面接触，隐性知识的产生、传播与共享及知识溢出是此类研究的核心，并可划分为两条主线（Shearmur，2012）：第一条主线涉及本地化（地方化）经济（localization economies），认为来自相同行业的知识密集型企业在空间上邻近能够促进知识交流和溢出，这是因为来自同行业的知识是紧密相关的。这种外部性创造更大的专业化投资、产品市场和技术劳动力池，促进企业达到更高的生产率和更好的创新绩效。随着时间的推移，弥漫着创新因子的产业区、产业集群逐渐形成，专业化联系和网络不断完善，推动企业和区域更快地创新。第二条主线涉及城市化经济（urbanization economies），强调知识密集型企业多元化的重要性，认为某一给定行业的企业会受益于位于同一地区的其他行业企业的互补性知识（Feldman et al.，1999；Jacobs，1969）。在此类文献中，空间更多地作为一种外生因素，影响城市内创新主体及其之间的相互作用。二是沿"创意阶层"理论，研究城市建成环境对创新的影响。知识型企业、创意企业、创意阶层等人才更倾向于具有社会经济多元化、高质量便利服务设施的城市环境（Florida et al.，2008；Florida，2002；Fischer，2006）。众多此类研究都强调多元化、混合土地利用、较好的可达性及可步行性的城市建成环境能够有效促进创新主体之间正式及非正式网络的形成、知识交换和知识溢出，进而支持创新的发生（Morisson，2015）。布鲁金斯学会2014年针对美国大都市区近些年发生的创新型企业快速向中心城区集聚的现象，提出"创新城区（innovation district）"概念，其特征包括紧凑、混合土地利用、可步行性和交通可达性以及拥有顶尖的教育机构和人才资本（Katz and Wagner，2014）。然而，尽管学者们从不同尺度出发对上述相关特征与城市创新及经济发展的关系开展了研究，但尚缺乏对城市整体空间形态特征与城市创新的关系的研究，尤其是缺少实证支持。近年来，Hamidi等对美国城市及都市区的紧凑度与创新的关系开展了实证研究，结果表明紧凑的城市空间能够促进美国城市和都市区的创新表现（Hamidi et al.，2019；Hamidi and Zandiatashbar，2019）。但这一结论是否适用于城市更为紧凑的亚洲国家和地区，尚有待实证检验。

相比西方发达经济体尤其是美国，中国拥有较高的人口密度，土地资源稀缺，城市化仍在持续，城市的紧凑度与多样性成为当下中国经济社会可持续发展的两大核心要素（仇保兴，2012）。紧凑城市是"具有相对较高的密度、用地功能混合和多样性、交通高效与鼓励步行、社会与经济多样化的一种城市形态"，是一种可持续发展的城市形态模式（Burton，2000）。紧凑城市的特征显而易见地能够促进邻近、非正式网络的形成、知识交换和创新溢出等创新过程的发生，推动城市创新发展（Granpayehvaghei et al.，2019）。因此，城市的紧凑度也应是中国城市创新发展的重要维度之一。国内学者在城市空间和创新关系研究上也取得了丰富的成果，从中国城市创新空间分布（吕拉昌和李勇，2010；段德忠等，2015），创新网络空间特征（王秋玉等，2016；段德忠等，2018），密集的人才资本（吕拉昌等，2018；马海涛，2017），多样化知识密集型企业环境等创新影响因素（曹贤忠等，2018；符文颖和董诗涵，2019），集聚经济效应（王承云等，2013；孙瑜康等，2019）、知识溢出和邻近创新机制（林晓等，2019；吕拉昌，2017）等方面揭示了空间对城市创新的影响，这些研究成果对于理解中国城市空间和创新的关系有着重要贡献。但对城市建成环境尤其是城市形态与城市创新的关系研究较少，且相关研究以定性分析为主，缺少实证研究。

基于此，本章构建了城市紧凑度作用于城市创新的理论分析框架，在此基础上，以中国281个地级及以上城市的资料为依据，对中国城市紧凑度与城市创新产出的关系开展实证分析，以期为中国创新型城市建设与城市可持续发展提供科学参考。

第二节 理论框架与研究假说

城市紧凑度主要通过三个方面影响城市创新（Hamidi et al.，2019）：

第一，紧凑通过更高的可达性和空间邻近作用于城市创新。城市紧凑意味着高校、科研机构等知识机构和人才资本区位更加接近，或者有着更好的可达性，能够促进企业与其他创新主体之间的互动、合作，增加创新网络形成的可能性和知识溢出，从而提升企业创新能力（Credit，2018；Doloreux and Shearmur,2011)。紧凑带来的邻近能够促进各类人才之间正式或非正式的面对面交流的发生,形成一种创新、创意氛围,为知识和信息的流动创造更大的可能性(Storper and Venables,2004)。一些行业的创新高度依赖于创新消费群体和人才资本。城市形态影响着企业与二者之间的可达性,进而影响企业的持续创新能力。另外,紧凑的城市能够降低通勤时间和成本,增强集聚经济外部性(Chatman et al.,2016)。

第二,紧凑城市能够提供步行友好街道,街道具有更高的连通性、密度、便利服务设施易达性及更强的活力,吸引创新和创意人才汇聚(Zandiatashbar and Hamidi,2018;Bereitschaft,2019;Storper and Scott,2009)。Shearmur(2002)指出千禧一代的人才们更倾向于步行的生活方式,接近便利设施,渴望丰富的城市社会生活,居住于混合用地和紧凑的社区,来自美国(Florida et al.,2008)、欧洲(Trip,2007)和亚洲(Rao and Dai,2017)的实证研究都证实了这一观点。创新、创意和创业人才的密集,自然会形成区位引力,吸引知识密集型企业,促进创新的发生,推动城市整体经济的发展(Cusinato,Philippopoulos-Mihalopoulos,2016)。

第三,城市紧凑度与城市创新之间通过包容性(tolerance)和多元化(diversity)概念相互联系。已有研究证实了包容性、多元化与人力资本、城市创新之间存在正相关关系(Florida,2014;Niebuhr,2010;Qian,2013;Qian and Stough,2011)。紧凑的城市空间能够支持更为高效的公共交通模式和公共服务设施供给,降低社会的空间分异,促进社会公平性(Burton,2000)。这种包容性降低了城市准入门槛,提供开放性的社区交流,多元化的生活方式,吸引并留住各类人群,不同知识背景和观念的多样化人群相互交流和思维碰撞,催生创新和创意。此外,作为一种社会资本,城市的包容性和多元化在宏观上为城市创新生态系统提供良好的制度环境支持。

综上,紧凑的城市空间能够通过更高的可达性和空间邻近作用、提供步行友好街道、增加城市社会的包容性和多元化来促进城市的社会网络形成、知识溢出,增强人才资本和社会资本,从而提升城市创新表现。图7-1归纳了以上的理论分析,基于此理论分析框架,提出研究假设:城市紧凑度对中国城市创新存在正效应；城市越紧凑，城市创新产出越高。

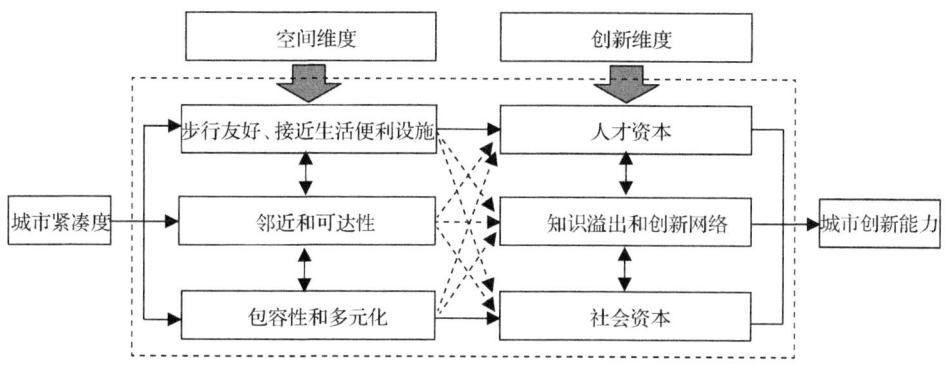

图 7-1　城市紧凑度与城市创新理论分析框架

第三节　研究方法与数据说明

一、城市紧凑度评价指标体系和方法

针对城市紧凑度的评价，学者们尚未达成一致。国内外学者对紧凑城市内涵的理解存有差异。西方学者更聚焦于城市空间形态的紧凑。例如，Hamidi和Ewing（2014）围绕发展密度、土地混合利用、中心性、街道连通性构建了城市紧凑度的评价指标体系。Tsai（2005）从规模、密度、均匀分布度和集群度评价城市空间紧凑性。Lee（2015）从人口、公共和便利服务设施及与其公共交通设施间的邻近性构建了城市紧凑度指数，对日本城市的紧凑度进行了评价。Fan（2019）提出城市紧凑度指数，包括5个要素：居住和商业密度；土地混合利用；街道连通性；城市中心可达性；交通可达性。国内研究者对于紧凑城市的理解更侧重于认为紧凑是一种城市发展战略，而并非一种具体的城市空间形态（李琳，2006）。在对城市紧凑度进行评价时，除空间外，还注重社会、经济和环境等内涵，构建多维度的综合评价指标体系。

综合来看，尽管学者们在评价城市紧凑度时采用的具体指标体系不同，但都体现了以下核心指标：密度，土地混合利用，街道连通性和交通可达性。从城市紧凑度内涵即密度、用地功能混合和多样性、交通高效与鼓励步行，结合文中的研究问题，更注重城市空间维度紧凑性对城市创新的影响，我们采用了 7 个指标来表征以上 4 个城市紧凑度评价的核心维度，构建了综合性的城市紧凑度指数评价指标体系（表 7-1）。

（1）密度，包括城市人口密度指标和居住密度指标。城市人口密度指每公顷城镇用地上城市人口数。居住密度指每公顷居住用地上城市人口数。这两个指标均能体现城市人口的密度。

（2）土地利用，包括土地混合利用指标和土地开发强度指标。土地混合利用指标反映了城市土地利用的多样化，使用土地利用结构信息熵来度量。更加多元化的土地利用一方面能够促进不同组织之间的邻近，另一方面能够为城市居民提供一个更加适宜步行和骑行的日常生活环境，增进人与人之间的交流，促进社会网络的形成。土地开发强度指城市建成区面积占城市市辖区面积的比重，反映城市土地的开发强度及建成区的连续性。

（3）街道连通性，包括道路交叉密度和道路密度。道路交叉密度是指建成区内每平方公里的道路交叉口数量。道路密度是指城市道路长度与城市面积之比。道路密度越高，道路交叉口密度越大，意味着街区的规模更小，可步行性越高。

（4）交通可达性，使用公交覆盖率来表征。公交覆盖率指全部公交站点 500 米半径所覆盖的区域面积之和占城市建成区面积的比重。这一指标能够反映城市公共交通服务的可达性。

表 7-1 城市紧凑度综合评价指标体系

指标名称		指标说明	数据来源
密度	人口密度	城区人口/城镇用地面积	人口数据来自《中国城市建设统计年鉴》；城镇用地面积来自国家地球系统科学数据中心、全球 30 米分辨率人造地表覆盖数据集（2010）
	居住密度	城区人口/居住用地面积	《中国城市建设统计年鉴》

续表

指标名称		指标说明	数据来源
土地利用	土地混合利用	居住用地、公共设施用地、工业用地、绿地等城市土地利用结构	《中国城市建设统计年鉴》
	土地开发强度	城市建成区面积占市辖区面积比重	
街道连通性	道路交叉密度	建成区道路交叉口数量/建成区面积	http://www.beijingcitylab.com
	道路密度	市区道路长度/市区面积	《中国城市建设统计年鉴》
交通可达性	公交覆盖率	公交站点500米半径所覆盖的面积之和/建成区面积	http://www.beijingcitylab.com

采用熵权法分别为7个指标赋予权重，从而将其合并成为一个单一的城市紧凑度指数。相比专家打分法等主观赋权法，熵权法更为客观，信度更高，在城市紧凑度评价中得到广泛应用(Shi et al.，2016；黄永斌等，2014)。每个指标的权重取决于样本在该指标上的差异程度，差异越大，熵值越低，权重值则越高；相反，差异越小，熵值越大，权重值越低。城市紧凑度指数的范围为0到1，值越大，城市越紧凑。具体计算过程为：

(1) 构建原始指标数据矩阵：样本城市m个，评价指标n项，形成原始数据矩阵$\boldsymbol{X}=(x_{ij})_{m\times n}(0\leqslant i\leqslant m, 0\leqslant j\leqslant n)$，$x_{ij}$为第$i$个城市中第$j$个评价指标的数值；

(2) 采用极值法对原始数据进行无量纲化处理：评价指标均为正向指标，对于x_{ij}，得到：$x'_{ij}=\dfrac{x_{ij}-m_j}{M_j-m_j}$，式中：$m_j$为样本城市在第$j$个指标上的最小值；$M_j$为样本城市在第$j$个指标上的最大值；

(3) 计算第j项指标的熵值e_j：$e_j=-\dfrac{1}{\ln n}\sum\limits_{i=1}^{m}p_{ij}\ln(p_{ij})(0\leqslant e_j\leqslant 1)$，式中$p_{ij}=\dfrac{x'_{ij}}{\sum\limits_{i=1}^{m}x'_{ij}}$；

(4) 计算指标 j 权重系数 w_j：$w_j = \dfrac{g_j}{\sum\limits_{j=1}^{n} g_j}$，其中，$g_j = 1 - e_j$；

(5) 得到城市 i 的紧凑度指数 Y_i：$Y_i = \sum\limits_{j=1}^{n} w_j x'_{ij}$。

二、知识生产函数

知识生产函数是区域创新及知识溢出研究领域最为广泛使用的模型工具。知识生产函数将创新产出与创新投入相联系，认为研发是知识创新的最重要投入，其他重要投入包括人力资本、教育水平等（吕拉昌等，2018）。不同产业及行业专利倾向存在差异，高专利密度产业集中于科技推广和应用服务业，专业技术服务业，资本市场服务等知识密集型服务业（曹勇和佘硕，2009）。此外，实证研究证实了外资对中国城市创新产出的正向作用（侯润秀和官建成，2006）。综上，基于知识生产函数，结合研究假设，除研发投入和人力资本投入，将城市紧凑度、城市包容性、城市产业结构和外资变量纳入知识生产函数，构建了如下双对数线性知识生产函数模型：

$$\log(\text{Patent}_i) = \alpha_0 + \alpha_1 \log(\text{Compactness}_i) + \alpha_2 \log(\text{HumCap}_i) + \\ \alpha_3 \log(\text{Tolerance}_i) + \alpha_4 \log(\text{RDInt}_i) + \alpha_5 \log(\text{TerInd}_i) + \\ \alpha_6 \log(\text{FDI}_i) + \mu_i \qquad (7\text{-}1)$$

式中，Patent_i 表示第 i 个城市专利申请数量，来表征城市创新产出。尽管专利数据存在一定的局限性，但凭借数据的可获得性、连续性、详细的信息等优势成为当下创新研究领域中使用最广泛的数据之一。另外，无论专利申请最终是否能够获得批准，专利申请行为本身就能体现城市创新的活跃程度（程叶青等，2014）。因此，使用专利申请数量衡量城市创新产出。Compactness_i 为城市紧凑度变量，使用城市紧凑度指数表征。HumCap_i 为人才资本水平变量，使用每万人口中大学及以上学历人口数量来度量。尽管在正式教育外，个人能够从工作期间的经验和培训中汲取隐性知识，提高个人能力，但这种非正式的、特定的知识或能力属于人力资本的未知部分，难以准确地度量，因此，通常使用正式的教育层次来表征这些隐性的能力。Tolerance_i 为城市包容性变量，采用城市包容性指数来表征。使用每城市外来人口来源省份的多元性来衡量城市的包容性，参考已有研究，使用改进的赫芬达尔指数来测度城市包容性（Niebuhr，2010）：$Tolerance_i = 1 - \sum_{k=1}^{K} S_{ik}^2$，式中，$S_{ik}$表示城市来自$k$省（自治区、直辖市）的迁移人口数量占$i$城市总人口比重，其中$K=31$（考虑到数据可得性，未包括中国香港、澳门和台湾地区）。$RDInt_i$为研发投入变量，使用R&D经费投入强度来表征。$TerInd_i$为城市产业结构变量，使用第三次产业占GDP比重表示。FDI_i为外商直接投资变量，用城市实际利用外资额占GDP比重表征（表7-2）。μ_i表示误差项。

表7-2 变量和数据来源说明

变量	变量定义	数据来源
城市创新产出（Patent）	城市专利申请数	各省、市统计年鉴
城市紧凑度指数（Compactness）	城市紧凑度综合得分	根据《2010中国城市建设年鉴》《2011中国城市统计年鉴》相关数据计算
人才资本水平（HumCap）	每万人口中大学及以上学历人口数	根据各省、市第六次人口普查资料计算
城市包容性（Tolerance）	城市包容性指数	根据各省、市第六次人口普查资料相关数据计算
研发投入强度（RDInt）	R&D经费投入占GDP比重	《2009第二次全国R&D资源清查》
城市产业结构（TerInd）	第三产业占GDP比重	《2011中国城市统计年鉴》
外商直接投资（FDI）	实际利用外资额占GDP比重	《2011中国城市统计年鉴》

三、空间计量模型

许多非空间统计模型会给定结果变量之间独立分布的假设。然而，多数空间数据尤其是区域社会经济数据，在空间上往往具有依赖性，呈现出聚类分布特征，违反了独立分布这一假定，导致统计结果的偏误（Lesage and Pace，2009）。通常使用Global Moran's I指标对普通最小二乘法回归分析结果的残差项进行空间自相关检验。其计算公式是：

$$I = \frac{1}{S^2} \sum_{i=1}^{n} \sum_{j \neq 1}^{n} (X_i - \overline{X})(X_j - \overline{X}) \bigg/ \sum_{i=1}^{n} \sum_{j \neq 1}^{n} W_{ij} \quad (7\text{-}2)$$

式中，n 为地区总数；$\overline{X}$ 为样本平均值；X_i 为区域 i 的观测值；W_{ij} 为空间权重矩阵；S^2 为 $\sum_{i=1}^{n}(X_i - \overline{X})^2 \cdot n^{-1}$。Moran's I 取值范围为 $[-1, 1]$，其绝对值趋向于 1，表明观测对象在空间上呈现出聚类分布特征，具有空间相关性；趋向于 0，表明在空间上随机分布。

已有研究文献揭示了区域创新变量在空间上具有依赖性和溢出效应（王承云和孙飞翔，2017）。因此，需在回归模型中引入空间变量，构建空间计量模型。空间滞后模型（Spatial Lag Model，SLM）、空间误差模型（Spatial Error Model，SEM）是最常用的两种空间回归模型。

SLM 的一般方程式为：

$$\bm{y} = \rho \bm{W} \bm{y} + \bm{X}\bm{\beta} + \bm{\varepsilon} \quad (7\text{-}3)$$

SEM 的一般方程式为：

$$\begin{aligned} y_i &= \bm{X}'_i \bm{\beta} + \varepsilon_i \\ \bm{\varepsilon}_i &= \lambda \bm{W}\bm{\varepsilon} + \mu, \quad \mu \sim N(0, \sigma^2) \end{aligned} \quad (7\text{-}4)$$

式(7-3)、(7-4)中 $\bm{y}$ 是由单位被解释变量值构成的 $N \times 1$ 阶向量，$\bm{X}$ 为由解释变量构成的 $N \times K$ 阶向量，ρ 为空间自回归系数，能够测度要素的空间溢出效应及强度。λ 为空间误差系数，$\bm{\beta}$ 是 $K \times 1$ 阶待估参数向量，$\bm{W}$ 为 $N \times N$ 阶空间权重矩阵，$\bm{\varepsilon}$ 为误差项向量。

空间回归模型选择的一般程序为：(1)使用最小二乘法估计法，得到一般模型的回归结果。(2)对回归结果的残差项进行 Moran's I 统计检验，以此诊断空间自相关性。(3)如果存在空间自相关性，就需要选择空间回归模型。Moran's I 统计检验不能判断应该使用空间滞后模型还是空间误差模型，需要进一步对残差进行拉格朗日乘数检验（Lagrange Multiplier test），根据 LM-Error 和 LM-Lag 两个统计量的显著性来选择空间回归模型，如果 LM-Error 和 LM-Lag 均高度显著，则继续比较稳健情况下两个统计量即 Robust LM-Error 和 Robust LM-Lag 的显著性，从而选择最优模型。

第四节 中国城市紧凑度特征及对创新的影响

一、中国城市紧凑度特征

将中国城市紧凑度评价结果依据城市规模进行分类①，将不同规模城市紧凑度分布的箱线图和小提琴图进行叠加，以展示紧凑度指数的分布情况，并比较其均值后发现，城市紧凑度指数与城市规模呈现出显著的正相关性，即城市规模越大，城市紧凑度指数越高；随着城市规模的下降，城市紧凑度指数呈现出下降趋势（图 7-2）。

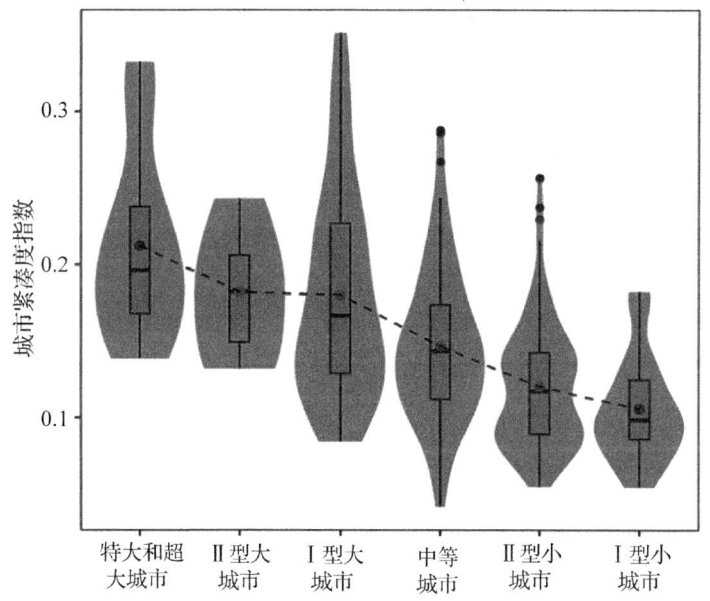

图 7-2 城市紧凑度与城市规模等级相关关系

---

① 根据 2014 年国务院关于调整城市规模划分标准，将城市规模划分为五类七档，包括：Ⅰ型小城市、Ⅱ型小城市、中等城市、Ⅰ型大城市、Ⅱ型大城市、特大城市和超大城市。考虑到城市数量，文中将特大城市和超大城市合并为一类，将城市规模划分为六类。

从空间格局上看，2010年中国城市紧凑度呈现出以下特征：(1)东部沿海及中部地区城市紧凑度指数相对较高，西部城市紧凑度指数相对较低。(2)省会城市及主要城市群区域城市具有较高的紧凑度，如京津冀城市群、长三角城市群、珠三角城市群、中原城市群、海峡西岸城市群、辽中南城市群等，一定程度上表明城市群的建设和发展促进了生产要素在空间上的集聚程度，土地集约利用程度更高。东部地区较高的人口密度和更为严格的土地政策是城市更为紧凑的重要原因。

二、回归结果分析

1. 全部样本回归结果

以中国地级及以上城市为研究空间单元，2010年中国地级及以上城市共287个，除去缺乏数据城市，全部样本共281个城市。表7-3给出了一般对数模型(OLS)、SLM和SEM的估计结果，一般对数模型采用普通最小二乘估计方法，空间回归模型采用最大似然估计方法。根据表7-3，Moran's I 统计检验值为0.411高度显著，表明一般对数回归模型残差并不是随机分布，城市创新产出变量在空间上呈现聚类分布特征。因而，需要使用空间回归模型。LM-Error 和 LM-Lag 统计量均高度显著，继续比较稳健情况下两个统计量显著性，结果显示 Robust LM-Lag 尽管仍然显著，但其显著性明显低于 Robust LM-Error。因此，选择空间滞后模型(SEM)估计结果。

模型结果显示，所有解释变量均通过了1%水平的统计显著性检验且系数均为正，这意味着所有变量均对城市创新产出有正效应。城市紧凑度系数为0.410，表明在保持其他变量不变的情况下，城市紧凑度指数每提高1%，城市创新产出将提高0.41%。这一结果验证了研究假设，即城市紧凑度对中国城市创新存在正效应；城市越紧凑，城市创新产出越高。其他解释变量中，TerInd 和 HumCap 变量系数最大，分别为0.734和0.676，反映了城市产业结构和人才资本在2010年对城市创新产出最为重要。第三产业即服务业比重对城市创新产出具有正效应，这是因为科技推广和应用服务业、专业技术服务业、资本市场服务以及电子信息产业等知识密集型服务业具有较高的专利密度。城市包容性指数变量值为 0.351，表明对城市创新存在正效应。建设更加具有开放性、包容性的城市，能够提升城市创新表现。这一结果也支持了城市紧凑度对城市创新作用的理论框架。FDI 变量显著且系数为正，说明外资的流入能够促进城市创新的产出。

表 7-3　模型估计结果

变量	OLS 系数	OLS p 值	SLM 系数	SLM p 值	SEM 系数	SEM p 值
常数项	3.842**	0.024	−0.395	0.793	2.760***	0.048
Compactness	0.693***	0.000	0.547***	0.000	0.410***	0.003
HumCap	0.547***	0.000	0.500***	0.000	0.676***	0.000
Tolerance	0.225***	0.000	0.150***	0.004	0.351***	0.000
RDInt	0.526***	0.000	0.449***	0.000	0.401***	0.000
TerInd	0.827***	0.003	0.955***	0.000	0.734***	0.000
FDI	0.270***	0.000	0.163***	0.000	0.258***	0.000
ρ			0.419			
λ					0.668	
调整 R^2	0.633					
Wald 检验			76.903		99.355	
似然比检验			107.28		106.16	
Log likelihood			−359.291		−345.604	
赤池信息量（AIC）			736.58		709.21	
Moran's I	0.411***	0.000				
LM-Lag	85.455***	0.000				
Robust LM-Lag	9.010***	0.003				
LM-Error	101.549***	0.000				
Robust LM-Error	25.104***	0.000				

注：***、**、* 分别表示在 1%、5%、10% 水平上显著。

2. 分东、中、西部区域回归结果

中国东、中、西部城市在人口密度、经济和社会发展、土地和人口政策上存在着巨大差异，导致城市创新产出和城市紧凑度也存在显著的区域差异。因此，有必要分区域考察城市紧凑度和城市创新产出之间的关系。表7-4分别给出了东、中、西部OLS、SLM和SEM模型结果。根据残差空间依赖性检验的统计参数，可以判别东部最优模型为SEM，中部为SLM，西部Moran's I未通过显著性检验，即空间效应不显著，因此选取OLS模型结果。

模型结果显示，城市紧凑度指数系数在中部和西部均为正且在1%统计水平上显著，表明城市紧凑度对中部和西部城市创新产出具有正效应。城市紧凑度指数系数在中部和西部分别为0.757、1.293，意味着城市紧凑度指数每提高1%，城市创新产出分别提高0.757%和1.293%，均远高于全部样本中的回归结果0.410。东部城市紧凑度指数系数未通过显著性检验。这是因为东部城市紧凑度在全国范围内属于最高的区域，继续提高城市紧凑度带来的创新产出收益在统计意义上并不显著。总体而言，从东部到中部到西部，城市紧凑度的提高带来的城市创新产出依次增加。

其他控制变量回归系数在不同区域也显示出差异性，显示了中国的区域差异性。具体来看，只有研发投入强度变量在东、中、西部均通过了显著性检验且系数为正，系数分别为0.231、0.407和0.478，表明尽管区域之间存在差异，提高研发投入均能有效促进城市创新产出，尤其是在西部和中部，研发投入的提升产生的创新效应更为突出。人才资本变量在东部和西部分别通过了1%和5%水平的显著性检验，但在中部不显著，一个可能的原因是中部地区样本城市间人才资本水平差异比较大。城市包容性变量只在东部通过了显著性检验，在中部和西部不显著。这是因为东部地区是中国人口跨省迁移的主要流入地，而中部和西部城市主要是人口流出和在区域内大城市流动，因此，就城市包容性的创新效应而言，对于东部更为重要。第三产业比重变量在东部和中部地区均在1%水平上显著，系数分别为1.729和0.871，东部地区系数为全部样本系数的两倍有余，说明产业结构转型升级对于东部和中部城市创新具有重要意义。该变量在西部未通过显著性检验，原因是西部第三产业发展仍然比

表 7-4 分东、中、西部区域模型估计结果

变量	东部			中部			西部		
	OLS	SLM	SEM	OLS	SLM	SEM	OLS	SLM	SEM
常数项	-4.658	-8.662***	-1.788	5.060**	1.472	3.470*	5.059*	5.111*	5.024*
Compactness	-0.188	0.036	-0.041	0.904***	0.757***	0.664***	1.293***	1.299***	1.239***
	(0.496)	(0.881)	(0.857)	(0.000)	(0.000)	(0.001)	(0.000)	(0.000)	(0.000)
HumCap	0.837***	0.822***	0.782***	0.143	0.163	0.394**	0.731**	0.732**	0.696**
	(0.002)	(0.000)	(0.000)	(0.462)	(0.339)	(0.034)	(0.019)	(0.012)	(0.018)
Tolerance	0.436***	0.259**	0.624***	0.040	0.098	0.246**	-0.130	-0.131	0.106
	(0.000)	(0.013)	(0.000)	(0.720)	(0.317)	(0.027)	(0.267)	(0.242)	(0.375)
RDInt	0.448***	0.344***	0.231**	0.470***	0.407***	0.307***	0.478***	0.478***	0.479***
	(0.002)	(0.004)	(0.042)	(0.000)	(0.000)	(0.000)	(0.000)	(0.000)	(0.000)
TerInd	2.133***	2.379***	1.729***	0.761**	0.871***	0.727**	-0.062	-0.066	0.046
	(0.005)	(0.000)	(0.002)	(0.034)	(0.005)	(0.019)	(0.867)	(0.852)	(0.895)
FDI	0.148	0.156	0.208	-0.010	-0.036	0.007	0.238***	0.239***	0.254***
	(0.236)	(0.143)	(0.102)	(0.929)	(0.699)	(0.944)	(0.001)	(0.000)	(0.000)

续表

变量	东部 OLS	东部 SLM	东部 SEM	中部 OLS	中部 SLM	中部 SEM	西部 OLS	西部 SLM	西部 SEM
ρ		0.402			0.415			−0.006	
λ			0.677			0.557			0.144
调整R^2	0.600			0.534			0.596		
Wald检验		21.796	7.641		21.049	32.074		0.003	1.253
似然比检验		18.127	34.955		15.713	10.21		0.003	0.826
Log likelihood		−124.807	−116.393		−100.767	−103.518		−106.485	−106.073
赤池信息量(AIC)		267.61	250.79		219.53	225.04		230.97	230.15
Moran's I	0.405***			0.134***			0.067		
LM-Lag	19.654***			15.639***			0.003		
Robust LM-Lag	0.050			14.549***			0.923		
LM-Error	30.030***			3.977**			0.579		
Robust LM-Error	10.426***			2.887*			1.499		

注：***、**、*分别表示在1%、5%、10%水平上显著；括号内为p值。

较滞后,第三产业中知识密集型产业发展仍不足,以传统的第三产业为主,对创新产出的作用仍不明显。外资变量只在西部通过了显著性检验,说明积极引进外资对于提高西部城市创新水平至关重要。尽管外资变量在东部未通过显著检验,但其 p 值为 0.208,表明外资对东部城市创新产出具有正效应。

第五节 结论与讨论

本章构建了城市紧凑度与城市创新的理论分析框架,在此基础上,以中国 281 个地级及以上城市的资料为依据,对中国城市紧凑度进行了评价,采用空间回归模型方法,对中国城市紧凑度与城市创新产出之间的关系开展了实证研究,并分区域进行了比较研究,得出以下结论:

第一,城市紧凑度对城市创新的影响可归纳为三个方面:首先,紧凑通过更高的可达性和空间邻近作用,促进创新网络的形成和知识溢出的发生,促进城市创新;其次,紧凑城市能够提供步行友好街道,街道具有更高的连通性、密度、便利服务设施易达性及更强的活力,吸引创新和创意人才汇聚,提升城市创新能力;再次,紧凑城市能够促进城市社会的包容性和多元化,增强社会资本,为城市创新生态系统提供良好的制度环境。

第二,城市紧凑度与城市规模呈现出显著的正相关性,即城市规模越大,城市越紧凑;随着城市规模的下降,城市紧凑度呈现出下降趋势。在空间格局上,2010 年,东、中、西部城市紧凑度依次下降,省会城市及主要城市群区域城市具有较高的紧凑度,揭示了城市群的建设和发展促进了生产要素在空间上的集聚程度,土地集约利用程度更高。

第三,在全国范围内,城市紧凑度对中国城市创新存在正效应;城市紧凑度指数越高,城市创新产出越高。然而,城市紧凑度对城市创新的作用存在区域差异。城市紧凑度的提高能够显著促进中部和西部城市创新产出,但对东部城市创新产出作用不明显。其他变量对城市创新产出的作用也存在差异。结果的政策意义是:针对东部地区,应加强人才资本吸引,营造更具包容性的城市环境,继续提升研发投入强度,优化产业结构,发展知识密集型服务业,引进外资。针对中部地区，要提升城市紧凑度，加强人才资本和研发投入，加快产业结构升级与转型。对于西部地区城市，要规划建设更为紧凑的城市，加强人才资本培养和引进，加大研发投入，积极引进外资。

伴随着中国越来越多的城市和区域经济结构转型，寻求从工业经济结构迈向知识经济、创新型经济，城市管理者们对创新资源的重视程度不断加深，甚至引发了城市间的"抢人大战"。政府和规划者们已经开始有意识地选择一些创新区位，打造城市创新空间。然而，这种思路仍然是将空间视为容器，从中选择创新"点"，以期形成创新的空间。本研究结果证实了紧凑的城市空间能够促进城市的创新表现。结合理论和实证结果，应将城市空间视为创新生产的空间，将紧凑城市理念与创新型城市建设相结合，从整体空间规划上加强城市的密度、可步行性、可达性以及土地的混合利用，以此增强空间生产创新的能力。在创新型城市建设中，应将空间纳入城市创新生态系统之中，注重空间与人才资本、创新主体等创新要素的协同，通过空间与人才资本及其他创新要素的交互作用，激发创新活力。本研究还揭示了城市包容性对城市创新产出的积极作用。这表明包容性是城市创新生态系统中关键的制度环境之一。因此，需要继续深化户籍制度改革，建设更加具有开放性、包容性的城市，以加强和完善城市创新生态，提升城市创新表现，支持创新型城市建设。

当然，本研究也有不足之处：一是由于地市层面的研发、受教育程度人口数据收集较为困难，未能对城市紧凑度和城市创新产出关系的时间尺度开展研究；二是中国城市发展阶段与规模存在区域差异，城市紧凑度与城市创新之间的关系是一个动态过程，处于不同发展阶段、不同规模的城市，城市紧凑度对城市创新的影响程度不一样。本研究未来将在以下方面进一步深入：测度不同发展阶段、不同规模城市紧凑度与城市创新产出的关系；在微观尺度上，考察城市内部空间紧凑性对城市创新主体区位的影响；城市紧凑度与城市创新的多尺度研究。以上将是未来研究的重要方向。

第三篇
技术创新对中国城市发展的影响

　　本篇研究了技术创新对中国城市进出口贸易的影响，以及技术创新对环境污染的影响及分异，分析了中国城市绿色创新的空间格局。

第八章　城市技术创新对进出口贸易的影响

技术创新与贸易的关系一直是学术界研究的热点,从古典贸易理论到新贸易理论,都关注国家的技术创新与贸易的关系。然而,城市作为创新的主要载体,城市技术创新对进出口贸易的影响仍没有系统的研究。基于此,选取我国288个地级及以上城市,探讨城市技术创新对进出口贸易的影响。

第一节　引言

技术创新对贸易有重要的影响。亚当·斯密(2009)和大卫·李嘉图(2005)认为技术差异催生了国际贸易,建立了基于技术差异的古典贸易模型。产品周期理论认为,技术创新及新技术对当代国际贸易的影响加剧(谈民宪,1995)。20世纪80年代以来,"新贸易理论"认为技术差距造成了各国收入的不均衡,进而影响贸易格局(李静,2019)。

科技创新能力与一个国家和区域进出口贸易的发展也是密不可分的。第一次工业革命末期的1880年世界工业生产总值是1812年的9倍;第二次科技革命末期的1929年较1867年增加了4倍;第三次科技革命期间国际贸易得到高速发展,1948年世界出口额达到572亿美元(姚浩等,2005)。20世纪90年代兴起的科技革命带来生产力水平的提高,世界贸易总额从1989年到2018年增长了11.7倍(黄锦明,2007)。目前,世界各国的经济发展正经历着大规模的转型和升级,科技创新对贸易的重要作用日益受到国际社会的广泛重视。近年来,大量关于技术创新与贸易研究的文献认为,科技投入通过影响生产力水平促进进出口贸易的发展(Becker and Murply,1992;Eaton and Kortum,

1996; Jaffee et al., 1998)。

城市作为国家间贸易的主体,也是创新的主体,城市的技术创新对贸易的影响备受关注。我国自 1978 年后,特别是加入 WTO 以来,进出口贸易实现了跨越式发展,成为世界贸易大国,但仍不是贸易强国,这与我国的自主创新能力不足、产品附加值低等问题是分不开的。现实的问题需要不断加强科技创新对贸易的影响研究,促进进出口贸易跨越式发展。

技术创新对进出口贸易影响虽然已有一定的理论基础,贸易理论体系也已建立,但是实证研究多是从国家尺度进行研究,较少从城市尺度研究城市技术创新对进出口贸易的影响。中国加入世贸组织后,沿海城市的对外贸易显著扩大,近年来,伴随中国的"一带一路"倡议的实施,一些内陆城市的贸易发展也在崛起,因此,需要进一步研究城市技术创新如何影响进出口贸易,哪些具体的变量因子产生相应的影响,影响程度如何?基于上述现实问题和理论研究的双重背景,研究城市技术创新对进出口贸易的影响,有利于通过城市技术创新提升城市贸易发展,促进我国由贸易大国向贸易强国转变。

第二节　文献综述及研究框架

一、技术创新与贸易相关研究

城市技术创新对进出口贸易的影响有较多理论,依据其发展的不同阶段可以划分为古典贸易理论、新古典贸易理论、新贸易理论、产品周期理论等。古典贸易理论认为劳动是唯一的生产要素,生产技术决定了劳动生产率,进而决定了产品的成本,只要存在不同程度的优劣势,各国就会按照绝对优势或相对优势进行国际贸易(亚当·斯密,2009;大卫·李嘉图,2005)。新古典贸易理论拓展了古典贸易理论要素的框架,以埃利·赫克歇尔和伯尔蒂尔·俄林为代表,认为要素丰富度和生产要素密集度是国家间技术水平之外的影响因素(伯尔蒂尔·俄林,2001)。产品周期理论反映了技术创新能力和模仿能力对于国际贸易的重要作用。雷蒙德·弗农认为,技术创新在当代国际贸易中扮演着越来越重要的角色,对于国际贸易的发展具有深刻的影响;新技术的出现使得该技术的发明国具有了生产某种创新产品的技术优势,而该产品同样也会成为该国对外贸易的主要优势产品(谈民宪,1995)。20世纪80年代,克鲁格曼等经济学家提出"新贸易理论",把技术创新作为一个极其重要的变量引入到国际贸易当中,充分重视技术进步在国际贸易中的作用,认为很大程度上,技术差距造成了各国收入的不均衡(李静,2019)。

近年来,涌现出大量围绕技术创新与贸易的研究。Becker 和 Murply(1992)通过对 OECD 国家科技投入占 GDP 比值进行研究,发现两者密切相关。Jaffe 等(1998)提出研发投入会促进本产业和其他产业的技术进步及劳动生产率提高,从而提升进出口贸易的生产率水平。Eaton 和 Kortum(1996)发现各国研发支出与经济增长的关系存在差异,一国的科学家、工程师人数和研发支出可以解释 1/2 的国际生产力差异。另有学者以中国制造企业为样本进行的实证分析发现城市技术创新可以促进企业出口(Wang et al.,2013)。郭红斌(2008)提出科技活动经费内部支出对高技术产品出口具有明显的拉动作用。王瑞峰和郭玉堂(2011)通过对中国 1991—2007 年间研发人员数与高技术产品出口额之间进行回归分析发现,两者呈明显的正相关作用。邹蕾和叶华平(2006)通过对我国技术创新能力和对外贸易关系进行研究发现,两者互为因果并互相促进。

显然,上述理论与实证研究主要是在国与国之间发生的,一国的技术创新如何影响贸易。但事实上,一国的贸易主要是由所在的所有的城市与区域的贸易组成的。对一个大国而言,其城市与区域的技术差异是明显的,那么每个城市的技术创新如何影响国家的贸易?中国的区域发展差异大,城市层阶不同,数量多,作为技术创新的核心的城市如何影响国家贸易是值得研究的问题。

二、研究框架

城市技术创新对贸易的影响是一个过程,影响机制如图 8-1 所示。

1. 城市技术创新可以促进区域经济发展影响进出口贸易发展

创新活动需要一定的经济实力作为物质支撑,区域经济发展水平是城市技术创新重要影响因素，城市的技术水平也会促进区域的经济发展。经济发展可以近似代表本地的市场需求和生产能力，从而直接影响进口和出口贸易的水平和结构。

2. 城市技术创新通过科技研发影响进出口贸易的发展

科技研发可以促进技术水平的提高与进步，对产业产生不同的影响，使得某些产业获得比较优势，进而改变贸易模式，影响进口贸易；科技研发在影响进口贸易的同时，也会带来产品质量的改进，高质量的产品易于扩大市场，从而影响出口贸易的发展(梁辉，2013)。

3. 城市技术创新可以通过高等教育和人力资本影响进出口贸易的发展

高等教育一方面是技术原始创新的重要源地和平台，另一方面也是培育创新型人才、提升人口素质的重要基地。与此同时，人力资本作为促进经济增长的关键因素，特别是创新型人才，对贸易的影响越来越突出。因此，人力资本投入的增加和教育水平的提高可以有效推动经济结构转型升级，优化调整国际分工体系(刘鸿浩和黄玉庄，2019)。

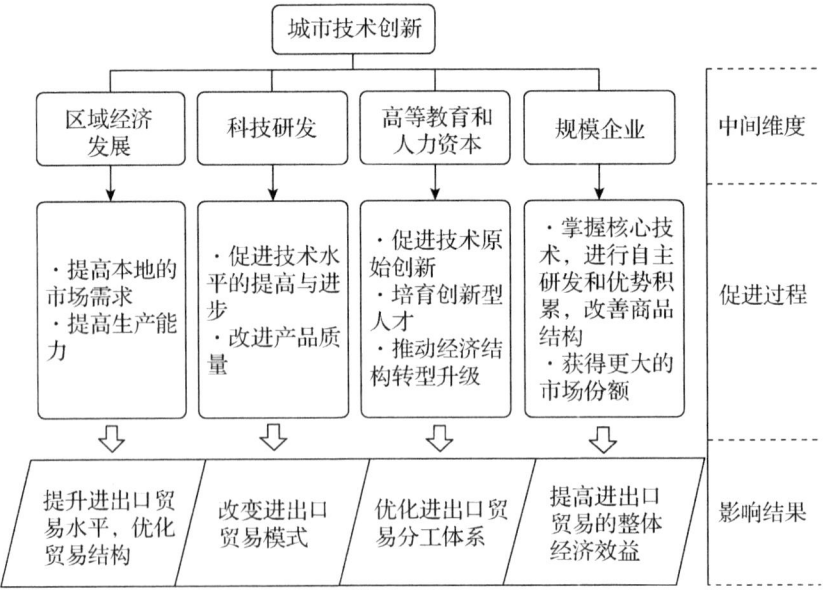

图 8-1 城市技术创新影响进出口贸易的分析框架

4. 城市技术创新可以通过规模企业影响进出口贸易的发展

一般而言，拥有核心技术的企业在贸易中垄断作用强，获得的市场份额也就多；拥有一般技术的企业则居于从属地位，获得的市场份额也就少。因此，一方面企业通过技术创新可以掌握核心技术，进行自主研发和优势积累，逐步改善商品结构；另一方面通过技术创新居于行业垄断地位，获得较大的市场份额，从而可以提高整体的贸易经济效益。

第三节　研究方法与数据

一、研究变量

已有的研究表明：研发经费投入、研发人员数和专利授权量，对进出口贸易具有显著影响，经济发达程度、规模以上工业企业、高等教育、人口结构与高素质劳动力密切相关（见表8-1）。经济基础是城市技术创新发展的重要保障（刘树峰等，2018）；企业规模与技术创新存在明显的正向关系（郝苒，2018）；高等教育和年轻的高素质劳动力是城市创新发展的重要引擎，对城市创新发展产生了显著的促进作用（王俊松等，2017；Jaffee，1989；吕拉昌等，2018；黄茹等，2014；周悦等，2019）。据此，使用地区生产总值、规模以上工业企业数、高等院校数和每万人口大学生数，分别代表经济发展、工业基础、高等教育和人力资本，研究城市技术创新对进出口贸易的影响。

表8-1　国内外学者关于城市技术创新对进出口贸易影响选取的主要研究变量

国内外学者	研究变量
Becker，Murply(1992)	科技投入资金、国内生产总值
Eaton，Kortum(1996)	科学家、工程师人数、R&D支出
杨波(2008)	R&D投入
郭红斌(2008)	科技活动经费内部支出
王瑞峰、郭玉堂(2011)	科技研发人员数
邹蕾、叶华平(2006)	专利授权量

二、研究数据

截至 2018 年,中国共有 297 个地级及以上城市,由于部分城市缺乏相关统计数据,因此只选取了 288 个地级及以上城市进行研究,香港、澳门和台湾地区未被包含在内。面板数据年份跨度为 2011—2016 年,地区生产总值、规模以上工业企业数、研发人员数量和科研财政支出的数据来源于各城市统计年鉴以及各城市统计局网站;高等院校数、每万人口大学生数、专利申请量的数据来源于 2011—2016 年的《中国城市统计年鉴》。

三、研究方法

1. 热点分析(Getis-Ord G_i^*)

全局空间自相关在一定程度上忽略了空间的异质性和局部平稳性,因此需要引入局部空间统计量。采用热点分析(Getis-Ord G_i^*)能够计算出高值或低值要素在空间上发生聚类的位置。本研究中,对中国 288 个地级及以上城市 2016 年的城市创新水平和进出口贸易水平分别进行热点分析,识别出具有统计学意义的冷点(低-低集聚区)和热点(高-高集聚区),以验证我国城市技术创新与进出口贸易是否存在关联性。Getis-Ord G_i^* 的计算公式为:

$$G_i^* = \frac{\sum_{j=1}^{n} W_{i,j} X_j - \bar{X} \sum_{j=1}^{n} W_{i,j}}{S\sqrt{\frac{[n\sum_{j=1}^{n} W_{i,j}^2 - (\sum_{j=1}^{n} W_{i,j})^2]}{n-1}}} \quad (8\text{-}1)$$

其中:
$$\bar{X} = \frac{\sum_{j=1}^{n} X_j}{n} \quad (8\text{-}2)$$

$$S = \sqrt{\frac{\sum_{j=1}^{n} X_j^2}{n} - (\bar{X})^2} \quad (8\text{-}3)$$

式中,$W_{i,j}$ 是要素 i 和 j 之间的空间权重,X_j 是要素 j 的属性值,n 为要素总数。对于具有显著统计学意义(p 值小于 0.1)的 Z 得分,绝对值越大,高值

(热点)或低值(冷点)的聚类就越紧密。

2. 面板回归分析

面板数据模型的一般形式为：

$$y_{it} = \alpha_{it} + \sum_{k=1}^{K} \beta_{kit} x_{kit} + \mu_{it} \tag{8-4}$$

式中，y_{it} 为被解释变量，x_{kit} 为解释变量，i 表示个体，t 表示已知时点。α_{it} 表示模型的截距项，k 是解释变量的个数，β_{kit} 是相对应解释变量的待估计系数。随机误差项 μ_{it} 相互独立，且满足零均值，等方差为 δ^2 的假设。

本研究基于 2011—2016 年中国 288 个地级及以上城市的面板数据进行回归分析，研究城市技术创新对进出口贸易的影响。分别以进口贸易总额和出口贸易总额作为被解释变量，选取研发人员数、科研财政支出、专利申请量作为核心变量，选取地区生产总值、规模以上工业企业数、高等院校数、每万人口大学生数作为控制变量，建立城市技术创新对进口贸易影响的模型[式(8-5)]和对出口贸易影响的模型[式(8-6)]：

$$\mathrm{IM}_{it} = \alpha + \beta_1 \mathrm{GDP}_{it} + \beta_2 \mathrm{COMPS}_{it} + \beta_3 \mathrm{RD}_{it} + \beta_4 \mathrm{RDC}_{it} + \beta_5 \mathrm{Sch}_{it} + \beta_6 \mathrm{Stus}_{it} + \beta_7 \mathrm{Pats}_{it} + \mu_{it} \tag{8-5}$$

$$\mathrm{EX}_{it} = \alpha + \beta_1 \mathrm{GDP}_{it} + \beta_2 \mathrm{COMPS}_{it} + \beta_3 \mathrm{RD}_{it} + \beta_4 \mathrm{RDC}_{it} + \beta_5 \mathrm{Sch}_{it} + \beta_6 \mathrm{Stus}_{it} + \beta_7 \mathrm{Pats}_{it} + \mu_{it} \tag{8-6}$$

式中，GDP_{it} 表示某地区在某一年的地区生产总值，COMPS_{it} 表示某地区在某一年规模以上工业企业数，RD_{it} 是某地区在某一年的研发人员数，RDC_{it} 为某地区在某一年的科研财政支出，Sch_{it} 是某地区在某一年的高等学校数量，Stus_{it} 是某地区在某一年的每万人口大学生数，Pats_{it} 表示某地区在某一年的专利申请量。

3. 多元线性回归分析

选取 2011 年和 2016 年为研究对象，进一步考察不同时期城市技术创新对进出口贸易影响因素的变化。由于在此问题中，被解释变量 Y 与解释变量 X 之间存在相关的线性回归问题，且多个自变量都可以影响 Y，因此选取了多元线性回归模型，其一般形式为：

$$Y = \beta_0 + \beta_1 X_1 + \beta_2 X_2 + \cdots + \beta_p X_p + \varepsilon \quad (8\text{-}7)$$

模型的基本假定：

①解释变量 X_1，X_2，…，X_p 是确定性变量，且要求 $\text{rank}(X) = p+1 < n$，表明设计矩阵 X 中的自变量列之间不相关，样本量的个数应大于解释变量的个数，X 是一满秩矩阵。

②随机误差项具有零均值和等方差。

③正态分布的假定条件为：

$$\begin{cases} \varepsilon_i \sim N(0, \sigma^2), \ i=1, 2, \cdots, n \\ \varepsilon_1, \varepsilon_2, \cdots, \varepsilon_n \ 相互独立 \end{cases}$$

Y 的正态分布回归模型：

$$Y \sim N(X\beta, \sigma^2 I_n)$$

建立关于城市技术创新影响进口贸易总额 Y_1 和出口贸易总额 Y_2 的多元线性回归模型：

$$Y_1 = \beta_0 + \beta_1 X_1 + \beta_2 X_2 + \beta_3 X_3 + \beta_4 X_4 + \beta_5 X_5 + \beta_6 X_6 + \beta_7 X_7 + \mu$$
$$(8\text{-}8)$$

$$Y_2 = \beta_0 + \beta_1 X_1 + \beta_2 X_2 + \beta_3 X_3 + \beta_4 X_4 + \beta_5 X_5 + \beta_6 X_6 + \beta_7 X_7 + \mu$$
$$(8\text{-}9)$$

其中，X_1 代表地区生产总值(亿元)、X_2 代表规模以上工业企业数(个)、X_3 代表研发人员数(人)、X_4 代表科研财政支出(万元)、X_5 代表高等院校数(所)、X_6 代表每万人口大学生数(人)、X_7 代表专利申请量(件)。

第四节 技术创新对中国城市进出口贸易的影响分析

一、城市技术创新与进出口贸易的热点分析

根据城市技术创新水平的热点分析图，城市创新水平的热点区域即城市创新高水平区域主要集中分布在京津冀、长三角和珠三角地区。其中，京津冀地区分布的范围较大，表明该地区在城市创新上存在着相对更为显著的集中趋

势。根据进出口贸易的热点分析,热点区域也主要集中在京津冀、长三角和珠三角地区,并且分布的范围要比城市创新水平的热点区域更大。总体来看,城市技术创新水平和进出口贸易的热点分析所反映的趋势一致,说明城市技术创新与进出口贸易的发展具有很强的关联性。

二、城市技术创新对进出口贸易影响的面板回归分析

1. 描述性分析

首先对各个变量进行描述性统计,考察样本数据的分布特征,根据检验结果(表 8-2),共有 1 728 条有效数据,从数据角度来看,选取的数据内容量大,样本范围较广,最大值与最小值都相差较大,符合回归分析的计量要求。

表 8-2 城市技术创新数据的描述性统计

变量	数据	平均值	标准差	最小值	最大值
GDP	1 728	22 462 230	29 670 480	1 337 454	281 786 500
COMPS	1 728	1 230.026	1 480.41	20	20 776
RD	1 728	7 097.776	31 993.84	0.02	689 751
RDC	1 728	83 460.02	267 562.84	160	4 035 240
Sch	1 728	8.521 991	14.72 624	0	91
Stus	1 728	181.907	242.393 7	0	1 315.3
Pats	1 728	5 153.13	12 574.46	19	143 768
IM	1 728	6 138.568	28 025.71	0	366 844.1
EX	1 728	7 355.908	24 835.62	0.04	305 701.9

2. 模型选择与实证结果

运用 Stata 软件进行 Hausman 检验,确定选择固定效应模型还是随机效应模型进行回归分析。以进口总额为因变量,结果显示 Prob>chi2 =0.0092,以出口总额为因变量,结果显示 Prob>chi2 =0.0000,均通过了 1% 水平的显著性检验,拒绝原假设,固定效应模型更优。

城市技术创新对进口贸易影响的面板回归分析结果(表 8-3)显示,可决系数整体为 0.865,说明因变量对自变量的解释程度较高。回归结果中,p 值均小于 0.05,说明选取的变量对进口贸易的影响均非常显著。其中,GDP、科

研财政支出、高等院校数和专利申请量的面板回归系数为正，与进口贸易显著正相关。具体来说，在其他条件不变的情况下，GDP、科研财政支出、高等院校数、专利申请量每增加1%，对进口贸易总额的贡献率分别为1.655%、0.231%、0.213%、0.754%。而规模以上工业企业数、研发人员数和每万人口大学生数的面板回归系数为负，与出口贸易显著负相关。

城市技术创新对出口贸易影响的面板回归分析结果（表8-4）显示，可决系数整体为0.717，说明因变量对自变量的解释程度较高。回归结果中，P值均小于0.01，说明选取的变量均在1%水平上显著。其中，GDP、规模以上工业企业数、科研财政支出、高等院校数和专利申请量的面板回归系数为正，与出口贸易显著正相关。具体来说，在其他条件不变的情况下，专利申请量、GDP、规模以上工业企业数、科研财政支出、高等院校数每增加1%，对出口贸易会总额的贡献率分别为0.641%、0.401%、0.345%、0.210%、0.252%。而研发人员数和每万人口大学生数的面板回归系数为负，与出口贸易显著负相关。

表8-3 城市技术创新对进口贸易影响的面板回归分析结果

影响进口变量	参数						
	系数	标准误差	T值	p值	量倍区间	满足量倍度（可能性）	显著性水平
地区生产总值	1.655	0.135	12.31	0.000	1.392	1.919	***
规模以上工业企业	−0.551	0.087	−6.37	0.000	−0.721	−0.382	***
研发人员数	−0.257	0.069	−3.71	0.000	−0.393	−0.121	***
科研财政支出	0.231	0.061	3.80	0.000	0.112	0.350	***
高等院校数	0.213	0.098	2.17	0.030	0.021	0.405	**
每万人口大学生数	−0.285	0.081	−3.54	0.000	−0.443	−0.127	***
专利申请量	0.754	0.056	13.43	0.000	0.644	0.865	***
常数	−21.708	1.745	−12.44	0.000	−25.131	−18.285	***
被解释变量的均值	6.007		SD dependent var		2.554		
最小二乘法参数估计	0.865		Number of obs		1699.000		
联合假设检验	369.309		Prob > F		0.000		
信息量	6441.305		Bayesian crit. (BIC)		6484.808		

注：*、**、***分别表示在10%、5%、1%水平上显著。

表 8-4　城市技术创新对出口贸易影响的面板回归分析结果

影响出口变量	参数						显著性水平
	系数	标准误差	T 值	p 值	量倍区间	满足量倍度（可能性）	
地区生产总值	0.401	0.095	4.24	0.000	0.216	0.587	***
规模以上工业企业	0.345	0.061	5.70	0.000	0.227	0.464	***
研发人员数	−0.137	0.049	−2.80	0.005	−0.233	−0.041	***
科研财政支出	0.210	0.043	4.90	0.000	0.126	0.294	***
高等院校数	0.252	0.069	3.67	0.000	0.117	0.386	***
每万人口大学生数	−0.201	0.056	−3.59	0.000	−0.311	−0.091	***
专利申请量	0.641	0.040	16.20	0.000	0.563	0.719	***
常数	−6.446	1.222	−5.27	0.000	−8.843	−4.048	***
被解释变量的均值	6.856		SD dependent var			2.135	
最小二乘法参数估计	0.717		Number of obs			1707.000	
联合假设检验	613.843		Prob > F			0.000	
信息量	5286.162		Bayesian crit.（BIC）			5329.701	

注：*、**、***分别表示在10%、5%、1%水平上显著。

3. 城市技术创新对进出口贸易影响的变化分析

选取 2011 年和 2016 年的数据进行多元线性回归分析，探索在这一时期城市技术创新对进出口贸易影响因素的变化。

（1）拟合分析

首先对各个自变量和因变量进行拟合分析。将 7 个解释变量以及被解释变量相关数据导入 SPSS 软件，建立影响进出口贸易总额的多元回归模型，结果显示（表 8-5），调整后的判定系数 R^2 值分别为 0.940、0.848、0.883、0.871，说明 7 个解释变量均对进出口贸易总额有较强的解释力，所选取的指标具有一定的可行性。Durbin-Watson 的值趋近于 2，说明误差项之间不存在自相关。

表 8-5 进出口贸易多元回归分析模型摘要

年份	模型	R	R^2	调整后的 R^2	标准估算的错误	Durbin-Watson 值
2011	Y_1	0.971	0.942	0.940	423.311 864 6	1.620
	Y_2	0.923	0.852	0.848	575.221 934 5	1.712
2016	Y_1	0.941	0.886	0.883	541.676 263 7	2.034
	Y_2	0.935	0.874	0.871	548.743 463 4	1.580

(2)实证结果

根据进出口贸易多元回归系数表(表 8-6),在进口和出口贸易模型中均存在个别 VIF(方差扩大因子)大于 10 指标,说明指标间存在多重共线性,需要剔除 VIF 最大的指标,利用剩余的指标与被解释变量做回归分析。

表 8-6 进出口贸易多元回归分析系数表(VIF>10 的常量)

模型		非标准化系数		标准系数	t	显著性	共线性容许	
		B	标准错误	Beta			容许	VIF
2011 年	Y_1 X_1	0.222	0.039	0.297	5.674	0.000	0.076	13.179
	Y_2 X_1	0.375	0.053	0.588	7.040	0.000	0.076	13.179
2016 年	Y_1 X_7	0.006	0.012	0.036	0.527	0.599	0.088	11.347
	Y_2 X_7	0.048	0.012	0.285	3.984	0.000	0.088	11.347
常量		−85.009	42.258		−2.012	0.045		

2011 年和 2016 年的数据分别剔除 X_1、X_7 后,模型的 VIF 值均小于 10,此时指标之间已经不存在多重共线性。利用剩余变量重新建立多元回归模型,分别得到 2011 年和 2016 年进出口贸易多元回归分析标准化系数表(表 8-7、表 8-8)。

2011 年,进口贸易回归结果显示(表 8-7),规模以上工业企业数 X_2(个)、研发人员数 X_3(人)、科研财政支出 X_4(万元)、高等院校数 X_5(所)、专利申请量 X_7(件)的显著性均小于 0.01,说明这 5 个指标对 Y_1 进口贸易总额有显著影响。其中,研发人员数、科研财政支出、专利申请量的回归系数为正,与

表 8-7 2011年进出口贸易多元回归分析剔除指标 X_1 后的标准化系数表

模型	非标准化系数 Y_1		非标准化系数 Y_2		标准系数 Beta Y_1	Y_2	t Y_1	Y_2	显著性 Y_1	Y_2	共线性容许 容许	VIF
	B	标准错误	B	标准错误								
常量	-8.106	42.189	-27.293	58.902			-0.192	-0.463	0.848	0.643		
X_2	-0.155	0.039	-0.043	0.054	-0.127	-0.042	-4.020	-0.798	0.000	0.425	0.230	4.356
X_3	166.505	15.461	-193.692	21.586	0.318	-0.435	10.769	-8.973	0.000	0.000	0.264	3.787
X_4	0.006	0.000	0.005	0.000	0.594	0.606	19.523	12.142	0.000	0.000	0.249	4.013
X_5	-27.576	4.031	-14.069	5.628	-0.229	-0.137	-6.841	-2.500	0.000	0.013	0.206	4.854
X_6	0.389	0.199	0.863	0.279	0.050	0.131	1.948	3.098	0.052	0.002	0.350	2.859
X_7	0.071	0.007	0.110	0.009	0.380	0.689	10.720	11.839	0.000	0.000	0.184	5.444

表 8-8 2016年进出口贸易多元回归分析剔除指标 X_7 后的标准化系数表

模型	非标准化系数 Y_1		非标准化系数 Y_2		标准系数 Beta Y_1	Y_2	t Y_1	Y_2	显著性 Y_1	Y_2	共线性容许 容许	VIF
	B	标准错误	B	标准错误								
常量	-210.465	49.854	-351.054	51.890			-4.222	-6.765	0.000	0.000		
X_1	0.105	0.026	0.006	0.027	0.222	0.014	4.131	0.240	0.000	0.810	0.141	7.109
X_2	0.027	0.037	0.359	0.038	0.025	0.382	0.722	10.27	0.471	0.000	0.343	2.912
X_3	0.011	0.001	-0.008	0.001	0.323	-0.238	8.473	-5.769	0.000	0.000	0.280	3.572
X_4	0.002	0.000	0.003	0.000	0.597	0.832	15.707	20.274	0.000	0.000	0.282	3.552
X_5	-23.018	4.856	-21.158	5.054	-0.218	-0.208	-4.740	-4.186	0.000	0.000	0.192	5.218
X_6	0.106	0.211	1.067	0.219	0.017	0.180	0.502	4.868	0.616	0.000	0.348	2.873

进口贸易总额存在正相关关系,在其他条件不变的情况下,研发人员数、科研财政支出、专利申请量每增加1%,对进口贸易总额的贡献率分别为166.505%、0.006%、0.071%。规模以上工业企业数、高等院校数的回归系数为负,与进口贸易总额存在负相关关系。得到城市技术创新对进口贸易影响的多元线性回归方程:

$$Y_1 = -8.106 - 0.155X_2 + 166.505X_3 + 0.006X_4 - 27.576X_5 + 0.071X_7$$

同理,城市技术创新对出口贸易影响的多元线性回归方程为:

$$Y_2 = -27.293 - 193.692X_3 + 0.005X_4 - 14.069X_5 + 0.863X_6 + 0.110X_7$$

同理,2016年城市技术创新对进口和出口贸易影响的多元线性回归方程为:

$$Y_1 = -210.465 + 0.105X_1 + 0.011X_3 + 0.002X_4 - 23.018X_5$$

$$Y_2 = -351.054 + 0.395X_2 - 0.008X_3 + 0.003X_4 - 21.158X_5 + 1.067X_6$$

(3) 2011—2016年影响因素的变化分析

对比2011年和2016年主要贸易影响因素(表8-9),2011—2016年,在进口贸易的主要影响因素中,仅第三因子科研财政支出没有发生变化,研发人员数由第一因子下降为第二因子,地区生产总值代替专利申请量并上升为第一因子,说明在此发展阶段,地区生产总值对进口贸易的影响加深。我国自2010年成为世界第二大经济体以来,经济保持高速增长,属于世界经济增长率最高的国家之一。经济的发展不仅提高地区的购买能力、扩大市场需求,同时也为科研创新和创新人才培养带来更多的经费支持,从而直接影响地区的进出口贸易。

在出口贸易方面,规模以上工业企业数的影响作用加深,替代专利申请量,成为影响出口贸易的第二因子。现阶段我国仍是世界上最大的发展中国家,对外贸易中以第二产业为主要支撑。大量的低成本劳动力和广阔的生产空间推动我国成为"世界制造工厂",以工业制造为代表的第二产业在我国对外贸易中占有重要地位。

在进出口贸易方面,专利申请量同时被地区生产总值和规模以上工业企业数替代,而没有成为进出口贸易的主要影响因素。主要有两方面的原因:一是我国虽已成为世界上最大的专利申请国，但外资企业也在其中占有相当的比重，同时我国缺乏核心技术的掌握；二是专利技术转化为商品生产需要一定的时间周期，并不能对进出口贸易产生较为有效的直接影响。

表 8-9　2011 年和 2016 年主要贸易影响因素对比

贸易类型	主要影响因子	2011 年	2016 年
进口贸易	第一因子	研发人员数	地区生产总值
	第二因子	专利申请量	研发人员数
	第三因子	科研财政支出	科研财政支出
出口贸易	第一因子	每万人口大学生数	每万人口大学生数
	第二因子	专利申请量	规模以上工业企业数
	第三因子	科研财政支出	科研财政支出

第五节　结论与讨论

在城市尺度上，将城市技术创新从科技创新中分离出来，建立较为完整的变量体系研究城市技术创新与进出口贸易之间的关系，为该领域提供了全新的研究视角。同时也为我国由工业型城市向创新型城市转型阶段推动进出口贸易发展提供了科学参考。以中国 288 个地级及以上城市为研究对象，运用热点分析的方法初步验证研究之初提出的基本假设，然后基于面板回归和多元回归进行实证分析，对城市技术创新与进出口贸易的影响作深入探究。得到以下结论：

我国城市技术创新水平的高低与进出口贸易的发展在空间分布上具有一致性，表明二者具有很强的关联性，且相关性明显的区域集中在京津冀、长三角和珠三角地区。

基于 2011—2016 年面板数据回归的研究发现，在进口贸易方面，GDP、科研财政支出、高等院校数和专利申请量与进口贸易总额显著正相关；在出口贸易方面，GDP、规模以上工业企业数、科研财政支出、高等院校数和专利申请量与出口贸易总额显著正相关；城市技术创新中的经济发展因子、高等教育因子和专利发明因子是进出口贸易的主要影响因子。

纵向来看，2011—2016 年，在进口贸易的主要影响因素中，地区生产总值替代专利申请量与研发人员数和科研财政支出形成新的因子组合，说明地区生产总值与进口贸易的关系愈加密切；出口贸易方面，规模以上工业企业数也同样替代专利申请量，与科研财政支出、每万人口大学生数形成新的因子组合，说明规模以上工业企业数与出口贸易的关系愈加密切，而专利申请量对进出口贸易的影响不断减弱。

基于以上结论得到如下政策启示：在进口贸易方面，一是促进经济发展，发挥经济规模与贸易联系的基础性作用。经济是对外贸易的基础，决定着贸易的市场需求，保障经济的平稳运行，提升对外贸易水平。二是完善科研基础设施，加大创新研发力度。我国科技创新事业目前虽处于加速发展阶段，但相应的科技研发基础设备仍不完善，尤其是诸多核心技术设备需要大量进口。因此，要加快推进"新型基础设施"建设，特别是以高校和科研机构为重点的科研基础设施建设。

在出口贸易方面，一是加大科研投入，保障科技创新。现阶段我国科技创新与技术创新虽然取得了较大的发展进步，但在核心技术研发方面仍与西方国家存在较大的差距。因此，加大基础研发投入，保障自主研发创新刻不容缓，以技术创新提升产品质量，优化出口贸易结构，在关键领域力争形成竞争优势。二是鼓励专利发明，提高科技创新竞争力。依据美国国家科学基金会发布美国专利发明的数据显示，2017 年我国虽然在专利发明数量上超越了美国，但技术创新竞争力远远落后。因此，要进一步推动创新型国家建设，提升创新质量，力争在关键技术和核心领域取得建设性成果，促进对外贸易模式优化转型。

城市技术创新对进出口贸易影响是一个复杂的问题，以中国 288 个地级及以上城市为研究对象，对中国城市技术创新与贸易进行了初步研究，研究仍有不足之处：①城市创新对进出口贸易影响的研究变量较多，不一定穷尽所有的影响变量，如企业研发投入、科研机构数等，不能完全反映城市创新对进出口贸易的影响；②在研究数据方面只选取了 2011—2016 年 6 年的数据，分析城市技术创新对进出口贸易影响的研究，时间跨度相对较短；③研究仅考虑了进出口贸易规模和总量，没有考虑贸易结构和发展水平。上述问题，也将是后续研究需要考虑解决的问题。

第九章　城市技术创新对中国城市环境污染的影响

技术创新对环境有重要的影响。本章基于中国285个地级及以上城市的数据，利用空间自相关模型在全域和局域尺度分析技术创新与环境污染的空间关联，在此基础上，使用地理加权回归模型分析技术创新对环境污染影响程度的地区差异，并借助地理探测器分析其影响机理。

第一节　引言

中国作为世界上最大的发展中国家，正处于工业化高速发展的进程中，粗放的经济发展模式带来了日益严峻的环境污染问题。目前，生态环境问题已成为中国发展的最大障碍之一，引起了党和政府的高度重视。国家"十三五"规划中提出"创新、协调、绿色、开放、共享"的发展理念，党的十八大提出了"美丽中国"发展目标，并强调要把生态文明建设放在突出地位，十九大又进一步提出要加快生态文明体制改革，突出创新驱动的发展方式。

在学术界，生态环境问题也引起了广泛关注。随着生态环境问题的加剧，经济增长被认为是导致环境恶化的首要因素（颜廷武等，2014），学术研究开始将环境污染引入经济增长理论，分析经济活动与生态环境的关系，从环境政策（Culas，2007）、消费偏好（Gawande et al.，2001）、对外贸易（Gale et al.，1998）、产业结构（Cleveland，2002）等不同角度分析解决环境污染的最佳方案。事实上，技术创新作为经济发展的重要驱动力，在转变经济发展方式、促进工业化转型中均扮演着重要角色。技术创新所引发的环境效应也越来越受关注（蔺雪芹等，2016；黄娟等，2016；樊杰，2016；张居营，2019）。

目前,关于技术创新与环境污染关系的研究仍存在争议,争议的核心在于"技术创新是否能够改善环境污染",主要有3种观点:①技术创新改善环境污染:Grossman和Krueger(1995)在解释环境库兹涅茨曲线(EKC)形成机制时首次提出"技术效应",认为在一国经济增长过程中,技术的进步将会提高生产率和资源的使用效率,降低生产过程中的要素投入,从而削弱生产对自然环境的影响,且清洁技术的开发、使用、更新和对肮脏技术的取代,也会有效地降低污染排放。之后,许多文献基于EKC曲线论证技术创新的作用,认为技术进步是EKC出现拐点的必要条件,是解决环境污染问题的必然途径(Stokey,1998;何立华等,2010;丁焕峰等,2010),对于环境污染的改善作用要大于提高能源利用效率、调整产业结构和加强治污投资带来的效果(程钰等,2013;王鹏等,2014;周小亮等,2017)。②技术创新加剧环境污染:认为技术创新更多的是基于对生产效率的追求,并非对环境污染的影响,经济发展规模的不断扩大,会耗费大量的稀缺不可再生资源,且技术创新在提高生产率的同时,可能会形成新的污染源,进而限制技术效应对EKC的作用,在这种情况下,即使出现环境改善,也是由于技术限制出现的暂时现象(Smulders et al.,2000;Dinda et al.,2000;王晓红等,2011;孙军等,2014)。③技术创新对环境污染的影响存在不确定性:研究者认为技术创新与环境污染之间还存在无影响(Weina et al.,2016)和正向、负向影响并存的情况,表现为N形(胡振宇,2011)、倒U形(白俊红等,2017)等非线性关系,且不同城市的技术创新对环境污染的影响方向和程度也不尽相同,其作用结果与研究地区的经济发展阶段、城市规模以及城市技术创新水平等因素有关(白俊红等,2017;石大千等,2018;陈阳等,2019)。

综上所述,相关研究大多基于经济学视角,采用全国及省际层面选择数据进行分析(丁焕峰等,2010;王晓红等,2011;王鹏等,2014;孙军等,2014;白俊红等,2017)。这种国家或省域尺度的研究,对探讨技术创新与环境污染的关系虽有一定的作用,但研究尺度过于宏观。城市作为环境污染的多发地,同时也是创新活动的集聚区,以城市为研究单元更能精确地反映技术创新与环境污染的关系。另外,现有研究成果很少考虑环境污染的影响要素的空间关联性，忽视了空间因素的作用。近年来，虽然部分学者已经关注到技术创新对环境污染的影响存在异质性，但其研究均利用传统的经济学计量方法（白俊红等，2017；石大千等，2018；陈阳等，2019），缺乏空间计量模型的验证。已有研究对技术创新影响环境污染机理进行了探讨，但多为定性分析，缺乏对各影响因素的相对重要程度和要素间交互作用的定量研究。因此，本研究以中国285个地级及以上城市为例，首先利用空间自相关模型，从全域和局域角度分析技术创新与环境污染在空间上的关联特征；其次，使用地理加权回归模型（GWR）分析不同城市的技术创新影响环境污染的空间分异性；最后，基于地理探测器模型，探测技术创新与其他因素的交互作用对环境污染的影响，分析其作用机理，以期在已有研究的基础上为技术创新的环境效应作出理论贡献，并为进一步提升城市创新发展能力、提高环境污染治理水平提供决策支撑。

第二节 研究方法与数据

一、研究方法

1. 空间自相关分析

首先，利用单变量全局空间自相关模型判断全国285个城市技术创新和环境污染各自的空间分布特征；其次，通过双变量全局空间自相关模型探究两者之间的空间关联性；最后，使用双变量局部空间自相关模型进一步探究技术创新与环境污染在空间分布上的相互关系和空间异质性。其中，单变量Moran's I、双变量Moran's I和双变量局部Moran's I计算公式分别参见文献（Anselin，1995；胡志强等，2016；徐冬等，2019）。

2. 地理加权回归模型

从经济发展、产业结构、人力资本、外商直接投资和环境规制5个角度选择控制变量，构建技术创新影响环境污染的地理加权回归模型：

$$EP_i = \beta_0(\mu_i, v_i) + \beta_1(\mu_i, v_i)X_{INN_i} + \beta_2(\mu_i, v_i)X_{E_i} + \beta_3(\mu_i, v_i)X_{IND_i} + \beta_4(\mu_i, v_i)X_{H_i} + \beta_5(\mu_i, v_i)X_{FDI_i} + \beta_6(\mu_i, v_i)X_{ER_i} + \varepsilon_i \quad (9\text{-}1)$$

式中，EP_i为i城市的环境污染程度；β_0为截距；X_{INN_i}为i城市的技术创新水平；X_{E_i}为i城市的经济发展水平；X_{IND_i}为i城市的产业结构；X_{H_i}为i城市的人力资本水平；X_{FDI_i}为i城市的外商直接投资强度；X_{ER_i}为i城市的环境规制水平；(μ_i, v_i)为i城市的空间坐标；$\beta(\mu_i, v_i)$为i城市各变量的系数；ε_i为随机误差项。

进一步将经济发展的二次项形式引入地理加权回归模型，验证EKC的存在，并参考孙克等(2016)学者的做法，设计无技术创新驱动和有技术创新驱动两种情景，分析技术创新对EKC的影响，构建模型如式(9-2)和式(9-3)所示：

$$EP_i = \beta_0(\mu_i, v_i) + \beta_1(\mu_i, v_i)X_{E_i} + \beta_2(\mu_i, v_i)X_{E_i}^2 + \varepsilon_i \quad (9\text{-}2)$$

$$EP_i = \beta_0(\mu_i, v_i) + \beta_1(\mu_i, v_i)X_{E_i} + \beta_2(\mu_i, v_i)X_{E_i}^2 + \beta_3(\mu_i, v_i)X_{INN_i} + \varepsilon_i \quad (9\text{-}3)$$

若$\beta_1(\mu_i, v_i)$为正、$\beta_2(\mu_i, v_i)$为负，则表明在(μ_i, v_i)处存在环境库兹涅茨曲线，其拐点计算公式为：

$$X_{E_i} = -\beta_1(\mu_i, v_i)/2\beta_2(\mu_i, v_i) \quad (9\text{-}4)$$

3. 地理探测器

利用地理探测器中的因子探测器探测技术创新对环境污染的解释力，利用交互探测器分析技术创新与影响环境污染的其他因素之间的交互作用是否会增加或降低对环境污染的解释力，探测结果用q统计量来表示，计算公式为：

$$q = 1 - \frac{1}{N\sigma^2}\sum_{i=1}^{m} N_i \sigma_i^2 \quad (9\text{-}5)$$

式中，q为技术创新及其他控制变量对环境污染的解释力值；$i=1,\cdots,m$为自变量的分层；N是全部区域的总单元数；N_i是自变量第i类分层的单元数；σ^2为全部区域环境污染指标的总方差；σ_i^2为第i类分层环境污染指标的方差。

二、变量选取

1. 被解释变量

环境污染指数：环境恶化主要来源于工业污染(王飞成等，2014)，许多研究选取工业排放指标衡量环境污染水平(丁焕峰等，2010；王晓红等，2011；

王鹏等,2014;石大千等,2018;陈阳等,2019)。据此,本研究选取工业废水排放量、工业 SO_2 排放量、工业烟(粉)尘排放量3个指标,利用熵值法测算其权重,并进行加权求和,计算出每个城市的环境污染综合指数。

2. 核心解释变量

本研究选择《中国城市与产业创新力报告》中的创新指数作为衡量技术创新水平的指标(寇宗来等,2017)。该指标是在发明专利数据的基础上,考虑不同年龄专利的价值差异,通过估算每个年龄专利的平均价值,将其加总到城市层面得到的综合指数,可以更为全面地反映城市创新水平。该数据由第一财经研究院与复旦大学联合发布,具有较高的权威性,已被应用于多领域的研究(徐旭等,2019;熊波等,2019)。

3. 控制变量

除技术创新之外,影响生态环境的因素还有很多,本研究在参考前人研究的基础上,基于数据的可比性及可获得性,选取以下控制变量:

(1)经济发展水平。以GDP总量来衡量经济发展水平,为了验证环境库兹涅茨曲线,分别对GDP设置一次项和二次项进行分析,若GDP的一次项系数为正,二次项为负,则环境库兹涅茨曲线成立。

(2)产业结构。作为联结人类经济活动与生态环境的重要纽带,产业结构决定着污染排放的种类和数量,对生态环境产生不同程度的影响(任建兰等,2004)。相对来说,第二产业对生态环境的胁迫效应远大于第一产业和第三产业(赵雪雁,2007)。但在信息技术的推动下,第三产业在产业结构中逐渐占据主导地位。考虑到第二产业对环境的影响以及产业结构的变化,本研究以"第三产业增加值与第二产业增加值之比"来衡量产业结构。

(3)外商直接投资(FDI)。作为经济全球化的重要体现,外商直接投资对环境存在何种影响存在争议(Walter et al.,1979;李金凯等,2017),但其影响是肯定的。本研究采用外商直接投资额来衡量FDI的影响,并根据2016年度平均汇率将美元调整为人民币计价。

(4)人力资本。人力资本是知识和技术的载体,也是分析FDI环境效应不可或缺的因素(卢进勇等,2014),人力资本达到较高水平后,FDI通过技术溢出改善当地环境的作用才能发生(刘渝琳等,2007)。学界对于人力资本水平的衡量指标尚未达成一致意见,限于市级数据的可获得性,本研究借鉴吕拉昌(2018)、黎诗扬(2019)、杨仁发(2013)等的做法,以每万人口在校大学生数衡量人力资本水平。

(5)环境规制。新制度经济学认为,在既定的技术水平下,不同的制度安排会导致不同的环境效果(沈满洪,2000),因此环境规制对环境污染的影响作用不容忽视。由于该指标在城市尺度的数据难以获取,本研究借鉴赵霄伟(2014)、黄志基(2015)等学者的做法,通过计算环境污染排放强度,构建环境规制强度综合指数,以此来衡量治理因素对环境污染的影响。

三、数据来源

至2016年底,中国共有地级及以上城市297个(不包括香港特别行政区、澳门特别行政区、台湾省以及各自治州、盟和地区)。由于数据的可获得性,本研究选取其中的285个地级及以上城市作为研究对象。专利数据来源于《中国城市与产业创新力报告》(寇宗来等,2017),其他数据来源于2012—2017年《中国城市统计年鉴》(中华人民共和国国家统计局,2012—2017),部分年份和城市的缺失数据采用相应年份的各省统计年鉴予以补齐。

第三节　结果分析

一、技术创新和环境污染的空间关联性分析

1. 全局空间关联

使用Geoda软件分别测算2011—2016年中国285个地级及以上城市技术创新和环境污染的单变量Moran's I值及其显著性(p-value),以分析技术创新与环境污染的空间自相关性。之后以技术创新为中心变量、环境污染为周围变量,进一步计算城市技术创新和环境污染的双变量Moran's I值及其显著性(p-value),以探究二者的全局空间关联特征。结果显示,技术创新与环境污

染的单变量 Moran's I 值均为正,存在空间集聚特征,且集聚性与显著程度逐年增强(表 9-1)。技术创新和环境污染的双变量 Moran's I 值也均为正,呈波动上升态势,且均通过 Z 值检验($p \leqslant 0.05$),说明二者在全域范围内存在正向的空间关联,技术创新水平高(低)的地区与环境污染程度高(低)的地区邻近分布。

表 9-1 技术创新和环境污染的单变量和双变量空间自相关估计

变量		2011 年	2012 年	2013 年	2014 年	2015 年	2016 年
技术创新单变量	Moran' I 指数	0.183	0.187	0.191	0.194	0.200	0.207
	显著性	0.058	0.052	0.049	0.046	0.037	0.028
环境污染单变量	Moran' I 指数	0.224	0.220	0.290	0.316	0.277	0.347
	显著性	0.007	0.005	0.001	0.001	0.001	0.001
技术创新和环境污染双变量	Moran' I 指数	0.091	0.079	0.101	0.129	0.114	0.158
	显著性	0.011	0.028	0.004	0.001	0.004	0.001

注：未含港澳台及各自治州、盟和地区数据。

2. 局域空间关联

由于双变量 Moran's I 值为全域(global)估计的结果,只能解释 2 个指标整体上的空间关联,不能很好地反映局域(local)各个城市中技术创新与环境污染的空间关联性。为进一步检验不同城市之间技术创新与环境污染的空间关联性,以全域空间相关性最强的 2016 年为例,分析技术创新与环境污染的双变量 LISA 聚类。

根据双变量 LISA 聚类结果,除不显著区域外,技术创新与环境污染在空间上存在高创新-高污染、低创新-低污染、低创新-高污染、高创新-低污染 4 种空间聚类类型,即在局域尺度上,技术创新与环境污染既存在高-高、低-低的空间正相关关系,也存在低-高、高-低的空间负相关关系,表现出明显的分异性。从数量上看,以高-高集聚和低-低集聚的空间正相关关系占主导。其中:高创新-高污染集聚区主要分布于长三角地区、北京、天津、重庆等地,该类城市的技术创新活动并不足以改善周边地区的环境污染,该地区工业化带来的负面影响大于技术创新的积极作用;低创新-低污染集聚区主要位于中国中西部地区(甘肃、安徽、云南等地),该类城市分布较为分散;低创新-高污染集聚区大致分布在北京、天津、重庆及长三角地区的高-高集聚城市周围,呈环抱状分布,表明技术创新在各城市间的技术转移与扩散效应较差,对产业结构转型升级以及生态环境的促进作用不明显(胡悦等,2018);高创新-低污染集聚区仅存在兰州一个城市,但由于其周围地区工业化水平较低,工业污染相对较少,较低的环境污染不一定只与高水平的技术创新有关。

二、技术创新影响环境污染的空间分异

1. GWR 模型拟合优度检验

空间自相关分析结果表明,中国 285 个地级及以上城市的环境污染存在显著的空间集聚,且与技术创新存在显著的空间关联。理论上,在进行进一步回归分析时,该指标便不再满足传统回归模型(OLS 模型)要求的区域之间相互独立的假设条件,导致基于该模型的估计结果存在偏差,采用 GWR 模型分析技术创新对环境污染的影响比 OLS 模型更为可靠(高晓光,2016)。

基于此,本研究依然对 2016 年的数据进行分析,以环境污染综合指数为因变量,以技术创新、经济发展、产业结构、人力资本、外商直接投资、环境规制 6 个指标为自变量,分别进行 OLS 回归和 GWR 回归,将分析结果进行对比。结果可知,OLS 模型 R^2、AIC 值和 Sigma 值分别为 0.394、678.892 和 0.787,GWR 模型具有更大的 R^2(0.539)、更小的 AIC 值(651.990)和 Sigma 值(0.726)。其中 AIC 值是比较两模型拟合性能的首选指标,对于有着相同变量的 2 个模型而言,当 AIC 值差异小于 4 时,两模型的拟合性能接近,当 AIC 值差异大于 10 时,具有较小 AIC 值的模型拟合程度更好。因此,使用 GWR 回归的分析结果更优。

2. GWR 模型估计结果

在地理加权回归的分析结果中,每一个城市的每一个指标都有一个回归系数,表 9-2 对其进行了统计学分析,统计出各个指标的均值、最小值、上四分位数、中位数、下四分位数、最大值,由此可以更为直观地看出各指标对环境污染的影响均存在分异性。

表 9-2 GWR 模型回归系数的统计性描述

变量	均值	最小值	1/4 分位数	中位数	3/4 分位数	最大值
技术创新	−0.587	−1.469	−0.743	−0.582	−0.425	−0.015
经济发展	1.269	0.388	0.678	1.321	1.776	2.370
产业结构	−0.051	−0.329	−0.111	−0.050	−0.009	0.083
人力资本	−0.168	−0.352	−0.231	−0.192	−0.104	0.174
外商直接投资	−0.136	−1.815	−0.368	−0.279	0.085	0.816
环境规制	−0.290	−0.727	−0.498	−0.167	0.326	0.789
常数项	−0.023	−0.217	−0.119	−0.086	0.086	0.324

注：未含港澳台及各自治州、盟和地区数据。

回归结果显示，中国 285 个城市技术创新回归系数均为负值，表明在控制经济发展、产业结构、人力资本、外商直接投资和环境规制等因素的情况下，各个城市的技术创新对环境污染均产生负向影响，技术创新在各个城市内均呈现出环境友好态势。从技术创新回归系数的空间分布上看，回归系数绝对值大致呈现由东向西渐次递增的阶梯状分布格局，影响程度存在显著的空间分异性。具体来看，影响程度较小的城市主要集中在以长三角城市群为代表的东部地区，原因可能是：城市技术创新的目的大多出于对生产效率的追求，而不是对环境问题的考虑。并且该类城市的经济发展与环境污染呈现出显著的正相关关系，对环境污染的促进作用大于技术创新的抑制作用，也就是说，虽然东部城市的技术创新对环境污染具有一定的改善作用，但这还不足以应对经济发展过程中带来的环境问题。中部地区技术创新对环境污染的改善作用较东部地区略有增强，西南地区和东北地区的环境污染受技术创新的相对影响最大，这意味着，如果想通过技术手段来改善环境，西南地区和东北地区可以比东中部地区获得更好的实施效果。其原因可能是该区域工业化水平相对较低，造成的污染排放强度原本就较小，且该地区自然环境优越，是中国生态环境优质区，具有较强的环境自净能力，在此背景下，技术创新对环境污染的改善作用更容易发挥出来。

3. 技术创新对 EKC 的影响

采用 GWR 模型对式(9-2)进行数据分析，可以得到各地区 GDP 平方项的系数值，结果显示，GDP 的一次项系数均为正值，二次项系数均为负数，验证了 EKC 曲线假说(林伯强等，2009)(表 9-3)，这与陈阳(2019)、孙克(2016)等的研究结果一致。为了验证技术创新对 EKC 的作用，在式(9-2)的基础上加入技术创新的影响，继续利用 GWR 模型对式(9-3)进行同样的操作。结果显示，GDP 的一次项系数仍均为正值，但 GDP 的二次项系数有正有负，说明加入技术创新变量之后，EKC 假说在一部分城市没有得到验证，这可能意味着技术创新对 EKC 存在一定的影响。为了证明这一结论，对加入技术创新之后仍能验证 EKC 假说的城市进行进一步分析，将模型(9-2)和模型(9-3)的分析结果代入公式(9-4)，对两模型表征的二次函数进行进一步计算，比较加入技术创新前后各个城市的拐点值，如果基于加入技术创新后的模型(9-3)得到的拐点值相比加入技术创新前的模型(9-2)更小，则能说明技术创新的加入加速了 EKC 拐点的到来，即技术创新能够缩短 EKC 拐点的形成时间，促进经济发展进入环境友好发展阶段。各城市的技术创新对 EKC 的影响也存在明显的东西分异，主要表现为加入技术创新的作用后，东部地区依然能够验证 EKC 假说，且技术创新能够加速拐点的到来，中部地区及黑龙江、云南部分城市仅能验证 EKC 假说，技术创新目前还没有表现出对 EKC 拐点的促进作用，而西部地区没有验证 EKC 现象。这说明技术创新是促进 EKC 拐点到来的重要条件，在经济与环境的互动关系中发挥重要的作用，可能暗示着技术创新能够促进城市经济与环境之间的良性发展。

表 9-3 技术创新加入前后 GDP 一次项系数与 GDP 平方项系数的估计结果

变量		均值	最小值	1/4 分位数	中位数	3/4 分位数	最大值
无技术创新驱动	GDP	0.994	0.598	0.864	0.986	1.115	1.388
	GDP^2	−0.541	−1.033	−0.688	−0.509	−0.373	−0.018
有技术创新驱动	GDP	1.023	0.799	0.938	1.019	1.117	1.276
	GDP^2	−0.131	−0.698	−0.245	−0.153	0.042	0.343
	技术创新	−0.145	−1.163	−0.549	−0.477	−0.423	−0.274

注：未含港澳台地区及各自治州、盟和地区数据。

三、技术创新对环境污染的影响机理

通过地理加权回归的结果，可以直观地分析技术创新对环境污染影响程度及空间分异性。但该结果仅能分析技术创新单独作用于环境污染的情况，而实际上，环境污染是多种因素共同作用的结果。因此，本研究借助地理探测器对技术创新及其他解释变量进行因子探测和交互探测，以分析各解释变量及其交互作用对环境污染的影响程度，以期较为全面地揭示技术创新对环境污染的影响机理。由于地理探测器要求自变量是分类数据，在分析之前，采用自然断裂法对技术创新、经济发展、产业结构、人力资本、外商直接投资和环境规制6个变量进行分类处理。将分类后的类型数据分别与环境污染综合指数进行匹配，并作为X和Y值代入地理探测器中进行计算。

根据因子探测器分析结果（表9-4），可以得到各解释变量对环境污染的解释力值，其中经济发展对环境污染空间分异的解释力最强，环境规制、外商直接投资、技术创新的解释力大小相近，人力资本、产业结构对环境污染的解释力较弱。这可能是因为人力资本水平需要达到较高的水平才能对环境污染产生较强的影响，目前中国的人力资本还没有达到这种水平（Fu，2008）；目前中国产业结构正处于由第二产业主导向第三产业主导转变的阶段，一般而言，第三产业比重的升高会改善环境污染的状况（李鹏，2015），但在长期工业化发展的影响下，产业结构调整带来的环境正效应尚不明显，使得产业结构对环境污染的解释力较弱。2016年，中国第三产业所占比重为51.8%，第三产业还有很大的发展空间。随着中国人力资本水平的进一步提升和产业结构的进一步调整，环境污染会有更为明显的改善。

交互探测器的探测结果（表9-4）显示，技术创新与经济发展、产业结构、人力资本、外商直接投资、环境规制之间均存在交互关系，且交互作用对环境污染的解释力值均大于单个变量单独作用于环境污染时的解释力值。不同变量之间产生的交互作用有非线性增强型（nonlinear enhancement）和双因子增强型（bi-factor enhancement）2种类型，不存在相互独立的因素。其中，技术创新与经济发展、环境规制、外商直接投资的交互作用表现为双因子增强效应，而人力资本、产业结构与技术创新共同作用于环境污染时,均产生非线性增强效应,产生"1+1>2"的效果,其中技术创新与产业结构的交互作用对环境污染的解释力度最大,这说明技术创新控制环境污染的重点在于通过技术进步,优化产业结构,也进一步说明技术创新对环境污染的影响过程中存在着复杂的交互耦合作用关系,环境污染是多要素共同作用的结果。

表 9-4 因子探测与交互探测结果

$X_1 \cap X_2$	$q(X_1)$	$q(X_2)$	$q(X_1 \cap X_2)$	交互作用
技术创新∩经济发展	0.212	0.295	0.477	BE
技术创新∩产业结构	0.212	0.046	0.500	NE
技术创新∩人力资本	0.212	0.087	0.370	NE
技术创新∩外商直接投资	0.212	0.222	0.318	BE
技术创新∩环境规制	0.212	0.238	0.394	BE

注:NE(nonlinear enhancement)表示非线性增强型,BE(bi-factor enhancement)表示双因子增强型。

第四节 结论与讨论

一、结论

研究通过空间自相关方法验证中国 285 个地级及以上城市技术创新与环境污染的空间关联性,利用地理加权回归模型分析技术创新影响环境污染的空间分异性,最后利用地理探测器模型探测技术创新与其他因素的交互作用对环境污染的影响,从而分析其作用机理。研究结论如下:

1. 技术创新与环境污染均存在空间自相关性,具有较为明显的集聚特征。在全域尺度,技术创新与环境污染在空间上存在正向的空间关联。在局域尺度,技术创新与环境污染在空间上存在正相关和负相关两种情况,表现为高创新-高污染、低创新-低污染、高创新-低污染、低创新-高污染 4 种集聚类型。从数量上看,目前呈现负相关集聚的城市较少,占显著区城市的 30.16%,技术创新水平高(低)的地区更多地与环境污染程度高(低)的地区邻近分布。

2. 通过综合比较分析 R^2、AIC 以及 Sigma 值,发现 GWR 模型拟合结果都显著优于 OLS 模型。加入控制变量后的回归结果表明,研究区域内所有城市的技术创新对环境污染均产生负向影响,即城市技术创新能够改善环境污染,且影响程度表现出显著的空间分异性,呈现出由东向西影响程度渐次递增的阶梯型分布格局。东部城市群的技术创新对环境污染影响程度较低,西南城市群及东北城市群影响程度较高。现有样本有条件地支持 EKC 假说,技术创新在经济与环境的互动关系中发挥重要的作用,技术创新能够促进城市经济与环境的良性发展。

3. 环境污染是多种因素共同作用的结果,单因素对环境污染的解释力按大小排序依次为:经济发展＞环境规制＞外商直接投资＞技术创新＞人力资本＞产业结构。技术创新与其他因素之间均存在交互作用,且交互作用具有双因子增强型和非线性增强型两种类型,即经济发展、产业结构、人力资本、外商直接投资和环境规制均能加强技术创新对环境污染改善作用。其中,技术创新与产业结构交互作用对环境污染解释力度最大,说明技术创新控制环境污染的重点在于通过技术进步,改善与优化产业结构,从而控制环境污染。

二、讨论

上述研究表明,技术创新能够减少环境污染,但技术创新对中国 285 个城市的影响程度各不相同,在空间上有一定的分异性。因此在研究技术创新的环境效应时,尺度因素是重要的考量因素之一。其次,在验证 EKC 假说的基础上,分析技术创新在经济与环境互动关系中的作用,发现在技术创新的影响下,EKC 拐点出现及进序存在显著差异,东部地区的技术创新能够加速 EKC 拐点的到来,说明 EKC 的存在是有条件的,提升技术创新水平在实现经济与环境良性互动关系的过程中扮演了重要角色,因此改善环境问题需要技术创新与社会经济发展共同作用。

工业化既是经济发展的起点,也是环境污染的开端。工业的高速发展对于加快中国现代化进程起到了强有力的推动作用,但随着工业比重的增加,环境污染问题日益突出。应对环境污染问题，主要存在两种较为有效的方法：一是通过制定相应的政策进行"末端治理"；二是通过技术创新进行"前端防御"，因子探测结果中，环境规制与技术创新对环境污染均具有较大的解释力度，证实了这两种方法对于控制环境污染的有效性。但在实际操作中，由于污染处理存在较高成本，"末端治理"具有突出的局限性。地理探测结果表明，自发的技术创新与外商直接投资进入伴随的技术引进均对环境污染起到一定的控制作用，技术创新不仅能直接改善环境污染，更能通过促进产业结构升级，间接减少环境污染。此外，人力资本也能够极大地促进技术创新向环境友好方向转变，这一结论也在既有研究中得到证实。一方面，高水平的人力资本往往具有较高的环保意识，更能利用先进的技术实现经济结构和生产方式的集约化。另一方面，高水平的人力资本与高技术水平的外商直接投资相对应，为了在东道国激烈的技术生产竞争中获得优势，进入的企业必然会努力达到相对低的资源消耗和污染排放，以及相对高的资源利用率，从而降低了中国成为发达国家"污染避难所"的可能性。

此外，本研究的分析也存在几点不足：一是本研究以 2016 年为例进行分析，仅能说明当年技术创新与环境污染在空间上的影响规律，而实际上，各个城市正向着更高质量的方向发展，随着人们环保意识和技术创新水平的不断提升，环境污染程度也在发生变化，本研究并不能说明技术创新对环境污染的影响程度在时间上的变化。二是影响环境污染的因素是多样的，技术创新是一个方面，其他方面的影响因素如环保意识、政策管控等难以量化，此类要素并未纳入模型考量，可能会影响分析结果，这将作为今后研究进一步提升的方向。

第十章　中国城市绿色技术创新的空间格局

本章基于2000—2019年中国337个地级及以上城市的绿色专利数据,采用标准差椭圆分析、探索性空间数据分析和二阶段嵌套Theil系数的研究方法,从不同尺度对中国绿色创新空间分布格局及其变化进行对比分析,揭示新世纪以来中国绿色创新空间分布的基本演变态势。

第一节　引言

创新作为引领发展的第一动力,事关国家长远发展。新中国成立以来,中国创新先后历经了"政治创新—经济创新—技术创新"的演变过程(黄海峰,2015)。改革开放40年以来,中国经济取得飞速发展的同时也付出了巨大的资源与环境代价。面对"高投入、高消耗、高排放"粗放型发展模式带来的生态污染问题,中国亟须一个新的科学发展模式以促进经济社会可持续发展。在此背景下,习近平总书记多次强调"既要绿水青山,也要金山银山。宁要绿水青山,不要金山银山,而且绿水青山就是金山银山"(董战峰等,2020);十八届五中全会提出"创新、协调、绿色、开放、共享"的发展理念,将绿色和创新放在了发展的首要位置;十九大又进一步提出要加快生态文明体制改革,突出创新驱动的发展方式。绿色创新作为"创新驱动"和"绿色发展"的融合点,已成为有效突破自然环境约束,破解经济发展中的生态难题的有效手段(Medeiros et al.,2014)。准确衡量中国城市绿色创新水平、分析绿色创新空间分布格局、把握绿色创新的演化规律,对中国政府制定合理绿色创新政策,促进绿色创新空间均衡发展,实现国家及区域可持续发展具有重要的理论与现实意义。

在目前学界对于"绿色创新"的概念仍没有严格的定义。广义上说，凡是具备了创新的新颖性、价值性特征，且能实现资源节约和环境改善都可被称为"绿色创新"（李健等，2019）。现有研究学者从不同的视角对绿色创新开展研究，进而引申出了关于绿色创新的不同理论和实证分析。产业经济视角下，绿色创新被视为环境影响的降低，是企业为减轻环境负担或达到特定的生态可持续发展目标，进行的引进、开发和应用新思想、新工艺、新产品的过程（张钢等，2013），侧重于资源禀赋、产业集聚、FDI 和技术转移等对绿色创新效率的影响研究（应瑞瑶等，2009；宋马林等，2010；毕克新等，2015；刘亮等，2017；姜鑫等，2019）。环境经济视角下，绿色创新被理解为环境绩效的引入，包括新产品、新市场、新系统的开发以及在经济战略制定中引入生态思想（Blattel-Mink，1998），侧重于分析环境规制政策和政府监管行为等对绿色创新的影响（杨朝均等，2019；陶锋等，2021；邓玉萍等，2021）。从研究内容来看，国内外学者就绿色创新的定量评价（曹慧等，2016；葛世帅等，2021）、空间格局（付帼等，2016；彭文斌等，2019）、影响因素（毕克新等，2014；田虹等，2015；董会忠等，2021）以及绿色创新的溢出效应（孙振清等，2019；李凯杰等，2020）等问题展开研究，从区域、省份和城市层面进行了多维度考察，但研究结论多为单一尺度下的分析结果，忽视了中国不同等级行政区划下绿色创新分布的差异性，无法从多尺度全面描述中国绿色创新空间分布的特征和规律。因此，本章以中国 337 个地级及以上城市行政单元为例，并结合 GIS 技术和二阶段嵌套 Theil 系数对中国绿色创新的空间格局及演变规律进行分析，以期为国家绿色创新发展及政策制定提供一定的科学依据。

第二节 研究数据及方法

一、研究数据

选取全国 337 个地级及以上城市为研究对象，共包括 4 个直辖市（北京、天津、上海、重庆）和其他 333 个地级市、地区、自治州和盟。由于数据缺失，研究区域不包括港澳台地区。

学界多以专利数据来衡量城市创新(吕拉昌,2018;2021)。尽管专利在衡量知识和创新活动时存在一定的局限性,但依然凭借数据的可获得性、连续性、详细性等优势成为当下创新研究领域中使用最广泛的数据之一。相对于专利授权数量,专利申请数量受授权机构审查的约束较少,更加稳定、可靠和及时(齐绍洲,2018;Hu et al.,2021)。另外,无论专利申请最终是否能够获得批准,专利申请行为本身就能体现城市创新的活跃程度(程叶青等,2014;孙飞翔等,2021)。因此,本章选用各城市绿色专利申请数量衡量城市绿色创新水平,相关数据来自中国国家知识产权局(China National Intellectual Property Administration,CNIPA)。根据 CNIPA 中每条专利的地址信息,采集了中国 337 个地级及以上城市在 2000—2019 年期间的全部专利申请数据,并依据世界知识产权组织发布的《国际专利分类绿色清单》中的 IPC 代码进一步识别城市绿色专利申请数量。嵌套 Theil 系数计算过程中用到的 GDP 数据来源于 2001—2020 年的《中国城市统计年鉴》及各省市相关统计年鉴。

二、研究方法

1. 标准差椭圆

标准差椭圆是可以有效反映地理要素的空间分布方向和空间结构特征的空间统计方法。采用 ArcGIS 软件对中国城市绿色创新进行标准差椭圆分析,并通过结果可视化来反映绿色创新的整体空间分布态势。具体计算详见参考文献(郭远智,2019;辛晓华等,2020)。

2. 探索性空间数据分析

探索性空间数据分析(ESDA)是用来描述地理要素空间分布格局、揭示要素间的空间相互作用机制的一系列空间分析方法。首先采用 Global Moran's I 指数判断绿色创新在不同尺度上的空间关联结构模式,再通过 Getis-Ord G_i^* 进一步识别绿色创新在不同空间位置上的集聚程度,明晰热点区与冷点区的空间分布格局,以揭示绿色创新的空间异质性。具体计算详见参考文献(潘方杰等,2021)。

3. 嵌套 Theil 系数

Theil 系数通过不同阶段的嵌套分解，可以将区域地理数据的差异进一步分解为组间差异和组内差异。在 Akita(2003)研究的基础上，构建以 GDP 比重加权的 Theil 系数模型，并在区域①—省级行政区—地级及以上城市的三级结构尺度下对 Theil 系数测度结果进行二阶段嵌套分解，以揭示绿色创新的空间差异。考虑到二阶段嵌套 Theil 指数的特点，参考鲁凤等(2005)和王婧(2020)的做法，将各直辖市归并入省区进行处理，即北京、天津归入河北，上海归入江苏，重庆归入四川。

其中 Theil 系数的计算公式为：

$$T = \sum_{i=1}^{N} \frac{P_i}{P} \log\left(\frac{\frac{P_i}{P}}{\frac{G_i}{G}}\right) \quad (10-1)$$

式中，N 为空间单元个数，P_i 为 i 区域的绿色专利申请量，P 为全国所有区域的绿色专利申请总量，G_i 为 i 区域的地区生产总值，G 为全国所有区域的地区生产总值。T 值越大，表示各区域间绿色创新差异越大。

一阶段 Theil 系数分解考虑区域—省的等级结构，以省级行政区作为基本空间单元，识别中国绿色创新水平在区域间的差异和区域内各省之间的差异，其计算公式为：

---

① 文中按照国家统计局划分结果，将全国(不包括港澳台地区)划分为东部、中部和西部三大地带，其中东部地带包括北京、天津、河北、辽宁、上海、江苏、浙江、福建、山东、广东和海南；中部地带包括山西、吉林、黑龙江、安徽、江西、河南、湖北、湖南；西部地带包括内蒙古、广西、重庆、四川、贵州、云南、西藏、陕西、甘肃、青海、宁夏和新疆。以秦岭—淮河线作为南北地区的分界线，将全国划分为南方和北方两个区域，其中南方地区包括上海、江苏、浙江、福建、广东、海南、安徽、江西、湖北、湖南、广西、重庆、四川、贵州、云南和西藏；北方地区包括北京、天津、河北、辽宁、山东、山西、吉林、黑龙江、河南、内蒙古、陕西、甘肃、青海、宁夏和新疆。

$$T_1 = \sum_i \sum_j \frac{P_{ij}}{P} \log\left(\frac{\frac{P_{ij}}{P}}{\frac{G_{ij}}{G}}\right)$$

$$= \sum_{i=1}^{N} \frac{P_i}{P} \log\left(\frac{\frac{P_i}{P}}{\frac{G_i}{G}}\right) + \sum_{i=1}^{N} \frac{P_i}{P} \sum_j \frac{P_{ij}}{P_i} \log\left(\frac{\frac{P_{ij}}{P_i}}{\frac{G_{ij}}{G_i}}\right)$$

$$= \text{TBR} + \text{TWR} \tag{10-2}$$

式中，N 为空间单元个数，P_{ij} 为 i 区域 j 省的绿色专利申请量，G_{ij} 为 i 区域 j 省的地区生产总值。绿色创新差异被分解为区域间差异 TBR 和区域内差异 TWR。

二阶段 Theil 系数分解考虑区域—省—市的等级结构，以地级市作为基本空间单元，识别中国绿色创新水平的区域间差异、省间差异和省内各城市间的差异，其计算公式为：

$$T_2 = \sum_i \sum_j \sum_k \frac{P_{ijk}}{P} \log\left(\frac{\frac{P_{ijk}}{P}}{\frac{G_{ijk}}{G}}\right)$$

$$= \sum_{i=1}^{N} \frac{P_i}{P} \log\left(\frac{\frac{P_i}{P}}{\frac{G_i}{G}}\right) + \sum_{i=1}^{N} \frac{P_i}{P} \sum_j \frac{P_{ij}}{P_i} \log\left(\frac{\frac{P_{ij}}{P_i}}{\frac{G_{ij}}{G_i}}\right) + \sum_i \sum_j \frac{P_{ij}}{P} \sum_k \frac{P_{ijk}}{P_{ij}} \log\left(\frac{\frac{P_{ijk}}{P_{ij}}}{\frac{G_{ijk}}{G_{ij}}}\right)$$

$$= \text{TBR} + \text{TBP} + \text{TWP} \tag{10-3}$$

式中，N 为空间单元个数，P_{ijk} 为 i 区域 j 省 k 市的绿色专利申请量，G_{ijk} 为 i 区域 j 省 k 市的地区生产总值。绿色创新差异被分解为区域间差异 TBR、省间差异 TBP 和省内差异 TWP。

第三节　中国城市绿色技术创新空间分布的特征及演变

一、空间分布多尺度特征

通过计算发现，市域、省域、区域三个尺度的变异系数大小关系表现为市域尺度变异系数＞省域尺度变异系数＞区域尺度变异系数，空间变异性随着尺度的增大而相对减小，这表明中国绿色创新的空间分布具有一定的尺度依赖性，不同空间尺度上绿色创新的分布特征存在差异。鉴于此，该部分从区域、省域、市域三个空间尺度分析绿色创新空间分布的特征，从不同尺度揭示绿色创新的空间分布格局。区域和省域的绿色创新数据由城市绿色创新指标加总得到。

1. 区域尺度

通过对东中西部三大区域和南北方两大区域的绿色创新数据进行统计，得到2000—2019年中国绿色创新能力变化趋势（图10-1）。从图中可以看出，各区域间绿色创新水平存在显著差异，目前呈现出"东高西低、南高北低"的分布态势。就各区域变化来看，样本考察期内，在东西方向上，东部地区在绿色创新方面始终具有绝对优势，绿色创新专利占比遥遥领先；在南北方向上则表现南方地区绿色创新的稳步发展与反超，2000—2019年，南方地区绿色创新专利占比由47.75%增长至67.70%。与空间分布相对应，增长速度也表现出"东快西慢、南快北慢"的态势。具体来看，2001—2014年，中国绿色创新处于缓慢发展阶段，绿色创新专利数量呈现出缓慢增加趋势，绿色创新发展整体实力仍然比较薄弱。2014—2017年处于快速发展阶段，绿色创新专利数量迅猛增加，其主要原因是该阶段国家层面对绿色发展的政策支持，2015年十八届五中全会首次提出"创新、协调、绿色、开放、共享"的发展理念，将绿色和创新放在了发展的首要位置，对促进绿色创新发展起到了重要的积极作用。2017年之后中国绿色创新发展进入逐步成熟发展阶段，虽然每年绿色创新专利数量依然增加，但增速下降，随着中国经济进入新常态发展阶段，绿色创新发展面临更多、更高的要求，不仅增量，更要重视质的提升。

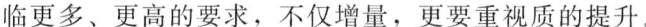

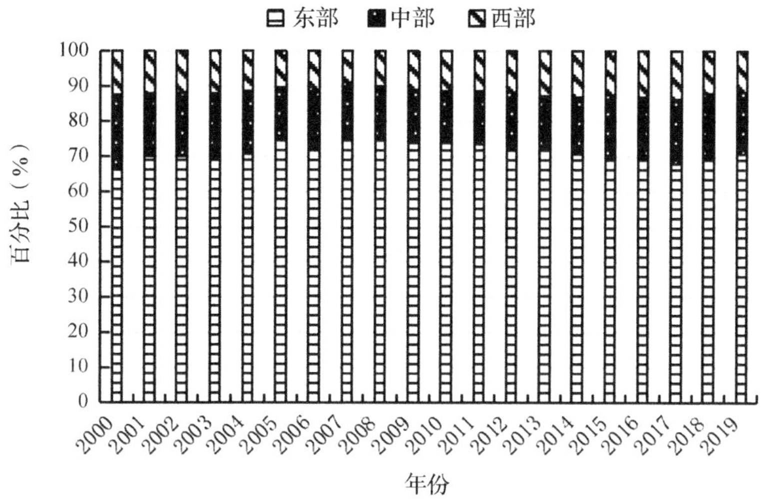

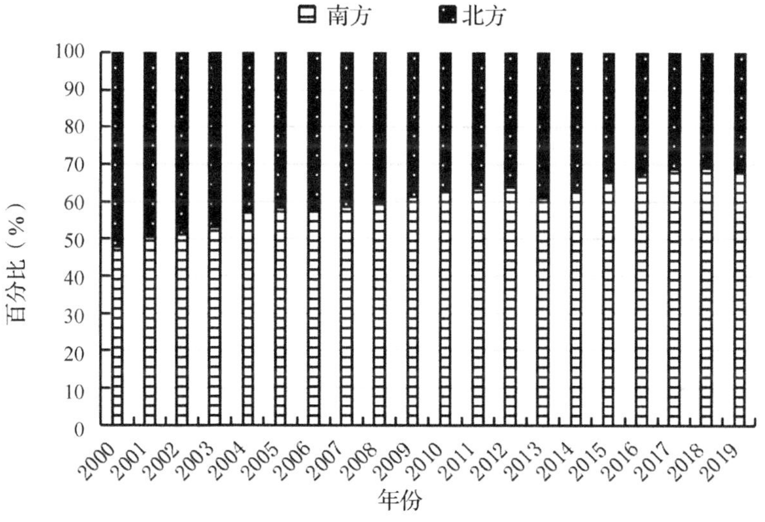

图 10-1　2000—2019 年中国绿色创新能力变化趋势（不含港澳台地区）

2. 省域尺度

省域尺度绿色创新数据统计结果（图 10-2）显示，除港澳台地区的 31 个省级行政区中，绿色创新均有不同程度分布。这表明各省级行政区的绿色创新发展均具有一定基础，但不同省域的分布存在较大差异，空间分布异质性极为明显。从数量分布来看，2019 年中国绿色创新专利数量均值为 13 666，高于均值的有广东、江苏、北京、浙江、山东、上海、安徽、湖北、四川，其中位于东部地区的省份占到 2/3；绿色创新发展排在最后 5 位的省级行政区依次是西藏、青海、海南、宁夏和新疆。从创新增速看，各省级行政区创新年均增长率均值为 25.11%，最高的 5 个省级行政区依次为安徽、广东、江苏、福建、重庆。安徽创新增速位列第一，可能是由于安徽省拥有众多国家级研发机构和高等院校，创新环境良好，特别是"科学岛"的建立，使得科研能力迅速提升（刘华军等，2021）。广东省在绿色创新方面实现了数量和增速的双高增长，不仅因为依靠着国家的政策支持，更是因为其对创新活动的高度重视。自 2001 年以来，广东省教育经费投入一直位居首位（刘华军等，2021）。全局空间自相关计算结果显示，2019 年省域 Moran's I 指数为 0.085 2，Z 值为 0.634 0，p 值为 0.102 3，表明绿色创新在省域尺度上并未表现出明显的空间集聚性。

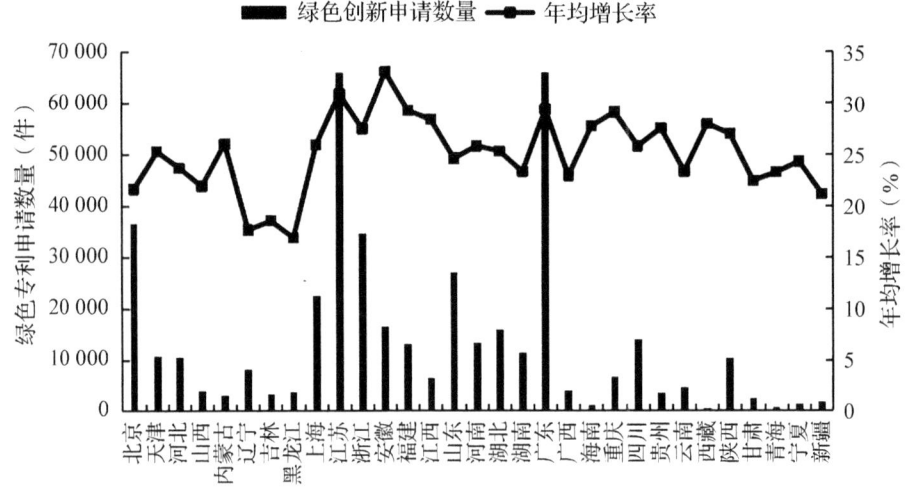

图 10-2　2019 年各省级行政区绿色创新专利数量及年均增长率（不含港澳台地区）

3. 城市尺度

在城市空间尺度上对中国城市绿色创新分布进行可视化分析，并总结了 2000 年和 2019 年中国城市绿色创新的排名情况（表 10-1）。可以看出中国绿色创新的空间分布差异在市域尺度上更为明显，不同城市之间绿色创新的发展程度存在明显的金字塔结构。绿色创新发展水平与城市等级成正比,排名靠前的城市多为直辖市和省会城市。北京市绿色创新发展一直处于最高水平,绿色专利数量从 2000 年的 882 件增长到 2019 年的 36 583 件,20 年间增长 40 多倍。深圳市、上海市和广州市分别以基于 2000 年 135.72 倍、79.53 倍、123.35 倍的增长位列其后。从城市的排名来看,相对 2000 年,2019 年绿色创新前十名的城市中,沈阳市和哈尔滨市退出,南京市和苏州市进入,广州市绿色创新提升较大,由 2000 年的第 7 名升至第 4 名。

表 10-1　2000 年和 2019 年中国城市绿色创新能力排名前十名(不含港澳台地区)

排名	2000 年城市	2000 年绿色创新专利数量	2019 年城市	2019 年绿色创新专利数量
1	北京市	882	北京市	36 583
2	上海市	280	深圳市	26 250
3	深圳市	192	上海市	22 547
4	沈阳市	153	广州市	17 534
5	天津市	147	南京市	15 914
6	武汉市	143	苏州市	15 328
7	广州市	141	杭州市	14 261
8	杭州市	121	天津市	10 675
9	哈尔滨市	119	武汉市	10 384
10	成都市	115	成都市	9 538

借助 ArcGIS 软件对 337 个地市绿色创新专利数量进行全局空间自相关分析,结果显示 Moran's I 指数为 0.113 8,Z 值为 8.641 1,p 值为 0.000,表明中国绿色创新在市域尺度上的分布具有正的空间相关性,即中国绿色创新水平较高的市域之间存在一定的空间集聚性。进一步运用热点分析工具探索其在空间上发生聚类的位置。可见,中国城市绿色创新的热点市域数量有 32 个,约占总数的 9.50%,表现出显著的集聚化分布特征,集中分布于长江三角洲地区,在很大程度上与该区域雄厚的经济实力、较高的经济发展活跃程度及对外开放程度等密切相关;次热点市域集中分布于热点区域周边地区,呈带状集

聚连片分布；冷点和次冷点区数量较多，呈片状、块状分布。

二、中国城市绿色创新空间分布格局演变

从分布重心位置（表10-2）看，2000—2019年中国城市绿色创新重心位于东经115.69°~116.67°和北纬31.57°~34.20°之间，先后经过商丘市、亳州市、淮南市、阜阳市、六安市。与研究区域的几何重心（33.05°N，111.63°E）相比，绿色创新重心均分布在几何重心的东部，中国城市创新存在明显的东西差异。就移动轨迹来看，2000—2019年中国城市绿色创新重心移动过程具有明显的阶段性，大体呈现西北—东南—西南向的弧形轨迹。2009年是我国城市绿色创新空间格局演化的重要节点，2000—2009年，我国绿色创新重心主要由西北向东南方向移动；2010—2019年，绿色创新重心表现出由东北向西南方向移动的态势。以几何重心为参照，绿色创新重心由几何重心的东北向东南方向移动，说明2010—2019年间，在东西方向上，东部地区绿色创新始终占据主导地位，而在南北区域上，中国城市绿色创新发展格局已经由"北强南弱"转变为"南强北弱"。从分布重心的移动距离及移动速度上看，2000—2019年中国城市绿色创新重心累计移动476.74km，南北方向累计移动356.98km，东西方向累计移动241.76km。其中2010—2015年重心移动距离和速度最大，分别是37.77km和7.55km/y，且南北方向上的移动距离和移动速度明显大于东西方向。

标准差椭圆的长半轴和短半轴分别表示中国城市绿色创新的离散程度和分布范围，两者值的差距越大（扁率越大），中国城市绿色创新的方向性越明显，短半轴越短，表明中国城市绿色创新的向心力越大。以平均形状指数为标准差椭圆短半轴与长半轴长度之比，可以看出2000—2019年平均形状指数呈上升趋势，表明各城市绿色创新差异逐渐减小，绿色创新发展更为均衡。从标准差椭圆覆盖范围来看，近二十年中国城市绿色创新标准差椭圆覆盖范围基本稳定在冀、晋、苏、浙、皖、闽、赣、鲁、豫、鄂、湘等省份，覆盖面积逐渐缩小。相对于2000年，2019年椭圆覆盖面积减少20.74%，长短半轴长度分别缩短45.71km和183.44km，说明中国城市绿色创新在空间上呈集聚趋势。从

方位角的旋转看,以正北方向为0°,2000—2019年中国城市绿色创新标准差椭圆的方位角保持在31.06°到41.11°的方向,且方位角逐渐缩小,由2000年的41.11°缩小到2019年的31.72°。这说明整个研究阶段中国城市绿色创新分布方向由"东北—西南"向"正北—正南"方向靠拢,进一步表明中国城市绿色创新格局存在东西方向上的均衡发展趋势,但"东强西弱,南强北弱"格局短时间内仍无法改变。

表10-2 中国城市绿色创新标准差椭圆的重心分布及相关参数

年份	2000	2005	2010	2015	2019
坐标点所在城市	商丘市	亳州市	阜阳市	六安市	六安市
中心点经度(°)	116.26	116.63	116.49	116.06	115.93
中心点纬度(°)	34.20	33.00	32.51	32.29	31.72
移动距离(km)	—	26.24	21.53	37.77	19.29
东西距离(km)	—	14.06	4.57	14.62	8.45
南北距离(km)	—	22.16	21.04	34.83	17.34
移动速度(km/y)	—	5.25	4.31	7.55	4.82
东西速度(km/y)	—	2.81	0.91	2.92	2.11
南北速度(km/y)	—	4.43	4.21	6.97	4.34
短半轴标准差(km)	797.84	753.10	746.01	751.31	752.13
长半轴标准差(km)	1 152.35	1 087.52	992.93	986.42	968.91
转角 θ(°)	41.11	32.78	32.96	37.59	31.72
平均形状指数	0.69	0.69	0.75	0.76	0.78
椭圆面积比	1.00	0.89	0.81	0.81	0.79

注:椭圆的平均形状指数为短半轴与长半轴之比;当期的椭圆面积比为当期的椭圆面积与2000年的椭圆面积之比,2000年的椭圆面积比为基期,因此2000年的椭圆面积比为1。

第四节　中国绿色技术创新空间差异的尺度效应

一、Theil 系数一阶分解结果

通过对 Theil 系数做一阶分解，计算以省级尺度为基本空间单元区域绿色创新 Theil 系数，将中国绿色创新空间差异分为区域间差异（TBR）、区域内差异（TWR）两部分，从计算结果（图 10-3）来看，中国绿色创新总体差异呈现先上升后下降态势，说明绿色创新发展存在均衡发展趋势。区域间差异的演变趋势与总体差异演变趋势基本一致，2013 年区域间差异上升至最大值 0.026 2，此后呈逐年下降态势；区域内差异总体表现为波动下降，2019 年降至最小值 0.013 3。从绿色创新差异贡献率来看，中国绿色创新的空间差异主要是由区域间差异所致，三大区域间的差异是造成中国绿色创新发展总体差异的主要原因。近年来区域内差异贡献度逐渐降低，区域间差异贡献度逐渐上升，2019 年区域内差异贡献度达到 62.67%，首次超过区域内差异。我们认为造成这一现象的原因可能是：一方面，区域协调发展战略的实施刺激了各地区鼓励创新发展政策的陆续出台，使得各地区的创新能力大幅提升，这在一定程度上促进了绿色创新的协调发展，导致 TWR 的下降；另一方面，由于不同地区的创新发展基础、经济发展进程和促进创新发展的实践存在差异，导致 TBR 进一步扩大。从区域内差异来看，2001—2003 年，东部地区省际绿色创新差异最大，这可能是由于该时期为绿色创新发展初期，绿色创新活动更多地分布在东部地区，各省发展水平参差不齐，而中西部地区各省普遍缺乏绿色创新，因而差异性不大。2004—2015 年，西部地区省际绿色创新差异最大，且呈先升高后下降趋势，这可能是由于这一时期个别西部省市如重庆、四川、山西等加速发展绿色创新，但其他省份绿色创新依然薄弱，导致绿色创新较大的空间差异。2016 年之后，三大区域内各省份绿色创新差异均基本呈现下降趋势，且中部地区省际绿色创新差异最大，这可能是由于经过近 20 年的发展，各地绿色创新均有了一定程度的提升，相对差异减少。

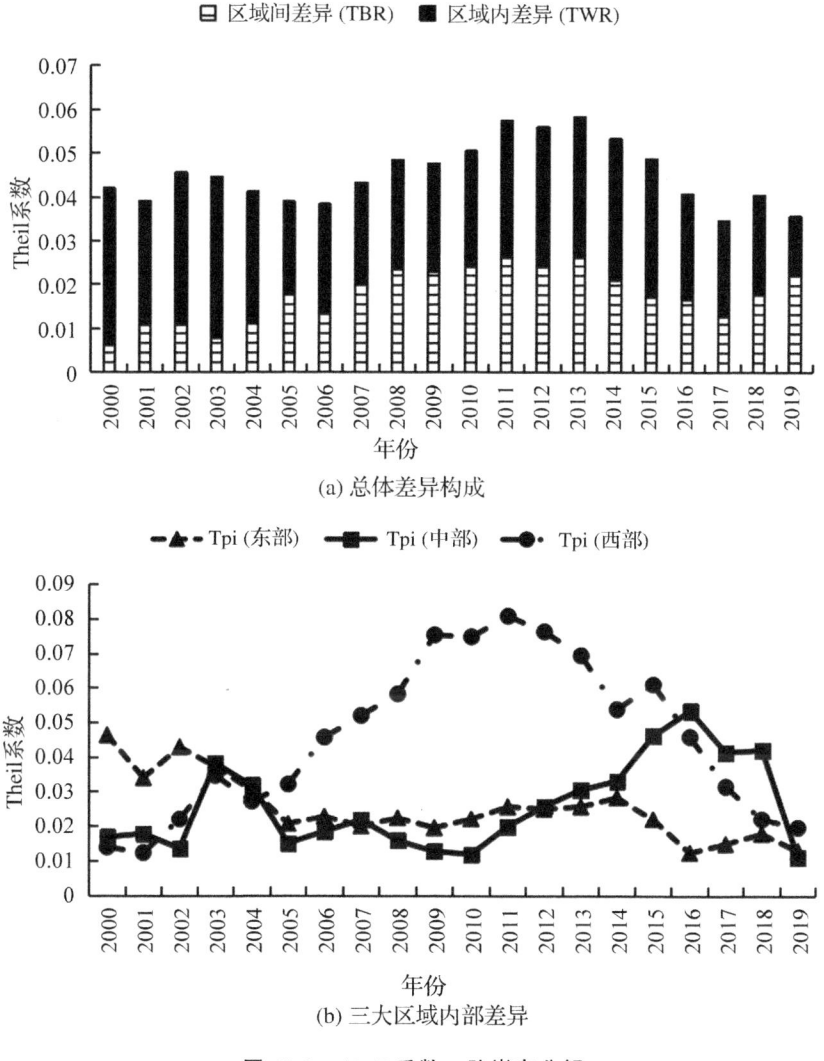

图 10-3 Theil 系数一阶嵌套分解

二、Theil 系数二阶分解结果

以地级行政单元为基本空间单元，进行 Theil 系数二阶分解，计算结果如表 10-3 所示。其中，区域间差异（TBR）与 Theil 系数一阶分解结果相同，而区域内差异进一步被分解为省间差异（TBP）和省内差异（TWP）。由表 10-3 可见，样本期内中国城市绿色创新的总体空间差异呈现出波动下降的演进态势。从差异来源的大小来看,省内、省间和区域间创新力差异均值分别为 0.099 1、0.027 7 和 0.017 6,省内差异最大,其次是省间差异和区域间差异。从绿色创新差异贡献率来看,2000—2018 年,均表现为省内差异＞省间差异＞区域间差异,2019 年为省内差异＞区域间差异＞省间差异,也就是说,各省内城市之间绿色创新差异成为决定总体差异的主要力量。从时间演进趋势来看,样本期内省内差异对于总体地区差异的贡献率缓慢下降、区域间差异贡献率缓慢上升、省间差异贡献率在样本期内大致保持不变。

基于 Theil 指数测度方法,文中进一步对样本期内中国各省份内部各城市间绿色创新的空间差异进行了测度。结果表明各省份内部绿色创新的空间差异在样本期内持续下降。2000 年,宁夏、青海、安徽、甘肃、云南等省级行政区内部绿色创新空间差异最大。2019 年具有较高 Theil 指数的省级行政区数量下降,其中宁夏、青海、安徽、甘肃、河北等省级行政区内部的城市绿色创新差异大幅下降,而河南、吉林、陕西、西藏四个省级行政区内的空间差异则呈上升趋势。

表 10-3 Theil 系数二阶嵌套分解

年份	总体差异	Theil 系数			贡献率(%)		
		区域间差异（TBR）	省间差异（TBP）	省内差异（TWP）	区域间差异（TBR）	省间差异（TBP）	省内差异（TWP）
2000	0.170 4	0.006 1	0.035 9	0.128 3	3.61	21.08	75.32
2001	0.157 0	0.010 8	0.028 3	0.117 9	6.85	18.01	75.14
2002	0.173 8	0.010 7	0.034 9	0.128 2	6.15	20.10	73.75
2003	0.179 6	0.007 6	0.037 1	0.135 0	4.21	20.63	75.16
2004	0.168 7	0.010 9	0.030 2	0.127 6	6.47	17.92	75.61
2005	0.150 5	0.018 0	0.021 0	0.111 6	11.93	13.94	74.13
2006	0.142 9	0.013 6	0.024 8	0.104 5	9.52	17.33	73.15
2007	0.147 7	0.019 7	0.023 6	0.104 4	13.34	15.98	70.68
2008	0.152 6	0.023 4	0.025 0	0.104 1	15.37	16.37	68.26

续表

年份	总体差异	Theil 系数			贡献率(%)		
		区域间差异 (TBR)	省间差异 (TBP)	省内差异 (TWP)	区域间差异 (TBR)	省间差异 (TBP)	省内差异 (TWP)
2009	0.148 2	0.022 9	0.024 7	0.100 6	15.43	16.66	67.91
2010	0.149 7	0.023 9	0.026 6	0.099 2	15.95	17.76	66.28
2011	0.151 3	0.026 2	0.031 2	0.093 9	17.31	20.64	62.06
2012	0.148 0	0.024 0	0.032 0	0.091 9	16.25	21.65	62.10
2013	0.160 7	0.026 2	0.032 2	0.102 3	16.32	20.01	63.67
2014	0.148 8	0.020 8	0.032 5	0.095 5	13.98	21.86	64.17
2015	0.125 8	0.017 2	0.031 6	0.077 1	13.64	25.11	61.25
2016	0.112 9	0.016 5	0.024 2	0.072 2	14.65	21.41	63.95
2017	0.102 4	0.012 6	0.022 0	0.067 7	12.33	21.53	66.14
2018	0.102 6	0.017 7	0.022 7	0.062 2	17.26	22.12	60.63
2019	0.093 8	0.022 3	0.013 3	0.058 2	23.79	14.17	62.04

第五节 结论

本章基于2000—2019年中国337个地级行政单元的绿色创新数据，首先运用标准差椭圆等GIS空间分析方法对中国绿色创新在多尺度上的空间分布及演化特征进行分析，之后分别以省份和城市为基本空间单元，采用Theil指数对绿色创新的空间差异进行实证分析。主要研究结论如下：

第一，2000—2019年，中国绿色创新水平逐年攀升，年平均增速为25.73%，整体呈现出"东高西低、南高北低"的分布态势和"东快西慢、南快北慢"的发展态势。研究阶段内，中国城市绿色创新重心移动过程具有明显的阶段性，大体呈现西北—东南—西南向的弧形轨迹，南北方向上的移动距离和移动速度明显大于东西方向。中国城市绿色创新分布在空间上存在明显的集聚趋势，由"东北—西南"方向向"正北—正南"方向靠拢。

第二，中国绿色创新的空间分布具有尺度依赖性，在不同的尺度层面上，绿色创新水平和空间分布特征均存在显著的差异性。空间尺度越大，中国绿色创新空间分布集聚特征越不明显，从较小的尺度对中国绿色创新空间分布特征进行研究可以避免大尺度探究带来的不足。具体来看，①区域尺度上，绿色创新呈明显的区域性分布差异，在东西方向上，东部地区在绿色创新方面始终具有绝对优势，绿色创新专利占比遥遥领先；在南北方向上则表现南方地区绿色创新的稳步发展与反超。②在省域尺度上，绿色创新空间分布并未表现出明显的空间集聚性。除港澳台的31个省区市的绿色创新发展均具有一定基础，但不同省域的分布存在较大差异。绿色创新发展高于全国平均水平的省级行政区包括广东、江苏、北京、浙江、山东、上海、安徽、湖北、四川，其中位于东部地区的占2/3。③市域尺度上，绿色创新空间分布表现出明显的空间集聚性，空间分异在市域尺度上更为明显，绿色创新发展水平与城市等级成正比，不同城市之间绿色创新的发展程度存在明显的金字塔结构。北京绿色创新发展一直处于最高水平，深圳、上海和广州位列其后。中国城市绿色创新的热点城市数量占总数的9.50%，主要集中分布于长江三角洲地区。

第三，三大区域间的差异和各省内城市之间的差异是造成中国绿色创新发展总体差异的主要原因。以省级行政区为基本空间单元的一阶Theil系数分解结果显示，中国绿色创新总体差异呈现先上升后下降态势，说明绿色创新发展存在均衡发展趋势。近年来区域内差异贡献度逐渐降低，区域间差异贡献度逐渐上升。从区域内差异来看，以2003和2015年为节点，省际绿色创新差异最大的地区变化表现为东部地区—西部地区—中部地区。以城市为基本空间单元的二阶Theil系数分解结果显示，样本期内省内差异对于总体地区差异的贡献率缓慢下降、区域间差异贡献率缓慢上升、省间差异贡献率在样本期内大致保持不变。各省级行政区内部绿色创新的空间差异在样本期内持续下降。相对2000年，2019年具有较高Theil指数的省级行政区数量下降，其中宁夏、青海、安徽、甘肃、河北等省级行政区内部的城市绿色创新差异大幅下降，而河南、吉林、陕西、西藏四个省级行政区内的空间差异则呈上升趋势。

第四篇
中国城市创新空间的形态与网络

本篇首先讨论了创新城区的特征及理论、中国城市的知识专业化,分析了中国地级以上城市工业创新效率的空间格局、中国城市创新重心的时空演变特征,并以中关村产学研合作创新网络为例分析了城市产业园区的产业创新网络。

第十一章 创新城区特征及理论诠释

创新城区作为一种新兴城市空间发展模式,已成为城市创新领域研究的热点。基于已有的相关文献,本章总结出了创新城区的基本特征:产学研紧密结合的综合性、产城融合互动的人本性、高度包容的人文关怀性、高度开放的便利性(amenity)、创新主体以及与创新环境作用的紧密性等特征,并从人地关系地域系统理论、产业集聚理论、地理邻近理论、螺旋-协同理论、创新生态系统理论等出发对创新城区的形成与发展机制进行理论诠释,有利于加深对创新城区的认知与理论研究。

第一节 引言

创新城区作为城市创新要素集聚的空间载体,是城市转型升级的新空间组织。城市传统空间是以中央商务区为中心,存在着交通拥堵、通勤时间长、资源利用率低、邻里关系淡化等问题(Murphy,2017)。工业园区、科学园区、郊区科学城等传统创新空间以劳动力密集型、资本密集型、知识密集型的活动为主,对生活综合服务功能方面却关注不够(Digiovanna,1996;Keeble et al.,2017)。进入21世纪后伴随着城市更新转型,创新要素开始从郊区、园区等远离城市的区域大量向城市中心地区转移(Audretsch et al.,1996;Zhang et al.,2018;Florida et al.,2016),使物流、信息流、知识流、资本流以及人才流等"流"要素在城市和区域发生动态集聚与扩散(Schoenberger et al.,2016;Lyu et al.,2019),促使城市空间产生变化。城市具有的密集知识源、社会文化环境、便利基础设施、创新政策等良好条件形成了一种强烈的拉力,更加吸引企业家创新创业、科技企业和投资机构等向城市中心区转移

(Penco et al., 2019; Florida et al., 2017)。创新城区发展既融合了创新企业、科研机构、孵化器、高素质的劳动力等创新空间要素，又提升了城市传统空间生产生活的质量，作为一种新的城市模式受到了广泛关注。

近年来，创新城区在全球范围内不断涌现并成立了全球创新城区研究所（Global Institute on Innovation Districts），世界各国相继发布了针对创新城区建设的有关文件和行动方案。其中，美国布鲁金斯学会制定了《指导创新城区的 12 条原则》以指导创新城区如何发展；英国伦敦机构 Center for London 发表的 *Spaces to think: innovation districts and the changing geography of London's knowledge economy* 剖析了伦敦的大学、企业集群和创新城区的空间形态变化；澳大利亚墨尔本通过建设创新城区以推动城市发展；西班牙、法国、德国等国家也在积极建设创新城区。中国在"十三五"国家科技创新规划中提出要充分发挥城市创新主体作用推动创新高地发展，2016 年《北京加强全国科技创新中心建设总体方案》中指出将大力推动原始创新高地并构建前沿技术创新高地，加强全国科技创新中心的建设。

目前，国内外学者围绕创新城区已取得了丰富研究成果。理论方面主要集中在创新城区的概念（Katz et al., 2014）、类型（张占斌等，2017）、演变规律（程小燕等，2019）、影响因素（Esmaeilpoorarabi et al., 2018；Capdevila, 2015；Kayanan, 2019）等，实证方面多以成功发展的创新城区案例剖析为主，较多选取美国波士顿肯德尔广场、田纳西州查塔努加、西班牙巴塞罗那普布诺等案例。以上研究对创新城区的宏观认知具有重要意义，但创新城区的特征是什么？如何从理论上对其形成及机制进行理论解释，仍需进一步探讨。基于此，总结了创新城区的基本特征并应用相关理论分析了创新城区的形成与发展机制，以期为推动创新城区发展进行理论探讨。

第二节 创新城区的基本特征

创新城区概念出现后，还没有统一的标准，从目前已有的文献看，建立统一的标准仍有困难，但可以界定其特征。因此，在已有研究成果的基础上，本章认为创新城区具有如下基本特征。

一、产学研紧密结合的综合性

产学研紧密结合的综合性是创新城区与一般城区的显著差异特征。一般城区内企业与大学、研究机构之间紧密结合程度较低，创新城区内集聚多种类型的创新企业、孵化器、高等学校、研究机构等，产学研紧密结合程度高，通过各自优势资源能够快速、高效地实现创新要素优化组合、合理配置，促进创新成果产出和社会经济发展。其中，高校与科研机构是知识和技术的主要创造地，创新企业是以市场为导向将大学和科研机构的知识成果转换进行商业化生产，实现了产学研紧密合作的知识生产—转换—应用过程，促进本地创新高效产出。从土地利用功能的角度，创新城区集聚高端科研机构、创新企业、孵化器、大学、办公商业楼、住宅、娱乐设施等，物理空间紧凑，实现包含研发、产业、生活、休闲、商业等多种功能的混合利用，打破了传统城市功能分区的布局，实现创新要素高度共享融合，转向突出交易成本（苏敬勤，1999）。如美国波士顿肯德尔广场创新城区集聚能源、生物科技、医学制造、网络智能等企业，与麻省理工学院相邻，是全球创新活动最活跃的地区之一；同时，肯德尔广场还有多元的生活、娱乐、零售、居住空间，各功能用地集聚一体（Drucker et al.，2015）。

二、产城融合互动的人本性

人本主义思想强调人的价值、情感、追求、心理变化等，突出人与地方之间的关系（Entrikin，1976）。段义孚等提出对生命意义的探索是人本主义地理学的重要内容（陆小璇，2014）。创新城区是以人为本，实现产城融合创新发展，其中"产城融合"是指创新城区的"创新企业、孵化器、研究机构等""城区""居民"的融合发展，与一般产业园区和高新技术园区不同，更加突出创-城-人融合发展的新模式。解永庆等（2019）认为创新、城区、居民是创新城区三个基本要素，"创""城"互动，"创""人"互促，"城""人"互惠的相互关系是实现创新城区可持续发展的根本。创新城区内外各种资源要素在创新企业、孵化器、科研机构等作用下，形成创新成果产出；而这种创新思想的源泉是来自人的观念价值，创新成果反过来促进人们启发新的思想；随着"创""城"互动和"创""人"

互促的发展,创新城区为居民提供更加便利完善的服务和设施增强居民归属感,从而促进创新城区的可持续发展。"创新""城区""居民"三者相互作用,相互影响。创新城区突出"人""城区""创新"三者之间的联系,在硬件设施基础上体现为产城融合社会创新网络的建立,行业协会、创新孵化机构、社区文化组织、创新发展政府机构的设立,以及咖啡馆、餐厅、广场等各创新主体之间的正式与非正式联系。

三、高度包容的人文关怀性

创新城区是以有序发展的模式实现居民平等参与,关注不同社会群体,尤其是在本地居民就业、创新企业、创新城区与周边发展等方面,将包容性和社会创新发展相结合,创造协同效应,发挥创新城区潜力,实现包容性增长(李玲等,2018)。首先,关注新经济对本地居民就业的影响,减少贫困居民,在住房、建筑、医疗、技术、零售等领域产生更多就业机会,为本地居民临近就业提供条件(Drucker et al.,2015)。其次,鼓励创新企业、行业的类型多样化发展,包容不同规模类型的创新创业空间并存发展。在对老建筑的改造和尊重原有产业的基础上,创新城区空间呈现独特的新老结合、大小混合的模式,多样化的空间形态组合以适应不同需求的创新产业有效融入周围城市环境(孙晨光等,2018)。再次,鼓励创业者冒险,并宽容其失败(Kratzer et al.,2017),帮助初创企业与成熟公司的混合发展(Davis,2015)。最后,统筹创新城区与周边地区的发展。创新城区不仅能够刺激城市经济增长,同时也对周边地区产生影响,在一定程度上促进资源流动、加快经济增长。Katz等(2014)认为创新城区可以缩小城市与周边地区的差距,推动整体发展,成为城市整体和周边地区包容性发展的关键驱动力。

四、高度开放的便利性

创新城区空间界限模糊,内外联系强度高、各机构之间合作紧密互相分享创新创意想法,形成"开放创新"(Secundo et al.,2019)。高度开放性成为创新创意滋生的土壤,成为创新城区发展的核心动力。创新企业、科研机构等打破以往传统的封闭模式,越来越依赖于获取外部知识来源,与拥有相关知识的个人、公司和其他组织合作。这种合作降低了知识传播、沟通和协调的成本，从而促使创新企业更容易获取世界各地的分布式知识，加速本地创新产生（Saebi et al.，2015）。开放的创新环境能够促进共同学习、信息和技术共享并弥补创新、市场不确定性带来的风险，刺激创新持续循环产生。

创新城区居民的无植入性、数字化生活工作方式成为常态，生活与工作的边界逐渐模糊，高密度的交往空间里城市的功能更加融合、服务更加多元，为创新人才工作与生活提供高度的便利性。结合创新城区空间紧凑、多种功能混合布局、综合性强度高的特点，创新城区以步行、自行车和公共交通等低碳方式出行为主。商业中心和居住区附近有便利的共享自行车，商业区中心和居住区有慢行通道，同时为老龄人口、残障人士设置专门的自行车设施。创新城区具有交通发达的公交网络系统、完善的共享自行车体系、网络化的人行道等，交通可达性高、通行时间短，同时与其他区域之间具有良好的通达性（Kim，2013）。

五、创新主体以及与创新环境联系的紧密性

创新城区中的创新企业、高校、研发机构、中介机构、孵化器等创新主体，在同一区域内或不同区域间相互作用、相互合作形成正式或非正式的联系。各创新主体之间互动紧密联系，促进组织间和跨部门的信息、资源和信任加速流动，快速扩散创新成果。在开放创新作用下，创新主体越来越依赖彼此相互之间产生的创新来源，强调各种流动的思想、资源和人才，相互之间紧密联系并合作形成创新网络（Zeng et al.，2010）。创新主体之间的合作交流离不开国家政府对创新的支持与规划。目前，部分国家或地区已将创新城区作为一项政策发展战略，为各创新主体创造良好环境条件。在市场经济条件下，地方政府可以出台鼓励创新主体合作的政策以及完善与之配套的服务，以促进创新企业、高校、科研院所等各种创新主体之间的联系，形成创新价值链和创新集群。创新主体和创新环境彼此相互作用的条件下，形成以知识创新源、研发创造和实践生产为主线的创新系统，创新主体以及与创新环境的高度紧密联系促使创新要素有效整合、信息共享的支撑产业，刺激创新城区经济增长。

第三节 创新城区的理论解释

一、人地关系地域系统理论

高素质的人才和具有创新主体、创新要素的城市空间相互作用、相互影响，形成创新高度产出的创新城区空间组织。基于地理学的角度，创新城区中人类创新活动与地理环境相互作用形成的人地关系具有明显的特殊性，这种特殊性主要表现为人和地两大方面。从人的角度，创新城区集聚高素质的人才，多数从事科学研究、技术工作、探索知识以及进行创新、创业等，不同类型的人才思想交汇引发新的创新创意产生。从地的角度，创新城区高端企业、科研机构、大学等创新主体高度集聚，以及各种创新要素快速流动，以达到各种资源最优化配置。人地结合来看，城市空间内创新主体和创新要素的集聚为高素质人才充分发挥才能提供了良好的创新生态环境；各种高素质的多样化人才集聚在城市空间内，加速城市的科技、产业、知识创新产出。创新城区这种特殊的人地关系使创新城区表现出创新高地的异质性特征，成为创新活动产生、转移、集聚、流动的核心活跃区域。

二、产业集聚理论

不同类型企业和特色产业集聚促使创新城区中的创新企业、孵化器、加速器等持续发展，创业公司的成长是创新城区发展的关键因素（Davis，2015）。城市具有完善的硬环境和软环境为创新企业集聚带来额外收益，同时地方政府推行针对性的优惠政策降低了创新企业集聚中心城区的成本，吸引了大量以科技创新为代表的创新企业向城市集聚，形成创新空间景观。创新城区中的某种创新型企业以及与这些企业互动关联的合作企业、专业化供应商、服务供应商、相关产业厂商和相关机构（如大学、科研机构、制定标准的机构）彼此之间建立起强弱联系。产业集聚为初创企业和新兴企业提供了环境基础，孵化器为初创企业提供鼓励支撑，加速器通过打造专业精准和协同高效的动力环境，共同促进创新产业精细化和专业化运作。创新企业之间的横向联系和创新企业内部的纵向联系，增强了创新城区的创新产业集聚，而创新产业集群的多样性与城市资源禀赋和城市文化结合形成特色的创新城区。

三、地理邻近理论

邻近多样化的开放公共空间如展示空间、咖啡厅等，促进同位区域中各种经济和社会领域的人进行正式或非正式的头脑风暴思想碰撞模式，如问题分析、商务谈判、八卦闲聊等激发创新城区的创新创意不断产生和发展。地理空间上的邻近促使创新城区内各组织彼此之间增加面对面交流的机会，建立合作信任的关系，从而降低交易成本并增强隐性知识传播、学习及转换（郭燕燕等，2017）。创新企业与本地的孵化器、科研机构、高校等进行互动，增加共享专业知识和创新经验，增强创新价值链上下游各创新主体间的横向关联（胡杨等，2016）；创新企业为减少交通成本和风险成本，往往会优先选择距离较近且熟知信任的邻近合作伙伴，产生高效的知识、信息、技术传播（王孝斌等，2007）。科研院所和高校是知识的主要产生地，虽然知识流动没有边界，但从实际来看，科研院所和高校多为当地的企业提供知识服务和人才。

四、螺旋-协同理论

各创新主体以螺旋-协同的机制促进创新持续不断产生，尤其是"政用产学研"共同协同作用（宋曼祺等，2018）。"政"是指政府，"用"是指用户，"产"是指企业、孵化器，"学"是指高校，"研"是指科研院所。高校和科研院所是创新型人才培养和知识创新、技术创新产生的集中地，而输出的创新型人才和研究成果作为企业、孵化器发展的动力源泉。创新城区中的企业、孵化器在政府政策和市场经济条件下以用户的需求和应用为中心，运用知识创新和技术创新实现要素商业化生产转换，以达到资源效益最大化的价值创造。创新城区中的企业、孵化器、高校、科研机构、政府以及用户的各自边界界限逐渐淡化，保持功能独立的同时又相互影响并适时调整自身结构，使创新城区呈现出螺旋交互上升的发展状态（张秀萍等，2016）。尽管各主体的价值体系不同，但在整个创新城区的发展中具有共同的社会经济利益目标，各自彼此存在着相互配合与协作以及相互干扰与制约的关系，形成生产、学习、研究、应用及管理的合力以促进创新城区成果持续产生和创新创意发展(白列湖,2007)。

五、创新生态系统理论

创新主体、服务组织机构以及与创新环境之间彼此相互作用、相互影响形成创新城区可持续的创新生态循环。其中,各个创新主体通过与其他主体、组织、机构等相互合作、相互依赖联结成合作交流的网络关系;服务组织机构、创新政策、市场环境、法律规范、融资机制、国际关系等为创新产出提供服务。而创新生态系统具有与自然生态系统相似特征(杜勇宏,2015),表现出共生演化性(梅亮等,2014)、自组织生长性(曾国屏等,2013)。高校、创新企业、科研院所及其他组织机构之间相互合作,彼此之间发生着以人力资本、实物资本为代表的物质循环流,以知识资本、金融资本等为代表的能量传递流,及以政策、市场信息等为代表的信息交换流,组成由各种关系联结而成的相互联系、相互制约、相互依存、相对稳定的创新生态系统。通过不断积累强化创新资源和资产,实现持续性的共创价值(Zahra et al.,2011),促进创新城区演化发展。

第四节 结论与展望

创新城区作为一种新兴城市空间发展模式,需要建立一套体系与标准。本章基于已有的相关文献,概括了创新城区的基本特征,主要包括:产学研紧密结合的综合性、产城融合互动的人本性、高度包容的人文关怀性、高度开放的便利性(amenity)、创新主体以及与创新环境联系的紧密性等特征。从人地关系地域系统理论、产业集聚理论、地理邻近理论、螺旋-协同理论、创新生态系统理论等理论诠释了创新城区的形成与发展机制。

随着创新城区的世界影响范围不断扩大以及社会发展因素的复杂性,创新城区发展面临着严峻的挑战,未来创新城区研究应需在以下几方面加强:

1. 创新城区的空间结构和规模演变研究。一是创新城区仍处于发展阶段,空间规律需继续深入探索。创新城区空间结构包括创新城区密度、创新城区布局和创新城区形态等,创新城区的创新主体、要素流动模式、地域文化环境以及政策制度的差异等使创新城区呈现出不同的结构和功能。而这种结构和功能是否具有异质性？又是什么样的结构和功能？这些问题亟须加强研究，以为创新城区实践应用提供理论参考。二是随着跨国企业对创新城区的影响程度增加，创新城区规模范围不断扩张，但这种扩张范围是否具有一定的规律性？可通过探索创新城区中知识流动的强度和方向，研究创新城区的空间演变方向。

2. 加强创新城区中的创新联系研究。创新城区与一般城区差异较大，具有其特有的性质：创新主体集聚、创新要素快速流动、创新联系呈网络化。这种网络化联系以正式或者非正式的形式存在于微观个体、创新主体及创新要素之间。那么创新城区中的创新联系体现了怎样的联系结构特征？是否较其他地区具有异质性？基于哪些指标测度能更合理？创新城区中创新要素是否达到了最大化利用程度及要素的流动方向是什么？创新城区中的微观个体组成创新组织主体，一个微观个体可能与多个创新主体具有联系，探索微观个体与创新主体之间的联系结构及强度变化，有助于充分发挥"人尽其才，物尽其用"的效果，同时也为制定更合理的创新管理制度提供理论基础。

3. 评估并识别不同类型的创新城区。本章只是在梳理已有的研究文献基础上总结出创新城区的一般特征，未来需要深入比较创新城区的特点和差异，评估并识别不同类型特征的创新城区以及形成这种差异的影响因素，为探索哪些地区有可能发展成为创新城区、哪些是潜在地区提供理论基础。同时，创新城区与国家政策之间存在着一定的关系，根据创新城区具有的特征和产生的影响因素，制定合理的国家创新发展策略，以推动地方和国家创新快速发展。

4. 研究方法和理论的创新。创新城区的发展涉及社会学、地理学、历史学、城乡规划学、建筑学、管理学等多学科因素，结合先进的科学应用技术如区块链、深度学习技术、动态模拟集成技术等，探索创新城区的定量化、模型化研究方法，推动创新城区的理论研究和实践应用。随着信息全球化、经济全球化的发展，创新城区在世界各地不断涌现，加强创新城区理论创新为解决创新城区中存在的问题提供理论基础。中国正在建设创新型国家，目标是"到2035年前后进入创新型国家前列"，这就需要把创新作为经济、社会、生态等领域的核心要素，而创新城区是创新活动的核心，研究中国创新城区的理论是目前迫切的重要任务之一。

第十二章 中国地级及以上城市知识专业化研究

知识经济时代,知识成为城市发展的重要支撑。本章以287个地级及以上城市作为研究对象,以中国知网发布的168个学科领域的期刊论文数量为数据来源,对我国地级及以上城市知识专业化水平、影响因素及其与经济发展的关系进行了研究。

第一节 引言

20世纪80年代,新经济增长理论的提出,标志着知识经济理论的初步形成。建立在知识和信息的生产、分配和使用基础上的知识经济所创造的社会经济价值远远超过传统要素带来的价值。知识经济的发展促使生产要素的重要程度发生了根本性的改变,传统的资金、劳动力、自然资源等生产要素已不再被视为经济发展的核心资源,取而代之的是知识、技术等要素空间配置效率(汪良兵,2014)。"知识分工与劳动分工同等重要",知识分工是经济学的"中心问题"(Hayek,2000)。城市作为经济增长的中心,也是知识中心(Lever,2002),城市的竞争优势不再是自然资源或者廉价劳动力,而是知识资源和知识资产的开发(Johnston,2011)。伴随着知识的不断积累和发展,知识的分工与专业化不断深化,城市的知识资源与城市的发展联系在一起。

在知识经济时代,知识成为城市发展的最重要支撑,城市有什么样的知识,就有什么样的城市,城市知识的储蓄、知识的内容、知识的分工决定城市发展的走向与潜力。知识专业化(国外学者又叫科学专业化),是指知识在某一学科领域的集中生产的过程。当一个地区人口、高校及大型科研机构较少时,知识生产较为单一,更容易出现较高的知识专业化;反之,当一个地区拥有的人口、高校及大型科研机构数量较多时,研究领域多,知识生产较为广泛,不易出现高的知识专业化(Abramo,2014)。

国外学者对知识专业化的研究集中于以下几个方面:一是对知识专业化理论进行研究。比如哈耶克(Hayek)等人的知识分工理论(Hayek,2000;Papke,2001;Hayek,1997),哈耶克认为知识具有分散性,社会中的人没有任何一个是全知的,每个人所拥有的知识仅是全部知识的微小部分,即使是某个领域的专家所拥有的知识也只是集中在某一领域的一部分,因此人类知识分散存在于不同的个体中,且这种知识是有限的、个人的。人们的行为发生是以自身拥有的知识为基础,这种知识包括科学的理论知识和个人拥有的有关特定时空的相关知识。由于知识具有分散性、有限性、无知性和个体性等特点,因此个体所掌握的特定知识会使个人在发生行为时比其他人具有优势,反映到经济活动中的表现即人们在不同的行业领域具有不同的"天赋",形成专业化分工。二是知识专业化的空间分布及其影响因素。Schwarz(1999)采用1994—1996年SCI论文研究欧洲大都市区域科学强度,将欧洲大都市区域城市的科学研究能力划分等级,对不同城市的知识专业化领域进行研究,结果发现,城市规模与知识专业化存在很明显的关系:规模较大的城市的科学研究总量大,但知识专业化水平较低,多样化特征明显;而中小规模的城市知识专业化水平更高。Pianta(1991)等认为知识专业化与科研团体的规模有很大关系,并以高校、政府及非营利机构的科研人员数量为科技活动规模指标,通过发达国家论文数量及引用率对其知识专业化水平的实证分析,结果表明知识专业化排名与论文数量和引用率排名不一致。且国家规模的大小对各领域科技活动规模产生影响,并影响着知识专业化水平,表现为:部分国家如日本和意大利,其知识专业化程度随科技活动规模的增大而增大;而美国、英国、荷兰等国家知识专业化水平并未表现出随科技活动规模的增大而增大。三是着眼于知识专业化对企业发展的作用。包括知识专业化对知识增长的作用、对企业绩效的作用等,如Brusoni(2001)注意到专业化知识生产对企业组织和边界的影响,认为多技术公司实际上需要更多的知识来应对技术发展的不平衡,知识专业化能够促进系统融合,从而使公司从融合和专业化中获益。Carnabuci(2009)针对某些领域知识增长快速而某些领域知识增长却停滞不前进行了研究,认为知识增长是通过知识专业化和知识经纪来实现的。在技术领域,知识专业化能够促进知识增长,但随着知识专业程度的提高,知识经济对知识增长的作用逐渐显现。Jones(2013)注意到知识专业化在跨职能团队中的作用,认为知识专业化可以对任务绩效产生积极的影响,但是存在一些消极的心理后果,比如导致拥有专业化知识的人跟拥有共同专长的人相比会产生被排斥感。

国内关于知识专业化的研究起步晚、数量少。主要集中于：一是对国外的知识专业化理论进行介绍,如张明勇(2006)、徐示奥(2013)等学者侧重于对西方知识专业化理论进行传播,尤其是以哈耶克为代表人物的知识分工理论,对知识专业化研究提供了可靠的理论依据。二是在实证研究中更加注重研究科技活动的空间分布及其对经济增长的作用。易勇(2012)以 ESI 数据库,从引文分析角度对 22 个专业领域的论文数量、被引次数及篇均被引次数进行检索,采用相对产出指标和相对引文影响指标分别对我国及世界主要国家不同学科领域的期刊论文产出进行比较,结果表明：我国各学科期刊论文产出不均衡,且论文质量普遍低于世界平均水平。张雄林(2006)在研究知识集聚问题时注意到知识的专业化,认为知识效率的提高会促进知识专业化的精细化程度,知识的集聚可以提高知识交易的效率,强化知识分工与专业化,并进一步推动知识的分工与专业化的深化与发展,为区域带来巨大的经济效应。王文春(2008)认为期刊论文是知识创新的主要形式,他对选定城市的期刊论文等级、类型、空间分布及体系进行了研究。虽然未明确提出知识专业化,但通过对期刊论文的分析,在一定程度上反映了我国城市的知识专业化情况。此外,也有部分学者就城市的知识专业化相关内容进行了研究(王文春,2008)。

在知识专业化的测度方面,学者较多使用出版物、专利和 R&D 支出来测量知识专业化,如 Tuzi(2005)运用计量方法对于知识专业化进行了测度,主要使用了两种指标,其一是出版物,其二是论文的平均引用率。Abramo(2014)等用出版物的数量及其引用率对意大利知识的空间分布进行了研究。上述测度方面,有一定的科学性,但也存在一些问题,比如采用论文的引用率来测度知识专业化,引用率虽有一定客观性,但与作者的知名度、所在单位的知名度有一定关系,只能反映知识专业化的一个方面。我们认为,采用论文发表是测度知识专业化的可行的指标,因为从总体上反映了城市知识量和知识的结构分布。

通过上述分析可见,国内外学者的成果为城市知识专业化研究奠定了一定的理论与实证基础,但还没有学者系统地研究中国城市知识专业化问题,诸如中国城市知识专业化水平如何?如何分布?城市知识专业化的影响因素有哪些?知识专业化和经济发展存在什么样的关系?本研究在参考前人研究的基础上,利用中国知网期刊论文数量为基础数据,建立数据库,对中国287个地级及以上城市知识专业化进行分析,试图对上述问题给出答案。

第二节 研究对象、数据来源与研究方法

一、研究对象与数据来源

本研究以287个地级及以上城市为研究对象,之所以选取地级及以上城市,是因为这些城市是地区的社会经济、文化的主要载体,也是地区知识的主要载体。文中使用的数据是期刊论文数据,以中国知网为检索平台,按照中国知网对所有期刊论文的分类,分别对我国287个地级及以上城市期刊论文的10个专辑,168个主题依次进行检索,共收集48 216条数据(截至2015年12月31日),作为本研究的基础数据。

二、研究方法

知识专业化可用地区相对知识专业化指数,以及行业知识专业化指数进行测度:

1. 地区相对知识专业化指数

$$SS_i = \sum_j | S_{ij} - S_j | \qquad (12\text{-}1)$$

式中,S_{ij}是行业j在城市i中所占的论文数量比重,S_j是行业j在全国所占

论文数量比重。SS_i值的范围为$[0,2]$，当SS_i值越小时，城市知识专业化水平越低，多样化特征越显著；当SS_i值越大时，城市知识专业化水平越高。

2. 行业知识专业化指数

$$L_{ij} = \frac{S_{ij}/S_i}{S_j/S} \tag{12-2}$$

式中，L_{ij}表示i城市j行业的行业知识专业化指数；S_{ij}表示i城市j行业的论文数量，S_i表示i城市论文总数；S_j表示全国j行业的论文数，S表示全国论文总数。当$L_{ij}>1$时，说明在该城市的该行业为知识专业化部门，且值越大其知识专业化程度越高。

第三节 期刊论文总体的空间分布

各城市的期刊论文数据是城市所有学科领域论文数量的总和。截至2015年12月31日，我国地级及以上城市期刊论文总数共29 900 888篇，但地区分布不均衡，与经济发展水平一致，经济发展水平越高，其高校、科研机构及研发机构数量越多，期刊论文发表量越大，反之，经济发展水平低，高校、科研机构等数量少，期刊论文发表也较少。

一、期刊论文的空间分布

从区域分布上来看，华东地区期刊论文共9 970 204篇，占全部论文的33.34%；中南地区共6 580 926篇，占全部论文的22.01%；华北地区共5 711 064篇，占全部论文的19.10%；东北地区共3 154 079篇，占全部论文的10.55%；西南地区共2 408 656篇，占全部论文的8.06%；西北地区共2 075 959篇，占全部论文的6.94%，总体呈现：华东地区＞中南地区＞华北地区＞东北地区＞西南地区＞西北地区，省会城市与直辖市是期刊论文的主要分布地，论文总数17 439 674篇，占全部论文的58.32%。

由于知识的集聚效应，作为知识产出的重要形式——期刊论文在空间分布上也呈现集聚性的特点。对我国地级及以上城市期刊论文数量进行核密度分析发现：我国期刊论文空间分布基本呈现三大成熟核心圈，即京津冀核心圈、长三角核心圈和珠三角核心圈，其中京津冀核心圈以北京市和天津市为中心，长三角核心圈以上海市和南京市为中心，珠三角核心圈以广州市为中心，是我国论文发表最多的区域。成渝地区、湖北、河南、陕西等地区形成了生长型核心圈，地区期刊论文总体数量较多，具有强有力的核心城市对周围区域有带动作用，如武汉、郑州、西安。

二、期刊论文的学科领域分布

从期刊论文的学科领域分布来看，论文数量：医药卫生科技＞经济与管理科学＞工程科技Ⅰ辑＞社会科学Ⅱ辑＞工程科技Ⅱ辑＞信息科技＞哲学与人文科学＞基础科学＞农业科技＞社会科学Ⅰ辑。且学科领域间数量差异显著，其中：中等教育（995 878篇）、临床医学（931 391篇）、建筑科学与工程（789 756篇）、计算机软件及计算机应用（752 562篇）、外科学（697 698篇）是所有学科中论文数量前五的学科。经济统计（4 931篇）、逻辑学（5 220篇）、非线性科学与系统科学（6 861篇）、民族学（7 489篇）、社会科学理论与方法（7 748篇）是所有学科中论文数量倒数前五的学科（表12-1）。

第四节 我国地级及以上城市知识专业化水平

一、城市知识专业化总体水平

地区相对知识专业化指数能够反映一个地区知识专业化总体水平。相对知识专业化指数值越小，城市知识专业化水平越低；相对知识专业化指数值越大，城市知识专业化水平越高。根据公式（12-1）可以得出我国地级及以上城市的相对专业化指数（表12-2），结果表明：

表 12-1 地级及以上城市期刊论文学科领域分布情况

排名	学科	数量（篇）	排名	学科	数量（篇）	排名	学科	数量（篇）
1	中等教育	995 878	14	环境科学与资源利用	467 807	27	畜牧与动物医学	344 010
2	临床医学	931 391	15	有机化学	463 471	28	中药学	333 783
3	建筑科学与工程	789 756	16	自动化技术	461 920	29	教育理论与教育管理	331 024
4	计算机软件及计算机应用	752 562	17	外国语言文字	408 974	30	体育	314 490
5	外科学	697 698	18	轻工业手工业	406 978	31	农业经济	313 911
6	肿瘤学	659 951	19	生物学	391 095	32	地质学	294 456
7	中医学	604 269	20	工业经济	377 903	33	中国文学	293 850
8	高等教育	590 307	21	心血管系统疾病	374 350	34	预防医学与卫生学	288 903
9	电力工业	585 167	22	公路与水路运输	365 822	35	无机化学	288 667
10	企业经济	582 746	23	电信技术	363 653	36	内分泌腺及全身性疾病	280 171
11	宏观经济管理与可持续发展	502 963	24	数学	359 384	37	矿业工程	275 411
12	初等教育	479 004	25	金融	351 521	38	妇产科学	274 381
13	金属学及金属工艺	472 077	26	化学	349 103	…	…	…

续表

排名	学科	数量（篇）	排名	学科	数量（篇）	排名	学科	数量（篇）
130	中国近现代史	49 116	144	军事医学与卫生	29 927	158	新能源	11 927
131	中国古代史	48 442	145	政治学	28 717	159	领导学与决策学	10 924
132	文艺理论	48 045	146	伦理学	26 823	160	地理	10 132
133	考古	47 595	147	国际法	25 624	161	美学	9 734
134	人物传记	45 673	148	宗教	24 874	162	中国通史	9 482
135	刑法	44 525	149	管理学	24 142	163	史学理论	9 431
136	科学研究管理	44 252	150	文化经济	21 477	164	社会科学理论与方法	7 748
137	资源科学	43 711	151	人口学与计划生育	18 986	165	民族学	7 489
138	保险	43 457	152	世界历史	18 607	166	非线性科学与系统科学	6 861
139	军事	42 363	153	中国民族与地方史志	17 236	167	逻辑学	5 220
140	海洋学	37 593	154	一般服务业	15 666	168	经济统计	4 931
141	蚕蜂与野生动物保护	32 056	155	自然科学理论与方法	15 283			
142	服务业经济	31 545	156	天文学	14 497			
143	核科学技术	30 456	157	宪法	12 455			

资料来源：作者根据相关数据整理得来（由于篇幅有限，未列出全部数据）。

1. 地区相对知识专业化指数取值在[0，2]之间，我国地级及以上城市地区相对知识专业化指数总体偏低，相对知识专业化指数最高值为定西市的 0.973，最低值为石家庄市的 0.192，表明我国地级及以上城市的知识专业化水平总体偏低，多样化特征较为明显。

表 12-2　中国地级及以上城市地区相对知识专业化指数值（不包括港澳台地区）

排名	城市	值	排名	城市	值	排名	城市	值	排名	城市	值
1	定西市	0.973	18	石嘴山市	0.762	35	贺州市	0.708	272	保定市	0.322
2	广安市	0.954	19	普洱市	0.757	36	七台河市	0.706	273	南宁市	0.321
3	雅安市	0.877	20	嘉峪关市	0.756	37	遂宁市	0.703	274	青岛市	0.317
4	中卫市	0.871	21	广元市	0.751	38	绥化市	0.700	275	衡阳市	0.307
5	陇南市	0.863	22	吴忠市	0.749	…	…	…	276	天津市	0.290
6	武威市	0.854	23	平凉市	0.744	260	镇江市	0.347	277	上海市	0.286
7	景德镇市	0.845	24	酒泉市	0.736	261	珠海市	0.344	278	济南市	0.286
8	泸州市	0.842	25	克拉玛依市	0.735	262	德州市	0.344	279	北京市	0.272
9	固原市	0.835	26	防城港市	0.734	263	锦州市	0.339	280	烟台市	0.258
10	来宾市	0.820	27	拉萨市	0.732	264	韶关市	0.337	281	福州市	0.244
11	巴中市	0.815	28	巴彦淖尔市	0.732	265	沈阳市	0.337	282	南京市	0.243
12	张掖市	0.807	29	遵义市	0.728	266	武汉市	0.336	283	郑州市	0.242
13	贵港市	0.791	30	双鸭山市	0.728	267	桂林市	0.335	284	南昌市	0.226
14	崇左市	0.776	31	朝阳市	0.727	268	成都市	0.334	285	杭州市	0.222
15	资阳市	0.773	32	白银市	0.726	269	广州市	0.333	286	重庆市	0.222
16	宿迁市	0.770	33	丽江市	0.722	270	长沙市	0.324	287	石家庄市	0.192
17	松原市	0.767	34	金昌市	0.715	271	九江市	0.322			

资料来源：作者根据相关数据计算得来（由于篇幅有限，所列内容仅为部分内容）。

2. 从地级及以上城市相对知识专业化指数值的空间分布来看，总体上地区相对知识专业化指数：西部地区＞中部地区＞东部地区，其中相对知识专业化指数值较高的城市主要为西部地区的城市，如定西市、广安市、雅安市、中卫市等，这些城市的人口、高校及大型科研单位较少，知识结构较为单一，容易出现较高知识专业化；地区相对知识专业化指数值较低的城市多为东部地区的城市,如石家庄市、杭州市、南京市、福州市、北京市、上海市等,这些城市知识生产主体较多,知识体系复杂,涉及领域广泛,多样化特征更为明显。

3. 地区相对知识专业化指数值变化的规律:直辖市＜副省级城市＜省会城市＜普通地级市,但也有个别城市例外的情形。

二、不同学科领域城市知识专业化水平

行业知识专业化指数能够反映一地不同学科领域的知识专业化程度,行业知识专业化指数大于1,说明该学科领域为知识专业化部门,数值越大其知识专业化程度越高。由式(12-2)可以得出我国地级及以上城市各学科领域的知识专业化情况(表12-3)。结果表明:

1. 各地级及以上城市168个学科类别中,城市行业知识专业化指数值大于1(即为专业化)的学科领域最少的有25个,如大庆市、常州市、景德镇市;专业化学科领域最多的为北京市,共95个;我国城市知识专业化学科领域平均为57.32个,大于平均值的城市有146个,说明我国大多数地级及以上城市知识专业化领域较多,知识多样化特征明显。

2. 城市的知识专业化领域数量关系表现为:直辖市＞副省级城市＞省会城市＞普通地级市。

3. 具有资源优势的城市,其知识专业化领域高度集中在以资源为基础的领域,如大庆的石油天然气工业、景德镇的美术书法雕塑与摄影、克拉玛依的石油天然气工业、舟山的水产和渔业、马鞍山的冶金工业等。

4. 中小城市的知识专业化领域相对较少,但专业化程度较高;大中城市知识专业化领域多,多样化特征明显,各领域的知识专业化程度相对较低。如大庆,其知识专业化领域25个,排名倒数第一,但在石油天然气工业领域中,其知识专业化程度极高,指数达到27.73;而北京知识专业化领域达到95个,但其专业化指数值最高的天文学的值仅为2.95。

表12-3　各城市知识专业化学科领域数量及排名前三的知识专业化领域情况

排序	城市	专业化学科领域数量	第一领域	第一领域行业知识专业化水平	第二领域	第二领域行业知识专业化水平	第三领域	第三领域行业知识专业化水平
1	大庆市	25	石油天然气工业	27.73	地球物理学	5.41	地质学	5.37
2	常州市	25	学前教育	8.39	职业教育	5.66	初等教育	5.33
3	景德镇市	25	美术书法雕塑与摄影	34.46	旅游	22.28	考古	13.33
4	雅安市	27	畜牧与动物医学	13.49	蚕蜂与野生动物保护	10.45	农作物	9.59
5	定西市	29	学前教育	6.94	中等教育	6.36	农作物	6.20
6	广安市	31	自然科学理论与方法	19.23	中医学	15.45	中西医结合	9.13
7	宿迁市	32	初等教育	6.84	中等教育	6.19	外国语言文字	4.15
8	河源市	32	职业教育	5.90	中等教育	4.09	妇产科学	2.81
9	抚顺市	33	燃料化学	23.95	石油天然气工业	9.72	矿业工程	5.49
10	淮南市	33	矿业工程	18.20	安全科学与灾害防治	9.80	燃料化学	4.13
11	东营市	35	石油天然气工业	21.12	地球物理学	7.01	地质学	6.23
12	佛山市	35	口腔科学	2.86	临床医学	2.82	急救医学	2.62
13	七台河市	36	矿业工程	19.49	安全科学与灾害防治	7.49	燃料化学	3.58
14	武威市	36	农作物	6.47	畜牧与动物医学	5.76	中等教育	5.26
15	克拉玛依市	36	石油天然气工业	30.38	燃料化学	13.11	社会科学理论与方法	4.97
16	连云港市	37	初等教育	5.71	中等教育	3.53	水产和渔业	3.09
...	...	...	...	...	...	...	...	...

续表

排序	城市	专业化学科领域数量	第一领域	第一领域行业知识专业化水平	第二领域	第二领域行业知识专业化水平	第三领域	第三领域行业知识专业化水平
277	长沙市	78	伦理学	3.71	公路与水路运输	2.93	冶金工业	2.71
278	怀化市	78	民族学	8.16	音乐舞蹈	4.31	管理学	2.82
279	济南市	79	军事医学与卫生	5.36	军事	2.87	美学	2.80
280	宜宾市	79	科学研究与管理	4.28	一般服务业	4.22	中国共产党	2.44
281	郑州市	80	刑法	2.85	宪法	2.37	考古	2.29
282	湘潭市	82	宪法	8.86	刑法	7.50	诉讼法与司法制度	7.33
283	上海市	87	船舶工业	3.11	天文学	2.48	核科学技术	2.24
284	武汉市	89	国际法	3.83	船舶工业	3.58	自然地理学与测绘学	3.50
285	南京市	92	武器工业与军事技术	3.70	军事	3.26	气象学	3.22
286	南昌市	93	刑法	2.24	伦理学	1.83	民商法	1.70
287	北京市	95	天文学	2.95	航空航天科学与工程	2.84	核科学技术	2.75

资料来源：作者根据相关数据算出（由于篇幅有限，并未列出全部内容）。

三、不同等级城市知识专业化水平

城市规模与知识专业化有密切的关系(Schwarz,1999),基于城市等级视角揭示城市的知识专业化水平具有重要意义。目前对于城市等级分类主要包括单一指标分类和综合分类。单一指标分类如按城市人口规模、按行政级别进行城市等级分类。综合分类将城市发展多种因素纳入考虑,能够更加全面地反映城市的综合实力与竞争力,如依据城市政治地位、经济实力、城市规模、区域辐射力,将地级及以上城市分一线城市、二线城市、三线城市、四线城市、五线城市、六线城市;依据城市的社会消费品零售总额、GDP、市区人口、职工工资可将城市划分为A类城市(特大型)、B类城市(大型)、C类城市(中型)、D类城市(小型)、E类城市(其他);《第一财经周刊》的"新一线城市研究所"依据城市的收入水平、物价和消费水平、公共服务水平、大公司进入的密度和程度、本地创业活力、本地公司发展水平,从商业资源集聚度、城市枢纽性、城市人活跃度、生活方式多样性和未来可塑性5个维度对城市等级进行了划分,划分为一线城市、新一线城市、二线城市、三线城市、四线城市、五线城市。

本研究旨在分析不同等级城市的知识专业化水平,而知识专业化受多重因素共同作用。因此,本研究选用相对综合的《第一财经周刊》的分类作为城市等级划分标准,并将一线城市与新一线城市进行合并,将我国地级及以上城市划分为5类:一线城市、二线城市、三线城市、四线城市、五线城市,分别对每类城市的地区相对知识专业化指数进行计算。结果表明:

1. 知识专业化水平与城市等级呈现负相关关系。知识专业化水平越高的城市其城市等级越低,知识专业化水平表现为:五线城市＞四线城市＞三线城市＞二线城市＞一线城市。

2. 我国各等级城市相对专业化指数值总体水平偏低,多样化特征较为显著,一线城市知识多样化特征十分显著。

3. 不同等级城市知识专业化水平差异显著。最大值为五线城市0.961,最小值为一线城市0.494,差异性较为显著。5个等级城市相对知识专业化平均值为0.8,二、三、四、五线城市均超过平均值,一线城市相对知识专业化指数值远远低于平均值(图 12-1)。

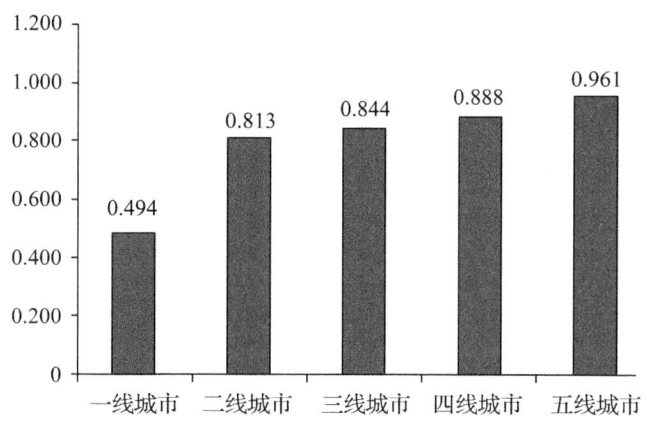

图 12-1　各等级城市地区相对知识专业化指数值

第五节　知识专业化的影响因素分析

根据地级及以上城市知识专业化特点及前人的研究成果(拜琦瑞等，2009；2010)，在坚持科学性和可操作性原则的基础上设计了知识专业化影响因素指标体系，包含 5 个方面 18 个指标(表 12-4)。

其一是经济发展水平。经济发展水平是知识生产与创新的重要基础，为知识生产提供物质基础，良好的经济基础利于吸引人才、机构、创新要素的聚集，从而增加知识总体生产量，拓宽知识领域，促进各领域的知识增长及多领域的专业化。经济发展水平方面包含 GDP(X_1)和人均 GDP(X_2)两个指标。

其二是产业结构。知识与产业是相辅相成的关系，知识能够促进产业的发展，同时产业的深入发展能够带动知识的创新与积累。不同城市产业结构比例不同，产业发展对知识生产具有重要的引导作用，比如偏向第二产业的城市，为满足产业发展需求，第二产业相关的学科领域研究数量也会随之增长。因此，产业结构是影响知识专业化的重要因素。产业结构主要包括第一产业占 GDP 比重(X_3)、第二产业占 GDP 比重(X_4)和第三产业占 GDP 比重(X_5)。

其三是人力资源基础。知识生产的主体是人，知识专业化需要有大量的知识积累，高素质的人才是知识生产的必备条件，因此，城市人力资源的占有量以及高素质人才的数量影响着城市知识生产的数量及质量，进而影响知识的专业化程度。人力资源基础主要包括R&D人员全时当量（X_6）、普通高校数量（X_7）、高校专任教师数量（X_8）、每万人在校大学生数量（X_9）、年末总人口（X_{10}）、互联网宽带接入用户数（X_{11}）。

其四是财政投入。知识产出的主力军是高校、研究机构及研发中心，投入是重要的方面，尤其是政府的投入，政府对于科技、教育和研发的财政投入是保证知识正常产出的保障，同时也为知识专业化奠定良好的基础。财政投入主要包括R&D经费（X_{12}）、科学技术支出（X_{13}）、教育支出（X_{14}）、R&D经费投入强度（X_{15}）。

其五是基础设施及条件。知识生产需要集合大量的基础设施及条件，基础设施及条件主要包括行政区域土地面积（X_{16}）、公共图书馆图书总藏量（X_{17}）、百人公共图书馆藏书（X_{18}）。

考虑数据的可取得性，城市样本为262个地级及以上城市，主要数据来源于《第二次R&D资源清查主要数据公报》《中国城市统计年鉴》和各省市统计局、科技局网站。

表12-4 知识专业化影响因素指标体系

影响因素	代号	指标	单位
经济发展水平	X_1	GDP	万元
	X_2	人均GDP	元
产业结构	X_3	第一产业占GDP比重	%
	X_4	第二产业占GDP比重	%
	X_5	第三产业占GDP比重	%
人力资源基础	X_6	R&D人员全时当量	万人
	X_7	普通高校数量	所
	X_8	高校专任教师数量	人
	X_9	每万人在校大学生数	人
	X_{10}	年末总人口	万人
	X_{11}	互联网宽带接入用户数	万户

续表

影响因素	代号	指标	单位
财政投入	X_{12}	R&D经费	亿元
	X_{13}	科学技术支出	万元
	X_{14}	教育支出	万元
	X_{15}	R&D经费投入强度	%
基础设施及条件	X_{16}	行政区域土地面积	平方公里
	X_{17}	公共图书馆图书总藏量	册
	X_{18}	每百人公共图书馆藏书	册

一、数据标准化处理

由于各指标计量单位具有差异，为了使各指标具有可比性，需要对城市样本中各变量数据进行标准化处理，以消除量纲对评价结果的影响，标准化后的变量方差为1，均值为0。标准化公式如下：

$$X_i = \frac{x_i - \bar{x}}{\partial} (i=1, 2, \cdots, n) \quad (12-3)$$

式中，X_i为标准化后的值，x_i为各指标初始值，$\bar{x}$为平均数，∂为标准差。

二、相关性检验

采用SPSS19.0对城市知识专业化指标体系各变量进行相关性检验。KMO值为0.807，适合做因子分析；Bartlett球体检验伴随概率为0.000，小于0.01，达到显著性水平，适合做因子分析。

三、主成分分析

用标准化之后的18个指标数据进行主成分分析，得到各变量特征值、贡献率和累计贡献率如下（表12-5）。

表 12-5 主成分特征值及方差贡献率

成分	初始特征值			提取平方和载入			旋转平方和载入		
	合计	贡献率/%	累计比例/%	合计	贡献率/%	累计比例/%	合计	贡献率/%	累计比例/%
1	9.676	53.758	53.758	9.676	53.758	53.758	6.795	37.749	37.749
2	2.256	12.532	66.290	2.256	12.532	66.290	3.551	19.730	57.479
3	1.563	8.682	74.973	1.563	8.682	74.973	2.408	13.380	70.858
4	1.212	6.731	81.704	1.212	6.731	81.704	1.952	10.846	81.704
5	0.974	5.410	87.114						
6	0.583	3.241	90.355						
7	0.471	2.618	92.974						
8	0.386	2.144	95.118						
9	0.328	1.822	96.940						
10	0.232	1.286	98.227						
11	0.111	0.619	98.846						
12	0.076	0.421	99.267						
13	0.052	0.291	99.558						
14	0.030	0.169	99.727						
15	0.022	0.124	99.851						
16	0.018	0.101	99.952						
17	0.009	0.048	100.000						
18	1.026×10^{-7}	5.702×10^{-7}	100.000						

结果表明：18 个变量中前 4 个变量主成分特征值均大于 1，后面的 14 个变量主成分特征值均小于 1，前 4 个变量累计方差占原变量总方差的 81.704%。进一步提取正交旋转后的主成分有 4 个，其累计方差贡献率为 81.704%，所以，提取前 4 个主成分即可代表全部 18 个变量的变化情况。

主成分载荷矩阵结果对部分因子不能进行较好的解释，为了使其结果更为显著，对主成分载荷矩阵进行方差极大化成分正交旋转，旋转后的主成分载荷矩阵见表 12-6。

表 12-6 旋转后的主成分载荷矩阵

影响因素	主成分			
	1	2	3	4
GDP	0.805	0.343	0.186	0.369
人均 GDP	0.436	0.306	0.639	−0.220
第一产业占 GDP 的比重	−0.251	−0.281	−0.809	−0.014
第二产业占 GDP 的比重	−0.180	−0.446	0.850	0.064
第三产业占 GDP 的比重	0.428	0.751	−0.216	−0.058
R&D 人员全时当量	0.908	0.316	0.100	0.160
普通高校数量	0.429	0.722	0.140	0.437
高校专任教师数量	0.420	0.716	0.135	0.446
每万人在校大学生数	0.112	0.888	0.288	0.068
年末总人口	0.284	0.118	−0.118	0.860
互联网宽带接入用户数	0.641	0.343	0.139	0.456
R&D 经费	0.902	0.283	0.077	0.166
科学技术支出	0.924	0.157	0.022	0.182
教育支出	0.848	0.179	.006	0.461
R&D 经费投入强度	0.423	0.477	0.434	0.048
行政区域土地面积	0.008	−0.048	−0.362	0.008
公共图书馆图书总藏量	0.911	0.201	0.001	0.168
每百人公共图书馆藏书	0.771	0.200	0.228	−0.299

旋转后的主成分解释如下：

1. 第一个主成分中载荷较大的指标有：科学技术支出（X_{13}）、公共图书馆图书总藏量（X_{17}）、R&D 人员全时当量（X_6）、R&D 经费（X_{12}）、教育支出（X_{14}）、GDP（X_1）、每百人公共图书馆藏书（X_{18}）、互联网宽带接入用户数（X_{11}），其作用在第一个主成分上的载荷分别为 0.924、0.911、0.908、0.902、0.848、0.805、0.771、0.641，反映城市的经济规模、科技规模和教育发展水平,可定义为科教经济因素(R_1)。其特征值为6.795,解释原变量总方差的37.749%。从得分情况来看,上海、北京、深圳、天津、苏州、杭州、广州等城市经济规模总量大、科技投入规模大、教育发展水平高。

2. 第二个主成分中载荷较大的有:每万人在校大学生数(X_9)、第三产业占GDP的比重(X_5)、普通高校数量(X_7)、高校专任教师数量(X_8)、R&D经费投入强度(X_{15}),其作用在第二个主成分上的载荷分别为0.888、0.751、0.722、0.716、0.477,反映城市的高等教育、人力资源水平和财政投入状况,可定义为人才潜力和服务业因素(R_2)。其特征值为3.551,解释原变量总方差的19.730%。从得分情况来看,广州、西安、南京、济南、武汉、太原等城市得分较高,财政研究经费投入比重大,城市教育水平较高、人力资源潜力大。

3. 第三个主成分中载荷较大的指标有:第二产业占GDP的比重(X_4)、人均GDP(X_2),它们作用在第三个主成分上的载荷分别为:0.850、0.639,反映城市第二产业发展状况和人均经济发展水平状况,可定义为工业基础因素(R_3)。其特征值为2.408,解释原变量总方差的13.380%。从得分情况来看,克拉玛依、大庆、铜陵、嘉峪关、东陵、攀枝花等城市得分较高,工业基础雄厚,发展水平较高。

4. 第四个主成分中载荷较大的有:年末总人口(X_{10})、教育支出(X_{14})、互联网宽带接入用户数(X_{11}),其作用在第四个主成分上的载荷分别为:0.860、0.461、0.456,其中行政区域土地面积、第一产业占GDP的比重与第四个主成分载荷量较小,说明行政区域土地面积、第一产业占GDP的比重对城市知识专业化影响较小,第四个主成分主要反映城市的人口规模,可定义为人口规模因素(R_4)。其特征值为1.952,解释原变量总方差的10.846%。从得分情况来看,重庆、天津、郑州、保定、成都得分较高,人口规模较大。

由此可知,影响知识专业化的主要因素主要包括科教经济因素、人才潜力和服务业因素、工业基础因素和人口规模因素。

第六节　城市知识专业化与经济发展的关系

知识作为重要的生产要素,作为"第三资源"推动着经济的发展,是重要的内生动力(陈晓红等,2006)。由于影响经济发展的因素不仅包括知识专业化,同时还包括其他因素,比如投资、劳动、生产率、消费等。本研究着重于讨论城市知识专业化对经济发展的作用,因此,假设各城市其他影响因素都相同。参考《第一财经周刊》对城市等级的分类标准,本研究将一线城市与新一线城市合并,从五大类城市中各选取样本城市 10 个,共 50 个城市作为研究对象(表12-7),50 个城市的论文数据来源于中国知网,GDP 数据来源于《中国城市统计年鉴》及各城市的统计年鉴。

表12-7　知识专业化研究对象

城市级别	城市名称
一线城市、新一线城市	北京、上海、武汉、西安、成都、广州、重庆、南京、天津、杭州
二线城市	郑州、佛山、昆明、石家庄、乌鲁木齐、哈尔滨、南昌、长春、太原、合肥
三线城市	秦皇岛、绵阳、遵义、株洲、大庆、兰州、保定、唐山、连云港、郴州
四线城市	丽水、韶关、南阳、定西、牡丹江、营口、九江、锦州、曲靖、七台河
五线城市	遂宁、阳泉、景德镇、伊春、张掖、鹤岗、攀枝花、三门峡、克拉玛依、忻州

一、城市知识专业化总体水平与经济发展的关系

通过公式(12-1)的测算能够获得 50 个城市的地区相对知识专业化指数值,为了反映城市知识专业化总体水平与经济发展的关系,将 50 个城市 2005—2013 年的平均地区相对专业化指数值与平均 GDP 进行拟合,以平均地区生产总值(GDP)为横轴,平均地区相对专业化指数为纵轴,结果表明:平均地区生

产总值（GDP）与平均地区相对知识专业化指数呈倒 U 形关系（图 12-2），拟合度为 77.06%，即：城市知识专业化总体水平随着经济发展的水平的提高先不断升高，升高到一定阶段之后开始逐步下降。说明城市的知识专业化最初在部分领域表现十分突出，知识专业化水平不断升高，但随着经济发展水平的提高，城市发展向更加综合的趋势发展，对知识需求更加广泛，领域更多，需要更加多样化的知识体系，多样化的知识环境更能促进城市的经济发展。

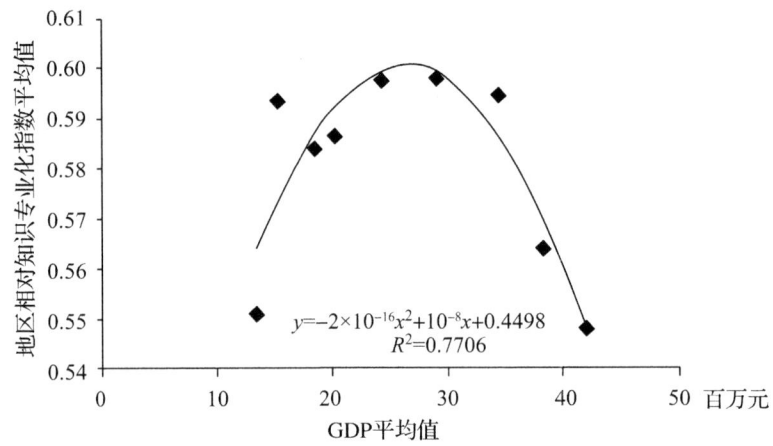

图 12-2　城市总体知识专业化水平与经济发展的关系（2005—2013 年）

二、各城市知识专业化随经济发展的演化趋势

为探究各样本城市知识专业化与经济发展的关系，以地区生产总值（GDP）为横轴，地区相对专业化指数为纵轴，绘制出 50 个城市的散点图及趋势线。结果表明：50 个城市地区总体知识专业化随经济发展的演化趋势大致呈现为 U 形、倒 U 形、M 形和 W 形四种大类型。这种形态有的与总体形态基本一致，有的不完全一致，可能与城市处于不同的经济发展阶段以及区域性因素有很大关系（表 12-8）。

U 形发展趋势包括 U 形上升趋势和 U 形下降趋势。呈 U 形上升趋势的主要有南阳、唐山、克拉玛依，其知识专业化程度随经济发展水平的提高不断上升；呈 U 形下降趋势的主要有石家庄和阳泉，其知识专业化程度随经济发展水平的提高呈现下降趋势。

倒 U 形发展趋势包括倒 U 形上升趋势和倒 U 形下降趋势。呈倒 U 形发展趋势的城市有 26 个,其中呈倒 U 形上升趋势的主要有定西、株洲、太原,其知识专业化实力随着经济水平的提高不断提高;呈倒 U 形下降趋势的城市有郑州、哈尔滨、昆明、上海、西安、乌鲁木齐、重庆、南京、杭州、天津、北京、成都等 23 个城市,是知识专业化随经济发展演变趋势最主要的类型,说明这些城市的知识专业化在全国的地位早期处于上升水平,但随着经济水平的提高,其知识专业化在全国地位出现下降。

M 形发展趋势包括 M 形、M 形上升和 M 形下降。景德镇、锦州为标准的 M 形,说明其知识专业化部门处于调整状态中;呈 M 形上升趋势的主要有佛山和大庆,其知识专业化水平部门不断进行调整,并且其地位在全国地位不断上升;呈 M 形下降趋势的主要有武汉、丽水、长春、九江,其知识专业化部门也在进行不断调整,但其在全国地位呈下降趋势。

W 形发展趋势主要包括秦皇岛、绵阳、伊春、鹤岗、兰州、攀枝花等 11 个城市,其知识专业化部门有所变化,但其总体发展趋势趋于稳定或略有下降。

表 12-8　知识专业化随经济发展的演化趋势及类型(2005—2013 年)

类型		城市	计算公式
U 形	U 形上升	南阳($R^2=0.7294$)	$y=4\times10^{-16}x^2-9\times10^{-9}x+0.57$
		唐山($R^2=0.2632$)	$y=1\times10^{-23}x^3-2\times10^{-15}x^2+6\times10^{-8}x$
		克拉玛依($R^2=0.6409$)	$y=9\times10^{-21}x^3-2\times10^{-13}x^2+7\times10^{-7}x$
	U 形下降	石家庄($R^2=0.9038$)	$y=2\times10^{-16}x^2-2\times10^{-8}x+0.754$
		阳泉($R^2=0.9145$)	$y=2\times10^{-14}x^2-2\times10^{-7}x+0.9683$
倒 U 形	倒 U 形上升	定西($R^2=0.8159$)	$y=-1\times10^{-13}x^2+6\times10^{-7}x+0.2271$
		株洲($R^2=0.7941$)	$y=-5\times10^{-16}x^2+2\times10^{-8}x+0.4387$
		太原($R^2=0.6957$)	$y=-2\times10^{-15}x^2+6\times10^{-8}x$

续表

类型		城市	计算公式
倒U形	倒U形下降	郑州($R^2=0.900\ 3$)	$y=-8\times10^{-31}x^4+1\times10^{-22}x^3-8\times10^{-15}x^2+2\times10^{-7}x-0.958\ 2$
		遵义($R^2=0.710\ 2$)	$y=4\times10^{-29}x^4-1\times10^{-21}x^3+9\times10^{-15}x^2+8\times10^{-9}x+0.754\ 8$
		上海($R^2=0.800\ 2$)	$y=-4\times10^{-18}x^2+2\times10^{-11}x+0.482\ 3$
		昆明($R^2=0.822\ 1$)	$y=1\times10^{-23}x^3-1\times10^{-15}x^2+5\times10^{-8}x+0.195\ 7$
		西安($R^2=0.921\ 1$)	$y=3\times10^{-23}x^3-2\times10^{-15}x^2+6\times10^{-8}x+0.203\ 1$
		乌鲁木齐($R^2=0.866\ 9$)	$y=4\times10^{-36}x^5-3\times10^{-28}x^4+6\times10^{-21}x^3-7\times10^{-14}x^2+4\times10^{-7}x-0.174\ 1$
		韶关($R^2=0.769\ 2$)	$y=-1\times10^{-27}x^4+3\times10^{-20}x^3-3\times10^{-13}x^2+2\times10^{-6}x-1.987\ 1$
		牡丹江($R^2=0.819\ 7$)	$y=1\times10^{-21}x^3-3\times10^{-14}x^2+3\times10^{-7}x-0.141\ 1$
		北京($R^2=0.611\ 9$)	$y=-5\times10^{-17}x^2+9\times10^{-9}x+0.665\ 4$
		张掖($R^2=0.689\ 0$)	$y=-8\times10^{-20}x^3+4\times10^{-13}x^2-6\times10^{-7}x+0.860\ 2$
		成都($R^2=0.719\ 0$)	$y=-1\times10^{-16}x^2+1\times10^{-8}x+0.330\ 3$
		遂宁($R^2=0.967\ 9$)	$y=-3\times10^{-33}x^5+9\times10^{-26}x^4-9\times10^{-19}x^3+5\times10^{-12}x^2-1\times10^{-5}x+9.024\ 8$
		哈尔滨($R^2=0.745\ 4$)	$y=8\times10^{-24}x^3-1\times10^{-15}x^2+5\times10^{-8}x$
		郴州($R^2=0.853\ 0$)	$y=-4\times10^{-15}x^2+1\times10^{-7}x$
		营口($R^2=0.904\ 1$)	$y=-7\times10^{-36}x^5+3\times10^{-28}x^4-3\times10^{-21}x^3+4\times10^{-16}x^2+2\times10^{-7}x$
		七台河($R^2=0.424\ 6$)	$y=1\times10^{-31}x^5-1\times10^{-24}x^4+1\times10^{-18}x^3-6\times10^{-12}x^2+4\times10^{-6}x$
		三门峡($R^2=0.185\ 3$)	$y=1\times10^{-21}x^3-4\times10^{-14}x^2+3\times10^{-7}x$
		忻州($R^2=0.270\ 4$)	$y=2\times10^{-33}x^5-5\times10^{-26}x^4+3\times10^{-19}x^3-1\times10^{-12}x^2+1\times10^{-6}x$
		广州($R^2=0.784\ 3$)	$y=2\times10^{-40}x^5-9\times10^{-32}x^4+1\times10^{-23}x^3-1\times10^{-15}x^2+4\times10^{-8}x$

续表

类型		城市	计算公式
倒U形	倒U形下降	重庆($R^2=0.7647$)	$y=-2\times10^{-32}x^4+6\times10^{-24}x^3-7\times10^{-16}x^2+3\times10^{-8}x$
		南京($R^2=0.6425$)	$y=4\times10^{-24}x^3-7\times10^{-16}x^2+3\times10^{-8}x$
		天津($R^2=0.8990$)	$y=-1\times10^{-32}x^4+5\times10^{-24}x^3-7\times10^{-16}x^2+3\times10^{-8}x$
		杭州($R^2=0.7727$)	$y=-4\times10^{-39}x^5+9\times10^{-31}x^4-7\times10^{-23}x^3+2\times10^{-15}x^2+6\times10^{-9}x$
M形	M形	景德镇($R^2=0.7482$)	$y=-1\times10^{-39}x^6+3\times10^{-32}x^5-3\times10^{-25}x^4+1\times10^{-18}x^3-3\times10^{-12}x^2+4\times10^{-6}x-1.3534$
		锦州($R^2=0.7738$)	$y=1\times10^{-41}x^6-5\times10^{-34}x^5+7\times10^{-27}x^4-5\times10^{-20}x^3+2\times10^{-13}x^2-3\times10^{-8}x$
	M形上升	佛山($R^2=0.3326$)	$y=-5\times10^{-46}x^6+1\times10^{-37}x^5-2\times10^{-29}x^4+9\times10^{-22}x^3-3\times10^{-14}x^2+4\times10^{-7}x-1.9716$
		大庆($R^2=0.3152$)	$y=6\times10^{-44}x^6-1\times10^{-35}x^5+6\times10^{-28}x^4-2\times10^{-20}x^3+4\times10^{-13}x^2-3\times10^{-6}x+12.625$
	M形下降	武汉($R^2=0.8256$)	$y=5\times10^{-39}x^5-1\times10^{-30}x^4+2\times10^{-22}x^3-8\times10^{-15}x^2+2\times10^{-7}x-1.3675$
		丽水($R^2=0.8130$)	$y=1\times10^{-33}x^5-5\times10^{-26}x^4+6\times10^{-19}x^3-3\times10^{-12}x^2+9\times10^{-6}x-8.8$
		长春($R^2=0.6148$)	$y=-8\times10^{-45}x^6+1\times10^{-36}x^5-1\times10^{-28}x^4+4\times10^{-21}x^3-6\times10^{-14}x^2+5\times10^{-7}x$
		九江($R^2=0.5394$)	$y=-0.0014x^4+0.0321x^3-0.2345x^2+0.635x$
W形		秦皇岛($R^2=0.6297$)	$y=-5\times10^{-40}x^6+2\times10^{-32}x^5-5\times10^{-25}x^4+5\times10^{-18}x^3-3\times10^{-11}x^2+8\times10^{-5}x-92.482$
		绵阳($R^2=0.6925$)	$y=-5\times10^{-41}x^6+3\times10^{-33}x^5-7\times10^{-26}x^4+9\times10^{-19}x^3-6\times10^{-12}x^2+2\times10^{-5}x-26.045$
		伊春($R^2=0.7019$)	$y=-2\times10^{-30}x^5+2\times10^{-23}x^4-7\times10^{-17}x^3+1\times10^{-10}x^2-0.0001x+42.183$
		合肥($R^2=0.5342$)	$y=-2\times10^{-44}x^6+4\times10^{-36}x^5-2\times10^{-28}x^4+6\times10^{-21}x^3-8\times10^{-14}x^2+4\times10^{-7}x$

续表

类型	城市	计算公式
W 形	南昌($R^2=0.815\ 1$)	$y=-3\times10^{-43}x^6+3\times10^{-35}x^5-1\times10^{-27}x^4+3\times10^{-20}x^3-3\times10^{-13}x^2+1\times10^{-6}x$
	保定($R^2=0.084\ 0$)	$y=-9\times10^{-44}x^6+1\times10^{-35}x^5-6\times10^{-28}x^4+1\times10^{-20}x^3-2\times10^{-13}x^2+8\times10^{-7}x$
	连云港($R^2=0.353\ 1$)	$y=4\times10^{-35}x^5-2\times10^{-27}x^4+4\times10^{-20}x^3-3\times10^{-13}x^2+9\times10^{-7}x$
	兰州($R^2=0.558\ 7$)	$y=2\times10^{-35}x^5-1\times10^{-27}x^4+2\times10^{-20}x^3-2\times10^{-13}x^2+6\times10^{-7}x$
	曲靖($R^2=0.328\ 2$)	$y=6\times10^{-35}x^5-3\times10^{-27}x^4+4\times10^{-20}x^3-3\times10^{-13}x^2+8\times10^{-7}x$
	鹤岗($R^2=0.742\ 8$)	$y=-3\times10^{-37}x^6+4\times10^{-30}x^5-2\times10^{-23}x^4+4\times10^{-17}x^3-4\times10^{-11}x^2+2\times10^{-5}x$
	攀枝花($R^2=0.651\ 3$)	$y=1\times10^{-33}x^5-3\times10^{-26}x^4+2\times10^{-19}x^3-9\times10^{-13}x^2+1\times10^{-6}x$

第七节 结论

知识与城市的发展有重要联系。知识包括的内容比较广泛，不仅包括论文，也包括专利、数据库，还包括一些隐性知识（tacit knowledge），对这些知识的测度本身就是一个问题，本章以可以量化测度的论文作为基础数据，基本反映了我国地级及以上城市知识专业化水平、影响知识专业化的因素，同时分析了与经济发展的关系。

1. 从知识专业化总体水平来看，我国地级及以上城市的专业化水平总体偏低，多样化水平较为明显；从空间分布来看，西部地区＞中部地区＞东部地区；且地区相对专业化指数呈现直辖市＜副省级城市＜省会城市＜普通地级市的特征。从学科领域上来看，城市的知识专业化领域数量呈现直辖市＞副省级城市＞省会城市＞普通地级市的特征；具有资源优势的城市，其知识专业化领域高度集中在以资源为基础的领域；中小城市的知识专业化领域相对较少，但专业化程度高；大中城市知识专业化领域多，多样化特征明显，但各领域的知识专业化程度相对较低。从城市等级上来看，知识专业化水平与城市等级呈现负相关关系，即知识专业化水平越高的城市其城市等级越低，知识专业化水平表现为五线城市＞四线城市＞三线城市＞二线城市＞一线城市；我国各等级城市相对专业化指数值总体水平偏低，多样化特征较为显著，其中一线城市多样化特征十分显著；各等级城市知识专业化水平差异显著。

2. 城市知识专业化主要受科教经济因素、人才潜力和服务业因素、工业基础因素、人口规模因素四大因素影响，其中科教经济因素是最主要的影响因素。

3. 知识专业化与经济发展关系密切，整体呈现倒 U 形关系，但可能各城市处于不同的经济发展阶段，受区域性的因素影响，城市知识专业化随经济发展演化趋势表现为不同的类型与状态。

第十三章　中国地级及以上城市工业创新效率空间格局

工业是城市最为重要的产业之一,也是创新活动最为活跃的领域,城市工业创新活动、工业创新效率对推进国家工业化进程,以及新型城镇化建设和构建创新型国家具有重要的作用。本章以 2008 年第二次全国经济普查的数据为基础,分析了中国地级及以上城市工业创新效率的空间格局及其影响因素,这一研究对不同类型的城市,采取不同的宏观政策来提升城市工业创新效率有重要的意义。

第一节　引言

工业创新活动的相关研究已经从国家与区域的宏观层面逐渐转向城市、产业和部门创新等中微观层面,城市工业创新效率的研究备受关注。国外学者主要关注创新与提升工业效率的关系,以及国家之间工业创新效率的比较,Mansfield(1998)比较了美国和日本的工业创新活动,发现日本在外部技术的效率上占优势,美国则强调市场营销的创新;Freeman 和 Soete(1997)比较了不同年代工业创新特征:19 世纪是企业发明家模式,20 世纪注重企业内部研发部门与外界充分交流,21 世纪将是网络化合作系统模式。对工业创新效率空间格局,一般从传统城市空间理论来阐述,Fritsch(2002)运用知识生产函数对区域创新系统质量进行评价,指出区域间研发活动效率存在"中心-边缘"范式和研发集聚效应。国内研究主要通过实证分析工业创新效率的特征及其影响因素,吴延兵(2006)运用两种生产函数模型实证了高科技产业 R&D 对产业生产率有显著的正影响;庞瑞芝和李鹏(2011)提出工业创新过程中的"创新资源转换"和"创新知识转化",并发现工业创新呈现出地区追赶的收敛特征;孙一飞和杜德斌(2010)研究发现中国的工业创新主要来自内部的研发和吸收外部机构的技术转移;沈能和潘雄锋(2011)认为中国工业企业的创新效率受到经济发展水平、外资活动、政府政策激励和市场结构等因素的影响。部分学者从市域和区域的视角考察工业创新空间特征,但从全国尺度来研究的城市工业创新的并不多,孙一飞(2003)认为中国工业创新空间主要集中于沿海地区,空间集中度不断增加;李国平和王春杨(2012)指出创新行为较活跃的省域之间存在研发的合作与竞争,从而形成了创新局域活跃的空间格局,且各地区之间的创新能力存在差异。但上述研究仍不能回答中国地级及以上城市工业创新效率格局如何?影响这种格局的因素是什么?

第二节 研究方法及数据

城市工业创新效率是指在城市中工业创新要素投入与创新成果产出之比,即工业创新产出除以相应的工业创新投入,它反映城市工业创新资源对工业创新产出的贡献程度,即工业创新资源的配置效率(王伟光,2003)。工业创新效率分析有两种方法:一是列奥蒂耶夫(Leoutief)的投入产出分析方法;二是查恩斯(Charnes)和库伯(Cooper)等创建的数据包络分析方法和 DEA 模型。投入产出方法需要国民经济各部门的投入产出数据作为支撑,鉴于数据的可获得性以及对创新效率分析的可行性,选择 DEA 模型对中国的城市工业创新效率格局进行评价。

一、研究对象

以中国地级及以上城市为研究对象,包括 288 个城市,4 个直辖市、284 个地级市(不包括香港、澳门、台湾地区)。数据为 2008 年规模以上工业企业科技活动数据,来源于各省、自治区、直辖市的《第二次全国经济普查年鉴》(2008)、《第二次科学研究与试验发展(R&D)资源清查主要数据公报》和《中国城市统计年鉴》(2009)。

二、城市工业创新效率测度

文中建立的中国城市工业创新评价指标体系,分别从工业创新投入和工业创新产出两个角度选取评价指标。目前相关研究对工业创新投入,一般从人力、物力和财力3方面来考虑,选取了"R&D人员折合全时当量"、"R&D活动企业数目"和"R&D经费内部支出"作为城市工业创新投入的评价指标。选取"新产品销售收入"和"发明专利授权数"作为工业创新产出的评价指标(表13-1)。

表13-1 中国城市工业创新效率指标体系

角度	指标	单位
工业创新投入	R&D人员折合全时当量	人/年
	R&D活动企业数目	个
	R&D经费内部支出	万元
工业创新产出	新产品销售收入	万元
	发明专利授权数	个

三、城市工业创新效率影响因素回归分析

参考罗默(Romer)提出的知识驱动模型中资本(K)、劳动(L)和技术(A)3个变量来解释工业创新效率(Romer,1990)。以中国288个地级及以上城市的工业总产值(K_1)、科技活动经费筹集总额(K_2)、新产品开发经费(K_3)、行业人员年平均人数(L_1)、科技活动人员数(L_2)、R&D项目数(A_1)、拥有发明专利申请数(A_2)和企业办科技机构数(A_3)等8个指标作为解释变量,运用生产函数 $Y = Ak^{\alpha} \times L^{\beta}$,来解释影响中国城市工业创新效率空间格局的因素。

第三节 城市工业创新投入与产出的空间格局

一、城市工业创新投入空间格局

运用工业创新投入指标,分析我国的城市工业创新投入,工业创新投入程度较高的城市大部分位于东部沿海地区,呈现城市数量东部向西部递减的趋势。城市工业创新高于全国平均值的多数为大中城市,且集中在京津冀、长江三角洲和珠江三角洲三大经济圈。初步判断,城市工业创新投入与城市发展水平和城市规模有一定关系。

2008 年工业创新中 3 项工业创新投入指标均高于全国平均值的城市共有 41 个,与 2008 年全国前 41 位城市 GDP 排名进行相关性检验,其相关系数达 0.997,可以认为城市工业创新投入与其 GDP 具有很强的相关性。因此,城市工业创新投入与城市经济发展水平存在正相关,城市经济水平对城市工业创新投入有积极作用。

二、城市工业创新产出空间格局

从新产品和专利授权两方面分别考察城市工业创新产出情况,与城市工业创新投入的情况相似,城市工业创新产出具有优势(高于全国平均值)的地级及以上城市主要集中于东南沿海地区,且集中分布于我国的三大都市圈。其中,北京、天津、哈尔滨、大连、武汉、长沙、深圳、惠州的工业创新投入与产出均高于全国平均值,东部地区 6 个,中部地区 2 个。

由此判断,中国城市工业创新投入和工业创新产出存在相关性,共同影响中国城市工业创新效率空间格局,城市创新效率东强西弱,从东部沿海向西部内陆递减,与中国人口密度分布线和中国城市等级结构的空间特征有一致性。

三、城市工业创新效率

运用 MaxDEA 软件对中国 288 个地级及以上城市工业创新效率的纯技术

效率和规模效率进行分析。结果显示，全国各地级及以上城市工业创新的技术效率(TE)平均值为0.124，纯技术效率(PTE)平均值为0.326，规模效率(SE)平均值为0.455。

1. 城市工业创新技术效率

(1) 规模效率

通过计算中国城市工业创新规模效率(SE)，发现仅有31个城市的工业创新规模不变(SE=1，即技术效率值等于纯技术效率值)，85.45%的城市工业创新规模递减。由此反映出中国绝大部分城市工业规模效应不理想，创新规模效率较差。可见，单纯通过扩大城市工业创新的投入和产出规模，并不能有效地提升创新的规模效率。

工业创新规模效率高于平均值的城市空间分布相对集中，省域之间规模效率差异明显，但省域范围内规模效率比较均衡，且其空间分布与工业创新投入与产出的分布并不一致。可见，城市工业创新规模效率空间特征与城市工业创新投入及产出空间特征不匹配，工业创新投入与产出所形成的规模效率对城市工业创新效率提升作用不明显。

(2) 纯技术效率

城市工业创新纯技术效率高于平均值的城市有111个，约占40%，其中，东部地区占53.2%，中部地区占27.9%，西部地区占18.9%。从空间分布来看，城市工业创新纯技术效率同样呈现东强西弱的特征。城市的工业创新规模效率与纯技术效率空间并不一致，仅有29个城市两者表现较为一致，即具有较高的规模效率和纯技术效率。

纯技术效率较高的城市集中在广东、浙江、山东、辽宁、湖南、湖北、陕西、四川等省份，江西、福建、云南、河南等省区纯技术效率较低。北京、上海、深圳、天津、哈尔滨、兰州、西安等20个城市的纯技术效率为1，说明这些城市的工业创新纯技术效率对其工业创新效率有显著的贡献，技术进步对提高城市的工业创新效率有重要的作用。但中国大多数城市的纯技术效率较低，工业创新的投入和产出不协调，存在创新"高投入-低产出"的问题，严重制约着中国城市工业创新效率的提高。

中国地级及以上城市工业创新规模效率和纯技术效率在空间格局上有较大差异，没有形成显著的规模效率和纯技术效率集聚区域，空间特征与城市所在省区的经济发展水平、工业发展基础联系紧密程度不高。因此，需要对规模效率和纯技术效率进行综合，考察中国地级及以上城市工业创新效率的空间格局。

2. 城市工业创新效率空间分异格局

为实现对城市工业创新规模效率和纯技术效率的综合，运用 SPSS 软件对各城市工业创新规模效率和纯技术效率值进行聚类分析（K-Means Cluster Analysis），将中国 288 个地级以上城市划分成 3 类：高工业创新效率城市、中等工业创新效率和低工业创新效率城市。

聚类分析结果显示，城市工业创新效率等级为金字塔形结构：高工业创新效率城市数量为 52 个，占比 18.06%；中等工业创新效率城市数量为 86 个，占比 29.86%；低工业创新效率城市数量为 141 个，占比 48.96%。另有三亚、毕节等 9 个城市无相关数据，无法进行工业创新效率聚类，归为无工业创新效率城市。

从全国尺度上看，城市工业创新效率分异自东部沿海向西部内陆递减，东部地区城市工业创新效率普遍较高，空间分布特征与中国人口密度"黑河—腾冲"线基本一致，城市工业创新效率较高的区域与中国主要城市群基本重合，京津冀、长江三角洲、珠江三角洲、成渝和环渤海等城市密集程度较高的地区，高工业创新效率城市和中等工业创新效率城市较多。

从区域尺度上看，呈现以高工业创新效率城市为中心，中等和低工业创新效率城市相环绕的"核心-边缘"空间格局，分别形成以北京和天津为核心、以上海为核心、以深圳和广州为核心、以重庆和成都为核心、以大连和沈阳为核心的中国五大工业创新活动区域，核心城市所在区域分布有较强的工业创新效率城市。同时，由于工业创新活动区域核心城市的极化效应与扩散效应同时作用，工业创新效率较高的城市会出现核心技术、知识的溢出，从而带动周边城市工业创新效率进步，形成"核心-边缘"空间格局，市域和省域边界的屏蔽效应不显著。

在省域层面,广东、辽宁、山东、甘肃等省份内的工业创新效率城市类型具有分异特征(同时拥有三种类型的工业创新效率城市),反映了省区内部城市对工业创新实施活动存在差异。在后续研究中,将根据国民经济行业分类对不同行业的工业创新效率进行分析,以及考察经济区域和省域内的工业创新效率的空间格局。

第四节　城市工业创新效率空间格局影响因素

为分析影响城市工业创新效率格局的因素,构建多元线性回归模型对288个地级以上城市的工业创新效率进行回归分析。结果显示,R^2值为0.874,具有较好的拟合度,可以用于解释中国城市工业创新效率格局的影响因子。

表 13-2　回归分析结果

模型	B	标准差	Beta	t	Sig.
常量	−195 455.063	125 314.776	—	−1.560	0.120
K_1	0.058	0.012	0.372	4.864	0.000
K_2	4.035	0.962	0.377	4.196	0.000
K_3	0.687	0.435	0.052	1.580	0.115
L_1	−0.728	0.634	−0.075	−1.148	0.252
L_2	−50.746	25.148	−0.208	−2.018	0.045
A_1	1 304.992	189.782	0.295	6.876	0.000
A_2	1 507.489	249.480	0.319	6.043	0.000
A_3	−2 758.643	1 232.323	−0.099	−2.239	0.026

所选定的解释变量中 K_3(Sig. =0.115)和 L_1(Sig. =0.252)的 p 值大于显著度 0.05,说明新产品开发经费(K_3)、行业人员年平均人数(L_1)与城市工业创新效率的线性关系不显著;而 K_1、K_2、L_2、A_1、A_2 和 A_3 的 p 值均通过显著性检验,可以认为对城市工业创新效率有重要的影响。其中,代表劳动(L)指标的行业人员年平均人数(L_1)、科技活动人员数(L_2)的显著度不高且相

关系数为负值，可以判断人力资本并不是影响中国城市工业创新效率的主要因素。但代表技术（A）和资本（K）要素的指标对城市工业创新效率的显著度和相关度值都较好，因此认为较高的工业资本投入和较好的工业技术水平有助于促进城市工业创新效率的提升。

从空间视角看，回归模型分析得出的影响工业创新效率的因素，可以解释中国城市工业创新效率的空间格局。首先，东部沿海地区城市的工业的发展基础和工业技术水平整体高于中部和西部，形成东强西弱的总体空间格局。京津冀、长江三角洲、珠江三角洲的工业现代化程度较高，可以解释城市工业效率在三大经济圈的分布集中。其次，科技活动经费筹集总额、R&D项目数、拥有发明专利申请数等均影响城市工业创新效率，我国城市创新能力较强的城市，如北京、上海、深圳、广州、天津、重庆，这些指标均具有一定的优势，也分别是所在区域的工业创新效率核心城市，可以较好地解释区域尺度的城市工业创新效率的空间格局。此外，新产品开发经费和企业办科技机构数与城市工业创新效率具有弱负相关，此两项指标代表工业创新的投入规模，说明单纯依靠扩大工业创新投入规模并不能有效提升城市工业创新效率，城市工业创新的投入规模过大，也无益于提高创新规模效率，这可以解释为何有些城市位于我国东部沿海，也具有较好工业发展水平，但工业创新呈现低效率，工业创新纯技术效率与规模效率在空间上并不重合。

综上所述，中国城市工业创新效率空间格局的形成与城市工业发展基础和城市工业创新能力密切相关，但人力资本要素与城市工业创新效率空间格局的相关性不显著。因此，作为工业创新活动中最具创造性和最具活力的因素，如何通过提升人力资本来优化工业创新投入是提高未来中国城市工业创新效率亟待解决的问题。为深化中国城市工业创新效率空间格局的研究，我们将继续考察工业行业类型和地理邻近性等因素对城市工业创新效率空间格局的影响。

第五节　结论

本章通过构建中国地级及以上城市工业创新效率评价指标体系，以288个地级及以上城市作为研究样本，考察中国城市创新效率格局及影响因素，得出如下结论：

中国地级及以上城市工业创新效率的总格局是东强西弱，从东部沿海向西部内陆递减，"黑河—腾冲"一线是城市工业创新效率的强弱分界线，与中国人口密度和中国城市密度空间分布相一致，创新效率较高的城市主要集中于东南沿海地区，在三大经济圈集中分布。

大部分地级及以上城市工业创新规模效率报酬递减，工业创新的规模效应没有得到充分发挥，城市工业创新技术效率高的城市主要集中于东部沿海及中部地区，但工业创新纯技术效率与规模效率在空间上并不一致，没有形成显著的集聚区域，城市普遍存在纯技术效率转化低的问题。

工业创新效率城市的空间分布与中国主要城市群和经济圈地域吻合，形成京津冀、长江三角洲、珠江三角洲、成渝和环渤海五大工业创新活动区域，并以北京和天津、上海、深圳和广州、重庆和成都、大连和沈阳为工业创新效率核心城市，与区域内中等和低工业创新效率城市共同形成"核心-边缘"空间格局。而且，不同工业创新效率城市在空间分布上具有连续特征，行政边界对工业创新效率城市类型的影响不大。

资金、技术、劳动是影响城市工业创新效率提高的重要因素，城市工业发展基础和城市工业创新能力共同影响中国城市工业创新效率的空间格局的形成，人力资本要素的作用尚未显现，提升工业创新中人力资本要素和优化工业创新投入规模是促进城市工业创新效率提升及优化工业创新效率格局的关键。

第十四章　中国城市创新重心的时空演变特征

创新重心的演变是创新发展格局变化的直观体现,对透视创新空间发展的规律及原因具有重要的意义。使用中国338个地级及以上城市的创新数据,运用重心分析模型,从移动轨迹、移动方向、移动距离以及与几何重心的偏离等层面分析2001—2016年中国城市创新重心的演变特征,并从区域发展政策、相对创新发展速度、创新投入与创新效率、创新环境4个方面分析创新重心演变的规律及原因。结果表明:2001—2016年中国城市创新重心大体呈现西北—东南—西南—东南向的倒S弧形移动轨迹,整体向东南方向移动。创新发展的南北差异导致城市创新发展存在明显的"重心偏离"。区域发展政策、相对创新发展速度、创新投入与创新效率、创新环境的差异是导致中国城市创新重心移动的主要因素。

第一节　引言

知识经济时代,创新已经成为人类社会经济活动的核心,各类创新活动深刻影响着区域发展。从1985年国家提出的经济建设必须依靠科学技术的发展方针、1988年的科学技术是第一生产力的论断、1995年的科教兴国战略、2005年的自主创新战略,到党的十八大提出的创新驱动发展战略,创新在国家发展全局中的地位越来越高,逐渐成为推动区域及国家发展的重要引擎(胡钰,2013)。在此背景下,各地也积极响应国家发展战略,出台了各类创新发展政策。但由于各地区的创新基础与创新条件差异较大,创新发展格局具有明显的不均衡性,可能会造成创新发展在空间上的失衡,进而影响区域发展(樊杰，2016）。通过识别创新重心的迁移路径来分析创新发展格局的演化特征，进一步讨论其驱动因素，不仅有助于认清中国创新发展的特点及规律，还可以为各地实施差异化的创新政策提供相应的建议和思考。

创新发展的空间规律也受到学术界的广泛关注。随着创新地理学的提出与发展（Feldman，1994），诸多学者将创新纳入地理学的研究视野，在空间层面考虑创新发展问题。相关研究主要从创新能力（梁政骥等，2012；吕拉昌等，2013）、创新扩散（Feldman et al.，2015；王智勇等，2007）、创新联系（吕拉昌等，2015）、创新转移（段德忠等，2018）等方面，针对区域、城市、行业、企业等多个层面展开（李哲等，2018；刘树峰等，2018）。创新重心的空间变化也成为研究中的一个重要学术问题。

重心分析模型是分析经济空间格局演变的重要工具，重心在时间维度上的变化既能揭示研究要素在地理空间上分布格局的差异与变化，又可检验国家宏观区域发展政策的调控效果（Jameel，2008）。目前该模型多被应用于经济重心、人口重心的研究（乔谷阳等，2017；高军波等，2018），对创新重心的关注较少，且已有研究均是基于省际尺度（李恒等，2016；2017；刘凤朝等，2010；潘雄锋，2010）。这类研究虽然可以较好地体现创新发展的空间分异，但难以反映创新发展在省内各城市之间的差异性，也难以精确描述中国创新重心的变化。事实上，城市作为创新和创意产生的场所，已经成为国家经济中产业创新和发展的主要载体（Shearmur，2012；许诺等，2016）。不同城市对创新发展政策的响应程度有所不同，且具有局域性特征的知识溢出效应对创新的影响在省域尺度上并不明显，在更小的城市尺度上更能表现出显著性（王春杨等，2014）。因此，为了更全面地把握中国创新发展的空间规律及原因，应聚焦于更中观的城市尺度。本研究以中国338个地级及以上城市为研究对象，运用重心分析模型，从移动轨迹、移动方向、移动距离及与几何重心的偏离等层面对中国城市创新重心进行分析，探讨2001—2016年中国城市创新重心的时空演变规律及原因。

第二节 研究对象、研究方法和数据来源

一、研究对象

以中国 338 个地级及以上城市为研究对象,包括直辖市、地级市、地区、自治州和盟。根据中国历年行政区划调整,将所有城市创新数据均调整到 2016 年版的行政区划。其中,地区(如那曲市)、自治州(如延边朝鲜族自治州)和盟(如阿拉善盟)等以地级行政单位政府所在的城市为研究对象。鉴于数据的可获得性,中国香港和澳门两个特别行政区及中国台湾省未纳入研究范围。

二、研究方法

1. 创新重心模型

借鉴区域重心模型(徐冬等,2019)进行城市创新研究,将城市的创新能力在整个区域空间内相互作用时在所有作用方向上都能维持均衡的点定义为城市创新重心。创新重心模型公式为:

$$X = \sum_{i=1}^{m}(x_i w_i) / \sum_{i=1}^{m} w_i ; Y = \sum_{i=1}^{m}(y_i w_i) / \sum_{i=1}^{m} w_i \tag{14-1}$$

式中,(X,Y) 为中国城市创新重心的地理坐标(经纬度);(x_i,y_i) 为第 i 个城市的地理坐标;w_i 为第 i 个城市的创新能力;m 为城市总个数,取 338。

2. 创新重心移动方向

中国城市创新重心移动方向的测度以 2001 年为起点,规定年际间创新重心移动角度区间为(−180°,180°):正东方向为 0°、东北方向为(0°,90°)、西北方向为(90°,180°)、东南方向为(−90°,0°)、西南方向为(−180°,−90°),具体角度计算公式为(刘凤朝等,2010):

东北、东南方向:$\theta_{jk} = \mathrm{DEGREES}\{\arctan[(Y_j - Y_k)/(X_j - X_k)]\}$;

$$\tag{14-2}$$

西北方向：$\theta_{jk} = \text{DEGREES}\{\arctan[(Y_j - Y_k)/(X_j - X_k)]\} + 180°$；

(14-3)

西南方向：$\theta_{jk} = \text{DEGREES}\{\arctan[(Y_j - Y_k)/(X_j - X_k)]\} - 180°$。

(14-4)

式中，θ_{jk} 为第 j 年到第 k 年间城市创新重心的移动角度；(X_j, Y_j)，(X_k, Y_k) 分别为 j 年和 k 年的中国城市创新重心的地理坐标；DEGREES 是将弧度转化为角度的函数。

3. 创新重心移动距离

中国城市创新重心移动距离的测度也以 2001 年为起点，计算公式为：

$$D = C \times \sqrt{(Y_j - Y_k)^2 + (X_j - X_k)^2}$$ (14-5)

式中，D 为第 j 年到第 k 年间城市创新重心的移动距离；(X_j, Y_j) 和 (X_k, Y_k) 分别为中国城市创新重心在第 j 年和第 k 年的地理坐标；C 为地理坐标（经纬度）转换为平面距离（km）的系数，取 111.111。由此也可计算出第 j 年到第 k 年城市创新重心在经度和纬度上的移动距离。计算公式为：

$$D_{lo} = C \times |X_j - X_k|; \quad D_{la} = C \times |Y_j - Y_k|$$ (14-6)

式中，D_{lo}，D_{la} 分别为第 j 年到第 k 年间城市创新重心在经度和纬度上的移动距离。

4. 相对创新发展速度

通过衡量各城市创新发展的相对速度进一步说明中国城市创新重心的整体移动趋势。计算公式为：

$$S = (w_{ik} / \sum_{i=1}^{m} w_{ik}) / (w_{ij} / \sum_{i=1}^{m} w_{ij})$$ (14-7)

式中，S 为第 j 年到第 k 年间各城市创新发展的相对速度；w_{ij}，w_{ik} 分别表示第 i 个城市在研究时段首末的城市创新指数。

三、数据来源与处理

在创新数据的选择上，使用第一财经研究院与复旦大学联合发布的《中国城市与产业创新力报告 2017》中的创新指数衡量城市创新水平。该指标不同于既有文献以专利数量来量化创新水平的做法，而是充分考虑了不同年龄专利的价值差异。首先，使用 A. Pakes 等(1986)的专利更新模型对中国发明专利进行价值估计；其次，将每个年龄专利的平均价值加总到城市层面得到其专利价值存量；最后，将 2001 年全国专利价值总量标准化为 100，计算得到 2001—2016 年中国城市创新指数。由于年鉴统计数据更新相对滞后，该报告使用国家知识产权局的微观大数据进行计算。相比来说，该指数可以更加全面地反映城市创新水平，更具即时性、前瞻性、权威性和科学性，已被用于多领域的研究(逯进等，2019；徐旭等，2019；熊波等，2019)。

第三节 中国城市创新重心的时空演变

一、中国城市创新重心坐标及移动轨迹

根据重心计算模型和方法，计算 2001—2016 年中国城市创新重心的坐标(表 14-1)，并利用 ArcGIS 对其进行可视化分析，输出中国城市创新重心空间分布图(图 14-1)。

表 14-1 2001—2016 年中国城市创新重心坐标

年份	经度/°	纬度/°	年份	经度/°	纬度/°
2001	115.54	35.18	2009	116.20	33.00
2002	115.59	35.17	2010	116.19	32.70
2003	115.69	34.96	2011	116.17	32.49
2004	115.81	34.57	2012	116.15	32.38
2005	115.92	34.34	2013	116.13	32.32
2006	116.05	34.15	2014	116.11	32.28
2007	116.12	33.90	2015	116.14	32.27
2008	116.17	33.43	2016	116.17	32.26

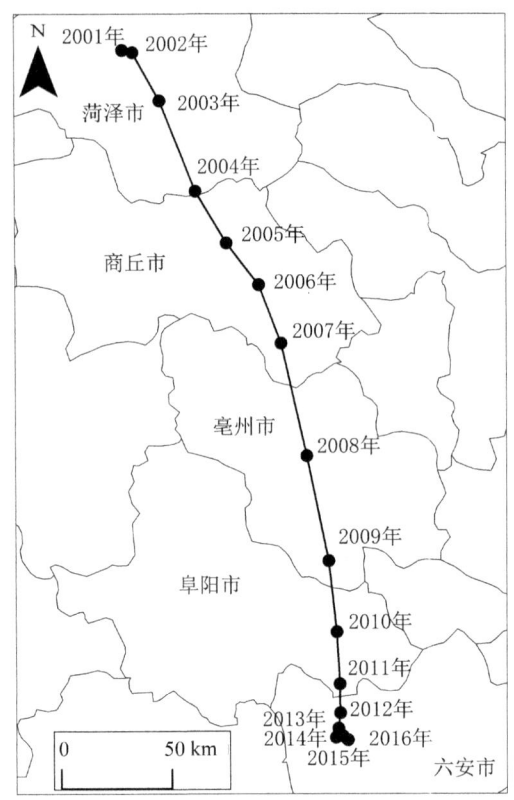

图 14-1　2001—2016 年中国城市创新重心空间分布

就空间分布来看，2001—2016 年中国城市创新重心位于东经 115.54°～116.20°和北纬 35.18°～32.26°之间，先后经过菏泽市、商丘市、亳州市、阜阳市、六安市。与研究区域的几何重心(33.45°N，111.48°E)相比，中国城市创新重心均分布在几何重心的东部，中国城市创新存在明显的东西差异。

就移动轨迹来看，以几何重心为参照，创新重心由几何重心的东北向东南方向移动。2001—2016 年中国城市创新重心坐标的散点图(图 14-2)显示：2001—2016 年中国城市创新重心移动过程具有明显的阶段性，大体呈现西北—东南—西南—东南向的倒 S 弧形轨迹。具体表现为：2001—2008 年创新重心由西北向东南方向移动，2009—2014 年创新重心由东北向西南方向移动，2015—2016 年创新重心再次由西北向东南方向移动。2001—2009 年间西北—

东南方向的移动速度明显快于其他时间段。

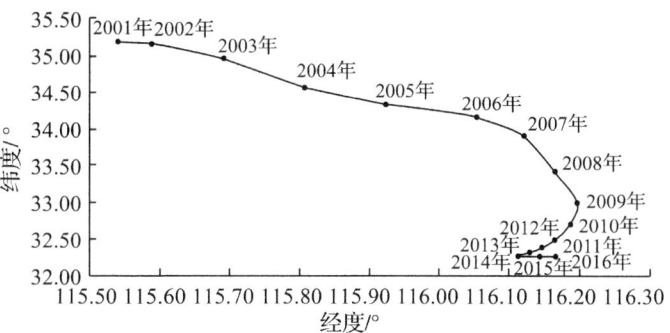

图 14-2　2001—2016 年中国城市创新重心坐标散点图

二、中国城市创新重心在经纬度上的移动

经度方向上，中国城市创新重心移动轨迹大致呈 N 字形波动上升，整体上表现为向东移动，且年际移动速度存在明显差异（图 14-3a）。中国城市创新重心在 2001—2007 年快速东移，随后东移速度逐渐减小。2009 年起，创新重心缓慢西移，城市创新的东西差异呈现微弱减小的态势，并一直持续到 2014 年。但该时段内，创新重心的变化区间依然位于几何重心东部，中国的创新发展格局仍表现为"东强西弱"。2014—2016 年，创新重心再次出现东移趋势，东部城市创新水平进一步提升，中国创新发展在东西方向上的差异在新的高度上再一次拉大。

纬度方向上，中国城市创新重心移动轨迹逐渐下降，整体上呈现出持续南移的态势，年际移动速度存在明显差异（图 14-3b）。2001 年，中国城市创新重心位于几何重心以北，北方的创新发展水平高于南方。2002—2011 年，中国城市创新重心快速且持续南移，南方城市与北方城市的创新发展差异先减小后增大。其中在 2008—2009 年，创新重心与几何重心在纬度上重合，南方城市创新发展追平并赶超了北方，创新发展格局由"北强南弱"转变为"南强北弱"。2011 年后，南方城市并没有减缓创新的步伐，创新重心以较为缓慢的速度继续南移，创新发展的南北差异再次扩大，"南强北弱"的创新发展格局进一步加强。

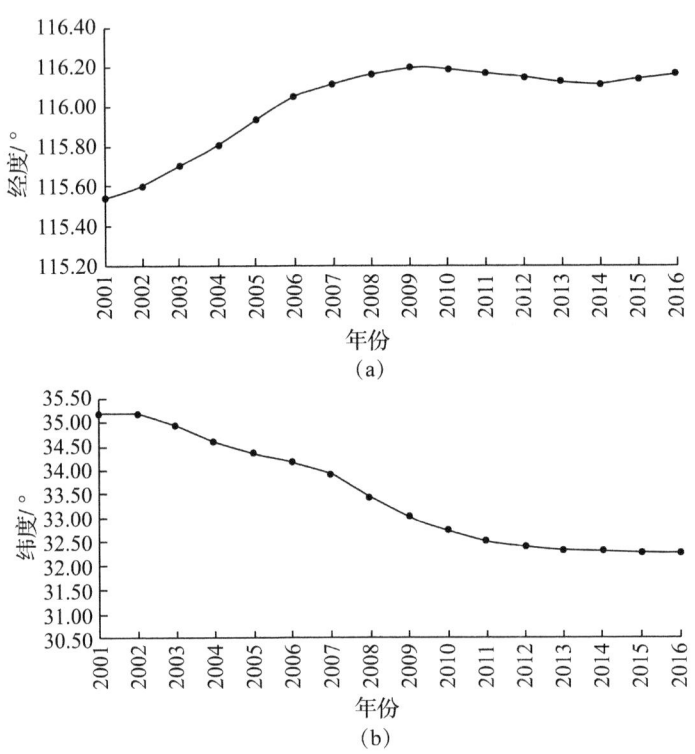

图 14-3 中国城市创新重心在经纬度方向上的演变轨迹

三、中国城市创新重心的年移动方向和距离

从移动方向上看（表14-2），2001—2016年中国城市创新重心的15次偏移中，有10次东南向和5次西南向的移动。这一阶段内中国创新发展大方向是由北向南发展，整体上表现为向东南方向移动，该结论在已有研究中也得到验证。具体而言，2001—2008年，创新重心均向东南移动，东南地区成为我国创新发展的重要引擎。2009—2016年，中国城市创新重心移动角度先后向西南和东南移动，西南方向移动时间占该时间段的71.43%，该时间段内中西部地区城市创新发展水平有所提升，在一定程度上缩小了东西部差异。

从移动距离上看（表14-2），2001—2016年中国城市创新重心累计移动

347.29千米,南北方向累计移动324.19千米,东西方向累计移动88.98千米,移动速度出现两次较大波动,2003—2004年和2007—2008年两个时间段内创新重心移动距离达到峰值。2002—2009年的7年内,创新重心移动相对剧烈,移动距离占总移动距离的89.28%,且创新重心在纬度上的移动距离均大于在经度上的移动距离,城市创新格局在南北方向的变化比东西方向的变化更为剧烈。而2009—2016年的7年中,创新重心移动趋于缓和,移动距离为31.49千米,占总移动距离的9.06%,且经、纬度上移动距离的差异逐渐减小,2015—2016年时间出现了经度上的移动距离更大的情况。中国城市创新发展逐渐由南方城市占绝对优势的区域竞争阶段进入由南方城市主导的平稳发展阶段。

表 14-2 中国城市创新重心移动的方向和距离

年份	$\theta/°$	移动方向	D/km	D_{lo}/km	D_{la}/km
2001	—	—	—	—	—
2002	−17.08	东南	5.80	5.54	1.70
2003	−64.33	东南	25.93	11.23	23.37
2004	−73.40	东南	45.04	12.87	43.17
2005	−62.73	东南	28.39	13.01	25.24
2006	−55.73	东南	25.44	14.32	21.02
2007	−74.91	东南	28.64	7.46	27.66
2008	−84.37	东南	52.51	5.15	52.26
2009	−85.81	东南	48.60	3.55	48.47
2010	−92.13	西南	32.27	1.20	32.24
2011	−95.74	西南	23.57	2.36	23.46
2012	−98.73	西南	13.26	2.01	13.11
2013	−107.00	西南	7.02	2.05	6.71
2014	−118.07	西南	4.31	2.03	3.81
2015	−19.40	东南	3.88	3.66	1.29
2016	−14.94	东南	2.63	2.54	0.68

四、中国城市创新重心与几何重心的偏移

创新重心与几何重心的偏离程度是衡量城市创新发展在空间上的均衡性的重要指标。若创新重心能够与几何重心重合，则说明中国城市创新发展绝对平衡；反之则说明中国城市创新发展存在重心偏离。

计算结果（表14-3）表明，中国城市创新发展存在明显的"重心偏离"，且表现出不断加剧的趋势，这一结论与李恒等的研究一致。该过程可分为两个阶段：2001—2008年，中国城市创新重心与几何重心的偏离距离的极差为36.20，方差为173.19，中国城市创新发展不平衡趋势逐渐加剧；2009—2016年，偏离距离的极差为7.65，方差为6.50，中国城市创新发展差异程度在原有基础上波动不大，发展进入缓和期。在东西方向上，创新重心与几何重心的偏移距离的极差和方差分别为73.13和628.67，南北方向上分别为190.53和2605.55，后者的数值明显大于前者。再次表明了中国城市创新格局在南北方向的变化更剧烈，创新发展的南北差异是导致中国城市创新发展重心偏离的主要力量。

表 14-3　中国城市创新重心与几何重心的空间偏离

年份	距离/km	南北向距离/km	东西向距离/km	年份	距离/km	南北向距离/km	东西向距离/km
2001	490.36	192.47	451.01	2009	526.56	50.42	524.14
2002	494.80	190.77	456.55	2010	529.43	82.66	522.94
2003	496.83	167.39	467.78	2011	531.29	106.11	520.58
2004	496.44	124.23	480.65	2012	532.10	119.22	518.57
2005	503.48	98.99	493.65	2013	531.65	125.94	516.52
2006	513.93	77.97	507.98	2014	530.59	129.74	514.49
2007	517.89	50.31	515.44	2015	534.46	131.03	518.15
2008	520.59	1.94	520.59	2016	537.08	131.71	520.69

第四节 中国城市创新重心移动的原因分析

一、区域发展政策

中央和地方政府政策是促进城市创新重心转移的宏观因素。改革开放之后，国家确立了非均衡发展的战略思想，率先开放东部沿海城市，1980年设立了珠海、深圳、厦门和汕头4个经济特区，之后进一步扩大至珠江三角洲、长江三角洲、闽南地区及环渤海地区(孙斌栋，2007)，推动东部地区尤其是东南地区的经济迅速发展。上海浦东新区的设立、香港和澳门的回归也为东南沿海城市带来新的发展机遇，为城市创新发展注入更多活力。优越的政策优势及区位条件吸引大批跨国公司、研发机构和创新人才向东南地区集聚，在这些企业的创新溢出效应以及经济发展的推动下，东南沿海城市的自主创新能力迅速提升，中国区域发展与创新的东西差异逐渐扩大。为提升中西部地区的发展与创新能力，国家在1999年提出西部大开发战略，2004年提出中部崛起战略，"十一五"规划(2005—2010年)更是将统筹区域协调发展作为一项必须坚持的原则(冯长春等，2015)。但由于东南地区的高速发展存在一定的惯性，政策实施也存在滞后效应，虽然宏观战略实施有所成效，但仍不足以改变当时"东重西轻，南快北慢"的创新发展格局。因此，2001—2008年中国城市创新重心仍然向东南方向移动。"十二五"时期(2011—2015年)，国家进一步深化实施区域发展总体战略，2010年以来，先后在安徽、广西、重庆、湖南等地建立多个承接产业转移示范区，陆续开展对口支援西藏、新疆、贵州、青海等工作，并通过"一带一路"建设促进东中西地区的互动合作，提升中西部地区的对外开放水平。中部崛起战略及西部大开发战略也逐见成效，中西部地区通过接收东部地区的产业和技术转移、发展特色优势产业，在创新发展中异军突起(高晓光，2016)。因此，2009—2014年中国城市创新重心出现西南方向移动的趋势。党的十八大以来，随着上海和北京开始实施建设具有国际影响力的全国科技创新中心，粤港澳大湾区也着手建设全球科技中心，东部地区的创新能力进一步提升,东部地区在中国创新发展的进程中依然发挥重要的引领作用。因此,2014—2016年,创新重心轨迹又显现出继续向东南方向移动的趋势。

二、各城市相对创新发展速度

各城市创新发展速度的高低是促进城市创新重心转移的主要因素。基于重心模型,各城市的创新能力及地理位置是决定城市创新重心的两大因素,其中城市的地理位置是固定的,各城市的创新发展水平就决定了创新重心的变化程度。根据2001—2008年及2009—2016年各个城市的相对创新发展速度的测算结果,将各城市的创新发展速度划分为高速、中速、低速3种类型,并基于中国八大经济区域,比较相对创新发展速度的东西差异及南北差异(表14-4)。结果显示,中国城市的相对创新发展速度在2001—2008年及2009—2016年均存在较为明显的空间分异性,且由"东快西慢"向"均衡发展"转化。

表14-4 中国八大区域创新发展水平对比

区域	相对创新发展速度均值		中高速发展城市数量/个	
	2001—2008年	2009—2016年	2001—2008年	2009—2016年
东北地区	0.45	0.52	1	0
北部沿海	0.65	1.12	4	15
东部沿海	1.60	1.80	19	23
南部沿海	1.47	1.41	17	20
黄河中游	0.50	0.90	4	19
长江中游	0.64	1.90	7	35
西南地区	0.47	1.67	1	41
西北地区	0.29	0.97	1	17

2001—2008年,在区域尺度上,相对创新发展速度均值大于1(中高速发展)的区域仅有东部沿海地区和南部沿海地区,分别为1.60和1.47,远远高于其他区域,东南地区的创新具有绝对的优越性。在城市尺度上,城市创新发展速度较快的城市主要分布于东部沿海和南部沿海地区,在中高速发展的54个城市中,位于东、南沿海地区的城市占到了66.7%,尤其是南部沿海地区

的深圳市、东莞市、佛山市，分别以8.68、6.04、5.99的相对创新发展速度快速发展，牵引中国城市创新重心向南偏东方向移动。

2009—2016年，从区域尺度上，除黄河中游地区、东北地区及西北地区，其他5个区域相对创新发展速度均大于1，南部沿海地区城市创新速度略有下降，其他区域城市创新速度均有所提升，长江中游地区及西南地区城市创新快速发展。在城市尺度上，中高速发展的城市数量达到170个，较多地分布在长江中游及西南地区，除东北地区外，其他区域分布较为均匀，中部城市如滁州市(6.63)、芜湖市(5.94)创新能力快速提升，进而影响中国城市创新重心向西南方向偏移。

三、创新投入与创新效率

创新投入与创新效率是促进城市创新重心转移的直接因素。创新发展水平主要取决于创新的投入规模与效率（刘汉初等，2018）。城市创新投入包括人力投入和财力投入两个方面，其规模的大小在一定程度上反映城市创新资源的丰富程度。创新效率的高低决定了同等创新投入下创新产出的多少，反映城市创新资源的有效配置水平。

根据2002—2017年《中国科技统计年鉴》及《全国科技经费投入统计公报》数据，2001—2016年，中国东部沿海地区和南部沿海地区分别以13.22%、13.25%的人员投入年均增长速度和22.00%、20.55%的资金投入年均增长速度引领全国创新发展，整体推动创新重心向东南方向偏移。2001年，北部沿海地区以21.09%的创新人员投入比重和27.13%的创新资金投入比重居于首位，但之后该地区的创新投入力度逐渐减弱，创新人员投入增速由2002年的27.03%下降至2016年的1.38%，创新资金投入增速由2002年的32.58%下降至2016年的8.14%，导致创新发展重心逐渐南移。在创新效率方面，中国创新效率在空间上表现为东部高于中部高于西部（范斐等，2013；杜志威等，2016），在八大经济区中，南部沿海和东部沿海地区的创新效率遥遥领先（庞瑞芝等，2010；黄贤凤，2013）。相比来说，东南部地区创新资源丰富，创新型产业发展速度和创新成果转化速度较快，而中西部地区经济基础较为薄弱，还面临着人才流失、资金紧张等情况,创新发展速度较慢。近年来,中西部地区的投入规模不断扩大,中国创新投入水平的总体差异逐渐缩小(盛科荣,2010),网络时代、高铁时代的到来也使东西部城市间的交流日益密切,知识传播的深度和广度提升(张旭亮等,2017),促进了中西部城市创新发展。

四、创新环境

创新环境为创新活动提供支撑条件,是促进城市创新重心转移的重要因素。21世纪初期,中国处于经济起飞阶段,长三角和珠三角是经济发展的重要引擎(许家伟等,2011)。东南地区的市场经济活跃,投资体系和技术交易市场较为完善,知识产权保护力度较大,且生活环境优越,基础设施完备,收入水平较高,对企业及人才均具有很强的吸引力。人才和外资的集聚也促进了先进的发展理念和创新理念的发展与传播。相比而言,经济发达的东南地区更能认识到创新的重要性,财政资金能够有目的地向研究机构、重点高校及创新型产业倾斜,进而推动东南地区的创新发展。虽然近年来中国经济发展的东西差异有所减小,但由于东南经济发展基础和比重较大,短时间内还无法改变这种局面。此外,创新基础设施作为创新活动和知识流动的重要载体,对区域创新能力的提升有积极作用(侯鹏等,2014)。截至2016年,国家批准设立的17个国家自主创新示范区中,有9个位于东部地区,火炬计划软件产业基地企业数东部、中部和西部地区占比分别为73.38%、16.01%、10.61%,国家级科技企业孵化器数占比分别为66.09%、20.70%、13.22%,众创空间占比分别为68.93%、13.36%、17.71%。由此可见,东部地区创新发展存在绝对的优势,中西部地区的城市依然存在很大的发展空间。

第五节 结论

2001—2016年中国城市创新重心先后经过菏泽市、商丘市、亳州市、阜阳市、六安市,均分布在几何中心的东部,中国城市创新存在明显的东西差异。中国城市创新重心移动大体呈现西北—东南—西南—东南向的倒S弧形轨迹。在经度方向上呈 N 字形波动上升，整体上表现为向东移动，创新发展的东西差异在经历了快速增加、微弱减小之后，在一个新的高度上进一步拉大，创新发展始终呈现东强西弱的空间格局；在纬度方向上呈现持续南移的态势，创新发展的南北差异先减小后增大，南方创新发展追平并赶超北方，创新发展格局由"北强南弱"演变为"南强北弱"，且有进一步深化的趋势。

2001—2008 年，中国城市创新重心向东南方向移动，东南地区是我国创新发展的重要引擎；2009—2016 年，中国城市创新重心既有东南向的移动，又有西南向的移动，中西部地区城市创新发展水平逐渐提升。从移动距离来看，2002—2009 年，创新重心移动相对剧烈；2009—2016 年，创新重心移动相对缓和。整体来看，中国城市创新重心表现为向东南方向移动的趋势。

2001—2016 年，中国城市创新重心显著区别于几何中心，存在明显的重心偏离，且创新发展的不平衡性逐渐加剧。2001—2008 年，各城市创新发展的差异程度逐渐加大；2009—2016 年，城市创新发展进入均衡发展期。创新发展的南北差异是促成中国城市创新重心与几何重心空间偏离的主要力量。区域发展政策、相对创新发展速度、创新投入与创新效率、创新环境的差异是影响中国城市创新重心移动的主要因素。

第十五章　城市产业园区：以中关村产学研合作创新网络为例

城市作为产学研结合的重要载体，产学研结合促进城市创新发展，城市的产学研结合及其网络成为城市创新发展的关键因素之一。本章在定性分析中关村产学研合作创新网络形成与发展过程的基础上，从企业层面出发，结合社会网络分析与空间分析方法，揭示中关村产学研内部、外部合作创新网络的时空演化特征。

第一节　创新网络形成与发展过程

20世纪50年代末，国家实行"半工半读"的产学教育与推进"两弹一星"工程，推动中国科学院、中国工程院、清华大学、北京大学以及近千家企业共同研发，为中关村发展及其产学研关系的萌芽奠定基础。此后，1980年北京第一家民办科技机构建立，1988年国务院正式批准《北京市新技术产业开发试验区暂行条例》，2009年国务院批复同意中关村建设国家自主创新示范区。以这些时间节点与事件为标志，中关村在企业发展、园区扩张、政策支持、影响力强度等方面都发生了不同程度的显著变化。据此，将中关村产学研合作创新网络的形成与发展大致分为萌芽阶段（20世纪50年代至80年代初）、起步阶段（20世纪80年代初至80年代末）、提升阶段（20世纪90年代初至2009年）、成熟阶段（2009年至今）共四个阶段。中关村产学研合作创新网络的形成及发展过程与中关村发展历程是密不可分的，每个阶段的园区规模、标志事件、产学研合作模式、网络稳定性、演化动力、产学研合作形态、产学研合作形式各不相同(表15-1)。

表15-1 中关村产学研合作创新网络的形成与发展

创新网络要素	发展阶段			
	萌芽阶段	起步阶段	提升阶段	成熟阶段
园区规模	尚未形成	电子一条街	一区三园、一区五园、一区十园	一区十六园
标志事件	"两弹一星"工程	创办"北京等离子体学会先进发展技术服务部"	国务院批准《北京市新技术产业开发试验区暂行条例》	国务院发布《关于同意支持中关村科技园区建设国家自主创新示范区的批复》
产学研合作模式	政产学研	政产学研	政产学研、政学研金介	政产学研金介
网络稳定性	极不稳定	不稳定	较稳定	很稳定
演化动力	国家需求	市场驱动	政府、少量中介机构	大量中介机构、金融机构、销售商与政府
产学研合作形态	点对点	点对点	点对链	链对链
产学研合作形式	承担国家重大项目的产学研合作	衍生企业；联合研发；技术转让；项目委托	技术转让；项目委托；联合研发；共建科研基地；人才培养的产学研合作	技术转让；项目委托；联合研发；共建科研基地；人才培养的产学研合作；产业技术联盟合作

第二节 数据来源与研究方法

一、数据来源

基于专利合作数据构建中关村产学研合作创新网络，涉及两类数据：(1)企业与高校专利合作数据；(2)企业与科研院所的专利合作数据。数据来源渠道为国家专利信息服务平台。由于中关村"一区十六园"的十六园与北京市"14区2县"一一对应，当前中关村范围覆盖北京市绝大多数科技园区，并存在北京市全范围覆盖的扩张趋势。因此使用北京各区县专利合作数据代替中关村各园区专利合作数据，反映中关村园区的创新网络联系。

文中使用国家专利服务平台检索的专利授权数，以地址、时间、申请人为限制搜索条件，选取"公司"与"大学"、"公司"与"学院"、"公司"与"研究所"、"公司"与"研究院"、"公司"与"研究中心"、"厂"与"大学"、"厂"与"学院"、"厂"与"研究所"、"厂"与"研究院"、"厂"与"研究中心"的合作数据，各个创新主体空间地理坐标通过百度地图拾取获得，构建本研究的基础数据库。

根据中关村产学研合作创新网络的形成与发展各阶段园区扩张的特点：1994年（一区三园）、1999年（一区五园）、2006年（一区十园）、2009年（成为中国首个国家自主创新示范区）、2012年（一区十六园），并基于相同时间间隔原则，且专利从申请到授权需要1—2年周期，因此分别采用1995年、1999年、2003年、2007年、2011年、2014年的数据，从时间、空间两个维度定量探讨中关村产学研内部、外部合作创新网络的时空演化特征。

二、研究方法

借鉴社会网络分析中对社会关系与网络结构进行分析的思路，利用授权专利合作数据，结合ArcGIS网络分析的空间特性，定量探讨中关村产学研内部、外部合作创新网络的时空演化特征。其中，中关村产学研内部合作创新网络的分析从整体特征、网络中心性特征、网络空间结构特征等3个方面展开；中关村产学研外部合作创新网络的分析限于数据是以申请地址为北京的授权专利为基础，不包括申请地址为外地的专利合作数据。因此，仅预测其演化趋势。下文分别从中关村产学研内部合作创新网络与外部合作创新网络展开论述。

第三节　中关村产学研内部合作创新网络

一、网络整体特征

1. 网络总体状况

结合社会网络分析以及 ArcGIS 软件,分析 1994 年、1998 年、2002 年、2006 年、2010 年以及 2013 年中关村产学研合作创新网络(图 15-1)。可以看出,1994—2013 年,中关村产学研内部合作创新网络总体与中关村园区扩张路径相似,呈现为合作范围不断扩大,由中心向外围辐射;合作规模不断增大,既包括产学研合作总体规模,也包括个体合作最大规模;合作网络越加复杂,各个创新主体之间联系多向化趋势明显。

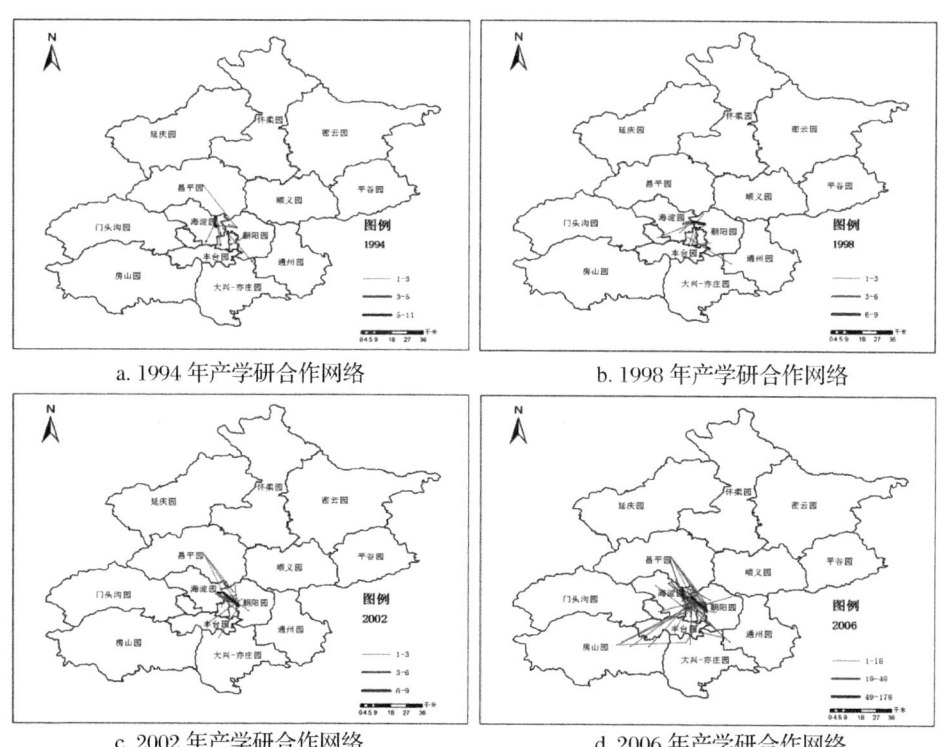

a. 1994 年产学研合作网络　　　　b. 1998 年产学研合作网络

c. 2002 年产学研合作网络　　　　d. 2006 年产学研合作网络

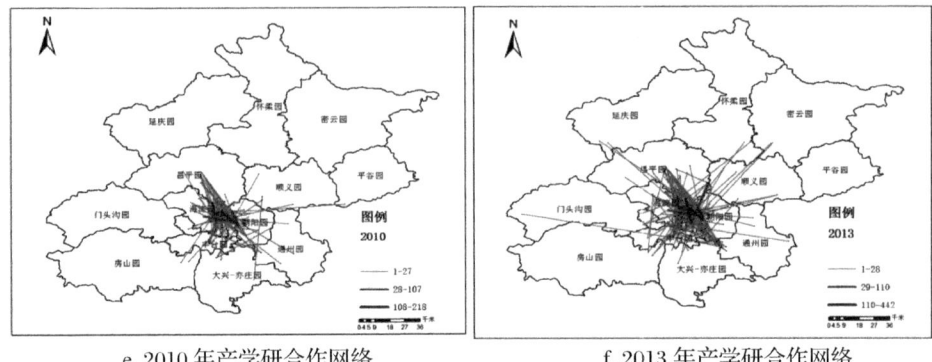

e. 2010年产学研合作网络　　　　　f. 2013年产学研合作网络

图15-1　1994—2013年中关村产学研内部合作创新网络演化过程

2. 网络规模

中关村产学研合作规模不断扩大，1994—2013年中关村产学研专利合作次数从37次快速上升到2 665次，增长了71倍，年均增长60.84%。其中，1994—2001年中关村产学研专利合作规模增长较为缓慢，2002—2010年增长进入快车道，2010—2013年增长速度进一步提高（图15-2）。

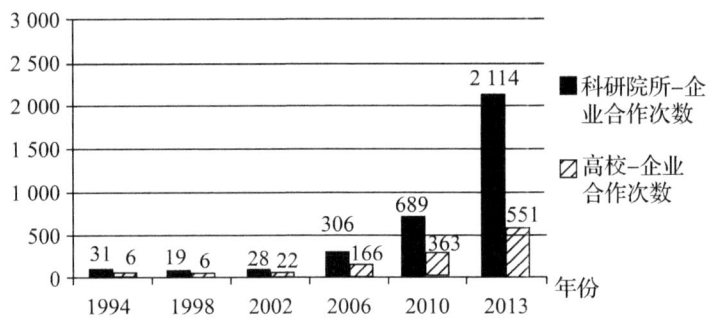

图15-2　1994—2013年中关村产学研内部合作次数

网络合作规模的扩大与园区的扩大以及政策因素有密切的关系。20世纪90年代政府开始介入产学研合作，但未有明确的产学研合作激励政策；2000年后，中关村科技园区正式成立并扩展为"一区五园""一区十园"，2007年颁布了《北京市鼓励企业与高校、科研院所进行产学研合作的若干意见》，这一阶段中介机构、金融机构等进一步推动产学研的合作,政策的激励以及中介及产学研合作要素的介入,推动产学研合作进入快速提升期。2009年中关村被批复为国家自主创新示范区,伴随科技服务业的发展,各类中介机构、金融机构在产学研合作中的作用更加凸显,产学研合作进入指数增长阶段。

3. 合作的区域特征

从各园区产学研专利合作分布来看,中关村产学研合作集聚区为海淀园、朝阳园,并逐步向外围园区扩张,集聚程度波动下降。1994年,海淀园集聚中关村81.08%的产学研合作次数,其次为朝阳园、昌平园、西城园、大兴-亦庄园;1998年产学研合作集聚程度有所下降,集聚产学研合作次数最多的园区为海淀园与朝阳园,占比共82%,此后海淀园与朝阳园成为发生中关村产学研合作的中心;2002年与2006年集聚程度有所上升,两者共集聚产学研合作次数占比分别为85%、94.6%;2010年与2013年产学研合作集聚程度有所下降,海淀园与朝阳园共集聚产学研合作次数占比分别为82.75%、69.36%,其中2013年最为分散,西城园、昌平园、东城园分别集聚14.07%、7.54%、3.62%产学研合作次数。

二、网络中心性特征

本部分主要从度数中心度与中间中心度两个维度探讨中关村产学研合作创新网络中心性。由1994—2013年中关村产学研内部合作网络图(以度数中心度为例)(图15-3)、1994—2013年中关村产学研内部合作创新网络关键节点(表15-2)可知:①中关村产学研合作创新网络不存在整体性的中心点,但存在局部中心点,2010到2013年"中心-边缘"网络模式发展趋势明显。②随着合作网络规模增大,合作网络关键节点在整体网络所起的组织程度不断降低。20世纪90年代,清华大学、北京大学与其衍生企业(北大方正集团有限公司、北京北大方正电子有限公司、北京方正印捷数码技术有限公司、方正信息产业控股有限公司、清华同方股份有限公司)之间发生的产学研合作在中关村产学研合作中发挥重要作用,特别是在20世纪90年代初期,此后其作用有所减弱,但北京大学、清华大学由于拥有较强的研发基础,在中关村产学研合作网络中

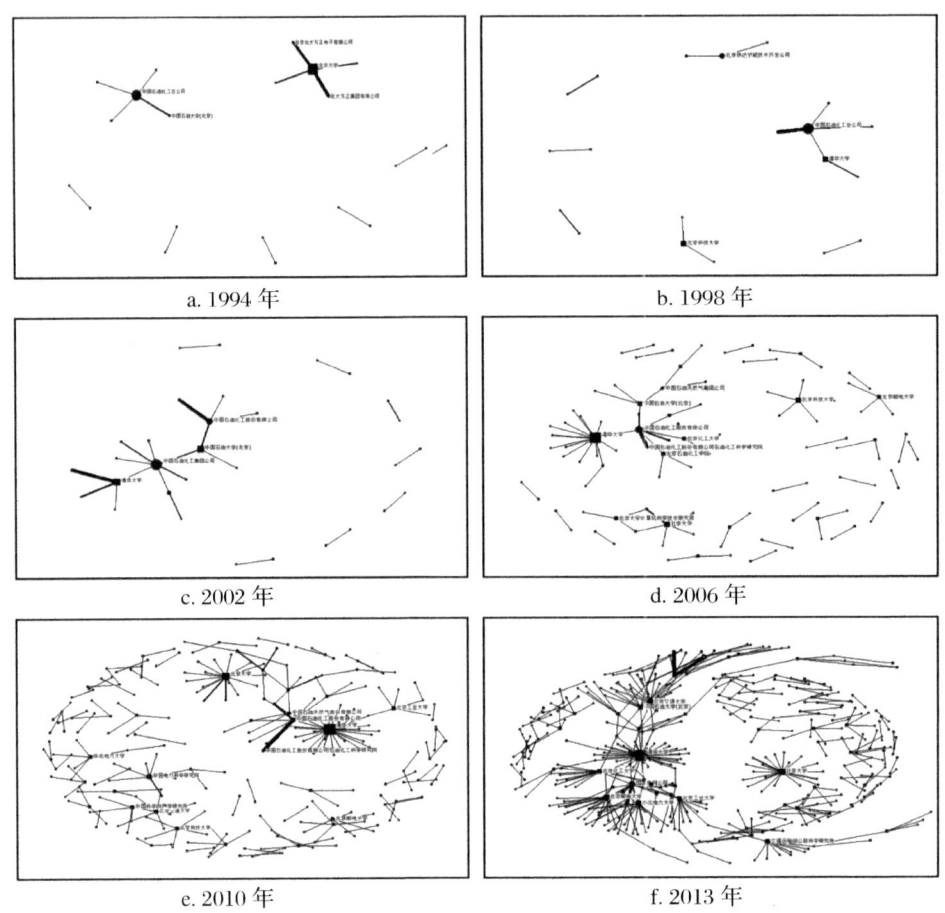

图 15-3 1994—2013 年中关村产学研内部合作网络图(以度数中心度为例)

一直处于重要位置。③大型国有企业(或央企)在中关村产学研合作网络中组织或控制作用越来越大。其中,1994—2010 年中石化公司一直占据中关村产学研合作网络最中心的位置,到 2013 年重要程度有所下降,度数中心度与中间中心度均排名第二,仅次于国家电网公司;2013 年度数中心度排名前 10 的网络关键节点均为大型国有企业(或央企)。主要原因是北京不断吸引世界 500 强以及国内 500 强企业总部入驻,一方面这类企业专利产出数量巨大,特别是石油行业企业,在国家以及中关村大力推动协同创新背景下,加强产学研合作。

另一方面这类企业从成立以来在人才、企业衍生与扩张等方面与北京的大学保持着天然的联系；1994—2002年中间中心度排名前10的企业多为零，可见早期网络中的企业倾向与专业领域内某一所大学发生合作关系。④从高校与科研机构看，与科研机构相比，度数中心度排名前10的关键节点中大学的数量越来越多，以理工科院校为主，说明理工科院校对网络的控制作用不断加强，主要原因是理工科以专利形式的创新产出比率高，中关村的企业以电子信息、先进制造等技术领域为主，理工科院校符合这两类企业的研发需求。此外，中国科学院在中关村产学研合作创新网络发展历程中发挥重要作用，但由于不同研究所在数据统计中属单独统计，因此中科院各个分所在个体中心性分析中表现并不凸显。

表15-2　1994—2013年中关村产学研内部合作创新网络关键节点

年份	企业			高校与科研机构		
	名称	度数中心度	中间中心度	名称	度数中心度	中间中心度
1994年	中国石油化工总公司	0.4	0.037	北京大学	0.4	0.037
	北大方正集团有限公司	0.1	0	北京海淀天新电子技术研究所	0.1	0
	北京北大方正电子有限公司	0.1	0	北京航空航天大学	0.1	0
	北京方正印捷数码技术有限公司	0.1	0	北京市电影机械研究所	0.1	0
	北京福瑞德机电新技术公司	0.1	0	化学工业部北京化工研究院	0.1	0
	北京市崇文区京能实业公司	0.1	0	清华大学	0.1	0
	北京市海淀区天工机电产品加工厂	0.1	0	铁道部科学研究院运输及经济研究所	0.1	0
	北京市宣武区中大特种眼镜公司	0.1	0	中国科学院微生物研究所	0.1	0
	方正信息产业控股有限公司	0.1	0	中国石油大学(北京)	0.1	0

续表

年份	企业			高校与科研机构		
	名称	度数中心度	中间中心度	名称	度数中心度	中间中心度
1994年	中国燃料总公司	0.1	0	中国石油化工总公司石油化工科学研究院	0.1	0
1998年	中国石油化工总公司	0.364	0.055	北京科技大学	0.222	0.006
	北京快达节能技术开发公司	0.182	0.006	清华大学	0.222	0.025
	北京京安兴达机电设备公司	0.091	0	北京大学	0.111	0
	北京麦科测控技术发展公司	0.091	0	北京清达核应用技术研究所	0.111	0
	北京清大电子仪器联合公司	0.091	0	北京市房地产科学技术研究所	0.111	0
	北京桑达太阳能技术有限公司	0.091	0	北京市太阳能研究所	0.111	0
	北京市高速公路交通工程公司	0.091	0	北京市消防科学研究所	0.111	0
	清华同方股份有限公司	0.091	0	机械工业部北京机械工业自动化研究所	0.111	0
	首钢总公司	0.091	0	中国石化北京设计院	0.111	0
				中国石油化工总公司石油化工科学研究院	0.111	0
2002年	中国石油化工集团公司	0.412	0.239	清华大学	0.267	0.1
	中国石油化工股份有限公司	0.235	0.1	中国石油大学(北京)	0.267	0.167
	北京国纬达环保科技有限公司	0.059	0	化学工业部北京化工研究院	0.133	0.036
	北京华林特装车有限公司	0.059	0	北京大学	0.067	0
	北京控股磁悬浮技术发展有限公司	0.059	0	北京科技大学	0.067	0

续表

年份	企业			高校与科研机构		
	名称	度数中心度	中间中心度	名称	度数中心度	中间中心度
2002年	北京市第七城市建设工程公司	0.059	0	北京石油化工学院	0.067	0
	北京市联华粉体工程技术开发公司	0.059	0	北京市环境卫生设计科学研究所	0.067	0
	北京现代绿源环保技术有限公司	0.059	0	电气工程与自动化学院	0.067	0
	北京殷华激光快速成形与模具技术有限公司	0.059	0	冶金工业部建筑研究总院冶金环境保护研究所	0.067	0
	北京中科模识科技有限公司	0.059	0	中国环境科学研究院	0.067	0
2006年	中国石油化工股份有限公司	0.225	0.08	清华大学	0.212	0.068
	中国石油天然气集团公司	0.075	0.018	北京大学	0.076	0.003
	北京北大方正电子有限公司	0.05	0.001	北京科技大学	0.076	0.002
	北京北大方正技术研究院有限公司	0.05	0.001	中国石油大学（北京）	0.061	0.033
	北京市高水矿业技术开发公司	0.05	0.006	北京大学计算机科学技术研究所	0.045	0.001
	安泰科技股份有限公司	0.025	0	北京化工大学	0.045	0.012
	北大方正集团有限公司	0.025	0	北京石油化工学院	0.045	0.012
	北京安波特基因工程技术有限公司	0.025	0	北京邮电大学	0.045	0.001
	北京安拓思科技股份有限责任公司	0.025	0	中非地质工程勘查研究院	0.03	0
	北京博奥生物芯片有限责任公司	0.025	0	中国电力科学研究院	0.03	0

续表

年份	企业			高校与科研机构		
	名称	度数中心度	中间中心度	名称	度数中心度	中间中心度
2010年	中国石油化工股份有限公司	0.095	0.016	清华大学	0.156	0.039
	中国石油天然气股份有限公司	0.06	0.017	北京大学	0.092	0.004
	中国石油天然气集团公司	0.048	0.004	中国电力科学研究院	0.04	0.001
	北京国电富通科技发展有限责任公司	0.036	0	北京工业大学	0.029	0.008
	北京城建设计研究总院有限责任公司	0.024	0	北京交通大学	0.029	0
	北京城市排水集团有限责任公司	0.024	0.002	北京科技大学	0.029	0
	北京华电纳鑫科技有限公司	0.024	0	北京邮电大学	0.029	0
	华为技术有限公司	0.024	0.009	华北电力大学	0.029	0
	中国海洋石油总公司	0.024	0.003	中国科学院声学研究所	0.029	0
	中国石油集团长城钻探工程有限公司	0.024	0.001	北京航空航天大学	0.023	0
2013年	国家电网公司	0.141	0.1	清华大学	0.139	0.137
	中国石油化工股份有限公司	0.055	0.017	北京大学	0.064	0.002
	华北电力科学研究院有限责任公司	0.047	0.03	北京交通大学	0.047	0.034
	中国神华能源股份有限公司	0.047	0.043	北京邮电大学	0.047	0.029
	中国海洋石油总公司	0.039	0.023	华北电力大学	0.044	0.02

续表

年份	企业			高校与科研机构		
	名称	度数中心度	中间中心度	名称	度数中心度	中间中心度
2013年	中国石油天然气股份有限公司	0.031	0.038	北京工业大学	0.041	0.055
	国网北京市电力公司	0.031	0.001	北京化工大学	0.041	0.028
	中电普瑞科技有限公司	0.031	0	中国石油大学(北京)	0.041	0.044
	中国石油天然气集团公司	0.031	0.009	交通运输部公路科学研究所	0.034	0.03
	朔黄铁路发展有限责任公司	0.023	0.021	中国电力科学研究院	0.03	0.013

三、网络空间结构特征

基于中关村区域产学研合作的核密度分析图，结合中关村产学研合作创新网络图、中关村产学研合作区域联系图以及中关村地图，构建中关村各年产学研合作区域空间结构。其中，1994—2002年中关村产学研合作区域空间结构总体表现较为简单，以中关村科学城、亚运村、建国门为核心，形成初具规模的辐射网状构造；2006—2013年区域空间结构得到快速发展，网络节点迅速增多，逐渐形成大中小并存的多核心辐射网络。

1.1994年中关村区域空间结构

1994年中关村产学研合作区域空间结构最为简单，网络各节点之间合作次数较少，联结简单。其中海淀园是产学研合作的核心区域，主要集中在中关村科学城，还有少部分分布在万寿路。与中关村科学城合作最多的为朝阳园，在亚运村形成明显的集聚区。此外，在建国门、昌平园与大兴的亦庄园形成小集聚区(图15-4)。

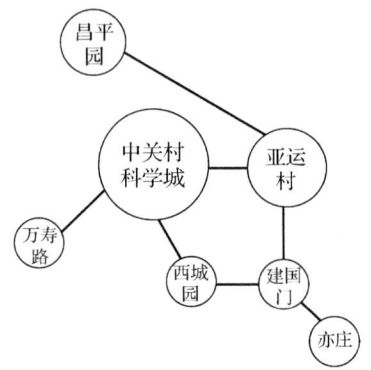

图 15-4　1994 年中关村产学研内部合作区域空间结构示意图

2. 1998 年中关村区域空间结构

与 1994 年相比，1998 年中关村产学研合作区域网络规模有所增大，形成由中关村科学城、亚运村以及西城园相互联系的闭合式区域空间结构，成为 1998 年中关村产学研合作的核心地带。但合作区域网络节点数量、网络联结构造复杂程度与 1994 年相当（图 15-5）。

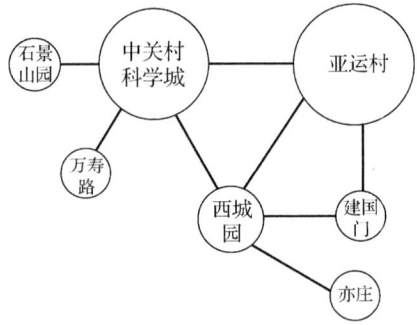

图 15-5　1998 年中关村产学研内部合作区域空间结构示意图

3. 2002 年中关村区域空间结构

2002 年中关村产学研合作区域网络初步形成了由双核心放射网络组成的区域网络，其中一个较大型的放射网络是以中关村科学城为核心，以亚运村-建国门、昌平园、丰台园、西城园以及东城园为次级网络节点；另一个小型的网络以亚运村、建国门为核心，以昌平园、东城园、南苑以及清河为次级网络节点。其中，2002 年形成的区域网络中，海淀园与朝阳园之间合作规模最大，其次为昌平园与朝阳园(图15-6)。

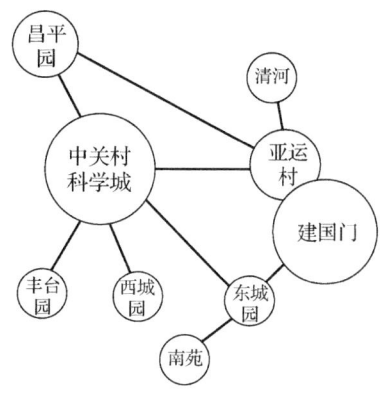

图15-6　2002年中关村产学研内部合作区域空间结构示意图

4. 2006年中关村区域空间结构

2006年中关村产学研合作区域网络节点迅速增多，网络结构复杂程度明显变大，形成了大、中、小辐射网络并存的网络构造。其中以中关村科学城为核心形成大规模辐射网络，网络以上地、亚运村-建国门、昌平园、西城园、东城园、南苑为一级节点，以石景山园、丰台园、房山园、永丰基地、稻香湖为二级节点；以亚运村-建国门为核心形成中等规模辐射网络，以昌平园、首都机场、东城园、南苑为网络主要节点；以南苑为核心形成小规模辐射网络(图15-7)。

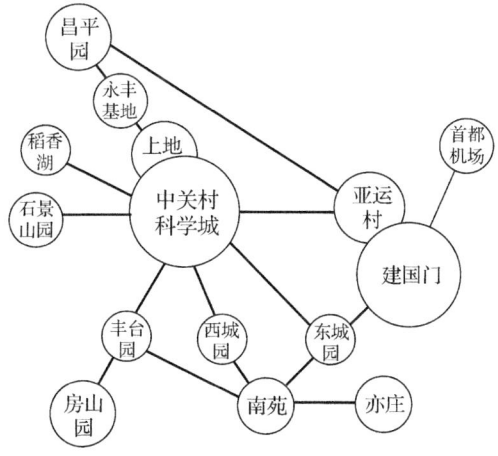

图15-7　2006年中关村产学研内部合作区域空间结构示意图

5.2010年中关村区域空间结构

2010年中关村产学研合作区域网络表现更复杂,网络覆盖范围更广,合作规模更大。以中关村科学城为核心的大规模辐射网络向西北、西南方向扩展较为明显;以亚运村-建国门为核心的次一级辐射网络向东北方向扩展明显。此外,以东城园、西城园为核心形成小规模辐射网络(图15-8)。

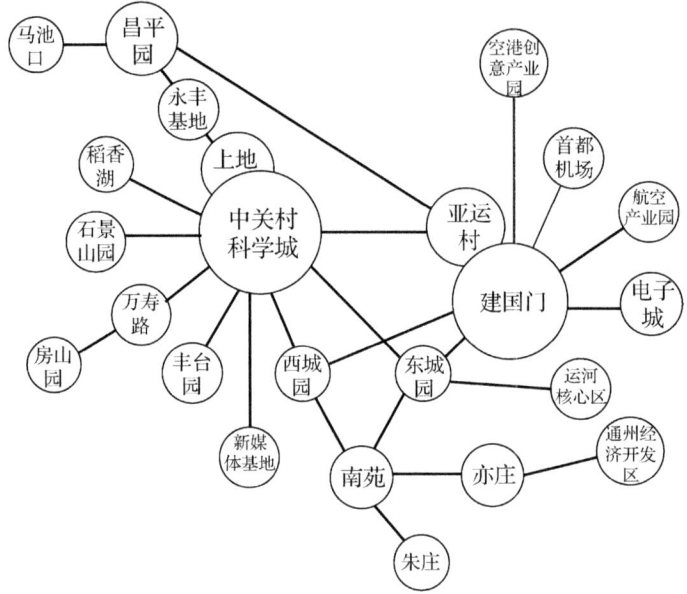

图15-8 2010年中关村产学研内部合作区域空间结构示意图

6.2013年中关村区域空间结构

2013年中关村产学研合作区域网络最为复杂、覆盖范围最广、合作规模最大。大、中、小规模的辐射网络相互交织,特别是小规模的辐射网络得到明显的发展,形成了以昌平园、丰台园、南苑等为核心的小规模辐射网络(图15-9)。

| 第十五章 | 城市产业园区：以中关村产学研合作创新网络为例

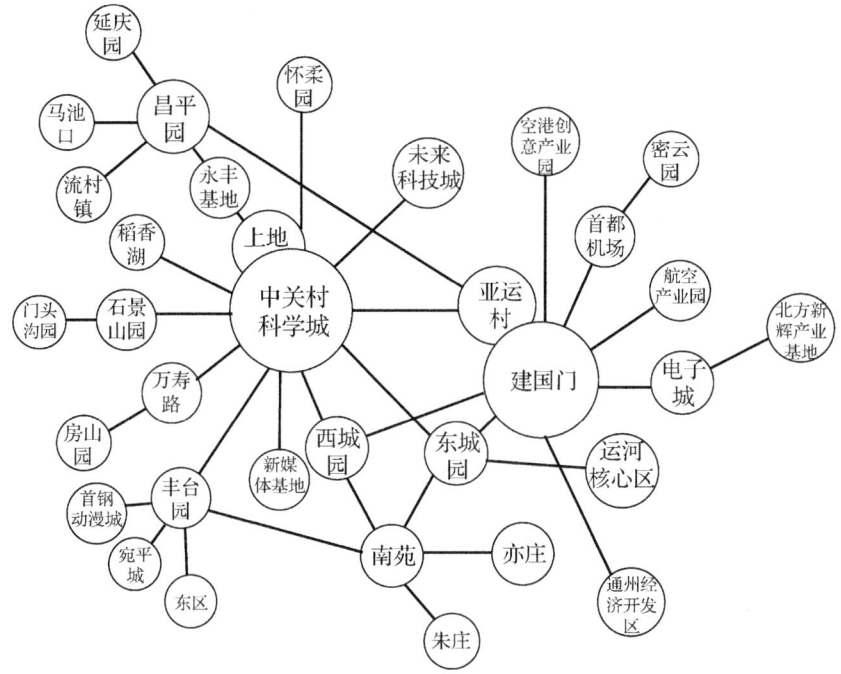

图 15-9　2013 年中关村产学研内部合作区域空间结构示意图

第四节　中关村产学研外部合作创新网络

基于中关村与全国各省区产学研合作数据，利用核密度分析的方法，得到中关村产学研外部合作演化首先在京津冀一带集聚，逐步扩散到环渤海地区、华东地区，此后沿着京广铁路往南扩散到珠三角地区，到 2013 年，对东、中、西部均产生明显的辐射作用。具体包括以下几个方面：

(1) 中关村产学研外部合作体量增长明显，且合作的广度和深度不断加深，网络规模日益扩大，覆盖的地域范围不断扩大，表明产学研合作是一个不断演进的过程。值得注意的是，科研院所-企业合作增长速度大于高校-企业合作。1994—2013 年中关村产学研外部合作数量从 38 次增长到 3 289 次，增长了约 86 倍，其中科研院所与企业的合作从 16 次增长到 2 676 次，高校与企业的合作从 22 次增长到 613 次。可见，科研院所-企业合作越来越受到社会的认可，成为产学研合作的主要形式。

(2)中关村产学研外部合作网络的空间扩散，兼有接触扩散和等级扩散两种特征，且两种空间扩散模式并非一直齐头并进，而是在不同的发展阶段，呈现出不同的扩散特征。1994—1998年接触扩散较强、等级扩散较弱，2006—2013年等级扩散与接触扩散共同成为外部网络演化的重要方式。理论上，尽管对空间扩散模式有类型上和阶段性的概括，但对于扩散的载体和受体却往往不是遵循单一的扩散模式，而是两种或多种模式的混合。模式的选择不仅取决于产学研本身的特性，而且与社会背景、创新环境、发展阶段等外部因素有关。

(3)中关村产学研外部合作空间集聚特征显著，但集聚程度有所下降。1994—2013年，合作排名前五的省份合作次数占比分别为73.68%、62.50%、85.15%、77.60%、67.25%、61.05%。可见，中关村产学研外部合作空间集聚程度较高，但集聚程度总体呈下降趋势。中关村产学研合作产生的示范效应和扩散效应能够带动邻近地区产学研合作的发展，缩减地区间的技术创新差距，从而推动产学研合作密集带的形成。

第五节　结论与讨论

20世纪50年代以来，中关村产学研合作创新网络经历了萌芽、起步、提升、成熟等4个阶段。产学研合作模式从"政产学研"合作模式发展为"政产学研金介"、网络稳定地随着网络复杂化而变得更加稳定、演化动力从依靠政府"单核推动"发展为政府与市场"双核推动"、产学研合作形式多样化发展。其中，从"提升阶段"以来，中关村产学研合作创新网络演化随着中关村园区规模的快速扩张在一区十六园获得长足发展，表现为合作范围不断扩大、合作规模不断增大、合作网络越加复杂。

海淀园与朝阳园是产学研合作最重要的集聚园区。伴随着中关村园区扩张路径，以海淀园、朝阳园为中心的外围园区产学研合作得到较快发展，中关村产学研内部合作创新网络形成较为明显的"中心-边缘"网络模式。其中，随着合作网络规模增大，合作网络关键节点在整体网络所起的组织程度不断降低；大型国有企业（或央企）在中关村产学研合作网络中组织或控制作用越来越大；企业-科研院所间的合作是当前中关村产学研合作的主要类型，但与科研机构相比，以理工科院校为主的大学对网络的控制作用不断加强，因此，为了进一步发挥中关村科研院所在产学研合作的作用，建议选取中国科学院、中国工程院的重点研究所，建立产学研合作平台，鼓励企业与科研院所进行合作。

中关村产学研合作创新网络以中关村科学城、亚运村、建国门为核心，逐步形成大、中、小规模的辐射网络相互交织的多核心空间结构。1994—2002年中关村产学研内部合作区域空间结构总体表现较为简单，以中关村科学城、亚运村为核心形成初具规模的辐射网状构造；2006—2013年区域空间结构得到快速发展，网络节点迅速增多，中、小型辐射网络得到快速扩散，逐渐形成大、中、小并存的多核心辐射网络。因此，为了加快北京外围城区创新环境的发展，加速城市职能疏解，建议依据中关村产学研内部合作创新网络特性，适当将清华大学、北京大学、北京交通大学、北京邮电大学、华北电力大学、北京工业大学、北京化工大学、中国石油大学（北京）、交通运输部公路科学研究所、中国电力科学研究院网络关键节点部分职能疏解到外围地区，将这些关键节点联系带动的大量城市人口流向外围地区集聚。

中关村产学研外部合作以京津冀为主要辐射区域逐步发展为对我国东、中、西部均形成明显的辐射带动作用。1994—1998年中关村产学研外部合作在京津冀一带集聚，2002年后逐步扩散到环渤海地区、华东地区，2006年后沿着京广铁路往南扩散到珠三角地区，到2013年，对东、中、西部均产生明显的辐射作用，并在环渤海地区与华北地区形成显著产学研合作密集带。

本章主要从产学研传统视角（企业、大学、科研院所等三个主体）进行探讨，尚未能结合其他要素展开定量分析。伴随着政府、中介机构、金融机构、销售商、供应商等实体对产学研合作产出所起的作用越来越大，这些要素对产学研合作发挥的作用越来越大，未来研究可从这一方向探讨；文中使用的数据为专利数据,这一数据仅代表能够测度的创新产出,对于一些未能量化的产出,如产学研合作商业模式的创新等,文中未能考虑,将在未来探讨产学研合作时进行深入研究。

第五篇
中国城市创新联系与空间创新体系

本篇使用重力模型测度了中国城市的创新联系,揭示了中国城市创新的空间体系的特征与变化,对中国最重要的三大都市经济圈的创新能级体系与联系进行了分析,以京津冀城市群为例,分析了城市群内的创新联系及特征。

第十六章 中国主要城市间的创新联系研究

城市是创新的主要载体,城市创新是城市创新动力的重要来源之一,城市创新联系促进了城市创新功能的优化与互补,促进了城市创新放大与创新外溢,促进了城市创新都市圈的形成。中国把自主创新、建设创新型国家作为国家发展的核心战略。城市创新是国家创新系统的核心内容之一,城市创新联系是国家创新体系的重要组成部分,对国家创新体系建设有重要作用。本章在国内外城市创新联系综述及理论分析的基础上,通过一组测度指标,界定了城市外向创新联系规模,采用重力模型,测度了中国主要城市间的创新联系强度及格局。

第一节 引言

早在20世纪50年代,城市创新联系引起了地理学者的关注。1953年哈格斯特朗(Hagerstrand)提出三阶段空间扩散的观点(Dodgson and Rothwell, 2000)。Pred在1977年进一步解释了创新通过城市体系的等级扩散(Pred, 1977)。程开明(2010)认为城市间的创新扩散流强度随距离呈负指数衰减,且受城市规模影响。20世纪80年代以来,随着全球化的发展,城市创新联系研究表现出以下几个特点:①研究的尺度扩大。全球城市体系理论强调全球城市在世界城市体系中的地位(Sassen, 1991; Hall, 1995),也包括全球城市创新的作用,但全球城市理论并没有对全球城市以及全球城市与其他城市的创新联系进行研究。②重视从创新网络研究创新联系(Castells and Hall, 1994; Christian and Annette, 1997)。③重视从城市体系研究创新联系。吕拉昌等认为中国创新城市体系空间格局呈现以北京、上海为"塔顶"的5级塔形城市体系结构(吕拉昌和李勇,2010;吕拉昌等,2009;Lyu and Huang,2012),并认为城市创新体系格局随时间发生变化,创新格局形成因子随空间尺度发生变化,并与空间扩散有密切关系(韩丽等,2010;Ouwersloot and Rietveld,2000)。④重视城市间的创新合作。目前研究以城市间公司或企业之间的产品联系为主,Hans Ouwersloot等(2000)通过R&D活动找出了创新联系与地理距离有一定的关系。P. J. Jeroen等(2010)深化了Ouwersloot的研究,从316个高科技小公司的调查数据中发现大部分的创新合作来源于"当地",然而,更多的R&D开支却来源于外地的一些组织机构。

综上所述,城市创新研究已从不同侧面对城市创新联系进行了多方面的研究,但由于城市间创新直接数据难以取得,使得测度城市间的创新联系仍然不易,有些学者采用合作论文、合作专利等进行创新联系的测度,但仅限于理论创新或技术创新的方面,无法较综合地反映城市间的创新联系格局,因此需要采用间接的模型方法,对城市间的创新联系进行测度。本章采用间接的测度方法,用改进后的重力模型,对中国城市的创新联系进行研究,试图揭示中国主要城市间创新联系的现状及特点。

第二节 研究范围及研究方法

一、研究范围及数据来源

本章研究范围包括中国(除港、澳、台地区以外)部分地级及以上城市,涉及直辖市、副省级城市、省会城市和地级市四种类型。以科技日报社、北京大学战略研究所等多家单位联合发布的《2009年中国城市创新报告》(科技日报,2007)为依据,选定了创新能力前50名的城市作为研究的对象,主要包括4种类型,即①直辖市4个:北京、上海、天津、重庆。②副省级城市15个:深圳、广州、宁波、杭州、南京、青岛、武汉、成都、大连、沈阳、西安、长春、厦门、济南、哈尔滨。③省会城市7个:长沙、郑州、福州、石家庄、太原、合肥、昆明。④地级市 24 个：苏州、佛山、东莞、无锡、嘉兴、绍兴、烟台、温州、珠海、常州、泉州、淄博、中山、南通、金华、唐山、台州、潍坊、包头、江门、威海、大庆、东营、镇江。

论文中的数据来源包括：《中国城市统计年鉴 2010》（国家统计局城市社会经济调查司，2011）、《中国火炬统计年鉴 2010》（科技部火炬高技术产业开发中心，2011）、《中国统计年鉴 2010》、2010 年各相关省市统计年鉴、第二次全国 R&D 资源普查相关数据（国家统计局，2011）。

二、城市间创新联系的测度方法与指标

1. 测算方法

采用改进的重力模型对城市创新联系进行空间测度。文中应用重力模型基于 2 个假设前提：

(1)重力模型系统具有广义的分形性质，即城市外向创新规模与现实生活中的实体有一定的相似性，同样受万有引力定律的支配。

优化后的重力模型公式如式(16-1)：

$$R_{ij}=\frac{KY_iY_j}{D_{ij}^2} \quad (16\text{-}1)$$

式中，R_{ij} 为两城市间的创新联系强度；K 为常数（通常也称为引力系数）；Y_i、Y_j 分别表示第 i、j 城市的外向创新规模；D_{ij} 为两城市之间的空间距离。

(2)城市间的创新引力大小可由城市外向创新规模和空间距离定义，在相同的创新规模下，空间距离越大，城市创新联系就越小，反之引力越大；同样，2 个创新主体城市间距离不变的前提下，城市外向创新规模越大，城市创新联系就越强，反之城市外向创新规模越小，城市创新联系就越弱。

2. 测度指标

根据上述模型的要求，首先需要界定城市外向创新规模，城市外向创新规模是城市创新外向性的体现，是指城市具有创新能量，可能输出的部分，主要由城市的规模、城市的创新规模、城市对外联系三方面构成（表 16-1）。

表 16-1 城市外向创新规模测度

目标层	准则层	指标层	单位
城市外向创新规模	城市规模	X_1：市区人均 GDP	万元
		X_2：建成区面积	平方公里
		X_3：市区常住人口	万人
		X_4：第三产业占 GDP 比重	%
		X_5：居民人均可支配收入	元
		X_6：市区人口密度	人/平方公里
		X_7：地方财政一般预算收入	亿元
		X_8：全社会固定资产投资	万元
	创新规模	X_9：高等学校在校学生数	人
		X_{10}：专利申请量	件
		X_{11}：专利授权量	件
		X_{12}：国家财政教育支出	万元
		X_{13}：国家财政科学支出	万元
		X_{14}：R&D 投入占 GDP 比重	%
		X_{15}：实际利用外资	万美元
		X_{16}：从事科研和技术服务方面人员数	万人
		X_{17}：从事教育方面人员数	万人
		X_{18}：从事生产性服务业方面人员数	万人
		X_{19}：高等学校数	所
		X_{20}：国际互联网用户数	户
		X_{21}：每百人公共图书馆藏书量	册
		X_{22}：高新区企业数	个
		X_{23}：高新区企业技术收入	千元
		X_{24}：国家级科技企业孵化器当年毕业企业数	个
		X_{25}：非国家级科技企业孵化器当年毕业企业数	个
		X_{26}：国家级示范生产力促进中心服务企业数	个
		X_{27}：国家大学科技园在孵企业数	个

续表

目标层	准则层	指标层	单位
城市外向创新规模	对外联系	X_{28}：民航客运量	人
		X_{29}：民航货运量	万吨
		X_{30}：公路客运量	万人
		X_{31}：公路货运量	万吨
		X_{32}：铁路客运量	万人
		X_{33}：铁路货运量	万吨
		X_{34}：邮政业务总量	万元
		X_{35}：电信业务总量	万元

第三节 中国主要城市间创新联系的测算

重力模型计算首先涉及城市间的距离，以城市政府所在地作为坐标原点，根据城市间的经纬网坐标，计算城市间的距离。

一、城市外向创新规模的测度

运用主成分分析方法，在综合衡量各指标后，对样本进行外向创新规模的成因分析，并将指标体系中各项指标综合得出外向创新规模的大小。运用统计分析软件 SPSS19.0 对城市外向创新规模中各指标的数据进行处理，通过 KMO 和 Bartlett 的检验，样本的值分别是 0.764 和 0.000，两者均通过检验，满足因子分析的条件。根据主成分分析的原则，主成分特征值应大于 1，方差解释的累计百分比应达到 80% 以上。经计算，抽取特征值大于 1 的主成分，前 6 个成分对方差解释的累计百分比为 84.659%，符合设定条件。其中前 6 个成分分别代表：

成分 I：高新区企业数、高新区企业技术收入、国家级科技企业孵化器当年毕业企业数、非国家级科技企业孵化器当年毕业企业数、国家大学科技园在孵企业数、从事科研和技术服务方面人员数、从事教育方面人员数、从事生产性服务业方面人员数、R&D 投入占 GDP 比重，这些指标主要反映了创新基础的规模。

成分Ⅱ：民航客运量、民航货运量、国家财政科学支出、国际互联网用户数、邮政业务总量、市区人口密度，主要反映了创新联系的规模。

成分Ⅲ：全社会固定资产投资、实际利用外资、国家财政教育支出、地方财政一般预算收入、建成区面积、市区常住人口，主要反映了创新的经济基础规模。

成分Ⅳ：高等学校在校学生数、国家级示范生产力促进中心服务企业数、铁路货运量、高等学校数、铁路客运量、第三产业占GDP比重，主要反映了人力资源与联系的规模。

成分Ⅴ：市区人均GDP、居民人均可支配收入、专利申请量、专利授权量、每百人公共图书馆藏书量，主要反映了创新的知识规模。

成分Ⅵ：公路客运量、公路货运量、电信业务总量，主要反映了城市间的联系。

通过各成分的得分系数和原始变量的标准化值的运算，得出样本的主成分得分和总得分(表16-2)。

表16-2 各主成分得分及总得分(部分数据)

序号	城市	成分Ⅰ	成分Ⅱ	成分Ⅲ	成分Ⅳ	成分Ⅴ	成分Ⅵ	总计
1	北京	6.204 95	0.620 03	1.094 86	−0.578 82	0.379 62	2.116 72	9.837 36
2	上海	−1.263 86	5.399 04	3.242 51	−0.323 95	1.172 79	−0.258 74	7.967 79
3	天津	−0.177 51	−0.958 03	2.966 83	0.914 36	0.477 67	−0.791 68	2.431 64
4	重庆	−1.365 02	−1.183 73	2.256 53	0.727 87	−2.488 03	3.488 37	1.435 99
5	深圳	−0.714 90	0.689 03	−0.983 07	−0.784 52	2.347 86	3.203 83	3.758 23
6	广州	−0.679 02	1.491 35	−1.343 15	3.072 67	0.780 34	0.975 08	4.297 27
7	宁波	−0.499 77	−0.538 54	−0.248 56	−0.012 86	0.636 62	0.948 65	0.285 54
8	杭州	0.570 50	−0.014 73	−0.217 50	0.215 83	0.885 56	0.099 60	1.539 26
9	南京	0.211 24	0.856 86	−0.627 09	0.891 03	0.652 60	−0.766 11	1.218 53
10	青岛	−0.419 48	−0.050 57	−0.048 61	0.423 95	−0.107 58	−0.076 46	−0.278 75
11	武汉	0.533 12	−0.382 42	0.332 35	2.550 64	0.329 11	−1.354 00	2.008 80
12	成都	−0.468 96	−1.346 38	0.617 99	2.653 96	0.123 25	1.549 10	3.128 96
13	大连	0.173 04	−0.940 51	1.063 95	0.245 09	0.366 86	−0.668 68	0.239 75

续表

序号	城市	成分Ⅰ	成分Ⅱ	成分Ⅲ	成分Ⅳ	成分Ⅴ	成分Ⅵ	总计
14	沈阳	0.033 90	−0.434 83	0.876 84	0.325 45	−0.249 28	−0.401 76	0.150 32
15	西安	0.782 47	0.605 20	−1.412 67	1.723 85	−0.986 35	0.678 54	1.391 04
16	长春	0.212 39	0.147 43	0.176 57	−0.115 18	−1.143 67	−0.561 40	−1.283 86
17	厦门	0.143 10	0.783 48	−1.331 94	−0.185 29	0.797 77	−0.807 86	−0.600 74
18	济南	−0.232 21	0.081 20	−1.150 56	2.168 66	0.328 14	−0.409 36	0.785 87
19	哈尔滨	0.514 40	0.327 57	−0.284 97	0.525 66	−1.032 76	−0.717 34	−0.667 44
20	长沙	−0.055 48	0.198 61	−0.109 62	0.385 59	−0.442 43	−0.160 25	−0.183 58
21	郑州	0.898 17	−0.194 99	0.293 60	0.627 61	−0.463 60	−1.095 29	0.065 50
22	福州	−0.055 27	0.564 49	−0.503 47	−0.155 34	−0.625 16	−0.400 38	−1.175 13
23	石家庄	−0.146 58	0.202 04	0.479 19	−0.162 43	−1.379 49	−0.512 58	−1.519 85
24	太原	0.425 84	0.437 54	−1.104 36	0.835 98	−0.515 15	−0.822 47	−0.742 62
25	合肥	0.101 21	0.148 88	0.117 10	0.109 15	−0.915 32	−0.614 83	−1.053 81
...	...	...	...	...	...	...	...	...

二、城市创新联系的引力强度

在测算城市外向创新规模的基础上，根据重力模型式(16-1)，得出城市创新联系的引力强度(表 16-3)，其中，引力系数 K 取 1000[①]。

表 16-3 城市创新联系引力强度(部分数据)

城市	北京	上海	天津	重庆	深圳	广州	...
北京	—	—	—	—	—	—	...
上海	131.28	—	—	—	—	—	...
天津	628.75	61.77	—	—	—	—	...
重庆	39.09	33.59	39.50	—	—	—	...

---

① 通过对国内外学者关于重力模型的研究发现，引力系数 K 的值一般为 1。然而，引力系数取值的大小往往不影响最终数据的对比分析。因此，在不影响最终研究结论的情况下，对模型中的 K 值进行适当的调整，确定 K 值为 1000。

续表

城市	北京	上海	天津	重庆	深圳	广州	…
深圳	44.73	60.88	46.52	80.30	—	—	…
广州	49.70	65.83	51.63	95.69	480.20	—	…
宁波	34.72	237.56	38.07	28.99	19.99	21.43	…
杭州	51.73	299.46	56.96	44.23	29.09	31.53	…
南京	60.27	168.84	67.79	45.00	24.63	27.17	…
青岛	63.16	54.09	78.99	23.56	11.31	12.45	…
武汉	61.19	79.33	65.39	85.07	37.91	43.80	…
成都	51.85	40.33	51.70	292.27	30.90	36.11	…
大连	89.42	41.19	107.80	24.00	11.16	12.25	…
沈阳	63.86	28.78	66.22	19.80	9.18	10.05	…
西安	61.84	39.30	61.67	99.22	21.32	24.56	…
长春	25.34	12.83	25.39	9.54	4.46	4.87	…
厦门	17.86	31.85	18.86	24.13	34.86	34.08	…
济南	133.86	56.31	177.71	38.84	16.06	17.88	…
哈尔滨	28.15	15.05	27.83	11.90	5.56	6.07	…
长沙	27.09	34.54	28.41	56.51	29.76	36.30	…
郑州	63.16	40.28	67.71	44.73	15.31	17.36	…
福州	14.98	32.55	15.96	17.81	18.59	19.16	…
石家庄	72.38	16.34	72.40	15.90	5.81	6.51	…
…	…	…	…	…	…	…	…

三、主要城市间创新联系的现状

1. 创新联系分级

根据测算得出的数据，本次研究得出459个城市创新联系。由于重力模型中距离因子的特性，以10为基数，并与自然对数的底（e）的n次方之间的乘积为分类标志，其中，$n=0,1,2,3$。最终将数据分为4类：引力极强（200.86～731.94）、引力较强（73.89～200.85）、引力一般（27.18～73.88）、引力较弱（10.00～27.17）。根据分类情况，得出城市创新联系引力极强的为10个，引力较强的为37个,引力一般的为134个,引力较弱的为278个。

2. 创新联系的总体状态

主要城市间创新联系目前具有以下特征:

从区域上看,中国经济发达的沿海地区,环渤海地区、长江三角洲地区、珠江三角洲地区城市内部的创新联系最强。中部五省城市间创新联系较为一般,这些城市与环渤海地区以及长江三角洲地区的城市创新联系相对密切,与珠江三角洲地区的创新联系相对较弱。中国整个城市创新联系格局是东强中弱,西部仅个别城市联系较强,东部城市创新联系格局呈现出"金三角"的格局,三个顶角分别是:以上海、南京、杭州为核心的长江三角洲经济圈;以北京、天津为首的环渤海经济圈;以广州、深圳为首的珠江三角洲经济圈。

从城市间的创新联系的引力强度看,城市间创新联系大小排名前40名中,珠江三角洲与长江三角洲内部城市创新联系最强,其中广州与佛山为731.94,排名第1。在前10位中,广州与深圳、广州与东莞、深圳与东莞排名分别为3、4、5。长江三角洲的上海与无锡为301.28,排名第6,上海与杭州、上海与苏州、上海与宁波分别为第7、9、10位。京津冀地区的北京与天津,以628.75排名第2位。中国西南部的重庆与成都联系极强,排名8,其他的城市间创新联系均未达到极强的水平。

从创新辐射区域的范围大小来看,具有中国创新辐射能力的城市主要有北京、上海、广州、深圳、天津、重庆,辐射范围覆盖了中国东北、华北、华中、华南等大部分城市。其次,具有地区性大范围创新辐射能力的城市有南京、杭州、武汉、郑州、济南、青岛、大连、西安等,辐射范围为以该城市为中心的周边较大城市。再次,具有区域内部辐射的城市有环渤海地区的石家庄、唐山、东营、淄博、潍坊,长江三角洲地区的镇江、南通、常州、无锡、苏州、嘉兴、绍兴、宁波、金华、台州、温州,珠江三角洲地区的佛山、东莞、中山、珠海、江门。在各自所在的区域内,具有一定的创新辐射能力。

3. 各区域内部及区际的创新联系

(1)东北地区城市与其他大区城市的创新联系

东北地区的城市内部的创新联系较弱,与环渤海地区的城市联系较强,与长江三角洲的主要城市有一定的创新联系，与珠江三角洲的城市创新联系较弱。其中东北的大连与环渤海地区的北京、天津、唐山有较强的创新联系，与上海有一定的创新联系，与广州、深圳等城市创新联系较弱，与中国中西部地区的城市创新联系较弱。

(2) 环渤海地区城市与其他大区城市的创新联系

环渤海地区的城市内部创新联系较强，与长江三角洲城市创新联系最强，与中国东北、西南、东南部地区的城市均有一定的创新联系。其中，北京与天津的创新联系最强，与本区域唐山，华北地区的济南、青岛，华东地区的上海，东北地区的大连创新联系也较强。天津同样与北京及本区域的主要城市有较强的创新联系，但与北京相比较，外向创新联系较弱。唐山与北京、天津有较强的创新联系，但与环渤海地区的其他城市联系较弱。济南、青岛除与这一地区的主要城市北京、天津有较强的创新联系外，与其他的城市创新联系较弱。

(3) 长江三角洲地区的城市与其他大区的创新联系

长江三角洲地区的城市内部联系较强，从外向创新联系来看，以环渤海地区城市和华中地区的城市为主。其中，上海与北京、武汉之间的创新联系最强。

(4) 珠江三角洲地区的城市与其他大区的创新联系

珠江三角洲城市内部联系极强，外向创新联系与西南地区重庆联系较强，与中国东部长江三角洲、环渤海地区及中西部地区的省会城市有一定的创新联系。

(5) 中国中、西部城市的城市创新联系

中国中部地区、西部地区的创新联系主要出现在省会城市，中部地区集中在郑州、武汉、长沙三个城市，西部地区主要集中在重庆、成都、西安等城市。其中武汉与东部的上海以及西部的重庆是创新联系最强的，重庆与广州、上海、成都、西安有较强的创新联系。中西地区的其他重要城市与东部及中部的城市有一定的创新联系，但联系强度十分有限。

第四节 结论与讨论

第一,城市创新联系研究有直接的测度与间接的测度两种方法,由于直接的测度方法难以获取相关的数据,因此运用数学模型方法,分析城市创新联系的格局,对认识城市空间创新规律,构建城市创新体系有重要的作用。本章对重力模型进行改进,初步分析了中国城市创新联系的格局,为中国国家创新体系建设以及规划创新型都市圈提供依据。

第二,从总体上看,中国城市创新联系格局与中国的经济以及城市发展水平有一定的关联性,总体联系格局是东部地区最强,中部地区次之,西部地区城市联系较强仅限于西部的个别城市,数量有限。中国东部沿海地区环渤海经济圈、长江三角洲经济圈、珠江三角洲经济圈内部的主要城市创新联系强度较大。就外向联系来看,环渤海经济圈、长江三角洲经济圈的创新联系紧密,外向性明显,两者创新联系较强,对全国辐射作用明显。珠江三角洲经济圈内部城市间总体联系较强,但对外辐射能力相对较弱。中国中部地区城市创新联系较弱,个别城市如武汉与中国东部及西部的城市有较强的创新联系。对中国的西部地区,创新联系仅限于个别城市,重庆与成都的创新联系最强,与西安及昆明有一定的联系。

第三,中国城市创新联系也呈现明显的等级性。北京、上海、广州、深圳、天津、重庆等城市与中国的许多城市有广泛的创新联系,具有全国影响力;南京、杭州、武汉、郑州、济南、青岛、大连、西安等成为具有地区性大规范的创新影响力的创新城市;其他省会城市或经济发达的城市则成为区域内部创新联系的节点城市。

第四,运用重力模型虽然可以测度城市创新联系的基本格局,但城市创新联系受多方因素的制约,尤其是体制、政策以及联系管道等方面的影响,而且,受现代信息技术的影响,城市间距离远,也不一定创新联系就不密切。因此,本章的结论是一个基本的格局,还需要进一步结合体制、政策等社会性因素进行分析,另外,形成这种格局的原因还需要进一步深入探讨。

第十七章 中国城市创新空间体系及变化

近10年来,在全球化、信息化以及创新浪潮的推动下,作为创新机器的城市创新迅速提升,中国的城市创新等级体系发生了重大的变化。本章在《基于城市创新职能的中国创新城市空间体系》一文的研究基础上,对研究数据进行了更新,使用相同的指标体系、统计方法和数学模型,探讨2005—2015年中国城市创新格局等级体系与影响因素的变化。

第一节 引言

世界经济发展到知识经济时代,创新已经成长为一个国家或地区科技进步、经济繁荣的重要引擎。城市是现代经济社会发展的重要载体,承担国家、区域重要的职能,在知识经济的浪潮下,城市创新受到国家和区域的广泛关注,城市作为重要的创新体,担负着重要的创新职能。近些年来,中国政府大力推进创新型城市建设,城市的创新能力逐步在提升,各城市在城市体系中的创新地位不断发生变化,需要研究中国城市创新体系的新格局及新变化。

目前,关于城市创新的研究主要集中在概念定义、组成要素影响分析、体系测度评价等方面,关于城市创新体系的空间特征研究较少。现有的空间研究又仅限于某一省级、某一城市群和某一区域尺度,关于全国范围的城市创新空间体系研究比较少。现阶段中国的城市创新体系的格局如何?影响其发展的主要影响因子是什么?这些都是需要深入研究的问题。本章基于相关统计数据,构建创新城市测度指标体系,采用因子分析等综合分析方法,选取全国范围内主要地级城市,探讨2005—2015年我国城市创新体系的空间分布特征、等级体系及影响因素，通过2015年与2005年的对比发现近10年我国城市创新体系的新格局、新变化。

第二节　文献综述

目前，国内外对于城市创新空间体系的研究主要集中于城市创新空间扩散、创新网络与等级体系方面。

一、关于城市创新空间扩散的研究

学者们虽然从不同的角度、利用不同的探究方法和不同的城市区域来研究城市创新空间扩散，但通过归纳总结发现：①城市创新空间扩散大致与城市的创新能力、等级、辐射范围、经济发展水平、基础设施等因素密切相关。徐雪琪、程开明（2008）基于回归、聚类、典型相关等方法的实证分析发现，长三角城市的创新能力与城市规模都具等级特征，两者之间有较强的相关性，创新在长三角城市间的空间扩散次序与城市等级结构具有一致性。曾鹏、曾坚（2008）等按尺度总结其具体空间层级的划分，并指出其空间布局所呈现出的巨构化、田园化和多元共构等特征和倾向。程开明、章雅婷（2018）对我国272个城市的城市创新空间溢出效应进行测度，发现城市创新空间溢出效应随着距离增加呈先增强后减弱的倒U形模式。易高峰、刘成（2018）以江苏省13个地级市为例，引入空间分析工具与模型，江苏省城市创新格局刻有明显的经济地带性差异的烙印，呈现出"北—中—南"逐渐增强的态势。②研究城市创新空间扩散多数仅限于区域或省内，从全国层次高度的扩散研究较为缺乏。李亚珂（2018）以长江中游城市群为例，利用城市创新扩散模型，实证研究了长江中游城市群城市体系结构不完善，呈现出"两头小、中间大"的特征，且创新表现出较明显的等级扩散的空间模式。丁志伟、康珈瑜（2018）等运用主成分分析法评价中原经济区29个城市的创新水平，研究发现各城市创新水平差异较大，整体表现出西北—东南分异的空间格局。马双、曾刚（2018）运用社会网络分析法刻画了2013年长江经济带城市间创新联系网络的网络密度、中心性和网络拓扑结构，研究表明,长江经济带城市创新网络整体密度较低,中心度较高的城市主要位于长三角地区,拓扑网络呈现显著的"核心-边缘"结构。

国外关于城市创新空间扩散的研究起步较早,理论研究成果相对比较丰富。瑞典地理学家哈格斯特朗是第一位全方位分析城市创新空间扩散的学者,他认为先进的技术首先在区域的中心城市出现,然后依据城市等级进行有规律的扩散转移,最终传播到偏远的边远地区(Hagerstrand,1967)。与此同时,他认为扩散的方式有"波状扩散、辐射扩散、等级扩散和跳跃扩散"等形式,并且与城市的发展阶段是相对应的(Hagerstrand,1952)。

二、关于城市创新网络的研究

Johnston 等(2016)通过对英国城和大学的分析,发现它们的位置是影响城市创新体系网络空间性和本地化形成的重要决定因素,这有利于大学与当地的城市创新体系建立网络关系,以实现相互协作。经过梳理发现,城市创新网络的研究主要集中于两个方面:①创新网络发展阶段与分层的划分。郭建科、韩增林(2018)等认为城市创新网络应包括创新源(中央智力区)、核心层(主城区)、紧密层(重点产业园区)、培育节点(重点城镇和产业点)、联通线(对内对外交通连接线)五个方面。王越、王承云(2018)基于区域创新联系,研究发现长三角地区的创新联系格局呈现出以苏州为一级节点城市,上海为二级节点城市,杭州、宁波、绍兴、镇江为三级节点城市的"核心-边缘"的创新网络结构特征。吕拉昌等(2019)以京津冀城市群为研究对象,认为京津冀城市群创新网络经历了初级发展阶段、增强发展阶段和扩展与快速发展阶段,且正逐步形成"双核+多节点"的创新网络格局。②城市创新网络发展态势的研究。段德忠、杜德斌等(2018)研究发现中国城市创新网络的生长与城市科技创新实力显著相关。唐建荣等(2018)基于创新网络,研究发现长三角城市创新网络处于动态演化中,逐渐形成"核心—次核心—边缘"的稳定态势,城市创新网络整体联系愈加紧密,但子群间关联强度存在显著差异。

三、关于城市创新空间等级体系的研究

此方面的研究学者们更加关注的是以时间轴为变化序列,创新空间等级体系的扩散和结构模式状况。韩丽等(2010)研究发现随着工业化进程深入发展,广东省城市创新极化效应得到减弱,城市创新以珠江三角洲为中心向外扩散,呈现出明显的空间等级体系。王玥、陈雯(2018)基于全球科技创新中心建设,认为长三角地区的创新等级可以明显地划分为三个层级,第一层是以上海作为中心城市发挥领头羊的作用,第二层以南京、杭州、合肥作为区域中心城市发挥出各自特色,第三层以中小城市的科技创新园区培育创新产业。

第三节 中国城市创新体系空间结构及类型分析

一、城市创新测度体系

为便于与 2005 年的城市创新体系作比较,仍采用吕拉昌等所构建的指标体系及其计算方法(表 17-1)。

表 17-1 城市创新测度指标体系

目标层	准则层	指标层	单位
城市创新能力	知识创新能力	x_1:普通高等学校数	所
		x_2:普通高等学校教师数	人
		x_3:科学家与工程师数	人
		x_4:研发经费占 GDP 比重	%
		x_5:论文发表数量	篇
		x_6:每百人公共图书馆藏书	册、件
		x_7:国际互联网用户数	户
	技术创新能力	x_8:大专以上人口占人口比重	%
		x_9:规模以上工业企业数	个
		x_{10}:外商投资企业数	个

续表

目标层	准则层	指标层	单位
城市创新能力	技术创新能力	x_{11}：规模以上工业企业研究与实验发展费用	万元
		x_{12}：规模以上工业企业办科技机构数	个
		x_{13}：信息传输、计算机服务和软件业及科学研究、技术服务和地质勘查业从业人员	人
		x_{14}：授权专利数	个
		x_{15}：各类专业技术人员数	人
		x_{16}：高科技产业综合水平	分
		x_{17}：第三产业增加值	亿元
	政府行为能力	x_{18}：科学与教育财政投入	亿元
		x_{19}：人均公共教育支出	元
		x_{20}：产权保护制度水平	%
		x_{21}：城市科教文化中心等级水平	%
		x_{22}：年末金融机构各项贷款	万元
		x_{23}：社会服务环境评价	%
		x_{24}：当年实际利用外资金额	万美元
	宏观社会环境	x_{25}：地区生产总值	万元
		x_{26}：市辖区年末总人口	万人
		x_{27}：邮政、电信业务收入	万元
		x_{28}：移动电话年末总户数	户
		x_{29}：城市晴好天数	%
		x_{30}：城市人工环境优美度	分
		x_{31}：自然区位便利度	分
		x_{32}：人力资源环境评价	分

二、数据来源及分析计算

1. 数据来源及主成分分析

本次选择评价年份为 2015 年，数据来源为《中国城市统计年鉴》以及各城市政府公开网站（如统计局官网）相关数据。由于创新数据的限制，共选取 66 个城市进行分析，除省会城市外，还有各自省内一些发展较好的地级市，但基本可以反映中国城市创新的格局。

根据主成分分析的思想，运用 SPSS 软件对 66 个城市的创新数据共计 32 个变量计算主成分（由于不同变量的单位不同，因此先对数据进行了标准化以消除量纲对评价结果的影响；旋转方法为"最大方差法"）。计算结果如表 17-2 所示，表明 32 个变量的信息主要集中在 4 个主成分上，这 4 个主成分的特征值均大于 1，累计方差占原变量总方差的 82.627%，符合因子分析原则。4 个主成分的累计贡献率为 82.627%，能够较好地解释各城市的创新能力。

表 17-2 主成分特征值及贡献率

主成分	特征值及贡献率			正交旋转后的特征值及贡献率		
	特征值	贡献率/%	累计贡献率/%	特征值	贡献率/%	累计贡献率/%
1	20.443	63.885	63.885	9.462	29.569	29.569
2	2.776	8.674	72.559	9.044	28.262	57.831
3	2.071	6.471	79.030	5.103	15.946	73.777
4	1.151	3.597	82.627	2.832	8.850	82.627

下面根据 4 个主成分进行城市创新的成因分析，并与 2005 年的具体情况进行对比，见表 17-3、表 17-4。

第一主成分主要由变量 x_{20}、x_{21}、x_{23}、x_{31} 构成，它们作用在第一主成分上的载荷分别为 0.897、0.897、0.893、0.892，反映了城市的产权保护、科教水平、社会服务以及自然区位的情况，可定义为城市创新环境因子。从计算的因子得分来看，北京、广州、深圳、上海居于前四位，反映了这几个城市知识产权保护水平较高，科学教育发达，社会服务较为完善，自然地理区位便利，可以认为中国城市创新等级与城市发展环境联系密切。

第二个主成分主要由 x_{16}、x_3、x_{10}、x_{19} 构成，它们作用在第二主成分上的载荷分别为 0.824、0.776、0.692、0.672，反映了城市的高新技术产业、科研人才、外商投资以及教育的情况，可定义为城市创新科研规模效率因子。从计算得分看，上海、北京、天津、东莞居于前四位，反映了这些城市高科技产业水平高，外商投资企业较多，技术研发力量雄厚。

第三个主成分主要由 x_2、x_1、x_6、x_{22} 构成，它们作用在第三个主成分上的载荷分别为 0.798、0.796、0.605、0.596，代表了它们的普通高等教育、人均公共图书以及金融贷款的情况，可定义为城市创新发展潜力因子。从计算得分来看，北京、上海、武汉、广州居于前列，反映出这些城市高等教育发展水平较高，金融贷款制度完善，为城市创新发展提供了良好基础。

第四个主成分主要由 x_8、x_{26}、x_{24}、x_{18} 构成，它们作用在第四个主成分上的载荷分别为 0.681、0.588、0.459、0.439，反映了人口文化程度、城镇化水平、外资利用以及科教财政投入的状况，可定义为城市创新规模因子。从计算得分来看，北京、上海、天津、重庆居于前列，反映出这些城市人口总体文化程度较高，城市化水平高，科教财政支持力度大，为创新主体及创新活动提供了良好的环境平台。

表 17-3 2005 年与 2015 年中国城市创新体系载荷因子变化对比

年份	第一主成分载荷因子	第二主成分载荷因子	第三主成分载荷因子	第四主成分载荷因子
2005 年	x_{10}、x_9、x_7、x_{25}	x_{15}、x_{13}、x_3、x_5	x_2、x_1、x_{21}、x_{32}	x_{20}、x_{31}、x_{30}、x_{16}
2015 年	x_{20}、x_{21}、x_{23}、x_{31}	x_{16}、x_3、x_{10}、x_{19}	x_2、x_1、x_6、x_{22}	x_8、x_{26}、x_{24}、x_{18}

表 17-4 正交旋转后的 4 个主成分在 32 个变量上的载荷矩阵

变量体系	正交旋转后的因子载荷矩阵			
	主成分 1	主成分 2	主成分 3	主成分 4
普通高等学校数	0.383	−0.023	0.796	0.330
普通高等学校教师数	0.355	0.078	0.798	0.335

续表

变量体系	正交旋转后的因子载荷矩阵			
	主成分1	主成分2	主成分3	主成分4
科学家与工程师数	0.141	0.776	0.297	0.433
研发经费占GDP比重	0.318	0.650	0.265	−0.073
论文发表数量	0.767	0.310	0.364	0.080
每百人公共图书馆藏书	0.117	0.513	0.605	0.233
国际互联网用户数	0.533	0.600	0.434	−0.021
大专以上人口占人口比重	−0.054	0.248	0.180	0.681
规模以上工业企业数	0.703	0.578	−0.130	0.107
外商投资企业数	0.469	0.692	0.013	0.171
规模以上工业企业研究与实验发展费用	0.534	0.666	0.185	0.179
规模以上工业企业办科技机构数	0.503	0.649	0.183	−0.185
信息传输、计算机服务和软件业及科学研究、技术服务和地质勘查业从业人员	0.238	0.599	0.591	0.379
授权专利数	0.573	0.634	0.221	0.175
各类专业技术人员数	0.294	0.627	0.574	0.100
高科技产业综合水平	0.271	0.824	0.121	0.292
第三产业增加值	0.451	0.648	0.542	0.246
科学与教育财政投入	0.368	0.667	0.388	0.439
人均公共教育支出	0.302	0.672	−0.037	−0.244
产权保护制度水平	0.897	0.303	0.256	0.103
城市科教文化中心等级水平	0.897	0.303	0.256	0.103
年末金融机构各项贷款	0.411	0.574	0.596	0.295
社会服务环境评价	0.893	0.309	0.257	0.063
当年实际利用外资金额	0.455	0.537	0.198	0.459
地区生产总值	0.568	0.544	0.451	0.306
市辖区年末总人口	0.360	0.305	0.375	0.588
邮政、电信业务收入	0.374	0.647	0.512	0.138
移动电话年末总户数	0.475	0.642	0.506	0.093
城市晴好天数	−0.026	0.148	0.276	0.045
城市人工环境优美度	0.883	0.277	0.276	0.045
自然区位便利度	0.892	0.301	0.268	0.085
人力资源环境评价	0.881	0.317	0.265	0.063

2. 综合评价模型及得分与中国创新城市空间特征

为了进一步显示各个城市的创新等级及其空间分布，需要采用各因子正交旋转后的方差贡献率作为权重，对其进行计算得分，并综合排序。第一主成分的权重为 0.295 69，第二主成分的权重为 0.282 62，第三主成分的权重为 0.159 46，第四主成分的权重为 0.088 50。因此计算公式为：

$$X = 0.295\,69 x_1 + 0.282\,62 x_2 + 0.159\,46 x_3 + 0.088\,50 x_4 \qquad (17\text{-}1)$$

式中，X 为综合得分，x_1、x_2、x_3、x_4 分别为各城市各个主成分得分，得分由 SPSS 计算而得。

利用 SPSS 软件获得的 x_1、x_2、x_3、x_4 得分并计算 X 的得分（即综合得分），并对其进行排序（表 17-5）。同时，依据创新能力得分，大致可以把全部的样本城市划分为 5 个等级（表 17-6），依次是国家创新中心城市、国家次创新中心城市、区域创新中心城市、地区创新中心城市、创新发展型城市，可以较为清晰地发现，我国城市的创新等级呈现出金字塔状分布排列。

表 17-5 城市创新能力得分排序前 10 位

排名	城市	主成分 1	主成分 2	主成分 3	主成分 4	最终得分
1	北京	6.574 086 852	10.112 048 16	9.193 383 49	7.419 428 42	6.924 355 139
2	上海	5.944 123 649	10.477 241 01	9.087 734 35	7.073 140 345	6.793 798 816
3	天津	3.922 984 395	6.604 611 919	2.559 976 876	4.489 939 392	3.832 156 225
4	广州	6.390 836 375	2.609 084 54	4.855 042 13	−0.741 800 88	3.335 621 52
5	深圳	6.026 193 395	2.500 435 451	1.080 139 035	0.673 228 067	2.720 377 846
6	苏州	5.117 083 629	3.559 217 095	−0.024 822 599	1.602 845 125	2.656 869 976
7	南京	5.196 286 601	1.646 195 093	3.736 730 27	0.597 126 47	2.650 442 343
8	重庆	4.366 516 916	1.973 221 636	1.870 077 348	4.300 010 407	2.527 560 741
9	东莞	4.150 538 765	4.369 428 931	−1.508 269 381	−1.164 189 534	2.118 621 403
10	武汉	4.504 528 139	−1.231 406 562	5.474 239 464	1.255 455 063	1.967 953 801

表 17-6 中国城市创新等级体系(不包括港澳台)

等级体系	特征描述	得分范围	2015年入选城市	2005年入选城市
第一等级	国家创新中心城市	≥6	北京、上海	上海、北京
第二等级	国家次创新中心城市	1.8~6	天津、广州、深圳、苏州、南京、重庆、东莞、武汉、杭州	深圳、广州、天津
第三等级	区域创新中心城市	0.42~1.8	宁波、沈阳、无锡、成都、长沙、大连、厦门、郑州、佛山、青岛、西安、济南、合肥、温州	杭州、南京、武汉、苏州、青岛、宁波、无锡、重庆、佛山、大连、沈阳、东莞、成都、济南、西安、厦门
第四等级	地区创新中心城市	−0.55~0.42	中山、镇江、福州、烟台、珠海、泉州、南昌、石家庄、哈尔滨、唐山、长春	中山、长沙、哈尔滨、太原、长春、福州、珠海、郑州、石家庄、温州、合肥、烟台、昆明、南昌、泉州、唐山、兰州、南宁、镇江、贵阳
第五等级	创新发展型城市	<−0.55	三亚、昆明、贵阳、包头、大庆、连云港、洛阳、湛江、南宁、呼和浩特、西宁、太原、九江、赣州、兰州、鞍山、湘潭、襄阳、乌鲁木齐、齐齐哈尔、柳州、大同、湖州、银川、宜宾、马鞍山、海口、宜昌、安庆、桂林	海口、呼和浩特、湖州、包头、桂林、秦皇岛、柳州、连云港、乌鲁木齐、大庆、洛阳、鞍山、湛江、银川、西宁、襄樊、九江、宜昌、株洲、大同、湘潭、齐齐哈尔、三亚、吉林、宜宾、开封、安庆、攀枝花、赣州、克拉玛依、宝鸡、马鞍山

第四节 结论

通过 2015 年与 2005 年中国城市创新等级的对比，可以得出以下结论：

(1) 从总体情况来看，经过近 10 年的发展，中国城市创新等级体系总格局没有发生较大的变化，仍呈现出金字塔状，以北京、上海为代表的顶部城市和以三亚、昆明、贵阳为代表的底部城市排列没有较大变化，但苏州、南京、重庆、东莞、武汉、杭州迈入第二等级，长沙、郑州等城市迈入第三等级。城市创新等级明显提高，城市总体创新能力得到明显提升。这与同一时期我国经济不断快速发展、综合实力不断增强、科研创新经费投入不断加大是有紧密联系的。

(2) 从地区分布来看，中西部地区省会城市（如武汉、郑州、长沙、合肥等）和东部沿海地区非省会经济发达城市（如苏州等）创新等级提升较大，由区域创新中心城市上升到国家次创新中心城市或由地区创新中心城市升级到区域创新中心城市，城市总体数量增多，我国区域创新能力总体上差异得到进一步缩小。2003 年以来，我国相继实施东部率先发展战略、中部崛起战略和西部大开发战略，全国三大区域得到协调发展，逐步缩小了区域发展差异，中西部地区得到明显快速发展。

(3) 从各个等级分层来看，高一等级创新城市体系末端与低一等级创新城市体系首端之间的差值不断增大，同等级城市体系首末两端差值总体上也不断增大（上海、北京二者是缩小的趋势，这个除外），城市创新体系等级分化明显。

(4) 从空间上来看，2015 年中国城市创新体系五个层级的代表城市如下：第一个等级是以北京、上海为代表的国家创新中心城市；第二个等级是以天津、广州、深圳为代表的国家次创新中心城市；第三个等级是以宁波、沈阳、无锡为代表的区域创新中心城市；第四个是以中山、镇江、福州为代表的地区创新中心城市；第五个是以三亚、昆明、贵阳为代表的创新发展型城市。与 2005 年相比，东部地区在中国城市创新体系中仍占据重要位置，但非省会地级城市大有追赶或取代省会城市成为区域创新中心城市之势。

(5)与 2005 年相比,国家创新中心城市、国家次创新中心城市、区域创新中心城市的数量在明显增多。因此从发展趋势来看,在今后的一段时间,我国城市创新体系将逐步从底多顶少的金字塔状向两端少、中间略鼓的橄榄形转变,届时我国城市创新将会得到更进一步的提升与发展。在未来的一段时间内,我国把全面建成小康社会、实现中华民族的伟大复兴作为战略发展目标,创新发展战略提升到前所未有的发展高度,各个城市的创新能力会得到有力提升。

第十八章 我国三大都市圈城市创新能级体系比较

大都市圈已成为国际经济发展的关键节点，是国际创新的主要支点。我国三大都市圈在我国创新体系中起着至关重要的作用。本章在对我国三大都市经济圈内城市创新能力进行测度分析的基础上，对三大都市圈的创新能级体系进行了比较，并应用重力模型，对中心城市创新引力进行测度与比较，分析了三大都市圈内部城市的创新联系。

第一节 引言

在知识经济以及经济全球化和区域一体化的背景下，随着城市化进程的不断加深，都市经济圈作为城市化演化的高级形态，已成为经济全球化时代背景下国家竞争的又一主要载体，在提升国家与区域的综合竞争力上举足轻重，大都市圈已成为国际经济发展的关键节点，是国际创新的主要支点。

近年来，关于大都市的创新体系及创新能力研究成为学术界关注的热点研究领域。Simmie(1999)分析了伦敦大都市区域的创新特征。Fishcher 等(2001)对维也纳、巴塞罗那、斯德哥尔摩的城市创新进行了系统的比较分析，Cappello(2001)分析了5个欧洲城市阿姆斯特丹、伦敦、米兰、巴黎及斯图加特地区化与城市外部化创新的重要性。

我国学者对于大都市区的创新研究以单个都市区为主，长三角都市区创新的研究较为全面，包括决定因素(茆辰和张光明，2009)、创新系统模式(陈丹宇，2010)、创新体系演变(瞿颖，2008)、运行机制(谢富纪，2010)，以及提高创新能力的政策等。珠三角和环渤海的研究集中在创新影响因素和提升创新能力的对策方面。此外，一些学者对都市区创新能力及创新极化扩散进行了比较研究：主要是科技创新能力方面的测度与比较。毕亮亮和施祖麟(2008)对长三角城市科技创新能力进行了评价。刘春香和虞乐安(2009)对长三角与珠三角高新技术产业开发区的创新能力进行了测度。邓向荣和刘璇(2007)利用Esteban-Ran指数和脉冲响应函数模型分别测算了长三角与环渤海地区的创新极化与扩散效应并进行比较。

由此可见，我国大都市区创新的研究取得了不少研究成果，但对三大都市圈的创新体系的比较研究较少，尤其是很少从城市体系的角度对都市区创新体系进行分析。本章通过定性及定量的分析，从创新城市体系的视角，对我国三大都市圈的城市的创新能级以及影响因素进行分析，并运用重力模型对我国三大都市圈主要城市的创新联系进行了分析，弥补了我国区域创新系统对各城市在创新中作用分析不足的缺陷，进一步深化和发展了创新城市体系理论。

第二节 三大都市圈内部城市创新能力测度

本节主要选取中国三大都市圈包含的地级及以上城市，共40个。为能反映出各城市在三大都市圈的相对位置，把三大都市圈内的40个城市放在统一平台，并构建了一个由4个一级指标和20个二级指标构成的评价指标体系（表18-1）（数据来自各城市2009年统计年鉴，部分软指标来自问卷调查）。

都市经济圈内部城市创新能力的测度主要是利用SPSS软件，通过以下几个步骤来实现：首先对各指标的原始数据（来自各区统计年鉴及《中国城市统计年鉴》）进行标准化处理，把性质、量纲各异的指标转化为可以进行综合比较的相对值。其次，计算样本之间的相关系数，得出相关系数较强，适合运用因子分析法。再次，运用因子分析法进行因子分析，特征值大于1的因子共计有4个，且对方差解释的累计百分比超过80%，符合假设条件，因此提取了4个主成分。还对经过"方差最大化"的初始因子进行正交旋转，旋转后各因子可以更好地得到解释。并根据各因子的指标构成分别对其进行命名为：创新产出及信息获取因子、创新人才及产业创新因子、创新资金因子、政府科教投入因子。

表 18-1 都市经济圈城市创新能力评价指标体系

目标层	一级指标	二级指标
区域创新能力	知识创新能力	X_1：普通高等学校数；X_2：普通高校在校学生数；X_3：国际互联网用户数；X_4：百人公共图书馆藏书量；X_5：政府教育事业支出占财政总支出比重
	技术创新能力	X_6：专业技术人员数；X_7：授权专利数；X_8：高新技术产业产值；X_9：政府科技事业支出占财政总支出比重
	产业创新能力	X_{10}：地区生产总值；X_{11}：第三产业产值；X_{12}：第三产业产值占 GDP 的比重；X_{13}：高新技术产业产值占 GDP 比重
	创新环境支撑	X_{14}：城市化水平；X_{15}：人均可支配收入；X_{16}：人均固定资产投资额；X_{17}：人均实际利用外资金额；X_{18}：社会消费品零售总额；X_{19}：影剧院数；X_{20}：货物运输量

文中利用计算欧式距离的方法构建一个综合创新能力指标（蔡砥和刘丹丽，2009）。假设截取的主成分数量为 l，$l \geqslant 2$，主成分记为 f_{ij}（$i=1,2,\cdots,l$；$j=1,2,\cdots,n$）。首先定义一个名义上的虚拟城市（地区），其综合创新能力的各个主成分得分都最小：

$$F_0 = \min\{f_{ij} | j=1,2,\cdots,n\}, (i=1,2,\cdots,l) \tag{18-1}$$

由此，城市 j 的创新综合水平为：

$$F_j = \left[\sum_i (f_{ij} - f_{i\min})^2\right]^{\frac{1}{2}} \tag{18-2}$$

通过计算得出 40 个城市的创新能力得分（图 18-1）。

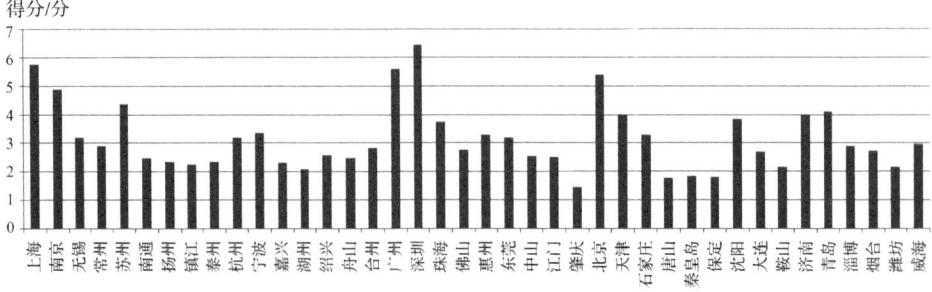

图 18-1 三大都市经济圈城市创新能力综合得分

第三节 三大都市经济圈城市创新能级分析

根据城市创新能力综合得分，对三大都市圈内的城市进行快速聚类分析，快速聚类能够把能级相近的城市归并为一类，使得都市圈内城市按照能级不同而区分。选取快速聚类参数为4，把样本城市分成四大类：创新型城市、创新潜力型城市、创新接受型城市和创新依赖型城市，聚类结果见表18-2。

表18-2 三大都市圈城市创新能级聚类

等级体系	特征描述	创新得分	城市
第一等级	创新型城市（Ⅰ）	4.9～6.4	上海、南京、广州、深圳、北京
第二等级	创新潜力型城市（Ⅱ）	3.8～4.4	苏州、杭州； 天津、沈阳、青岛、济南
第三等级	创新接受型城市（Ⅲ）	2.7～3.4	宁波、无锡、常州、台州； 珠海、佛山、惠州、东莞； 石家庄、大连、烟台、淄博、威海
第四等级	创新依赖型城市（Ⅳ）	1.8～2.5	南通、扬州、镇江、泰州、嘉兴、湖州、绍兴、舟山； 中山、江门、肇庆； 唐山、秦皇岛、保定、鞍山、潍坊

由三大都市经济圈城市创新能级的聚类分析可见：

1. 珠三角创新城市体系的特点是：第一等级的创新型城市突出，广州、深圳在三大都市圈的创新城市体系中占有重要的地位，但没有第二等级的创新潜力型城市，第三级创新接受型城市以及创新依赖型城市均有一定数量，因此，珠三角需要加紧培养创新潜力型城市和创新接受型城市，尤其是创新潜力型城市，以形成合理的创新城市体系，获得区域创新能力的持续动力。

2. 长三角创新城市体系：首先，创新潜力型城市实力强大，接近创新型城市水平，但是数量上严重不足，因此亟须培养创新接力城市。其次，创新依赖型城市过多，尤其是泰州、湖州、舟山等城市的创新水平比较低。

3. 环渤海创新城市体系中，创新型城市数量有限，创新潜力型城市数量较多,但这些创新潜力型城市与创新型城市仍然存在较大差距。环渤海都市圈存在大量的创新接受型以及创新依赖型城市,未来主要是要提高这些城市的创新能级。

第四节 三大都市经济圈创新能级城市因素分析

主成分分析中提取的四个主成分是影响区域创新能力的主要因素。本部分分别从创新产出及信息获取因子、创新人才及产业创新因子、创新资金因子、政府科教投入因子四个层面(都市经济圈创新能力四大影响因素)对三大都市经济圈逐个分析,期望得出各主成分创新能力差异的城市因素。

1. 创新产出及信息获取分析

根据以城市为基础的得分聚类表(表18-3)可知,第一等级城市由上海、北京、广州和深圳4个大都市构成。这4个城市是3个经济圈的中心城市,在创新产出和信息获取方面也是首屈一指的。第二等级城市信息获取相对便利,具有较强的创新产出。长三角城市占很大比重,长三角城市成绩突出。第三等级城市是信息获取便利程度和产业产出综合能力较差的城市,主要位于环渤海,有10个城市。综合来说,在创新产出和信息获取方面,三大都市圈的排名为长三角城市处于绝对领先地位;珠江三角洲次之;而环渤海多数城市需要在改进信息获取、增加创新产出方面作出努力。

表18-3 三大都市经济圈内部城市创新产出及信息获取聚类

等级体系	得分范围	城市
第一等级	1.83~2.85	上海、广州、深圳、北京
第二等级	-0.13~1.21	苏州、南京、无锡、常州、镇江、杭州、宁波、嘉兴、湖州、绍兴、台州; 佛山、东莞、中山; 天津、沈阳、大连、济南

续表

等级体系	得分范围	城市
第三等级	−0.97～−0.3	南通、扬州、泰州、舟山； 珠海、惠州、江门、肇庆； 石家庄、唐山、秦皇岛、保定、鞍山、淄博、潍坊、威海、青岛、烟台

2. 创新人才及产业创新分析

综合来说，依托几个教育大省，包括多个产业产出能力较强的省会城市，环渤海都市圈在此项因素中占有绝对领先的位置，城市集中在第二和第三等级。在第四等级城市中，珠三角城市占有很大比例，需要进一步控制。但是值得注意的是，长三角与珠三角这两个区域存在不同的情况，长三角的城市在创新人才各项指标中平均水平高于珠三角，而在产业创新方面略低于珠三角（表18-4），因此，珠三角的问题主要是创新人才方面，说明广东省要加大四类城市中的高等教育水平、重视科技人才培养，缩小区内差距。

表18-4　三大都市经济圈内部城市创新人才及产业创新聚类

等级体系	得分范围	城市
第一等级	1.75～2.61	上海、南京、广州、北京、济南
第二等级	0.01～1.37	杭州、苏州、深圳、天津、石家庄、沈阳、大连、青岛、烟台、宁波、无锡
第三等级	−0.47～−0.09	镇江、南通、绍兴、扬州、珠海、佛山、唐山、秦皇岛、保定、鞍山、淄博、潍坊、威海、常州
第四等级	−1.66～−0.50	泰州、嘉兴、湖州、台州、舟山、东莞、中山、惠州、江门、肇庆

3. 创新资金分析

珠三角城市在创新资金方面优势明显，4个第一等级城市中有三个为珠三角城市（北京、上海、广州由于人数众多，在人均资金水平上竞争不强）；第二等级城市中珠三角城市又有2个，前两类城市占圈内城市总数的56%。这与广东省作为改革开放的前沿，因为地理优势原因，利用外资水平较高有关。环渤海的城市主要在第二等级占有较大比例，说明整体人均创新资金利用水平较高,但是位于第三等级的城市数量虽然不及长三角多,却存在几个洼地,集中在河北省。长三角的城市位于第三等级的较多,占城市总数的62.5%,说明人均创新资金水平有待提高(表18-5)。

表 18-5 三大都市经济圈内部城市创新资金聚类

等级体系	得分范围	城市
第一等级	1.3~2.9	苏州、深圳、珠海、惠州
第二等级	0.22~0.98	南京、无锡、常州、宁波、舟山、广州、东莞、天津、沈阳、大连、济南、青岛、烟台、威海
第三等级	−1.7~−0.1	上海、南通、扬州、镇江、泰州、杭州、嘉兴、湖州、绍兴、台州、中山、江门、肇庆、北京、秦皇岛、鞍山、淄博、潍坊、保定、佛山、石家庄、唐山

4. 政府科教投入分析

本项主成分包括代表政府教育和科技事业支出占财政总支出比重两个指标,主要反映政府对于科教的支持和重视程度。从表18-6中可以得知,环渤海的城市在政府的科教投入方面都表现出明显的两极分化现象:烟台、潍坊、威海3个城市位于第一等级;秦皇岛、鞍山2个城市位于第四等级;在第二等级城市和第三等级城市中,也多处于0.5以上和−0.5以下。长三角城市的第一等级和第四等级各有1个城市,分别是台州和舟山。第二、三等级城市中,除常州外,全部位于−0.5~0.5之间。说明圈内城市政府科教投入较为平均。珠三角的城市全部位于第二、三等级,但第三等级城市为6个,占总数的67%,说明科教投入水平整体有待提高。

表 18-6 三大都市经济圈内部城市政府科教投入聚类

等级体系	得分范围	城市
第一等级	1.06~1.97	台州、烟台、潍坊、威海
第二等级	0.04~0.63	上海、苏州、南通、宁波、深圳、中山、江门、天津、石家庄、青岛、淄博

续表

等级体系	得分范围	城市
第三等级	−0.84～−0.08	南京、无锡、常州、扬州、镇江、泰州、杭州、嘉兴、湖州、绍兴、广州、珠海、佛山、惠州、东莞、肇庆、北京、唐山、保定、沈阳、大连、济南
第四等级	−1.38～−1.2	舟山、秦皇岛、鞍山

第五节　三大都市经济圈内部城市创新联系比较分析

都市经济圈创新能级体系不单单表现为其内部城市创新能力的大小，还表现在内部城市的创新联系上，尤其是中心城市与圈内城市的创新联系。

城市引力的大小决定城市在城市体系中的位置。城市体系内不同城市之间由于发展水平不同，生产要素聚集和扩散程度也各不相同；城市在城市体系中的功能、等级差异构成城市间的位势差，形成创新扩散的空间梯度，通过人、物以及信息流的流动，促使创新沿梯度扩散，城市创新联系与城市引力密切相关。就创新而言，都市经济圈内中心城市对于其他城市的吸引力可以反映出圈内城市的创新联系强度，因此，本节运用重力模型，通过对三个都市经济圈中心城市引力进行比较，分析三大都市圈内城市的创新联系。

本节旨在揭示城市间创新空间联系状态的大致情况，而不是完全拟合O-D联系网络或进行创新流的空间分配，因此模型的功能主要是区分城市间吸引力的大小，因此可采用一般重力模型，假设城市之间的创新引力与城市的创新产出成正比，与距离的平方成反比，即：

$$T_{ij} = K \frac{P_i P_j}{d_{ij}^b} \quad (i \neq j; i=1, 2, \cdots, n; j=1, 2, \cdots, m) \quad (18\text{-}3)$$

式中，T_{ij}是城市i和城市j之间的创新引力，K为参数，$n(m)$为城市体系内所有城市的数量，P_i和P_j是以创新产出（高新技术产业产值×专利比重）进行测度的起始点城市创新能力，d_{ij}为两城市间的距离（是对两地间的实际距离进行修正后得到的距离）。由于都市圈层面的城市相互联系主要通过铁路和公路，因此实际距离采用铁路和公路里程数的平均值。考虑到航空对于促成面对面交流的重要性，有机场的城市则采用0.8的权重进行修正，得到创新距离。b为距离摩擦系数。根据顾朝林和庞海峰（2008）对城市体系空间的研究可知，b值分别取1和2时可以近似地揭示国家尺度和省区尺度的城市体系空间联系状态。因此，基于都市圈的研究距离，摩擦系数选取2。K取值一般为1。

根据三大都市经济圈内中心城市对于每个城市的引力值可知：三大都市经济圈中心城市的创新引力最强的是珠三角，尤其是广州、深圳、佛山、东莞和中山，创新引力非常大，地理上的邻近有利于创新成果的扩散。中心城市强大的创新引力使得圈内城市创新联系紧密，有利于整个都市经济圈创新成果和创新能力的全面提升。

长三角都市经济圈的创新能级体系存在较强的等级结构：中心城市上海只对两类城市存在较大的创新引力，一类为省级中心城市，如杭州和宁波；另一类是地域上邻近的城市，如无锡、苏州、湖州。第一类城市本身有着较强的创新能力，与中心城市上海陆路交通方便，且具有航空优势，属于等级扩散；第二类城市靠近中心城市，易于接受创新辐射。

环渤海的中心城市北京，除了与天津之间具有较强的创新引力，与其他城市的创新联系不强，因此，环渤海都市经济圈尚未形成一个严格的创新体系。说明中心城市的创新成果的扩散不够理想，创新层级不明显，从而影响整个都市经济圈创新能力的提高。

第六节　结　论

在知识经济以及经济全球化和区域一体化的背景下，大都市圈已成为国际经济发展的关键节点，是国际创新的主要支点。本文通过定性及定量的分析，从创新城市体系的视角，对我国三大都市圈城市的创新能级以及影响因素进行分析，并运用重力模型对我国三大都市圈主要城市的创新联系进行了分析，结论如下：

（1）通过对三大都市经济圈内部40个城市的创新能力进行测评，得出三大都市经济圈内部城市创新能级体系的特点以及城市因素：珠三角的创新能级体系呈现出两极多均、中间断层的特点,需要加紧培养创新潜力型城市和创新接受型城市;长三角的创新潜力型城市实力强大但数量不足,亟须培养创新接力城市;环渤海创新潜力型城市众多但实力不足,且存在创新洼地,未来主要目标是要提高创新接受型以及创新依赖型城市的创新能级。

(2)通过各个主成分得分聚类情况,对影响创新城市体系能级分布的因素做了分析,创新产出及信息获取因子、创新人才及产业创新因子、创新资金因子、政府科教投入因子四大因子对创新城市体系的能级有较大的影响。具体来看,在创新产出和信息获取方面,长三角城市处于绝对领先地位,珠三角城市发展水平适中,而环渤海多数城市需要在改进信息获取、增加创新产出方面作出努力;在创新人才及产业创新因子方面,环渤海都市区占有绝对领先的位置,长三角的城市在创新人才各项指标中平均水平高于珠三角,而在产业创新方面略低于珠三角;在创新资金因子方面,珠三角城市优势明显,环渤海的城市整体水平较高,但是存在几个洼地,长三角的城市人均创新资金水平有待提高;在政府科教投入方面,环渤海的城市表现出明显的两极分化现象,长三角城市政府科教投入较为平均,珠三角的城市科教投入水平整体有待提高。

(3)采用重力模型,通过对三大都市经济圈核心城市与圈内城市的创新引力的对比得出:距离上邻近使得珠三角的城市创新联系较强,有利于整个都市经济圈创新成果和创新能力的全面提升;长三角已形成完整的创新等级体系;环渤海中心城市引力不强,且城市相对分散,创新联系较弱,从而影响整个都市经济圈创新能力的提高。

第十九章 城市群创新网络的空间演化与组织

本章以京津冀城市群为例,通过创新系统主体授权专利合作,研究京津冀城市群的创新联系,揭示京津冀城市群创新网络的空间组织和演化特征。

第一节 引言

自 20 世纪 80 年代中期以来,创新系统研究受到重视(Edquist,2005)。创新系统概念最早出现于国家尺度,Freeman(1987)首次正式使用了"国家创新系统"(National Innovation System,NIS)概念。Lundvall(1992)指出国家创新系统中根植于特定制度下学习过程的重要作用。Nelson(1993)聚焦于国家 R&D 系统的实证分析,揭示创新系统的复杂性和多样性。国家创新系统概念强调创新的国家专有因素,揭示不同国家间在经济结构、知识存量、制度环境和创新表现上的巨大差异(Lundvall,2007;Acs et al.,2016)。

但国家创新系统理论也遭到诸如过于模糊、容易误读、囊括太多方面导致实践难题,以及忽略了创新发生过程等批评(Cooke et al.,1997)。于是,出现了多个强调创新的系统特征但聚焦于领域或其他尺度的新概念,如"技术系统(Technology Systems)"(Carlsson and Standkiewicz,1991)、"部门创新系统(Sectoral Systems of Innovation)"(Breschi and Malerba,1997)。Cooke 等学者(1997;2000)提出并倡导"区域创新系统"(Regional Systems of Innovation,RIS)这一基于地域的创新系统概念。

区域创新系统是区域生产结构中支持创新的制度基础设施,特定的区域环境和不同组织之间的关系将对区域创新产生促进或抑制作用,创新系统的区域尺度重要性得到学者们的广泛认同(Lundquist and Trippl, 2013)。作为区域创新系统最为重要的创新系统之一，城市群创新系统尤其受到研究者们的关注(Fischer et al., 2001)。城市群与大都市区虽然国外与国内的概念有一定的差别，但内涵有一致性。Diez 和 Berger(2005)把大都市区理解为大都市区创新系统，主要有以下理由：第一，大都市集聚了多样化的专业人才，以及大学、研究机构、资本、风险投资和各类创新服务基础设施，提供了大量潜在的合作伙伴，成为全球创新资源富集区及创新网络的密集区。发展中国家创新基础设施更加集中于大都市区。第二，大都市区能够促进空间、技术和组织邻近，并提供特定资源，产生意义重大的外部性。第三，相比国家创新系统，大都市区的创新治理更具针对性和灵活性，也更易协调和操作(Hämäläinen, 2015)。

世界上的城市群是世界经济、政治文化的主要载体，是国家产业创新和增长的主要动力(陈潭和杨孟, 2016)，国家竞争在某种程度上是这些国家的主要城市群的竞争。城市群创新系统研究范式与区域及国家创新系统类似，主要揭示城市群科研机构、大学、企业的相互作用及与环境的关系。费舍尔等(2001)对欧洲的大都市区创新系统进行了深入的比较研究，注重区分生产者企业以及消费者企业，构造了大都市区的创新系统研究的体系。从已有文献看，学者们虽然注重大都市区或城市群产学研的关系研究，但较少关注产学研的关系网络，对大都市区产学研合作网络中何种主体对大都市区创新的作用最为显著，各城市在创新系统中到底起什么样的作用，以及对基于产学研合作的地域关联网络研究仍较少，对这些问题需要进一步的研究。

目前，对于中国城市群创新系统的研究主要集中于以下方面：城市群创新系统的组织结构(谷炜, 2013; Watkins et al., 2015)、城市群创新网络(王秋玉等, 2016; Anttiroiko et al., 2016; Lyu et al., 2017)、大都市区创新环境(谢富纪, 2009)、城市群创新能力测度等(吕拉昌等, 2013; 程杰等, 2014)。但研究都基于区域统计数据的定量分析，注重宏观方面的研究，以创新环境的评价、创新能力评价为主，缺乏基于企业层面对城市群创新体系内部网络结构及空间表达进行透视，难以揭示城市群内部的产学研网络及空间结构。

京津冀城市群是包括北京这个中国的创新源头在内的城市群，近年来，一大批创新型的企业不断涌现,北京中关村被誉为"中国的硅谷"。2014年伴随《京津冀协同发展纲要》的颁布,京津冀协同发展已提升到国家战略,京津冀面临城市的功能与空间重构,由此而引起创新要素新的扩散与集聚,创新网络将更加复杂,京津冀城市群创新将引起世界瞩目。京津冀城市群的研究已十分广泛,包括其形成与发展的动力机制、空间结构与演变、整合与协同发展、可持续发展研究和经济、交通联系等(赵金丽等,2018;杨伟肖,2016)。对京津冀大城市群创新的研究集中于区域创新能力、创新绩效、协同创新的评价及战略研究,缺乏对城市群创新系统、创新联系和创新网络组织的研究。基于此,本章选取京津冀大城市群作为研究区域,通过不同产业类型专利合作数据及问卷调查,剖析京津冀大都市区城市创新网络的空间组织和演化特征,揭示京津冀大都市区创新网络演变及空间规律。

第二节 研究范围、数据来源与研究方法

本章选取中国的京津冀城市群作为研究区域,总面积达21.6万平方公里,占全部国土面积的2.3%。2015年,京津冀城市群常住人口约1.1亿人,城镇人口6 967万,城镇化率达62.5%。GDP总量约6.9万亿元,占全国GDP的10.2%。京津冀城市群包括北京、天津两大直辖市和河北省11个地级市,研究范围包括北京、天津、石家庄、唐山、秦皇岛、保定、张家口、承德、沧州、廊坊等10城市,由于邯郸、邢台、衡水城市创新能力较弱,故仅选取京津冀10个城市作为本研究的研究范围。

数据来源:首先通过国家专利信息服务平台查询。具体做法:从国家专利信息服务平台网站中,输入不同的限制条件,如公开日期:2000年;地址:北京;申请人:企业及机构;合作伙伴;国际分类号:A/B/C/D/E/F……。通过对日期、范围、合作伙伴、申请人等方面设置限制条件,找出京津冀范围内不同城市的企业专利合作情况。然后根据公司官网查找本公司所经营的业务范围,按照国家行业分类标准来确定公司所属行业。在此基础上,通过北京市、河北省、天津市的相关企业协会发放专利合作企业问卷,问卷调查在

2016 年展开，企业主要选择产值较高、技术较为先进的代表性企业，并考虑企业的行业分布以及地区分布。共采集有效企业机构信息 700 家，其中北京企业 300 家、天津企业 200 家、河北企业 200 家，问卷回收率 95%。结合专利平台及问卷数据，将采集到的企业及机构位置信息、创新合作专利信息、创新网络关系等录入到数据库中。获取 2000 年、2005 年、2010 年、2015 年的京津冀城市群内各个城市之间制造业企业和生产性服务业企业授权专利合作数据。并根据四个时间节点的授权专利合作数据创建数据分析矩阵，进行统计分析、社会网络分析以及运用 GIS 平台进行空间分析。

第三节　京津冀城市群创新网络空间演化及特征

利用 VCINET 软件，选取 2000 年、2005 年、2010 年、2015 年四个时间截面的京津冀城市间企业创新合作授权专利数进行社会网络分析，包括网络演化的基本特征及网络密度、网络中心性、派系和群体关系等。在此基础上利用 ArcGIS 软件，对京津冀城市群在同一时间截面下不同地点的创新联系进行可视化研究，并分析京津冀城市群城市创新联系的空间组织特征。

一、创新网络联系不断增强，形成了以京津为核心的多节点的创新网络结构

京津冀城市群的内部的创新网络随时间愈来愈复杂，但京津的联系强度最大，始终是网络的核心。2000 年，京津冀大都市区城市之间的合作授权专利数目为 11 次，发生在 4 个城市之间，创新联系比较弱，空间上以形成以天津、北京、保定、廊坊为网络节点的创新网络，天津为主要节点。2005 年，京津冀城市之间的合作授权专利数目为 50 次，空间上形成以北京、天津、石家庄、唐山、廊坊为网络节点的创新网络，北京为主要节点，天津为次要节点。2010 年，京津冀城市之间的合作授权专利数目为 346 次，创新联系进一步增强，空间上形成以北京、天津、石家庄、唐山、保定、廊坊、秦皇岛、沧州、张家口为网络节点的创新网络，仍以北京为主要节点，天津为次要节点，石家庄的节点作用也开始显现，以北京—天津创新联系最为紧密。2015 年，京津冀城市

群之间的合作授权专利数目为 690 次，京津冀城市群创新联系进一步增强，空间上形成以北京、天津、石家庄、唐山、保定、廊坊、秦皇岛、沧州、张家口为网络节点的创新网络，北京为主要节点，天津、石家庄为次要节点，北京—天津创新联系仍最为紧密，北京—石家庄、北京—唐山、北京—秦皇岛、北京—保定、北京—张家口、北京—廊坊、天津—秦皇岛创新联系明显增强，形成以北京、天津为核心节点，石家庄、秦皇岛等为次要节点的网络化特征，其中北京与其他绝大多数城市都产生了联系。

二、创新网络联系加强，网络密度越来越高

网络密度是网络内部组织关系密集性的表现，反映网络中节点之间关联的紧密程度，网络密度值越接近 1，网络密度越高，即城市节点之间的联系越紧密。2000 年，京津冀城市间创新联系的网络密度仅为 0.001 8，网络密度极低，创新网络联系极弱，城市节点的创新主要依靠城市本身的创新资源；2005 年，创新联系网络密度为 0.011 1，创新网络联系有所增强；2010 年创新网络密度为 0.076 9，显著增强；2015 年，创新网络密度达到了 0.153 3，呈现显著增强的趋势。可见，京津冀城市群创新网络密度不断增加，创新联系越来越紧密。但到目前为止，京津冀城市群整体的创新联系紧密度仍然很低，城市间的创新联系仍有较大的提升发展空间。

三、北京、天津的网络处于网络的中心位置，控制力较强，石家庄的中心性及控制力有所增强

1. 点度中心性

点度中心性反映城市节点具有直接联系或相邻连接的数量和连接强度，城市的点度中心性越高，越表明该城市节点处于网络较中心的位置。2000 年，城市节点的点度中心性值比较低，都没有超过 10，天津为最高达 6，处于网络第一中心位置，北京点度中心性值为 5，处于网络第二中心位置；2005 年，城市节点的点度中心性值仅个别城市有较大提高，如北京、天津点度中心性值都超过 10，北京处在网络第一中心位置，天津处在网络第二中心位置，表明北

京在2000—2005年间和天津的网络中心位置发生了变换,其他城市的点度中心性值仍没有超过10;2010年和2015年,大多数城市节点的点度中心性值有较大的提高,2010年点度中心性值超过10的城市达到7个,分别为北京、天津、唐山、石家庄、秦皇岛、保定、沧州。2015年,几乎全部节点城市的点度中心性值超过10(表19-1),截至2015年,北京、天津的点度中心性值明显高于其他城市,表明北京和天津处在创新联系网络较中心位置,承德和沧州的点度中心性值位于最后两名,和其他城市节点的创新联系较弱,处于京津冀城市群创新联系网络的边缘。

表19-1 2000—2015年京津冀城市群专利合作网络点度中心性变化

城市	2000年点度中心性值	2005年点度中心性值	2010年点度中心性值	2015年点度中心性值
北京	5	47	285	582
天津	6	45	210	357
廊坊	4	2	4	55
保定	1	2	35	96
石家庄	0	3	39	48
唐山	0	1	49	78
秦皇岛	0	0	39	91
沧州	0	0	20	21
张家口	0	0	6	49
承德	0	0	5	3

2. 中间中心性

中间中心性值反映了网络中某节点城市对其他节点城市的控制能力。2000年、2005年、2010年、2015年,网络中具有控制其他城市节点能力的城市数量逐渐增加。2000年,具有控制其他城市能力的城市仅有1个,即天津;2005年,具有控制其他城市能力的城市有2个,即北京、天津;2010年,具有控制其他城市能力的城市有3个,即天津、北京、石家庄;2015年,具有控制其他城市能力的城市有6个,即北京、石家庄、天津、秦皇岛、保定、廊坊（表19-2）。总之，在京津冀城市群网络中，2000—2015年城市的控制能力的排名处在不断变化中，但北京和天津的控制能力一直处于前三名位置。截至2015年，各城市控制其他城市节点的能力明显增强，尤其是北京、天津和石家庄，在京津冀城市群中，创新控制力最强。

表19-2　2000—2015年京津冀城市群专利合作网络中间中心性变化

城市	2000年中间中心性值	2005年中间中心性值	2010年中间中心性值	2015年中间中心性值
北京	0	19.444	27.315	21.528
天津	5	11.111	28.704	10.417
廊坊	0	0	0	0.694
保定	0	0	0	0.694
石家庄	0	0	10.056	13.194
唐山	0	0	0	0
秦皇岛	0	0	0	3.472
沧州	0	0	0	0
张家口	0	0	0	0
承德	0	0	0	3

3. 接近中心性

接近中心性值反映节点城市不受其他节点城市控制的程度。能够很好地反映节点城市创新的自主性。即某节点城市接近中心性值越高，节点城市不受其他节点城市控制的程度越高，节点城市的自主性创新越强。2000—2015年，城市节点的自主创新能力逐渐增强。2015年，北京、天津、石家庄的接近中心性值位居前三，具有较强的自主创新能力，其他城市的接近中心性值相对比较低，反映其自主创新能力较低，创新能力发展需要通过区域创新协作（表19-3）。

通过对以上京津冀城市群网络中心性的分析，北京、天津的协作创新和自主创新都是最强的，除北京、天津、石家庄等个别城市其创新能力发展具有较强的依赖关系。故在京津冀城市群创新能力发展时，既要注重节点城市的创新自主性发展，又要注重区域间的创新协作发展。

表 19-3　2000—2015 年京津冀城市群专利合作网络接近中心性变化

城市	2000 年接近中心性值	2005 年接近中心性值	2010 年接近中心性值	2015 年接近中心性值
北京	14.063	19.565	90	100
天津	14.286	19.149	81.818	90
廊坊	14.063	18.75	60	69
保定	14.846	17.647	60	69
石家庄	0	18	81.818	90
唐山	0	18	64.286	64
秦皇岛	0	0	60	75
沧州	0	0	47.368	60
张家口	0	0	52.941	64
承德	0	0	52.941	56

4. 派系和群体关系

城市网络分析中的派系和群体关系是通过网络凝聚子群（派系）来体现的。网络凝聚子群（派系）是指城市之间具有相对较强的、直接的、紧密的、经常的、积极的关系或具有共同的特征等所构成的一个城市的子集合，该集合反映城市群体内部组成结构状态。通过 UCINET 软件对不同时间节点京津冀城市群创新网络分析，可以找到京津冀城市群创新网络中凝聚子群的个数和每个子群的城市成员，结果发现：

2000 年京津冀城市群创新整体网络分为两个子群：第一个子群由北京和廊坊构成，并且和天津形成小群落，这些城市之所以聚集成一个小群落，是因为彼此间具有相对较强的、或直接的、或紧密的、或积极（间接联系）的关联；第二个子群由唐山、沧州、张家口、石家庄、承德、秦皇岛、保定构成，这些城市组成一个子群，并不是因为联系紧密，而是在创新网络中，都没有多少参与创新联系（图 19-1）。

2005 年以后京津冀城市群创新整体网络形成三个子群：第一个子群是以

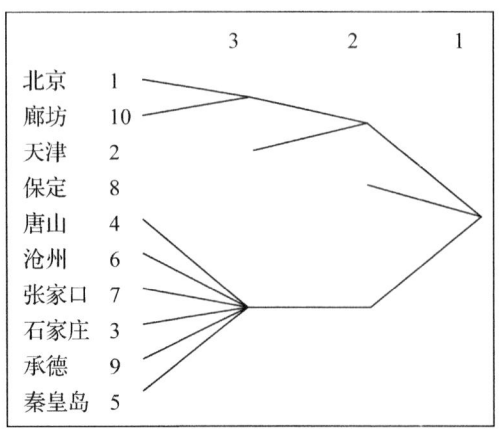

图 19-1 2000 年京津冀城市派系和群体关系

北京为中心,廊坊、保定为节点形成小的群落,它们之间创新联系相对紧密;第二个子群是以天津为中心,由唐山、石家庄构成,构成群落;第三个子群由张家口、沧州、承德、秦皇岛构成,第三个子群在整体创新网络中没有参与创新联系(图 19-2)。

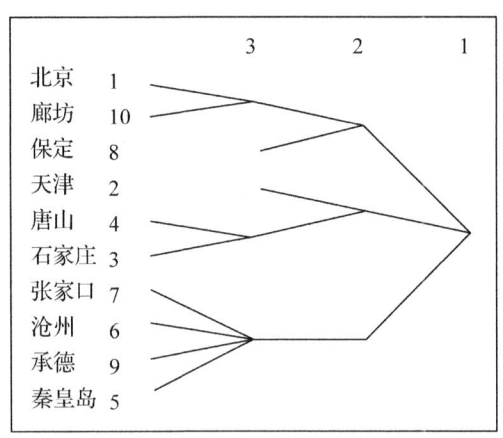

图 19-2 2005 年京津冀城市派系和群体关系

2010 年以后京津冀城市群创新整体网络形成三个子群:第一个子群以北京为中心,沧州、廊坊为节点构成;第二个子群由天津、保定、承德、秦皇岛构成,并且和唐山构成小群落;第三个子群由张家口、石家庄构成(图 19-3)。

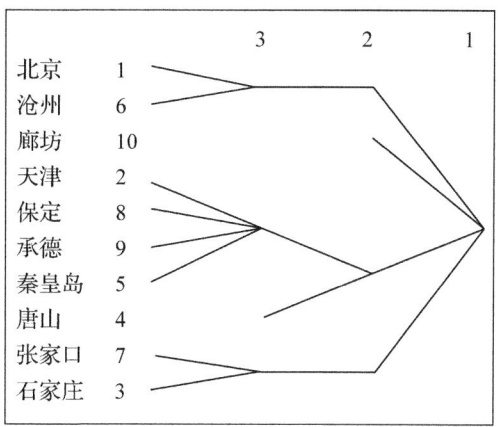

图 19-3　2010 年京津冀城市派系和群体关系

2015年形成三个子群,第一个子群由北京、沧州构成;第二个子群由秦皇岛、天津、张家口、唐山、廊坊构成,并且和承德构成小群落;第三个子群由石家庄、保定构成(图 19-4)。

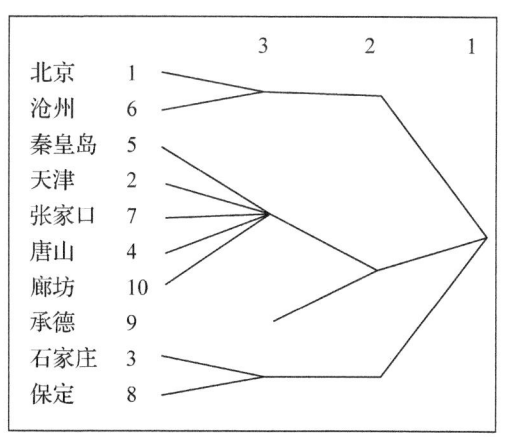

图 19-4　2015 年京津冀城市派系和群体关系

总之,京津冀城市群创新网络由这些子群或小群落构成大的城市群落,而且子群或群落的结构随着时间推移在不断分化重组,且逐渐变得多样化。

第四节 结论及建议

城市群创新系统是最重要的创新系统，城市群创新网络的空间结构对城市之间建立合理的创新合作具有重要意义。利用企业授权专利合作分析京津冀城市群创新联系的空间网络及演化，对促进城市群各城市创新合作有重要意义。

京津冀城市群网络的演化由简单向复杂，创新网络中的中心城市的作用突出，网络节点增多，创新联系越来越紧密，但仍有较大的提升空间。2000—2005 年，京津冀城市群创新联系网络处于初级发展阶段；2005—2010 年城市群创新网络有所发展，网络密度明显提高；2015 年及以后，城市创新网络联系广度加大，网络联系紧密程度有明显提升，创新联系越来越紧密。但到目前为止，京津冀城市群整体的创新联系仍然很低，2015 年仅为 0.153 3，城市间的创新联系未来仍有很大的发展空间。因此，京津冀城市群的创新群落仍需进一步丰富，需要进一步合理配置创新资源，建立更多的创新合作机会，加强城市群内部创新发展和区域创新协调发展，促进创新群落的多样性、网络的复杂性及稳定性。

北京、天津在创新网络中具有中心的位置，自主创新能力强，控制力也较强，在网络中以其强大的创新联系，形成了以各自为核心的子群（小团体），每个子群内的城市之间或联系紧密，或比较直接，或联系比较积极，或有共同特点而组成小团体，而且子群的结构随着时间推移在不断分化重组，逐渐变得多样化。石家庄在创新网络中的地位有所上升，近年来也形成了以其为中心的小团体，但从总体上，作用并不十分明显。因此，京津冀城市群仍是以北京、天津作为京津冀城市群的创新中心，空间上形成"双核＋多节点"的创新网络格局。

京津冀城市群从总体上说，河北城市的创新合作能力相对较弱，加大与其他城市的创新合作有必要性。京津冀一体化已成为国家战略，北京已通过在河北建设中关村产业园、成立多种产业与技术联盟，疏解非首都功能，扩大对河北的创新带动与辐射作用。河北企业在参与京津冀一体化过程中应与北京、天津等创新高地进行全方位合作,全域链连接,充分利用其毗邻北京、天津的区位优势与之开展创新合作。河北以制造业为主导,在城市转型升级过程中可以和北京、天津的制造业、生产性服务业进行创新合作,发展智能制造业,形成产业链创新的对接,丰富创新网络。目前,河北雄安新区正在建设之中,是京津冀创新协同发展的重要支点,雄安将建成新一代的高科技城市,这将进一步推动京津冀创新协调发展,丰富京津冀城市群创新系统的空间网络。

第六篇
中国城市创新职能研究

本篇首先阐述了城市创新职能的概念、特征及测度方法,并对我国一些重要城市的创新职能进行分析。其次,基于知识产出研究了北京城市创新职能结构和强度。最后,从职能规模、职能活力、职能强度和职能尺度四大维度测度了我国城市的知识创新职能。

第二十章　中国城市创新职能研究

全球化与知识经济的迅速发展，使城市的职能正在发生革命性的变化。本文认为，城市的职能已由工业城市的生产制造功能、服务城市的管理与协调职能向创意城市的创新、创意职能转化，城市创新职能表现出与城市其他的功能不同的特征，需要进行有效的测度，本章主要阐述城市创新职能的概念、特征及测度方法，并对我国一些重要城市的职能进行分析。

第一节　城市创新职能的发展演化、特征

一、城市职能的演进

城市职能是某一时期区域社会经济、城市社会经济的综合反映，随着城市、区域社会经济发展的阶段不同，城市职能也在不断演变之中。影响城市职能的诸要素之中，经济要素是最活跃的因素，有时甚至是决定性的。城市经济职能一旦发生变化，其他的职能也可能随之变化，城市在区域中的地位和作用就发生变化，城市职能转型也就随之发生。

工业化是城市发展的主要推动力。一般经历了工业化初期、工业化中期和后工业化三个阶段。不同时期的工业化决定了城市不同的经济特征，也决定了不同的城市经济职能。工业化时期的城市是工业城市，主要以生产、制造为主；进入后工业化时期，服务经济迅速发展，城市的服务功能显著增强，城市作为服务中心，主要是管理与协调职能；当城市发展进入知识经济时代，城市不仅是一个服务业城市，更是一个创意、创新的中心，创意与创新成为最为重

要的功能(表20-1)。

城市何以成为创新的源头,具有创新职能?原因有几个方面:①城市可以提供大量的创新资源,尤其是具有专业知识的多样化的人力资源;而且具有大学、研究机构等知识的主要生产者,以及金融服务、风险资本及相关公共服务机构。②城市有较多的创新合作伙伴,有利于知识的传递,城市或行业的隐性知识(Tacit Knowledge)对创新过程尤其重要(Yi,1967;Hippel,1994;Nonaka and Takeachi,1995)。另外,城市具有更多的面对面的机会(Storper,1997)以及高度的工作流动性,有利于创新的产生。

表20-1 城市职能的演化

职能	工业城市	服务城市	创意城市
基本职能	生产、制造职能	管理、协调职能	创新职能
产业类型	工业经济为主(第二产业)	服务业为主(第三产业)	创意经济、创新经济(第四、五产业)
生产产品	物质资产	服务产品	虚拟产品及创意产品
组织职能	物质资源运用中心	人力资源运用中心	智力资源运用中心

二、城市创新职能的特征

与其他的城市职能不同,城市创新职能具有几个特点:①依附性。创新在许多时候呈现非实体性,因此创新本身是依附实体而存在的,它依附于城市的各种网络之中或依附于城市的其他的职能。②复杂性。由于创新内容的复杂多样,因此表现在城市创新职能上复杂多样,但由于文化的差异及创新资源的特点不同,各个城市的创新各有侧重,因此用定性、定量的方法对城市创新职能进行分类研究是可能的。但是,城市创新职能的有些方面难以进行测量,所以尽管可以测量到城市创新能力、水平,但无法穷尽城市创新职能的所有方面。③规划性。因为城市创新职能是通过各种创新资源的组织实现的,因此城市创新职能是可以挖掘、可以组织和可以规划的,如何在城市规划中体现城市创新职能是现代城市规划面临的重大课题。④城市创新职能的专属性与综合性。不同城市由于发展历史不同,形成了不同"历史"路径,不同城市形成的城市文化构筑了不同城市的创新氛围与创新类型,因此某些城市有可能在某些方面的创新职能强于另外一些城市,但这种专属性创新职能也可能随着社会经济发展的不同发生变化。另外,由于城市大都具有相似的结构基础,因此各个城市在各方面都可能形成创新,具有综合创新的潜力。

第二节　全球城市的创新职能

全球城市之所以在世界上地位突出是因为其创新职能(O'Connor,2000)。创新既是其他城市职能发展的原因,也是全球城市的重要职能。全球城市创新职能表现为:新产品和新服务;提供老产品及服务的新方式、新标准及操作方法。这些职能涵盖了金融工具、多媒体应用、IT技术应用及电子商务、生物技术、环境政策及行为、全球标准等创新方面。这些创新功能强化了全球城市在全球城市体系的中心性(Centralization)以及领导地位,以及新的标准化途径的控制,还使得全球城市就业多,且高收入。全球城市如伦敦金融业高度集聚,伦敦及纽约发达的广告业以及洛杉矶媒体业,无论深度、广度都是世界上其他城市难以比拟的,称之为非贸易外部性(Untraded externalities)。

全球化的发展推动了国际城市化,城市化表现为人口、技术、资金的跨国流动,在这一过程中,就某一国家来源,国际城市化表现为:①国际人口、资金、技术向该国集中的过程;②该国文化受全球文化影响的过程;③外籍人口数量及国际性活动在城市中比例提高的过程(吕拉昌,2000)。而一这过程,对人力资源迁出地,是人力资源的流失,对人力资源迁入地,则获得了巨大的人力资源财富,为经济发展创造了巨大潜力和动力。现在,发达国家往往成为人力资源的净流入国,发展中国家成为人力资源的净流出国,人力资源的流入国,往往成为人才高地,文化融合区,孕育了创新发展的动力。因此,人力资源的区域流动更加剧区域发展的不平衡,使区域发展呈现更加不平衡的态势。

跨国资本的流动,同样是创新流的流动,技术创新、管理等依托于跨国投资在全球传播。跨国公司已成为全球技术、知识、信息的主要载体,其全球活动促进了创新的传播。目前,跨国公司控制着全球80%以上的新技术、新工艺的开发，以及70%的国际技术转让（吕拉昌，2000）。进入20世纪90年代以后，跨国公司投资在地理上分布不断趋于分散化，不仅在跨国公司所在的发达国家相互投资增多，而且新兴工业化国家正在成为发达国家研发的新兴市场，另一方面，一些发展中国家的跨国公司也纷纷到海外经营研发，且具有强劲的势头，许多新兴国家、地区或城市成为全球研发的重要节点。

上述现象说明国际城市化加速，也意味着地区、城市间创新传递的加速，在全球形成了以跨国公司为主要纽带，以人力资源和资本、信息流等为重要基础，以世界主要城市为主要节点的创新网络体系。

第三节　广州、深圳创新职能与绩效

广州和深圳同是我国华南地区经济最发达的城市，同时也是我国创新集聚的主要城市，随着珠三角一体化及大湾区建设的不断推进，广深两市的分工与合作必然越来越频繁，因此，对两市城市创新职能及绩效的比较，可进一步提高其创新职能与绩效。

一、城市创新职能评价的方法

1. 构建指标体系

建立城市创新职能评价指标体系，选择正确可行的评价方法，对于我国城市创新职能进行分析评价以及与其他城市进行比较，观察城市创新职能的发展状况，不仅是对区域创新理论的深入探索，也是全面分析区域城市创新职能，制定区域或城市创新职能的有效途径和前提条件。如果没有可观的评价指标、标准和评价方法，那么城市创新职能的分析往往会流于形式。

借鉴创新型城市的评价方法，在阅读大量文献并且依据指标体系构建的系统性原则、可比性原则与操作性原则的基础上构建了城市创新职能评价的指标体系（表20-2）。

表 20-2 城市创新职能评价指标体系

目标层	准则层	指标层	单位
城市创新职能	知识创新职能	X_1：普通高等学校数	所
		X_2：万人拥有的大学生人数	人
		X_3：国际互联网用户数	户
		X_4：万人公共图书馆藏书量	册
		X_5：每年毕业的本专科以上学生数	万人
		X_6：论文发表量	篇
		X_7：中国科技项目创新成果	个
		X_8：专业技术人员数	人
	技术创新职能	X_9：地方财政科技拨款占地方财政支出的比重	%
		X_{10}：产学研合作水平	分
		X_{11}：科技中介服务水平	分
		X_{12}：高新技术产品产值	亿元
		X_{13}：授权专利数	件
	产业创新职能	X_{14}：第三产业总值	亿元
		X_{15}：第三产业的比重	%
		X_{16}：第三产业对经济的贡献率	%
		X_{17}：高新技术产业产品增加值所占比重	%
		X_{18}：城市商品进出口贸易额	万美元
	政府创新职能	X_{19}：政府规划能力	分
		X_{20}：政府服务能力	分
		X_{21}：政府信息公开	分
		X_{22}：知识产权保护力度	分
		X_{23}：法制健全程度	分
	社会创新职能	X_{24}：实际利用外资	万美元
		X_{25}：市场的发育度	分
		X_{26}：年末金融机构各项贷款余额	亿元
		X_{27}：创新氛围	分
		X_{28}：城市国内知名度	分
		X_{29}：城市国际知名度	分

2. 权重的求取

指标体系构建完成后，接下来就必须考虑指标体系权重的问题。指标体系的权重一般用来表示对各指标的重视程度。对于一个指标体系来说，并不是所有的指标都是同等重要的，所以，要对其加以相应的权重，一般认为权重大就比较重要，权重小相对不重要。这里在综合考虑多方面因素的条件下，采用层次分析法。

层次分析法(Analytical Hierarchy Process，AHP)源于20世纪70年代美国运筹学家T. L. Satty等提出的定性、定量结合的专家咨询打分的多准则决策方法(张建中等，1987)。其主要依据是将问题按照递阶结构分解为多个层次，然后由多到少、由细到粗，利用两两比较确定判断矩阵，接着把判断矩阵的最大特征项对应的特征向量的分量作为相应的系数，最终得到欲求的权重。

根据层次分析求权重的基本流程(图20-1)，本研究首先构造判断矩阵，接着对指标层进行权重计算，然后逐层分解排序，来确定所有的指标对目标的相对权重(表20-3)。

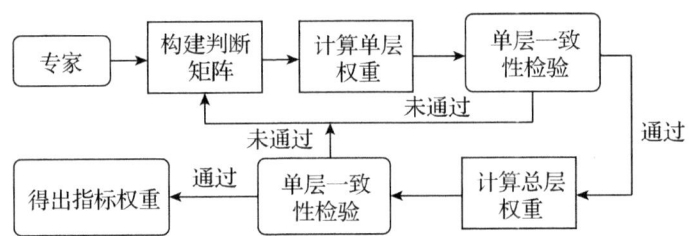

图 20-1 层次分析法的基本流程

表 20-3 指标体系权重

A	B_1	B_2	B_3	B_4	B_5	权重
	0.183 9	0.352 1	0.251 0	0.130 9	0.082 1	
B_{11}	0.128 4					0.023 6
B_{12}	0.083 7					0.015 4
B_{13}	0.068 2					0.012 5
B_{14}	0.061 1					0.011 2
B_{15}	0.107 8					0.019 8

续表

A	B_1	B_2	B_3	B_4	B_5	权重
B_{16}	0.2126					0.0391
B_{17}	0.3382					0.0622
B_{21}		0.0837				0.0295
B_{22}		0.0564				0.0199
B_{23}		0.1939				0.0683
B_{24}		0.1721				0.0606
B_{25}		0.1319				0.0465
B_{26}		0.3620				0.1275
B_{31}			0.1239			0.0311
B_{32}			0.1357			0.0341
B_{33}			0.2291			0.0575
B_{34}			0.3756			0.0943
B_{35}			0.1356			0.0341
B_{41}				0.2334		0.0306
B_{42}				0.1507		0.0197
B_{43}				0.1148		0.0150
B_{44}				0.4132		0.0541
B_{45}				0.0879		0.0115
B_{51}					0.1260	0.0103
B_{52}					0.1913	0.0157
B_{53}					0.2054	0.0169
B_{54}					0.3256	0.0267
B_{55}					0.0836	0.0069
B_{56}					0.0681	0.0056

注：层次总排序的一致性检验结果为 0.0738＜0.1，即一致性检验通过。

二、数据来源及处理

对于指标体系大部分的硬指标，数据主要来源于 2011 年《广州统计年鉴》《深圳统计年鉴》《广东省统计年鉴》《广州市国民级社会发展统计公报》《深圳市国民级社会发展统计公报》及广东省和广州市科技局等相关网站；软指标则通过调查问卷获得，问卷设计了 15 个关于软指标的问题，按照 5 个等级打分，鉴于篇幅问题，就不对问卷逐项列出。文章共计发出100份问卷，有效问题80份，有效率为80%。

获得原始数据后，由于数据单位不统一，难以进行分析比较，需要对数据进行无量纲化处理。数据无量纲化处理的常用方法有规范化方法、正规化方法和归一化方法。

其中规范化方法和正规化方法一般要求数据样本比较大，本研究中是针对广州和深圳两市一年的数据而言，数据样本较小，所以采用对样本要求较低的归一化方法对原始数据进行无量纲化处理。无量纲化处理后的数据如表20-4所示。

表20-4 标准化样本数据

指标	广州	深圳	指标	广州	深圳
X_1	0.9059	0.0941	X_{16}	0.6059	0.3941
X_2	0.8119	0.1881	X_{17}	0.3156	0.6844
X_3	0.6271	0.3729	X_{18}	0.2299	0.7701
X_4	0.2466	0.7534	X_{19}	0.5000	0.5000
X_5	0.9082	0.0918	X_{20}	0.4696	0.5304
X_6	0.5314	0.4686	X_{21}	0.5047	0.4953
X_7	0.5000	0.5000	X_{22}	0.4530	0.5470
X_8	0.1590	0.8410	X_{23}	0.4961	0.5039
X_9	0.2620	0.7380	X_{24}	0.4806	0.5194
X_{10}	0.4688	0.5313	X_{25}	0.4472	0.5528
X_{11}	0.4431	0.5569	X_{26}	0.4882	0.5118
X_{12}	0.3578	0.6422	X_{27}	0.4066	0.5934
X_{13}	0.3731	0.6269	X_{28}	0.5152	0.4848
X_{14}	0.5649	0.4351	X_{29}	0.5312	0.4688
X_{15}	0.5365	0.4635			

三、广州、深圳城市创新职能比较的结果分析

根据上文得出的各个指标的效用值及权重，可以通过计算得到广州与深圳的城市创新职能的评价得分值。

$$F = \sum W_i \times V_i \tag{20-1}$$

式中，F 为评价得分值；W_i 为第 i 个评价指标的权重值；V_i 为第 i 个评价指标无量纲化后的数值。经过计算，得到了广州和深圳城市创新职能各项指标的最终比较结果（表 20-5）。

表 20-5 广州与深圳城市创新职能得分情况

准则层	指标层	广州 准则层得分	广州 指标层得分	深圳 准则层得分	深圳 指标层得分
知识创新职能	普通高等学校数	0.114 4	0.004 7	0.069 5	0.002 2
	万人拥有的大学生人数		0.021 4		0.002 9
	万人国际互联网用户数		0.012 5		0.004 7
	万人公共图书馆藏书量		0.007 9		0.008 5
	每年毕业的本专科以上学生数		0.002 8		0.001 8
	论文发表量		0.018 0		0.018 3
	中国科技项目创新成果		0.020 8		0.031 1
	专业技术人员数		0.031 1		0.024 8
技术创新职能	地方财政科技拨款占地方财政支出的比重	0.132 9	0.005 2	0.219 2	0.014 7
	产学研合作水平		0.032 0		0.036 3
	科技中介服务水平		0.026 8		0.033 7
	高新技术产品产值		0.016 6		0.029 8
	授权专利数		0.047 6		0.079 9
产业创新职能	第三产业总值	0.108 3	0.017 6	0.142 8	0.013 5
	第三产业的比重		0.018 3		0.015 8
	第三产业对经济的贡献率		0.034 9		0.022 7
	高新技术产业产品增加值所占比重		0.029 8		0.064 5
	城市商品进出口贸易额		0.007 8		0.026 2

续表

准则层	指标层	广州		深圳	
		准则层得分	指标层得分	准则层得分	指标层得分
政府创新职能	政府规划能力	0.0623	0.0153	0.0686	0.0153
	政府服务能力		0.0093		0.0105
	政府信息公开		0.0076		0.0074
	知识产权保护力度		0.0245		0.0296
	法制健全程度		0.0057		0.0058
社会创新职能	实际利用外资	0.0376	0.0050	0.0445	0.0054
	市场的发育度		0.0070		0.0087
	年末金融机构各项贷款余额		0.0082		0.0086
	创新氛围		0.0109		0.0159
	城市国内知名度		0.0035		0.0033
	城市国际知名度		0.0030		0.0026
综合创新职能	—	0.1063	—	0.1384	—

由表 20-5 可以得出：(1) 从综合得分情况来看，广州为 0.1063，深圳为 0.1384，深圳得分高广州 0.0321，深圳的城市创新职能优于广州；(2) 从城市创新职能的表现形式得分情况看，深圳在技术创新职能、产业创新职能、政府创新职能及社会创新职能这四项得分较高，而在知识创新职能上则远不及广州；(3) 从某些单项指标得分情况来看，广州的得分情况远高于深圳，表现在普通高等学校数、万人拥有的大学生数、万人国际互联网用户数、每年毕业的本专科以上学生数、第三产业对经济的贡献率等这些指标上。

虽然广州城市创新职能落后于深圳，但知识创新职能是广州的优势职能，同时在政府创新职能及社会创新职能中和深圳差距不大，这也是广州未来提升城市创新职能的突破口；深圳的优势职能是技术创新职能，知识创新职能则是深圳的弱势职能，所以对深圳来说，如何在短时间内提高知识创新职能是深圳目前可以考虑的突破口径。

四、广州、深圳城市创新职能绩效的比较

绩效评价包括两部分：取得的成绩和效率，所以先进行创新成绩评价，接着分析创新效率。绩效有时和效率混淆在一起，所以首先有必要对绩效和效率进行简单区分：绩效表示成绩和成效，而严格意义的效率表示投入和产出的比例关系，可以说绩效包括效率却又比效率更为广泛，更强调组织预期的结果，更偏重管理学一些。

为了对广州和深圳的创新职能的绩效进行评价，在此引入国家综合创新指数(Region National Summary Innovation，RBSI)的算法，由于广州和深圳的创新职能在我国处于领先的地位，所以用广州和深圳的各项指标的平均值来替代全国的平均水平，从而计算得出广州和深圳的城市创新职能的指数，也就是用计算得出的广州和深圳的创新职能投入-产出指数来表示其创新投入和创新产出的成绩。

1. 城市创新职能投入-产出指数

广州、深圳的创新投入水平，在此运用以下公式来计算创新投入指数：

$$T = 100/n \times \sum_{i=1}^{n}(x_{ij}/\bar{x}_i) \quad (20\text{-}2)$$

式中，T表示创新职能投入指数，x_{ij}表示城市j的创新投入指标i的数值，$\bar{x}_i$表示m个城市创新投入指标i的平均值，n表示计算创新投入的指标的个数。在此选取了4个指标，所以$n=4$，城市创新职能投入选取的四个指标分别为专业技术人员、研发经费占GDP的比重、高校数、外商直接投资。

利用EXCEL软件进行计算可以得出城市创新职能投入的指数，结果显示广州的城市创新职能投入指数为127.037，深圳为72.963，即深圳的投入小于广州。

同理可以得到产出指数，在此，选取了7个指标，高新技术产品产值、专利授权量、人均GDP、高新技术产业总产值、工业劳动生产率、单位工业增加值能耗、工业废水排放达标率，所以$n=7$，此时，广州的产出指数为84.514，深圳的产出指数为115.486。

由计算的投入可知，广州的创新职能投入指数为127.037，深圳则为

72.963，这说明广州的创新职能投入高于深圳。广州的创新职能产出指数为84.514，深圳则为115.486，这说明广州的创新职能产出低于深圳。计算得到广州与深圳的投入产出比分别为0.665 3和1.582 8，深圳的投入产出比是广州的2倍左右，这表明广州的投入高产出反而低，造成这种情况的原因是投入产出效率所致，也是接下来要解决的问题(图20-2)。

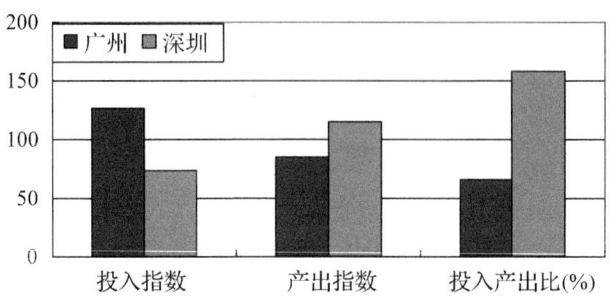

图20-2 广州与深圳投入产出情况图

2. 广州、深圳的城市创新职能绩效评价

数据包络分析是目前最常用于研究绩效的线性规划方法。这一方法是在1978年由美国著名的运筹学家、得克萨斯大学教授A. Charnes、W. W. Cooper和E. Rhodes以相对效率概念为基础而形成的一种新型的效率评价方法。通俗地说，就是利用数学规划模型来判断决策单元间的相对效率，从而对效率进行评价。

在本研究中，将广州与深圳视为数据包络分析的两个决策单元(DMU)，分别对广州和深圳的科技、经济及社会的绩效作出评价分析。根据计算模型得出的决策单元的输出、输入是否相对于其他单元是最优的，若该决策单元是最优的，即该决策单元是有效的，否则视为无效。在此分别利用C2R和BC2模型测算广州与深圳各阶段的综合创新效率θ，纯技术效率σ，规模效率s。C2R的计算方式如下：

$$\begin{cases} \min[\theta - \varepsilon(\hat{e}^T s^- + e^T s^+)], \\ \sum_{j=1}^{n} \lambda_j x_j + s^- = \theta x_0, \\ \sum_{j=1}^{n} \lambda_j y_j - s^+ = y_0, \\ \lambda_j \geqslant 0, j = 1, 2, 3, \cdots, n, \\ s^+ \geqslant 0, s^- \geqslant 0 \end{cases} \quad (20-3)$$

式中，θ 为相对有效值，s^- 表示与最优值相比可以减少的投入，s^+ 表示与最优值相比可以增加的产出，ε 为非阿基米德无穷小，$\hat{e} = (1, 1, \cdots, 1)^T \in \boldsymbol{E}^m$，$e = (1, 1, \cdots, 1)^T \in \boldsymbol{E}^s$。$x_0$ 为第 j_0 个决策单元的投入向量，y_0 为第 j_0 个决策单元的产出向量，λ_j 为组合比例。

若模型最优解 θ_0 满足 $\theta_0 = 1$，$s^- = 0$，$s^+ = 0$，表明数据包络分析有效，具体来说就是这个决策单元形成的创新职能体系中创新投入 x_0 的基础上得出的 y_0 是最优的；当 $\theta_0 = 1$，$s^- \neq 0$，$s^+ \neq 0$，则 DMU 为弱 DEA 有效，表明该决策单元存在投入冗余或产出不足；当 $\theta_0 < 1$，决策单元无效。在 C2R 模型中加入约束条件 $\sum \lambda = 1$，即可以转换成 BC2 模型。利用数据包络分析软件 DEAP2.1 可以计算各个阶段综合创新效率 θ，纯技术效率 σ，规模效率 s，综合创新效率 $\theta = \sigma \cdot s$。

3. 城市创新职能绩效评价指标体系构建

城市创新职能涉及城市创新的方方面面，应该视为一个有机的统一的整体。在此基础上，本研究将城市创新职能分解为包含科技、经济与社会环境的复杂的网络结构，城市创新职能绩效也应该是反映上述三方面的成绩和效率；从投入-产出来看，创新资源的投入会产生科技效益、经济效率和社会环境效益。所以本章节采用三阶段对城市创新职能绩效进行评价。

(1)第一阶段——科技效益

科学技术是第一生产力，所以要加快生产力的建设，首要的就是获取科技成果。因而，在第一阶段科技效益的转化是城市创新职能效益的开始阶段，这必须依靠创新资源的投入。创新资源投入的主体无外乎科研机构、高校、政府及企业等,针对创新投入的要素,可以概括分为两类:人力资源和财力资源。具体可以用"专业技术人员"和"研发经费占GDP的比重"两项指标来反映。高校同时也是知识创造的重要原生力量。David Charles(2006)认为高等院校通过知识的创新和转化,吸引高附加的创新活动形成知识创新的关键从而支撑创新的进行。此外,外商投资能够表示区域吸引外资及同外部的交流与合作情况。因此,本研究将高校数量和外商投资作为创新资源投入的指标。

对于科技产出的指标,本研究选取了最具代表性的专利申请的授权量,专利是一个城市科技成果最重要的体现之一。高新技术产业则直接与科技发展水平的高低相关联,有多项具体的指标可供选取。基于数据的易获得性,在此选取了高新技术产品产值。

(2)第二阶段——经济效益

创新的最终目的不是为了获得新产品。而是想通过新产品、新技术,将其转化为生产力以提高竞争力。即通过知识溢出、技术的溢出带动着整个区域的经济发展。事实表明:在一些发达国家,GDP的一半左右都源自于创新的直接和间接溢出,由此可知创新对经济的巨大的推动作用。所以,经济效益阶段是城市创新职能绩效的关键阶段。

在此,将第一阶段的专利申请授权量和高新技术产品产值作为投入指标。研究表明专利申请授权量与人均GDP之间存在一定的相关性,即可以产生一定的经济效益。高新技术对国民经济起着重要的发展作用,其可以调整经济结构、变革经济发展方式、带动区域投资出口和消费增加,同时相比于其他经济增加方式其社会环境效益也十分明显。在经济效益产出指标中,人均GDP可以反映区域最真实的经济状况,作为一个宏观的指标来表达对宏观经济的影响。工业劳动全员生产率指根据产品的价值量指标计算的平均每一个从业人员在单位时间内的产品生产量。是考核企业经济活动的重要指标,是企业生产技术水平、经营管理水平、职工技术熟练程度和劳动积极性的综合表现[1]。

---

[1] http://baike.baidu.com/view/136535.htm.

(3)第三阶段——社会环境效益

技术创新推动了科技和经济的发展，社会环境也受到其深远的影响。经济的发展难免依靠资源和环境，在人类的发展过程中，曾经为了经济的发展对环境造成了巨大破坏，人类已经尝到了这种发展模式酿造的苦果。在这一基础上，可持续发展应运而生。早在2003年十七大提出的写入党章的科学发展观就明确要求要改变经济增长方式。通过科技进步和技术创新，优化产业机构，提高经济效益，降低化石燃料的使用，节能减排，实现人口、资源和环境的综合效益，如此才能够实现经济与社会环境的发展的双赢。

由于经济和社会发展有着紧密的关系，社会效益的实现也必须以经济效益作为支撑。所以在第三阶段将经济效益的产出作为社会环境效益的投入，我国近些年已成为能源消耗第二大国，节能减排是我国建设资源节约型环境友好型社会的重中之重。在此，用单位工业增加值能耗反映节能减排的指标。由于这是一个负指标，所以在具体计算时以其倒数作为数据。环境保护好了也会为经济发展提供有力的支持，在此选用工业废水排放达标率作为环境保护的指标。

综合上述分析，城市创新职能绩效评价指标体系如表20-6。

表20-6 城市创新职能绩效评价体系

创新资源投入	科技效益	经济效益	社会环境效益
・各类专业技术人员 ・研发经费占GDP比重 ・高等学校数量 ・外商直接投资	・专利授权量 ・高新技术产品产值	・人均GDP ・高新技术产业总产值 ・工业全员劳动生产率	・单位工业增加值能耗 ・工业废水排放达标率

4. 数据的收集与整理

数据包络分析评价城市创新职能绩效必须考虑到投入与产出之间的滞后效应，也就是说投入和产出之间有一定的时间延后。研究表明：从投入到最后总的产出之间一般会有最少两年的滞后。这就要求在选择投入指标的具体数据时投入指标要早于产出指标 2 年时间左右。对本研究中城市创新职能绩效评价来说，就是投入指标采用 2008 年数据，产出指标用 2010 年数据。具体到指标就是专业技术人员、研发经费占 GDP 的比重、高校数量及外商投资指标用 2008 年的数据。此外，一般来说投入越大，产出越大，而单位能耗值则是越小越好，所以要对这一指标进行简单的处理，在此，我们用其倒数来计算。

数据来源于 2008 年和 2010 年广州与深圳的统计年鉴，经过对数据简单的整理，得到了城市创新职能绩效的数据（表 20-7）。

表 20-7　广州与深圳城市创新职能创新产出数据

指标	广州	深圳
专业技术人员（万人）	453 270	82 650
研发经费占 GDP 的比重（%）	1.80	3.34
高校数（所）	63	8
外商直接投资（亿美元）	36.23	42.97
高新技术产品产值（亿元）	5 670.71	10 176.19
专利授权量（件）	15 091	34 951
人均 GDP（元）	103 625	106 880
高新技术产业总产值（亿元）	3 981.30	8 710.95
工业劳动生产率（元/人）	214 972	127 608
单位工业增加值能耗（吨标准煤/万元）取倒数	1.142 465 44	2.032 520 325
工业废水排放达标率（%）	96.72	94.70

5. 数据处理结果与分析

利用包络分析软件 DEAP2.1 计算可以得出城市创新职能的科技、经济与社会环境效益，结果如表 20-8 至表 20-10 所示。

表 20-8　广州与深圳科技创新效益

地区	综合科技创新效率	纯技术效率	规模效率	规模效率状态
广州	0.650	1.000	0.650	递增
深圳	1.000	1.000	1.000	

表 20-9　广州与深圳经济创新效益

地区	综合经济创新效率	纯技术效率	规模效率	规模效率状态
广州	1.000	1.000	1.000	
深圳	0.940	1.000	0.940	递减

表 20-10　广州与深圳社会环境创新效益

地区	综合社会环境创新效率	纯技术效率	规模效率	规模效率状态
广州	0.908	0.975	0.931	递减
深圳	1.000	1.000	1.000	

接下来，将为各个创新效益赋予权重，我们知道创新的根本目的是发展经济，提高人民生活质量，所以在咨询专家的基础上将经济效益的权重设置为0.4，科技效益和社会环境效益均设置为0.3。按照这个权重可以计算出广州与深圳的城市创新职能总效益（表 20-11）。

表 20-11　广州与深圳城市创新职能总效益

地区	科技效益	经济效益	社会环境效益	总效益
广州	0.650	1.000	0.908	0.868
深圳	1.000	0.940	1.000	0.977

对比三个阶段广州与深圳的创新效益，可以看出三个阶段广州与深圳是有所差别的，相比较而言，科技效益是制约城市创新职能的主要因素，广州与深圳的经济效益与社会环境效益相对较高。

从科技效益来看，深圳达到了创新的有效性，广州的规模创新效率呈递增的状态，这说明广州加大创新职能资源投入的话，其创新产出会更好。

从经济效益来看，广州的经济创新效率是有效的，深圳的创新规模效率处于递减的状态，这说明深圳应该调节科技成果的投入，增加资源的利用效率。

从社会环境效益来看，广州的社会环境创新效率是无效的，表现出规模效率递减的状态,所以可以得出广州应该对经济投入效益进行有效利用。同时广州和深圳的社会环境效益分别是 0.908 和 1.000,都大于 0.9,这说明广州和深圳对节能减排,降低环境压力和资源压力都作出了贡献。

从纯技术效率和规模效率来看,对比两者能够得到纯技术创新的平均值大于规模创新,这反映出对综合城市职能总效益影响比较大的是规模效率,除了广州的科技创新的规模效率是递增的状态外,其他的规模效率都处于递减的状态。这表明广州和深圳需要合理利用科技资源,注重其内部的相互协调,努力使经济效益和社会环境效益达到最大。在经济效益阶段,对于深圳来说,其纯技术效率大于规模效率,努力的方向应该是改变比较老旧的生产管理方式,建立良好高效的生产方式,以促进规模效率。

对广州和深圳的创新投入指数、创新产出指数及城市创新职能总效益进行对比(表 20-12)。

表 20-12 广州与深圳的创新投入、产出及综合创新职能总效益

地区	创新投入指数	创新产出指数	城市创新职能总效益
广州	127.037 0	84.513 6	0.868
深圳	72.962 6	115.486 4	0.977

广州的创新投入指数要高于深圳,反而创新产出指数小于深圳。这说明深圳用比较小的投入得到了比较大的产出,城市创新职能绩效接近 1,表现更好。深圳在科技与社会环境效益方面均达到了有效,但是经济效益是非有效的,即深圳的投入-产出相比于广州要高效得多。同时,我们也看到了深圳高校数量比较少,所以在产学研的衔接上难免低效,所以深圳应该加强高校和科研机构的培养。

五、结论

通过文中对广州和深圳的创新职能绩效评价,可以得出以下结论。

第一,对广州和深圳来说,制约城市创新职能绩效的阶段是科技创新效益,所以广州和深圳需要更高效的科技投入和产出,增加科技创新是提高创新职能总绩效的关键所在。

第二,城市创新职能综合创新效率横向分解为纯技术效率和规模效率,从广州和深圳的计算结果来看,纯技术效率要大于规模效率;对三个阶段影响最大的是规模效率;广州与深圳的规模效率大多是递减的状态,表明:在目前广州和深圳的投入有余,所以广州和深圳应该加强资源的合理配置与调控。

第三,对比广州和深圳的创新效率的投入-产出和总效益,可以得到深圳的投入比广州少,产出反而比广州多。概括起来就是:投入多的城市不一定产出多。

第二十一章　基于知识产出的北京城市创新职能

随着知识经济的发展，城市创新职能成为研究的热点。本章基于知识产出（论文发表量及专利授权量），参考城市职能的研究方法进行城市创新职能研究，利用城市创新职能指数及城市创新专门化指数等方法，在与我国城市创新能力位居前列的上海、深圳、广州、天津等城市比较的基础上，对北京城市创新职能结构和强度进行分析。

第一节　引言

随着知识经济时代来临，创新已经成为城市的一项重要职能。目前，各个国家和地区正致力于区域创新体系、创新城市建设，但在区域创新体系中各城市担当何种创新职能鲜有研究，迫切需要研究城市创新职能，这一研究将会有助于建立与完善创新城市地理的研究，并作为国家、区域创新系统建设的有益补充。

北京作为我国的首都，是我国的政治、文化中心，是我国创新资源最集中的地区，也是我国的创新中心，在我国的创新城市体系中发挥着重要作用，其城市创新职能究竟体现在哪些方面，这些职能结构如何，强度如何，需要深入研究。

本章从知识产出的角度，以论文代表理论创新，以专利代表技术创新，基于与上海、深圳、广州、天津的比较，探讨北京城市的创新职能，试图回答以下科学问题：北京城市创新职能究竟体现在哪些方面？其职能地位如何？内部结构如何？这些问题的回答对北京建设创新城市具有重要的意义，也为城市创新地理的理论研究添砖加瓦。

第二节　城市创新职能及北京城市创新职能

随着城市的发展，城市职能也不断发生变化。工业化时期城市的主要职能是工业生产，以生产、制造为主；进入后工业化时期，城市的职能主要是服务，第三产业占有主导地位，城市作为服务中心，主要是管理与协调职能；进入知识经济时代，城市职能是服务、创新及创意，创新与创意成为最为重要的职能（吕拉昌等，2010）。学者们提出了创新城市、创意城市、智慧城市等概念（Bell，1997）。Hall 将都市创新分为三类，文化/智能、技术/生产与技术/组织（夏铸九等，2003）。卡斯特尔斯与彼得·霍尔均认为主要城市及大都市是创新网络最重要的节点（Castells et al.，1994）。

目前，国外学者虽然还没有提出城市创新职能的概念，但对城市创新职能做了一些研究：第一，在全球城市的网络中寻找城市的职能定位。Fredmann(1986)强调全球城市的经济控制职能；Sassen(1991)强调全球城市的服务与创新职能，认为纽约、伦敦和东京不仅是世界经济中各种传统的组织的支配中心、金融和专业服务企业的关键区位，而且更多体现了它们的创新职能；Castells(1996)强调全球城市的信息枢纽功能；Mathiessen(2010)以欧洲各国主要城市发表的 SCI 论文数为基础数据，进行国际城市创新体系研究，构建了欧洲城市创新等级体系，划分了城市类型。第二，探讨城市创新职能的形成机理。区域创新系统理论强调区域体制与文化对创新的重要性（Asheim et al.，2009）。集群学派强调产业集群基础设施共享以及知识溢出效应的动力作用（Porter，2003；Wolfe，2009）。而另一些学者强调种族、文化、社会结构的多样性对创新的作用（Florida，2002；Jacobs，1969；Halbert，2010），演化城市经济地理强调地区创新的路径依赖（Lammarino，2011）。城市开放创新范式强调社会邻近、组织邻近、认知邻近、体制邻近以及地理邻近对城市创新形成的作用（Boschma，2005）。第三，探讨城市创新主体及空间作用对城市创新的影响。"城市结构"的创新分析，把城市创新视为主体间及与环境相互作用及互动的过程，这种分析如城市创新系统理论、大都市的创新分析、创新主体间的距离接近论(Gertler，2003；Storper et al.，2004)。第四，城市创新职能的等级体系。在创新空间扩散研究以及创新城市体系的等级扩散的基础上，近来国外学者研究表明，大城市的人均专利高于小城市(Sedgley et al.，2011)。世界最新的产品往往是由处于大城市的公司引入的(Audretsch et al.，1996)。新产业的创新与传播与城市等级体系的关系是一致的(Duranton et al.，2001)。

国内学者对中国城市职能进行了较多的研究，但主要限于城市的传统职能，对城市创新职能研究不多。20世纪90年代以来，阎小培(2003)注意到在全球化和信息化的大潮下，城市的职能发生重大的变化，研究了信息技术对城市职能的影响，认为信息时代下，城市的基本职能是以服务业为主的管理、协调等创新职能。我们认为城市创新职能应作为城市的一个重要的职能从传统的城市职能中单独分离出来，明确提出了城市的创新职能，并认为城市创新职能区别于传统城市职能的几个特性：依附性、复杂性、规划性、专属性与综合性。

关于创新的测度在国际上STI(科学、技术和创新)主要有三类指标：一是R&D；二是关于专利申请、授权和引用的数据；三是文献计量学数据(即科学技术出版物或引文的数据)(Fagerberg et al.，2009)。行业R&D支出与GDP的比值，说明行业的技术创新活动；R&D支出与GDP的比值，说明国家对技术进步及知识创造的重视程度。我国学者对区域创新产出的测度也使用此类指标(李国平等，2012)。对于城市创新能力的测度一般使用综合的指标，城市创新能力的综合指标可以反映城市创新能力的相对大小，但不能反映城市创新在结构上的表现，因此需要更为简明的指标反映城市创新职能与强度，反映知识经济下城市新的特征。

北京市作为中华人民共和国的首都，其城市职能发展演变过程主要经历了两个阶段。20世纪50年代到70年代末80年代初，城市职能定位为：国家的政治中心、经济中心、文化中心，这一时期也强调北京建设成为全国科学技术的中心。20世纪80年代以来，北京不再提国家的经济中心职能，《北京城市总体规划(2004—2020)》职能定位是：全国的政治中心、全国文化科技中心、国家经济管理中心和国际交流中心,以建设世界城市、文化名城、宜居城市为努力目标,创建以人为本、和谐发展、经济繁荣、社会安定的首善之区。虽然没有直接提到城市创新职能,但显著地强调了文化科技中心职能,文化、科技与城市创新职能密切相关,是城市创新职能的重要支撑。这从另一个侧面也反映出北京对创新职能的重视与认可。对于北京这种人口、资源、环境矛盾突出,创新资源高等级且集聚的城市,城市创新职能的培育与发展对城市未来发展具有重要的意义。基于此方面的考虑,本章以北京市为例,基于知识产出,分析北京城市的创新职能。

第三节 研究的对象与方法

一、研究对象

根据中国城市研究会2007年"中国城市自主创新科学评价"成果显示,北京、上海、深圳、广州是我国内地副省级以上优秀自主创新城市的前四名[①]。《2011中国创新城市评价分析》认为2011年中国20个经济较为发达区域性大城市的综合创新竞争力位列前三位的分别是北京、深圳、上海[②]。据此,本章以北京市作为主要的研究对象,同时选取创新城市建设和创新能力评价在各类排名中较前的上海、深圳、广州以及与北京毗邻的直辖市天津作为参照,分析北京城市创新职能结构及强度特征。

二、数据来源

本研究的数据来源主要是《中国统计年鉴》《中国经济普查年鉴》《中国城市统计年鉴》以及中国知识网和中国国家专利服务平台。行业基础数据中各行业部门就业人员数量来自《中国城市统计年鉴》(2011),各个行业部门国内生产总

---

① http://news.xinhuanet.com/fortune/2007-05/08/content_6072365.htm.
② http://sass-ces.com/details.php?id=109.

值的数据来源于 2011 年北京、天津、广州、深圳、上海的统计年鉴，为统一统计口径，我们参考前人的相关研究，把我国国民经济 19 个行业的分类，归为了 7 个大类，依次为工业、建筑业、交通信息业、商贸业、金融房地产业、科教文卫业以及机关社团部门①。

  论文发表数量源于中国知识网搜索结果，搜索年份为 2010，搜索关键词输入特定行业名称，某些行业包括多个小行业，如科学研究、技术服务和地质勘查业，则分三次搜索，搜索关键词为：科学研究、技术服务、地质勘查，再将搜索结果进行汇总。专利授权数是利用国家专利服务平台进行搜索，搜索方法为：首先对 IPC 的分类结果与经济普查年鉴的分类结果进行对应匹配，然后利用行业代码搜索，无法匹配的行业采取在主权项输入关键词搜索，最后将搜索结果汇总。这两种方法虽不能反映该行业 2010 年精确的论文发表量和专利授权量，但能体现城市各行业论文发表量和专利授权量的基本比例，反映城市各行业在创新职能上的基本状况。

---

① 我国国民经济分为 19 个行业，即：(1)农、林、牧、渔业；(2)采矿业；(3)制造业；(4)电力、热力、燃气及水的生产和供应业；(5)建筑业；(6)批发和零售业；(7)交通运输、仓储和邮政业；(8)住宿和餐饮业；(9)信息传输、软件和信息技术服务业；(10)金融业；(11)房地产业；(12)租赁和商务服务业；(13)科学研究和技术服务业；(14)水利、环境和公共设施管理业；(15)居民服务、修理和其他服务行业；(16)教育；(17)卫生和社会工作；(18)文化、体育和娱乐业；(19)公共管理、社会保障和社会组织。由于研究的对象是城市，针对的是城市的非农业职能，因而研究中舍去农林牧渔业；其次，鉴于 18 个行业之间相关性和性质同一性，参考前人相关研究，对 18 个行业进行合理的归并。将采矿业、制造业、电热燃水供应业 3 个行业合并到工业，把交通运输、仓储和邮政业与信息传输、软件和信息技术业 2 个行业合并为交通信息业，把批发和零售业、住宿和餐饮业、租赁和商务服务业 3 个行业合并为商贸业，把房地产业和金融业 2 个行业合并称为金融房地产业，把科研技术服务业、教育卫生与文体娱乐两个行业合并为科教文卫业，水利、环境和公共设施管理业及公共管理、社会保障和社会组织及居民服务、修理和其他服务业 3 个行业部门合并为机关社团部门，这样为统一统计口径，把 18 个行业部门归为 7 个大类，依次为工业、建筑业、交通信息业、商贸业、金融房地产业、科教文卫业以及机关社团部门。

三、研究方法

文中使用城市地理的分析方法，选择专门化指数和创新职能指数对城市创新职能的内部结构进行分析，用创新职能指数 F_i、创新专门化指数 S_i 来衡量 5 个城市的创新职能结构特点。

创新职能指数 F_i 表达式为：$F_i = P_i / M_p$ (21-1)

专门化指数 S_i 表达式为：$S_i = P_i / \sum_p$ (21-2)

式中，M_p 为 5 个城市该职能部门（行业）论文发表量（或专利授权量）的平均值；P_i 指该城市某种职能部门（行业）论文发表量（或专利授权量）。一个城市的专门化指数越大，说明其专门化程度越高，专门化指数越小，说明专业化的程度越低。

测度城市创新职能的强度，研究分别从理论创新视角和技术创新视角来衡量。城市创新职能强度可用以下公式表示：

$$P_i = X_i / Z_i \quad (21\text{-}3)$$

$$P_j = X_j / Z_j \quad (21\text{-}4)$$

式中，X_i 表示论文发表量，X_j 表示专利授权量；Z_i 表示行业部门就业人员数量，Z_j 表示行业部门的地区生产总值。

第四节 北京市城市创新职能结构分析

根据创新职能指数公式(21-1)及专门化指数公式(21-2)，分别求出各城市各行业以论文发表量测度的相应的创新职能指数（表 21-1）及专门化指数（表 21-2）和以专利授权量测度的相应的创新职能指数（表 21-3）及专门化指数（表 21-4）。

表 21-1 基于论文发表量北京市创新职能指数

城市	工业	建筑业	交通信息业	商贸业	金融房地产业	科教文卫业	机关社团部门
北京	0.088 7	0.073 3	0.243 2	0.013 9	0.110 1	0.457 1	0.013 7
天津	0.105 4	0.093 4	0.191 8	0.013 0	0.139 0	0.443 3	0.014 2
上海	0.099 5	0.086 3	0.247 6	0.014 4	0.150 1	0.387 7	0.014 3
广州	0.060 7	0.099 5	0.184 6	0.010 1	0.073 9	0.557 5	0.013 8
深圳	0.068 3	0.078 2	0.202 8	0.013 7	0.117 9	0.499 3	0.019 8

表 21-2 基于论文发表量北京市创新职能专门化指数

城市	工业	建筑业	交通信息业	商贸业	金融房地产业	科教文卫业	机关社团部门
北京	1.989 0	1.783 2	2.141 7	2.067 1	1.810 9	2.059 7	1.924 9
天津	0.787 5	0.758 2	0.563 3	0.646 3	0.762 3	0.666 0	0.664 7
上海	1.641 2	1.546 5	1.605 2	1.579 3	1.817 7	1.285 6	1.479 8
广州	0.348 7	0.620 4	0.416 5	0.384 1	0.311 3	0.643 6	0.497 1
深圳	0.234 6	0.291 7	0.273 7	0.311 0	0.297 1	0.344 7	0.427 7

表 21-3 基于专利授权量北京市创新职能指数

城市	工业	建筑业	交通信息业	商贸业	金融房地产业	科教文卫业	机关社团部门
北京	0.629 1	0.011 0	0.292 2	0.002 1	0.000 9	0.062 2	0.002 5
天津	0.751 6	0.013 0	0.137 3	0.002 8	0.000 8	0.092 4	0.002 1
上海	0.692 6	0.019 2	0.213 8	0.001 8	0.000 7	0.070 1	0.001 8
广州	0.714 4	0.012 7	0.193 8	0.001 7	0.000 5	0.074 0	0.002 4
深圳	0.441 4	0.008 1	0.501 6	0.001 8	0.001 1	0.044 5	0.001 4

表 21-4 基于专利授权量北京市创新职能专门化指数

城市	工业	建筑业	交通信息业	商贸业	金融房地产业	科教文卫业	机关社团部门
北京	1.920 0	1.632 7	1.932 3	2.008 2	1.981 1	1.846 7	2.320 0
天津	0.523 0	0.440 1	0.207 1	0.614 8	0.377 4	0.625 8	0.440 0
上海	1.466 5	1.970 7	0.980 9	1.188 5	1.132 1	1.443 2	1.160 0
广州	0.429 7	0.369 9	0.252 6	0.327 9	0.283 0	0.435 5	0.440 0
深圳	0.660 7	0.586 7	1.627 1	0.860 7	1.226 4	0.648 8	0.640 0

以论文发表量来测度的城市创新职能结构中，北京的创新职能指数从高到低依次为：科教文卫业、交通信息业、金融房地产业、工业、建筑业、商贸业、机关社团部门，可见科学研究和技术服务业、教育、卫生和社会工作、文化体育和娱乐业、交通运输、仓储和邮政业与信息传输、软件和信息技术服务业、金融与房地产业在城市创新中具有突出的地位。北京市创新职能专门化指数各个行业都在平均值1之上，说明，北京在这5大城市中行业的创新都比较突出，尤其是交通信息业、科教文卫业、商贸业、工业。

以专利授权量来测度的城市创新职能结构中，北京的创新职能指数从高到低依次为：工业、交通信息业、科教文卫业、建筑业、商贸业、机关社团部门、金融房地产业。北京市各个行业创新职能专门化指数都在平均值1之上，说明其在5个城市中上述行业的创新都有重要的地位，尤其突出的是：机关社团部门、金融与房地产业、商贸业、交通信息业、工业。

从知识产出的角度，论文代表的理论创新与专利代表的技术创新的城市职能结构，以及创新专业化存在一定差别，但从总体来看，北京与其他4个城市相比较，创新职能专业化基本处于首位，可见北京是中国创新的领头羊。城市创新职能结构从总体上来说，交通信息业、科教文卫业、工业等的创新职能指数较高，说明这些行业在城市创新中具有突出的地位。

第五节 北京市城市创新职能强度分析

文中选取中国创新能力较强的几大城市对比分析北京的城市创新职能强

度,根据创新职能强度公式(21-3)和(21-4)计算可以得出各城市七大行业创新职能强度(表21-5和表21-6)。

表21-5 基于论文发表量北京市创新职能强度　　　　　单位:万人

城市	工业	建筑业	交通信息业	商贸业	金融房地产业	科教文卫业	机关社团部门
北京	22	45	64	2	46	91	7
天津	11	74	106	4	107	107	6
上海	13	150	103	5	77	98	12
深圳	4	43	41	2	27	85	5
广州	2	22	35	2	19	92	5

表21-6 基于专利授权量北京市创新职能强度　　　　　单位:亿元

城市	工业	建筑业	交通信息业	商贸业	金融房地产业	科教文卫业	机关社团部门
北京	6.3514	0.4634	3.5273	0.0155	0.0073	0.7207	0.0907
天津	0.9035	0.1607	0.9844	0.0103	0.0042	0.7779	0.0240
上海	1.7094	0.4530	2.2835	0.0080	0.0041	0.9947	0.0486
深圳	0.8982	0.1623	0.7526	0.0032	0.0021	0.3625	0.0234
广州	1.1892	0.3171	7.1906	0.0137	0.0067	1.1423	0.0463

以论文发表量来测度的北京创新职能强度排序如下:科教文卫业、交通信息业、金融房地产业、建筑业、工业、机关社团部门、商贸业,创新强度最大的是科教文卫业,商贸业最低。对比各大城市来看,北京除工业以外,其他方面的创新职能强度普遍低于上海和天津,而高于深圳和广州(表21-5)。

以专利授权量来测度的北京创新职能强度排序依次是:工业、交通信息业、科教文卫业、建筑业、机关社团部门、商贸业、金融房地产业。对比各大城市来看,除个别行业外,北京的创新职能强度普遍高于上海、天津、深圳和广州,但一些城市在某些城市职能的创新强度很高,如广州的交通信息业(表21-6),这说明这些城市在这些方面具有较高的城市创新职能强度。

第六节 结论与讨论

通过北京城市创新职能的研究,并与上海、广州、深圳及天津 4 个城市进行比较分析,得出以下结论:

第一,以论文发表量来测度的城市创新职能结构与以专利授权量来测度的城市创新职能结构有一定的差别,这反映出城市创新职能的理论创新与技术创新有所不同,也反映出不同行业具有不同创新特点。以论文发表量来测度的城市创新职能结构,北京创新职能指数从高到低依次为:科教文卫业、交通信息业、金融房地产业、工业、建筑业、商贸业、机关社团部门;而以专利授权量来测度的城市创新职能结构中,北京的创新职能指数从高到低依次为:工业、交通信息业、科教文卫业、建筑业、商贸业、机关社团部门、金融房地产业。但二者较为一致的是北京的交通信息业、科教文卫业的创新职能指数都较高,反映出信息传输、软件和信息技术服务业与交通运输、仓储和邮政业,以及科学研究和技术服务业、教育、卫生和社会工作、文化体育和娱乐创新方面在北京城市创新职能的突出地位。

第二,从总体来看,北京与上海、天津、广州、深圳相比较,创新职能专业化程度高,在全国的地位突出。以论文发表量测度的城市创新职能的专业化指数,北京除金融房地产业略低于上海外,在其他科教文卫业、交通信息业、工业、建筑业、商贸业、机关社团部门都高于其他 4 个城市,说明北京市的理论创新总体水平高,创新专业化突出。基于专利授权量北京市创新职能专门化指数除在建筑业方面弱于上海外,其他行业创新职能的专门化指数均居五城市之首,说明在技术创新的专业化方面,北京具有明显的优势。

第三,以创新强度而论,以论文发表量测度的北京创新职能强度在科教文卫业最高,交通信息业次之,商贸业最低。对比各城市来看,北京创新职能强度普遍低于上海和天津,高于深圳和广州。以专利授权量测度的北京创新职能强度在工业最高,交通信息业次之,金融房地产业最低。对比各城市来看,北京的创新职能强度普遍高于上海、天津、深圳和广州。

对于城市创新职能的研究，目前还处于探索阶段，但比城市创新能力研究深入了一步，因为城市创新能力研究注重的是通过多指标的分析，比较各城市创新的相对位置，无法判别城市在哪些方面相对于其他城市具有创新性。本章对城市创新职能在理论研究方面做了一些尝试性研究，提供了城市创新职能的分析方法与途径，为城市在创新方面分工合作提供了依据，也可以作为政府部门建设创新型城市的参考。但是，城市创新职能的研究，仍需做大量的研究工作，尤其是亟待建立城市创新职能研究的理论体系。

第二十二章　中国城市知识创新职能

知识创新对城市发展发挥重要功能并成为知识经济时代城市的主要职能。本章从职能规模、职能活力、职能强度和职能尺度四大维度建立测度方法，根据线性加权综合方法计算城市知识创新职能综合得分并划分等级体系。

第一节　引言

20世纪80年代以来，世界已由工业经济时代转向知识经济时代。知识作为这个时代的一项重要战略资源，在一定程度上改变了传统要素在经济发展中的地位，逐步成为推动区域经济增长和提高国家竞争力的核心力量（范斐等，2013）。知识创新是知识经济增长的原动力，也是推动区域发展的基本动力（张永庆，1999；汪宇明，2001）。在全球竞争时代，全球知识市场渗透的关键驱动力是通过采用创新的知识生成机制在知识经济中发挥重要作用（Bulu，2014；Pancholi et al.，2014）。城市作为知识创新资源密集和知识转移交流的中心成为地区竞争力的主要舞台，追求知识型城市发展以获得全球竞争优势是城市未来发展的主要目标。

近些年来，知识创新是经济学、管理学、地理学等学科领域研究的热点领域。经济学和管理学的研究主要集中在知识创新的形成过程及创新主体的知识创新能力分析等方面（姜春林，2007；Franco et al.，2019；Graciela et al.，2019），地理学侧重从地理要素及创新环境等分析城市与区域知识创新水平的差异性及影响因素（孟晓晨等，2002；王缉慈，1999；刘佳等，2020；胡曙虹等，2014），创新已成为城市最为主要的职能并引起城市空间及空间体系的重构(吕拉昌等,2010),城市可提供大量具有专业知识的多样化人才等创新资源,有较多的创新合作伙伴,有更多面对面的机会以及高度的工作流动性,促进知识传递和创新产生,有利于形成城市创新职能(吕拉昌等,2009)。城市作为高密集知识产业和人才进行知识创造、商业活动和学习生活的综合中心,对城市的企业及其他部分具有正外部性(何永达,2015;Love et al.,2011;崔权醴,2005),解决社会中复杂的政治和经济问题(Link et al.,2003;Carrillo,2014;Yigitcanlar,2015),是推动城市发展和区域经济增长的重要工具(Scott,2006;Fikirkoca et al.,2012)。许多城市正追求创造一个能够吸引全球思想、知识、人才和资本流动的知识创新中心(Anttiroiko,2009;Florida,2014),知识创新职能正成为城市创新职能的最重要的部分。

目前,城市创新职能研究已有一些成果,以各行业的论文和专利分别测度北京市不同行业的创新职能指数和专门化指数(吕拉昌等,2014);基于基本职能和非基本职能,采用区位熵等方法,对北京和上海的科技创新职能进行比较研究(张虹,2012);利用城市创新流强度分析广东省城市创新职能,为本城市以外的地区提供创新服务是城市创新外向职能(胡海鹏等,2015)。知识创新职能是城市创新职能的重要组成部分,学者从知识的丰富度、知识获取和知识产出构建出7项指标,基于层次分析法赋予权重得出城市知识创新职能得分(孙莉,2013),这一测度方法对测度城市知识创新职能有一定的贡献,但由于考虑的维度较少,难以精确反映城市的知识创新职能。

研究普遍认为知识创新对城市发展发挥重要功能,并成为知识经济时代城市的主要功能。但中国城市的知识创新职能发展如何?如何准确测度城市的知识创新职能?这些问题尚未有答案。本章结合国内外学者关于知识创新和城市职能的研究,构建了城市知识创新职能的研究框架和城市知识创新职能的测度方法,基于中国182个城市实证分析我国城市知识创新职能发展水平及等级体系,丰富了城市地理学关于城市知识创新职能的相关研究,也为我国知识创新型城市建设、优化布局提供参考。

第二节 研究框架

管理学家德鲁克认为知识创新是赋予知识资源以新的创造财富能力的行为（德鲁克，2000），"新"指"新知识""新组合""新管理"等，"创造财富"代表知识的应用为企业和社会带来经济价值。知识创新过程就是知识的创造、传播和应用过程（姜春林，2007），这些过程不是线性关系，而是链环过程和反馈模式，每个阶段都离不开其他阶段的参与（颜晓峰，2000）。

城市是人口的集中地，是知识的主要生产、传播与应用之地，城市的知识储备、生产和传播与城市的社会和经济发展有密切的关系。人才、产业和基础设施投入是城市知识创新至关重要的因素（Yigitcanlar et al.，2013；朱美光，2007），科研机构和知识密集型产业的知识转移对区域创新系统作出重要贡献（Inkinen，2010），企业和组织将知识引入经济用途促进知识转化（Asheim，2005），科学、技术和艺术的商品化是具有高市场价值的知识创新（Makkonen et al.，2005）。因此，城市知识创新是以社会经济生态发展为导向，以增加城市的经济、社会与生态效益和提高城市未来竞争力为目的，以内在的知识存量和外在的实践条件为基础，是各创新主体在某种组织形式与管理水平下进行知识创造、知识转移及知识应用的过程。城市知识创新职能是城市在一定地域内为满足人类新时代生存和发展需求而在知识创新过程中所承担的任务和所起的作用，以及由于这种作用的发挥而产生的效能。

城市知识创新职能的测度需要考虑城市职能特征。20 世纪 80 年代末，周一星系统提出"城市职能三要素"，包括专业化部门、职能规模和职能强度，并按照这三要素的相似性和差异性对城市进行分类（周一星等，1988）。专业化部门对单个城市来说是某一行业与其他行业比较中的地位标识，若某部门的专业化水平越高，则职能强度就越大，因此专业化部门无法与职能强度并列（张复明等，1999）。从城市形成和发展角度来看，城市职能分为基本职能和非基本职能，基本职能是指对城市以内地区的服务活动，空间属性主要用来讨论不同城市在某一行业的空间辐射范围（赵霖等，2016）。按照城市职能理论，城市知识创新职能表现在以下四个方面（图 22-1）。

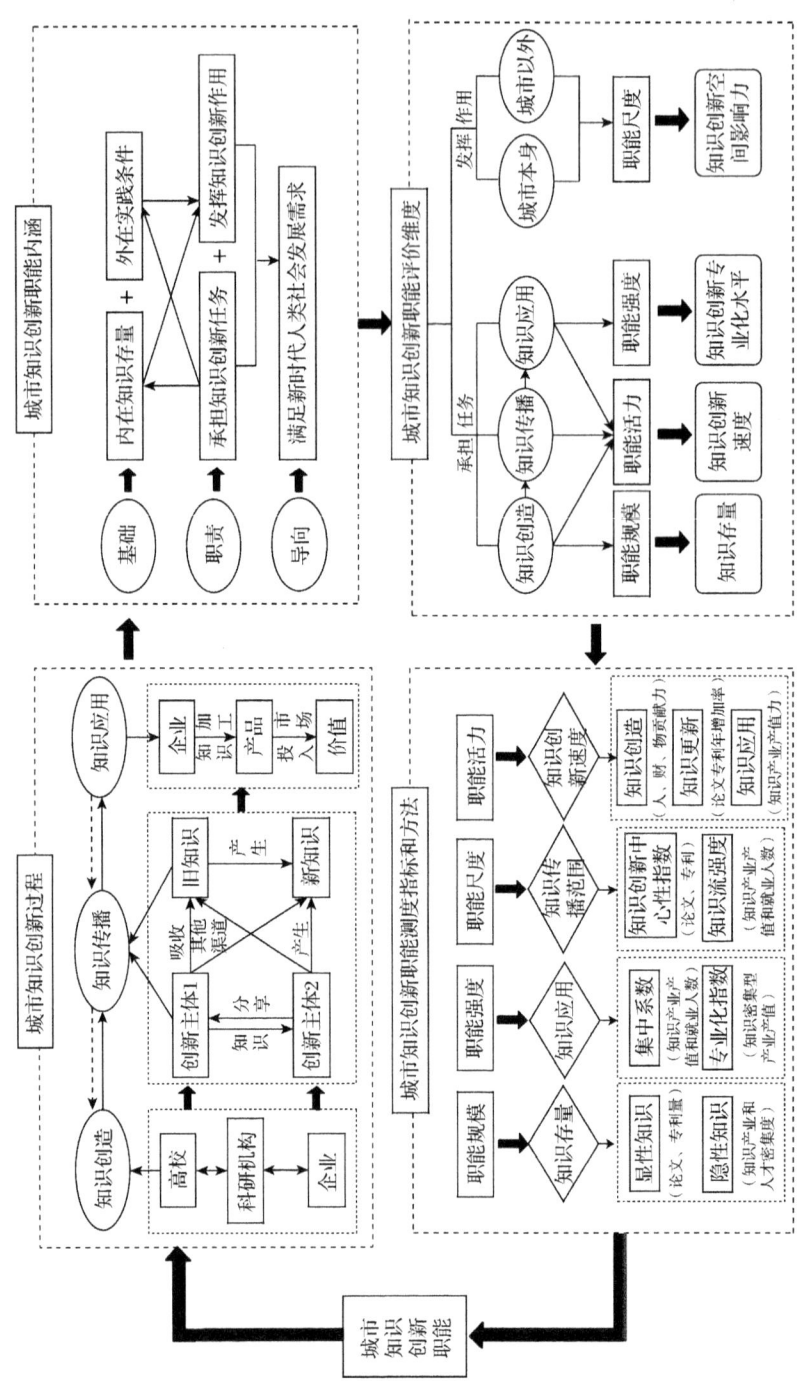

图 22-1 城市知识创新职能及测度框架

1. 职能规模。职能规模是城市职能的量态特征,不同职能组分的职能规模测度标准不同。知识创新职能规模主要取决于城市知识储备量,用某城市的知识存量与全国知识存量平均值的比值表示该城市的知识创新职能规模。知识分为显性知识和隐性知识,论文和专利属于编码知识,基本可反映城市的显性知识存量。隐性知识源于经验体验,溢出效应认为地理邻近更有利于面对面的非正式交流,当知识密集型的地理事物越集中分布越有利于隐性知识的产生,知识密集型服务业比知识密集型制造业需要和产生更多的隐性知识(Bjørn Asheim et al.,2009;Gregory et al.,2015;Zhao et al.,2017)。因此通过知识密集型服务业企业数与城市建成区(不包括居住区)面积的比值表示知识密集型服务业的疏密程度,用某城市的知识密集型服务业就业人数乘以知识密集型服务业密集度与全国该指标平均值的比值表示城市隐性知识存量。

2. 职能活力。城市职能活力就是该类职能推动城市健康运转、持续发展的能力和潜力。知识创新职能活力表现在知识创造的活力、知识更新的速度以及知识应用的水平。知识创造的活力是城市对于知识发现、知识学习和知识产生的支持程度,在知识创造过程中提供必要的人力、财力和物力的支持会激发其创造的活力。研究与试验发展(R&D)人员数、在校大学生和教师数是知识创造的重要主体,科研财政支出额和研究与试验发展(R&D)经费内部支出额是支撑科学研究的主要经费来源,信息化技术缩短了各城市之间的联系距离,促使企业以更高的效率和更低的成本来获取更多的知识等创新资源,选择互联网宽带接入端口表示知识创新的物力支持。

城市具备了知识创造的物质基础与条件不代表该城市能有效运用,还需考量其创造的效率。有活力的重要标准是城市的知识是在不断更新变化的,知识更新速度是城市内部知识创新主体对原有知识的吸收、转移和加工后创造出新知识的速度。新知识往往以论文和专利形式产生,因此选取论文和专利每年增加量来衡量知识更新速率。

知识创新的最终实现形式是知识转化成产品并投放市场获得相应利润,知识密集型产业产值是知识应用的重要体现。本章从两个路径综合衡量城市的知识应用能力,一是从城市路径考虑本城市与其他城市的比值,分析本城市的知识应用能力在全国的地位如何，二是从行业路径考虑本城市知识密集型产业产值与其他所有产业产值的比值，分析本城市的知识应用能力在城市内部的地位如何。

3. 职能强度。职能强度指职能地域的中心地所保持的中心职能的强度，随着距中心地逐渐变远中心性逐渐减弱。城市知识创新专业化水平越高，知识创新职能强度就越高。国内外学者多使用区位熵或专业化指数来分析职能强度，取得了较好的效果。由于各城市的人口密度和经济发展水平各不相同，仅以知识密集型产业的就业人数或产值来衡量城市知识创新职能强度存在一定偏差性，对于城市的部分知识产业来说，市场或劳动力的吸引力略大于知识或技术的吸引力，因此也可按人口平均的产值即集中系数来衡量知识创新职能强度。本次主要采用集中系数、专业化指数来衡量知识创新职能的职能强度。

4. 职能尺度。城市知识创新活动的影响具有空间性，随着地理距离的增加影响力逐渐减弱(牛欣等，2013)。在空间影响上包括：一是为城市本身以外的其他地区提供知识生产及创新服务的活动；二是为城市自身提供知识生产及与创新服务相关的活动。以知识创新为主要功能的城市，知识创新活动必然是该城市经济生活中的基本活动部分。城市知识创新活动在区域的地位和中心性程度可反映城市知识创新活动的对外各种综合服务的影响力和程度(张虹，2012)，采用专利授权量和论文发表量来反映知识创新活动的产出情况，利用方差标准化模型进行知识创新中心性指数的计算，以此来确定城市知识创新活动的中心性程度与等级。城市知识流强度是指一城市在区域城市体系中向其他城市输出的知识流量，表征该城市对外知识服务能力的强弱，以知识密集型产业的就业人数和产值来衡量知识流强度。

第三节 数据来源与评价方法

文中选取 2015 年到 2019 年 5 年数据的平均值综合分析城市知识创新职能，其中知识密集型服务业细分行业的产值数据，由于大部分城市缺少 2018 年和 2019 年数据，因此只选取 2015 年到 2017 年 3 年的平均值来衡量各城市的知识密集型服务业产值状况，数据来源于各城市统计年鉴。论文发表量来源于中国知网，专利申请、授权数来源于国家专利信息服务平台，城市建成区面积、政府科技财政支出额、在校大学生和教师数、城市总职工人数、知识密集型服务业就业人数、城市第二产业和第三产业总产值均来源于《中国城市统计年鉴》。知识密集型服务业企业数据来源于企查查。知识密集型制造业细分行业的产值和就业人数、研究与试验发展（R&D）人员数、研究与试验发展（R&D）经费内部支出额来源于各城市的统计年鉴。

根据OECD、中国国家统计局和相关学者关于知识密集型产业的定义和分类（伍忠贤，2003；OECD，2001），以《国民经济行业分类》（GB/T 4754—2017）为标准，共选取13类行业表征知识密集型产业，借鉴前人测度的知识密集度结果，利用AHP层次分析法计算知识密集型产业各类行业的权重系数（赵健，2013）（表22-1）。

表 22-1　知识密集型产业的行业范围及权重系数

知识密集型制造业		知识密集型服务业	
行业	权重系数	行业	权重系数
化学原料及化学品制造业	0.031	信息传输、软件和信息技术服务业	0.122
医药制造业	0.015	金融业	0.192
通用设备制造业	0.031	租赁和商务服务业	0.045
专用设备制造业	0.032	科学研究和技术服务业	0.312
汽车制造业	0.049		
铁路、船舶、航空航天和其他运输设备制造业	0.049		
电气机械和器材制造业	0.037		
计算机、通信和其他电子设备制造业	0.073		
仪器仪表制造业	0.009		

一、职能规模的评价方法

采用某城市的"论文发表数"和"专利申请数"与全国论文和专利平均数的比值来衡量该城市的显性知识存量(X_1),用某城市的知识密集型服务业就业人数乘以知识密集型服务业密集度与全国该指标平均值的比值表示城市隐性知识存量(X_2)。知识存量(X)计算公式如下:

$$X_1 = \frac{m_i}{\frac{1}{n}\sum_{i=1}^{n} m_i}, \quad X_2 = \frac{m_j}{\frac{1}{n}\sum_{j=1}^{n} m_j}, \quad m_j = P_j \times \frac{E_j}{S_j}, \quad X = X_1 + X_2 \quad (22\text{-}1)$$

式中,X_1 为 i 地区显性知识存量,n 为样本城市的个数,m_i 为 i 地区论文发表数和专利申请数;X_2 为 i 地区隐性知识存量,m_j 为 i 地区知识密集型服务业就业人数与知识密集型服务业企业密集度的乘积,P_j 为知识密集型服务业就业人数,E_j 为 i 地区知识密集型服务业企业数,S_j 为 i 城市建成区面积(不包括居住区面积),X 为 i 城市知识总存量,即知识创新职能规模。

二、职能活力的评价方法

1. 知识创造能力指数(O)

$$O = \frac{f_i}{\frac{1}{n}\sum_{i=1}^{n} f_i} + \frac{p_i}{\frac{1}{n}\sum_{i=1}^{n} p_i} + \frac{h_i}{\frac{1}{n}\sum_{i=1}^{n} h_i} \quad (22\text{-}2)$$

式中,O 为知识创造能力指数,n 为样本城市数量,f_i 为 i 城研究与试验发展(R&D)人员数、在校大学生和教师数,p_i 为 i 城科研财政支出额和研究与试验发展(R&D)经费内部支出额,h_i 为 i 城互联网宽带接入端口数。

2. 知识更新速率值(V)

$$V = \frac{1}{n}\sum_{i=1}^{n} \frac{(x_{i+1} - x_i)m}{X_{i+1} - X_i} \quad (22\text{-}3)$$

式中,V 为知识更新速率值,代表近 n 年该城市论文和专利更新速率,x_i 为该城市最近第 i 年的论文发表量和专利产出量,X_i 为样本城市最近第 i 年论文总发表量和专利总产出量,m 为样本城市数量。若 V 大于 1,表示该城市知识更新速度超过全国平均水平。

3. 知识应用能力指数（G）

$$G_1 = \frac{g_i}{g}, \quad G_2 = \frac{P_i}{P}, \quad G = G_1 + G_2 \qquad (22\text{-}4)$$

式中，G 为知识应用能力指数，当 g_i 为 i 市的知识密集型产业产值，g 为样本城市该产业总产值时，G_1 为本城市该产业与所有样本城市该产业产值的比值；当 g_i 为 i 市知识密集型产业产值，g 为 i 市所有产业总产值时，G_2 为该城市知识产业与城市内所有产业总产值的比值。

三、职能强度的评价方法

1. 集中系数计算公式

$$CC_{ij} = \frac{Q_{ij}}{P_i} \bigg/ \frac{Q_j}{P} \qquad (22\text{-}5)$$

式中，CC_{ij} 为 i 城市 j 产业的集中系数；j 为某一知识密集型产业；Q_{ij} 为 i 城市 j 产业的产值；P_i 为 i 地区的人口；Q_j 为样本城市 j 产业总产值；P 为样本城市总人口数。如果系数大于1说明该产业比较集中。

2. 专业化指数计算公式

$$R_{ij} = \frac{m_{ij}}{m} \bigg/ \frac{M_j}{M} \qquad (22\text{-}6)$$

式中，R_{ij} 为 i 城市 j 产业的专业化指数；j 为某一知识密集型产业；m_{ij} 为 i 城市 j 产业的产值；m 为 i 城市所有产业总产值；M_j 为样本城市 j 产业总产值；M 为样本城市所有产业总产值。专业化指数大于1，则认为该产业是地区的专业化部门。

四、职能尺度的评价方法

1. 知识创新中心性指数（Y_i）

利用方差标准化模型进行知识创新中心性指数的计算，Y_i 大于1，说明城市知识创新在区域地位显著（张虹，2012）。计算公式：

$$Y_i = [X_i - \text{mean}(X)]/\sigma, \text{mean}(X) = \frac{1}{n}\sum_{i=1}^{n} X_i,$$

$$\sigma = \sqrt{\frac{1}{n-1}\sum_{i=1}^{n}[X_i - \text{mean}(X)]^2} \qquad (22\text{-}7)$$

式中，X_i 为 i 城市的专利授权量和论文发表量，$\text{mean}(X)$ 为样本城市的专利授权量和论文发表量的平均值，σ 为标准差。Y_i 代表 i 城市知识创新活动的中心性指数。若值大于1，说明具备一定的全国地位，值越大，说明城市知识创新的对外服务能力越强。

2. 知识流强度（F）

城市知识流强度是指一城市在区域城市体系中向其他城市输出的知识流量，它表征的是该城市对外知识服务能力的强弱，以知识密集型产业的就业人数和产值来衡量知识流强度大小。公式为：

$$F_{ij} = N_{ij} \times E_{ij} \qquad (22\text{-}8)$$

式中，F_{ij} 为城市知识流强度，N_{ij} 为城市知识功能效益，即一城市单位外向服务功能量所产生的实际影响，E_{ij} 为城市外向知识服务功能量。

借助区位熵的原理，可以计算出城市的知识密集型产业部门从业人员的基本部分，即城市的外向知识服务功能量。设 i 城市 j 部门从业人员的区位熵为 R_{ij}：

$$R_{ij} = \frac{m_{ij}}{m} \bigg/ \frac{M_j}{M} \qquad (22\text{-}9)$$

式中，R_{ij} 为 i 城市 j 产业的区位熵；j 为某一知识密集型产业；m_{ij} 为 i 城市 j 产业的就业人数；m 为 i 城市所有产业就业总人数；M_j 为样本城市 j 产业总就业人数；M 为样本城市所有产业总就业人数。区位熵大于1，则可认为 i 城市 j 部门存在外向服务功能，因为 i 城市的总从业人员中分配给 j 部门的比例超过了全国的分配比例，该部门可以为城市以外区域提供服务（朱英明等，2002）。

用 E_{ij} 表示 i 城市 j 部门的外向服务功能量，它可定义为 j 部门从业人员中的基本活动部分，即 i 城市 j 部门中具有对外服务能力的人数。当 $R_{ij} > 1$，则有：

$$E_{ij} = G_{ij} - G_i(G_j/G) = G_{ij}(1 - 1/R_{ij}) \qquad (22\text{-}10)$$

式中，G_{ij} 为 i 城市 j 部门从业人员数量；G_i 为 i 城市从业人员数量；G_j 为样

本城市 j 部门从业人员数量；G 为样本城市总从业人员数量。

用 N_{ij} 表示 i 城市 j 部门的外向服务功能效率，这里用 i 城市 j 部门从业人员的人均 GDP 来表征，则有：

$$N_{ij} = \text{GDP}_{ij}/G_{ij} \quad (22\text{-}11)$$

式中，GDP_{ij} 表示 i 城市 j 部门的地区生产总值。

若 F_i 为 i 城市全部具有对外服务能力的产业部门的城市流强度，则有：

$$F_i = \sum_{j=1}^{n} N_{ij} E_{ij} \quad (22\text{-}12)$$

第四节 中国城市知识创新职能评价

由于中国部分城市缺乏相关统计数据，因此只选取 182 个地级及以上城市为研究区域，其中包括一线、新一线、二线城市全部（49 个），三线城市 55 个，四线城市 53 个，五线城市 25 个。东、中、西部分别有 87 个、66 个、29 个。根据 2020 年国家创新型城市创新能力评价报告的前 72 名城市，样本城市包括 64 个。样本城市大部分是我国经济发展水平较高和人口规模较大的城市，小部分是经济发展水平中较低的城市，多类型多层次多区域的样本城市，基本可反映我国整体的知识创新职能水平、层阶与空间格局。

一、知识创新职能规模

根据式（22-1）计算出各城市的显性知识存量指数（X_1）和隐性知识存量指数（X_2），综合得出各城市的知识创新职能规模（X），表 22-2 为前 15 名城市知识创新职能规模的结果。总体来看，我国城市知识创新职能规模相差较大，各城市的知识拥有量分布不均，知识存量高度集中于少数发达城市。北京是全国知识存量最大的城市为 76.143，上海市排第二，但与北京差距较大。从知识类型来看，大部分城市的隐性知识存量都低于显性知识存量，且隐性知识存量的差距要大于显性知识存量，主要原因在于随着互联网等信息基础设施的快速发展，显性知识受地理距离的限制逐渐减小，各地可以同时分享、获取可编码的显性知识，而隐性知识本身与地区有关，传播性较差，受地理距离的约束性较大。

采用 Jenks 自然断裂点法，将城市知识创新职能规模划分为五个等级。特大规模(37.925~76.143)为北京市和上海市，大规模(7.154~37.924)城市有深圳市、广州市、成都市等 13 个，中等规模(4.091~7.153)城市有佛山市、福州市等 18 个，较小规模(2.132~4.090)城市有南昌市等 21 个，最小规模(0.084~2.131)城市包括乌鲁木齐市等 128 个。在区域尺度上，知识创新职能规模大的主要集中在东部沿海地区和中西部少数发达地区，东部沿海地区主要集中在京津冀、长三角和珠三角地区。在城市尺度上，形成以北京、上海为核心，深圳、广州、成都、南京、杭州、天津、苏州、重庆、武汉、西安、郑州、长沙和宁波为次核心的发展格局。

表 22-2 前 15 名城市知识创新职能规模的结果(不含港澳台)

城市	X_1	X_2	X	城市	X_1	X_2	X	城市	X_1	X_2	X
北京市	28.435	47.707	76.143	南京市	12.057	3.200	15.256	武汉市	9.745	1.981	11.726
上海市	18.152	19.773	37.925	杭州市	9.008	5.328	14.337	西安市	8.888	2.795	11.683
深圳市	13.986	11.874	25.860	天津市	9.903	2.665	12.568	郑州市	5.982	2.155	8.137
广州市	14.092	11.472	25.564	苏州市	9.520	2.674	12.194	长沙市	5.502	2.161	7.663
成都市	10.956	12.456	23.412	重庆市	9.994	2.084	12.078	宁波市	5.877	1.277	7.154

二、知识创新职能活力

根据式(22-2)分别计算出各城市的知识创造能力指数(O)、知识更新速率值(V)和知识应用能力指数(G)，最后综合得出各城市的知识创新职能活力值(sum)，并采用 Jenks 自然断裂点法绘制中国城市知识创新职能活力分布图。由于城市数量较多，表 22-3 仅显示前 16 名城市的知识创新职能活力值。

分析结果表明，深圳市、广州市、上海市和北京市(33.924~41.480)属于全国知识创新职能高活力的城市，其中深圳市知识创新职能活力值最高，武汉市、南京市、东莞市、青岛市、天津市、郑州市、重庆市、佛山市、成都市、苏州市、杭州市和合肥市(12.846~19.710)属于知识创新职能较高活力的城市，长沙市等 24 个城市位于中等级水平，78%的城市知识创新职能活力较低。我国知识创新职能活力总体差异较大，知识创新职能活力较高的主要分布在东部沿海地区及中西部少数发达城市,形成以深圳市、广州市、北京市、上海市和武汉市为大三角形的活力格局。

具体来看,知识创造能力最强的是北京市为24.222,东部沿海和中西部少数城市的知识创造能力高于其他城市,且发达城市和欠发达城市的差距较大。我国知识更新速率总体较低,只有深圳市、广州市、上海市、北京市、武汉市、南京市、东莞市、青岛市、郑州市和佛山市的知识更新速度较快。这表明,我国大多数城市对知识的吸收能力较弱,新知识的创造条件不足,虽然某些城市的知识存量较多,但知识更新速率在减慢。重庆市的知识创造能力较强但知识更新速率为负值。知识应用水平最高的为南京市3.619,东部和中西部少数城市的知识应用能力较强,与知识创造和知识更新相比,知识应用能力在我国空间分布上相差较小。这说明我国绝大部分城市的知识转化和应用能力强于基础研究,未来还需不断提高知识创造的条件,加强基础研究的投入。

表22-3 前16名城市知识创新职能活力值(不含港澳台)

城市	知识创造能力指数	知识更新速率值	知识应用能力指数	总和
深圳市	14.173	25.153	2.155	41.480
广州市	15.207	18.936	1.381	35.524
上海市	21.297	11.214	2.005	34.516
北京市	24.222	8.097	1.606	33.924
武汉市	11.863	6.875	0.973	19.711
南京市	10.222	5.807	3.619	19.648
东莞市	5.845	10.816	2.316	18.977
青岛市	7.566	8.472	1.140	17.179
天津市	12.402	4.008	0.606	17.017
郑州市	10.079	5.514	1.268	16.861
重庆市	16.751	−2.248	1.540	16.043
佛山市	4.770	9.417	1.457	15.643
成都市	13.064	0.535	1.236	14.834
苏州市	9.841	2.227	2.186	14.254
杭州市	9.771	2.432	1.309	13.512
合肥市	7.248	4.261	1.337	12.846

三、知识创新职能强度

根据知识密集型各产业的权重不同,综合得出各城市知识密集型产业集中系数和专业化指数。总体来看,样本城市中城市知识密集型产业集中系数大于1的城市有45个,大部分城市的知识密集型产业集中系数处于较低水平,只有少数城市的知识密集型产业集中化和专业化程度较高,且整体知识密集型产业系数差距较大(表22-4)。位居前十位的依次是深圳市、北京市、东莞市、上海市、苏州市、广州市、南京市、杭州市、珠海市和天津市。其中,深圳市知识密集型产业集中系数最大为11.753。根据Jenks自然断裂点法划分为五个等级,高等级(4.969~11.754)城市有4个,分别为深圳市、北京市、东莞市、上海市,较高等级(2.431~4.968)城市有11个,分别为苏州市、广州市、南京市、杭州市、珠海市、天津市、厦门市、无锡市、佛山市、常州市和中山市。中等级(1.187~2.430)城市有23个,较低等级(0.516~1.186)城市有40个,低等级(0.096~0.515)城市有104个。知识密集型产业集中系数高值区域主要集中在京津冀、长三角和珠三角地区,中部地区产业集中系数较低且分布范围广泛。

表22-4 知识密集型产业集中系数值大于1的城市(不含港澳台)

城市	产业集中系数	城市	产业集中系数	城市	产业集中系数	城市	产业集中系数	城市	产业集中系数
深圳市	11.753	天津市	3.028	威海市	1.964	郑州市	1.607	嘉兴市	1.281
北京市	6.683	厦门市	3.019	青岛市	1.931	成都市	1.595	惠州市	1.187
东莞市	6.662	无锡市	2.896	宁波市	1.917	长春市	1.450	乌鲁木齐市	1.161
上海市	4.969	佛山市	2.841	泰州市	1.852	南通市	1.430	烟台市	1.143
苏州市	4.443	常州市	2.652	江门市	1.833	合肥市	1.427	福州市	1.133
广州市	4.239	中山市	2.431	东营市	1.777	呼和浩特市	1.405	贵阳市	1.119
南京市	3.521	镇江市	2.106	扬州市	1.775	太原市	1.370	昆明市	1.105
杭州市	3.319	西安市	2.069	武汉市	1.739	济南市	1.361	海口市	1.075
珠海市	3.294	长沙市	2.028	大连市	1.699	沈阳市	1.326	淄博市	1.073

表22-5仅显示知识密集型产业专业化指数大于1的城市。结果显示：知识密集型产业专业化指数位居前十位的依次是北京市、深圳市、西安市、上海市、苏州市、广州市、南京市、天津市、杭州市和成都市。其中，北京市知识密集型产业专业化指数最大为1.750，其次是深圳市1.588和西安市1.503，成都市为前十中最低值1.254，专业化指数大于1的城市有32个，说明我国知识创新职能达到专业化强度的城市不到1/5，整体的强度较低。根据Jenks自然断裂点法划分为五个等级，高等级(1.200~1.750)城市有11个，较高等级(0.928~1.199)城市有31个，中等级(0.707~0.927)城市有46个，较低等级(0.516~0.706)城市有58个，低等级(0.112~0.515)城市有36个。知识密集型产业专业化指数高值区域在空间上并无明显的分布规律，零散分布在东中西部地区，东部地区分布范围相对广泛。

表22-5　知识创新职能专业化指数大于1的城市(不含港澳台)

城市	专业化指数	城市	专业化指数	城市	专业化指数	城市	专业化指数	城市	专业化指数
北京市	1.750	天津市	1.289	武汉市	1.102	常州市	1.078	宜昌市	1.041
深圳市	1.588	杭州市	1.269	长沙市	1.096	扬州市	1.076	珠海市	1.027
西安市	1.503	成都市	1.254	襄阳市	1.096	重庆市	1.057	徐州市	1.023
上海市	1.425	合肥市	1.200	长春市	1.093	无锡市	1.056	吉林市	1.007
苏州市	1.393	东莞市	1.180	泰州市	1.082	青岛市	1.052		
广州市	1.316	南通市	1.160	沈阳市	1.082	厦门市	1.046		
南京市	1.295	郑州市	1.147	潍坊市	1.078	镇江市	1.045		

由于各城市的人口密度和经济发展水平各不相同，知识密集型产业集中系数和专业化指数的测度结果也略有差异。集中系数大于1的城市在数量上多于专业化指数大于1的城市且城市间集中系数差距更大，在空间分布上集中系数高的城市分布更加集中。部分城市的专业化指数排名优于集中系数，如西安市、长春市等，说明这些城市虽然整体知识密集型产业产值和就业规模在全国占比较大，但知识含金量略低。城市之间的集中系数差距较大也再次证明各城市知识密集型产业的知识分量不同。

四、知识创新职能尺度

1. 知识创新中心性指数分析

通过式(22-7),计算出全国的专利和论文平均值 mean(X)为 23 009.9,标准差为 39 738.1,各城市与全国平均值的差值除以标准差得出城市的知识创新中心性指数(表 22-6)。结果显示,知识创新中心性指数大于 1 的城市有 14 个,其中知识创新中心性指数最高的城市是北京市,为 7.710 5,遥遥领先于全国其他城市。其次是上海市 4.640 3,但与北京市相差较大。广州市和南京市的知识创新中心性指数均大于 3,深圳市、成都市、武汉市、重庆市、天津市、西安市的知识创新中心性指数均大于 2,苏州市、杭州市、郑州市和长沙市的知识创新中心性指数均大于 1,说明这些城市对其他城市的知识创新服务影响力均较大,在我国知识创新中占据着重要地位。因此,把这 14 个城市的知识创新职能归为跨区性职能,是城市在超越腹地尺度的范围所承担的高度专业化知识创新分工。

表 22-6 知识创新中心性指数大于 0 的城市(不含港澳台)

城市	知识创新中心性指数	城市	知识创新中心性指数	城市	知识创新中心性指数	城市	知识创新中心性指数	城市	知识创新中心性指数
北京市	7.710 5	苏州市	1.905 5	合肥市	0.794 7	兰州市	0.425 3	石家庄市	0.197 7
上海市	4.640 3	杭州市	1.902 4	东莞市	0.766 8	泉州市	0.414 9	贵阳市	0.119 7
广州市	3.392 8	郑州市	1.157 6	长春市	0.705 1	厦门市	0.339 2	台州市	0.096 4
南京市	3.033 7	长沙市	1.060 8	佛山市	0.681 3	南通市	0.338 0	金华市	0.092 9
深圳市	2.933 7	吉林市	0.975 6	大连市	0.680 1	绍兴市	0.335 4	嘉兴市	0.072 6
成都市	2.572 2	沈阳市	0.962 3	无锡市	0.673 0	常州市	0.310 6	南宁市	0.072 2
武汉市	2.363 1	宁波市	0.925 0	福州市	0.482 6	中山市	0.306 2	镇江市	0.059 7
重庆市	2.314 5	青岛市	0.876 4	温州市	0.460 3	太原市	0.278 1		
天津市	2.231 5	哈尔滨市	0.845 8	昆明市	0.441 7	徐州市	0.249 3		
西安市	2.052 4	济南市	0.832 0	南昌市	0.436 2	扬州市	0.207 9		

知识创新中心性指数大于 0 小于 1 的城市有吉林市等 33 个城市,大多为中东部地区的省会中心城市或省内发展水平较高的城市。这些城市的知识创新服务的腹地范围为省域内或周边小区域内,可归为跨市性职能。知识创新中心性指数小于 0 的城市有乌鲁木齐市等 135 个,主要为东部地区发展水平较低的地级市和中西部地区的大部分地级市,其知识创新活动主要为城市自身所服务,多用于维持城市实体地域的正常运转和满足知识创新发展的基本需要,可归为市区性职能。

2. 知识流强度分析

通过知识密集型产业测算知识流强度,结果显示我国绝大部分城市的知识创新活动均对外有影响,但影响规模有所不同。北京市依然是我国知识对外流动服务最强的城市,知识流强度值为 12 268 495。通过计算我国 182 个城市知识流强度的平均值(609 354),发现北京市、深圳市、南京市、上海市和苏州市均高于平均值的近 12 倍,远大于其他城市,因此可以判断这五大城市的知识创新职能为全国性跨区域职能。东莞、广州、天津等 27 个城市的知识流强度值均高于全国平均值,说明这些城市的知识对外服务能力要弱于北京、深圳、南京、苏州和上海,但强于全国大部分城市,因此将这些城市的知识创新职能归为省域间跨区性职能,即其服务范围为城市周边省域之间(表 22-7)。低于样本城市平均值但知识流强度值大于 0 的 140 个城市,如十堰市、洛阳市、扬州市、潍坊市等,说明这些城市存在对外服务的能力,但服务

表 22-7 知识流强度值高于样本城市平均值的城市(不含港澳台)

城市	知识流	城市	知识流	城市	知识流	城市	知识流	城市	知识流
北京市	12 268 495	长春市	2 771 232	杭州市	1 668 331	沈阳市	1 119 560	珠海市	813 063
深圳市	10 566 056	天津市	2 580 672	长沙市	1 559 659	武汉市	1 036 120	泰州市	802 219
南京市	9 835 628	无锡市	2 276 665	郑州市	1 537 310	中山市	965 800	镇江市	729 066
上海市	8 220 069	惠州市	2 168 879	重庆市	1 472 182	柳州市	965 443	保定市	614 468
苏州市	7 820 685	宁波市	2 008 973	大连市	1 269 705	青岛市	951 590		
东莞市	5 386 130	西安市	1 744 731	烟台市	1 145 596	济南市	901 556		
广州市	3 345 937	佛山市	1 686 836	常州市	1 142 804	厦门市	890 692		

影响范围较小,可能为城市之间的小范围流动,因此划分为城市间区域性职能。知识流强度值小于 0 的吕梁市等 10 个城市,其知识创新活动主要为城市自身所服务,可归为市区性职能。

以论文和专利测度的知识创新中心性指数和以产业测度的知识流强度结果差距较大,我国绝大部分城市是依附产业形式对外产生知识创新服务,通过论文和专利等基础研究对外提供知识创新服务的城市较少。从总体来看,知识创新中心性指数较高的城市对外知识流强度也较高,在空间分布上,高值区域均集中分布在东部沿海地区和中西部少数发达城市,但知识流强度值大于 0 的城市整体分布范围较广,说明知识密集型产业受知识的原始性创新直接影响,但更受周围城市的创新服务活动影响,进一步说明,理论知识不易外溢而产业知识更易扩散。

第五节　中国城市知识创新职能的综合分析

借用熵值法计算出八种方法的权重系数(表 22-8),按照线性加权综合方法求得各基本层(八大方法)的得分,以基本层得分为基础,计算出各基本层对于目标层(职能规模、职能活力、职能强度和职能尺度)的权重系数,得到目标层的得分,最后得到每个城市知识创新职能的综合得分。根据各城市知识创新职能的综合得分划分我国知识创新职能城市的等级体系。熵值法计算公式为:

$$S_i = \sum_{j=1}^{m} W_j \times Z_{ij} \tag{22-13}$$

式中,当 S_i 表示城市 i 的知识创新职能总分时,Z_{ij} 是通过线性加权算出的目标层指标得分,W_j 表示目标层指标权重;当 S_i 为某一目标层指标分值时,Z_{ij} 是基本层数据,此时 W_j 为各类职能测度方法相对于所属基本层的权重,m 为指标数量。

表 22-8 城市知识创新职能评价指标权重赋值

目标层	目标层权重	基本层	基本层权重
职能规模	0.237	显性知识存量(X_1)	0.637
		隐性知识存量(X_2)	0.363
职能活力	0.251	知识创造能力指数(O)	0.304
		知识更新速率值(V)	0.349
		知识应用能力指数(G)	0.348
职能强度	0.247	知识密集型产业集中系数(C_{ij})	0.562
		知识创新职能专业化指数(R_{ij})	0.438
职能尺度	0.265	知识创新中心性指数(Y_i)	0.582
		知识流强度(F_{ij})	0.418

根据表 22-8 计算出的权重系数，按照线性加权综合方法求得各目标层指标的得分和总得分（表 22-9）。总体来看，知识创新职能综合得分位于前十名的依次是北京市、深圳市、上海市、南京市、广州市、苏州市、东莞市、天津市、成都市和杭州市。知识创新职能的平均分为 0.122 分，高于平均值的城市有北京市、深圳市等 54 个城市，低于平均值的城市有宜昌市等 128 个城市。

具体来看，知识创新职能规模的分值相差较大，北京市最高分为 0.237 分，样本平均分为 0.012 分，高于样本平均分的有北京市等 47 个，且这些城市多为省会中心城市或次中心城市，低于平均分的城市共有珠海市、泰州市等 135 个，说明我国大多数城市的知识存量均处于较低水平，基础研究在知识创造过程中的能力不足。

知识创新职能活力的分值最高为深圳市 0.182 分，高于 0.100 分的城市也只有 7 个，样本平均值为 0.042 分，高于样本平均值的城市共有 71 个，说明我国整体的知识创新职能活力相对于职能规模较强，城市之间相差较小。

知识创新职能强度整体要高于职能规模和职能活力。知识创新职能强度最高值为深圳市 0.236 分，样本平均值为 0.051 分，高于样本平均值的城市有 71 个，其中总体排名靠前的城市中温州市、泉州市等的职能强度均低于样本平均值，说明这些城市的知识密集型产业专业化和集中性较低，当地缺乏知识密集型产业的综合规划和要素整合，政府对知识创新资源的重新配置和组织管理力度较小。

知识创新职能尺度最高值也是北京市为 0.265 分,第二名为上海市 0.170 分,相差较大,说明北京市的知识创新活动对外影响范围远大于其他城市。知识创新职能尺度的全国平均分为 0.016 分,其中高于全国平均分的城市有 47 个,说明我国大部分城市的知识创新活动主要用于本城市自身的经济发展,对外知识创新的影响力略弱一些。

表 22-9　182 个城市的知识创新职能各指标得分及综合得分(不含港澳台)

城市	职能规模	职能活力	职能强度	职能尺度	综合得分	城市	职能规模	职能活力	职能强度	职能尺度	综合得分
北京市	0.237	0.150	0.187	0.265	0.838	宁波市	0.033	0.057	0.073	0.047	0.210
深圳市	0.095	0.182	0.236	0.164	0.678	厦门市	0.019	0.069	0.097	0.025	0.210
上海市	0.132	0.160	0.145	0.170	0.607	沈阳市	0.027	0.051	0.079	0.039	0.196
南京市	0.069	0.148	0.119	0.159	0.496	常州市	0.018	0.054	0.094	0.027	0.193
广州市	0.095	0.149	0.129	0.101	0.475	珠海市	0.010	0.065	0.099	0.016	0.190
苏州市	0.055	0.101	0.137	0.120	0.412	济南市	0.028	0.062	0.063	0.034	0.188
东莞市	0.029	0.118	0.149	0.075	0.372	大连市	0.023	0.052	0.076	0.035	0.187
天津市	0.057	0.076	0.113	0.076	0.321	中山市	0.019	0.065	0.074	0.025	0.184
成都市	0.080	0.082	0.094	0.063	0.319	扬州市	0.016	0.059	0.084	0.020	0.179
杭州市	0.057	0.078	0.115	0.061	0.312	泰州市	0.010	0.066	0.085	0.016	0.178
西安市	0.052	0.069	0.116	0.065	0.302	南通市	0.019	0.051	0.085	0.021	0.176
武汉市	0.055	0.090	0.085	0.064	0.295	镇江市	0.013	0.053	0.086	0.018	0.170
重庆市	0.056	0.091	0.070	0.067	0.285	吉林市	0.025	0.045	0.067	0.029	0.166
郑州市	0.035	0.088	0.087	0.047	0.256	福州市	0.024	0.056	0.062	0.021	0.163
佛山市	0.029	0.087	0.084	0.039	0.239	徐州市	0.015	0.062	0.068	0.017	0.162
长沙市	0.033	0.070	0.088	0.045	0.236	潍坊市	0.010	0.060	0.073	0.012	0.155
青岛市	0.029	0.086	0.084	0.036	0.235	南昌市	0.019	0.056	0.056	0.021	0.152
无锡市	0.027	0.063	0.096	0.044	0.231	太原市	0.015	0.047	0.070	0.019	0.151
合肥市	0.028	0.077	0.088	0.029	0.221	嘉兴市	0.015	0.050	0.069	0.016	0.150
长春市	0.023	0.061	0.081	0.050	0.214	哈尔滨市	0.026	0.032	0.059	0.030	0.147

续表

城市	职能规模	职能活力	职能强度	职能尺度	综合得分	城市	职能规模	职能活力	职能强度	职能尺度	综合得分
昆明市	0.020	0.044	0.062	0.020	0.146	清远市	0.002	0.045	0.053	0.002	0.101
盐城市	0.011	0.056	0.065	0.013	0.144	临沂市	0.006	0.048	0.041	0.006	0.100
烟台市	0.008	0.055	0.061	0.018	0.141	岳阳市	0.002	0.035	0.059	0.002	0.099
江门市	0.008	0.052	0.071	0.008	0.140	阜阳市	0.003	0.042	0.050	0.003	0.098
石家庄市	0.017	0.052	0.051	0.019	0.139	开封市	0.005	0.029	0.060	0.005	0.098
惠州市	0.009	0.041	0.060	0.028	0.138	湖州市	0.010	0.032	0.045	0.010	0.097
温州市	0.023	0.044	0.046	0.024	0.137	河源市	0.002	0.042	0.047	0.004	0.095
威海市	0.004	0.046	0.079	0.007	0.136	柳州市	0.004	0.048	0.030	0.013	0.094
贵阳市	0.013	0.043	0.064	0.013	0.134	九江市	0.004	0.041	0.045	0.004	0.094
襄阳市	0.003	0.045	0.074	0.006	0.128	泰安市	0.004	0.037	0.046	0.005	0.093
保定市	0.010	0.042	0.059	0.014	0.125	郴州市	0.001	0.032	0.058	0.002	0.093
东营市	0.003	0.042	0.076	0.003	0.124	马鞍山市	0.004	0.032	0.052	0.004	0.092
泉州市	0.021	0.042	0.043	0.018	0.124	西宁市	0.003	0.028	0.057	0.003	0.091
洛阳市	0.008	0.046	0.057	0.012	0.123	宁德市	0.003	0.035	0.049	0.004	0.090
南宁市	0.013	0.037	0.055	0.015	0.120	秦皇岛市	0.005	0.027	0.050	0.007	0.090
金华市	0.015	0.041	0.047	0.014	0.117	廊坊市	0.005	0.038	0.042	0.005	0.089
宜昌市	0.005	0.035	0.072	0.005	0.116	蚌埠市	0.004	0.038	0.042	0.005	0.089
淄博市	0.006	0.050	0.052	0.007	0.116	呼和浩特	0.004	0.026	0.053	0.007	0.089
连云港市	0.005	0.041	0.062	0.006	0.114	丽水市	0.005	0.031	0.047	0.006	0.088
十堰市	0.003	0.046	0.058	0.008	0.114	吉安市	0.003	0.045	0.035	0.005	0.087
聊城市	0.004	0.048	0.055	0.007	0.113	乌鲁木齐	0.009	0.026	0.041	0.010	0.086
兰州市	0.017	0.037	0.039	0.019	0.112	宿迁市	0.005	0.029	0.046	0.006	0.086
桂林市	0.007	0.044	0.052	0.008	0.111	滨州市	0.003	0.037	0.042	0.003	0.085
新乡市	0.007	0.044	0.053	0.008	0.111	三明市	0.003	0.034	0.045	0.003	0.085
台州市	0.015	0.035	0.044	0.016	0.111	济宁市	0.003	0.036	0.034	0.008	0.085
德州市	0.003	0.051	0.051	0.005	0.110	安阳市	0.002	0.032	0.048	0.002	0.085
滁州市	0.003	0.047	0.052	0.006	0.108	沧州市	0.004	0.036	0.039	0.005	0.085
淮安市	0.008	0.035	0.055	0.008	0.106	濮阳市	0.001	0.040	0.041	0.002	0.084
绍兴市	0.020	0.028	0.039	0.018	0.105	赣州市	0.008	0.039	0.029	0.008	0.083
菏泽市	0.003	0.048	0.049	0.003	0.104	信阳市	0.002	0.036	0.042	0.002	0.083
绵阳市	0.006	0.044	0.044	0.008	0.103	自贡市	0.001	0.037	0.042	0.002	0.082

续表

城市	职能规模	职能活力	职能强度	职能尺度	综合得分	城市	职能规模	职能活力	职能强度	职能尺度	综合得分
银川市	0.005	0.029	0.042	0.006	0.082	四平市	0.001	0.032	0.029	0.002	0.064
漳州市	0.006	0.037	0.033	0.005	0.081	孝感市	0.002	0.030	0.030	0.002	0.064
上饶市	0.003	0.036	0.039	0.003	0.081	乐山市	0.001	0.028	0.034	0.001	0.064
南阳市	0.005	0.039	0.032	0.005	0.080	佳木斯市	0.002	0.036	0.022	0.004	0.063
邵阳市	0.002	0.046	0.030	0.003	0.080	承德市	0.002	0.021	0.037	0.003	0.063
石嘴山市	0.000	0.032	0.047	0.000	0.079	平顶山市	0.003	0.026	0.032	0.003	0.063
黄冈市	0.002	0.028	0.047	0.002	0.079	资阳市	0.000	0.027	0.035	0.001	0.063
汉中市	0.002	0.028	0.045	0.003	0.078	安康市	0.001	0.026	0.035	0.001	0.063
荆州市	0.003	0.033	0.038	0.004	0.077	遂宁市	0.001	0.028	0.032	0.001	0.061
淮北市	0.001	0.032	0.041	0.002	0.077	邯郸市	0.004	0.028	0.026	0.004	0.061
海口市	0.005	0.028	0.036	0.006	0.075	日照市	0.002	0.029	0.026	0.003	0.061
汕头市	0.007	0.033	0.029	0.006	0.074	鹰潭市	0.001	0.029	0.030	0.001	0.061
衢州市	0.003	0.031	0.035	0.004	0.073	黄山市	0.001	0.025	0.034	0.001	0.060
龙岩市	0.003	0.026	0.040	0.004	0.073	六安市	0.003	0.026	0.029	0.002	0.060
商丘市	0.002	0.033	0.035	0.002	0.072	抚州市	0.002	0.033	0.023	0.002	0.060
邢台市	0.003	0.033	0.032	0.004	0.072	莆田市	0.003	0.027	0.026	0.003	0.059
肇庆市	0.002	0.036	0.030	0.002	0.071	内江市	0.001	0.028	0.029	0.001	0.059
宣城市	0.002	0.032	0.036	0.002	0.071	铜陵市	0.001	0.026	0.029	0.001	0.058
安顺市	0.001	0.026	0.043	0.001	0.071	眉山市	0.001	0.027	0.029	0.001	0.057
景德镇市	0.001	0.033	0.035	0.002	0.071	随州市	0.000	0.027	0.027	0.001	0.056
唐山市	0.007	0.030	0.024	0.009	0.071	池州市	0.001	0.026	0.027	0.001	0.055
咸阳市	0.007	0.030	0.027	0.007	0.071	阳江市	0.001	0.020	0.032	0.001	0.055
安庆市	0.003	0.028	0.036	0.002	0.069	黄石市	0.002	0.025	0.026	0.002	0.055
荆门市	0.001	0.033	0.032	0.001	0.068	宜宾市	0.002	0.025	0.026	0.002	0.055
枣庄市	0.003	0.029	0.033	0.003	0.067	吕梁市	0.001	0.023	0.030	0.001	0.054
宿州市	0.001	0.024	0.040	0.001	0.067	汕尾市	0.001	0.027	0.025	0.002	0.054
南平市	0.002	0.028	0.035	0.002	0.067	定西市	0.001	0.023	0.030	0.001	0.054
晋中市	0.003	0.029	0.033	0.003	0.067	云浮市	0.001	0.025	0.028	0.001	0.054
亳州市	0.001	0.028	0.035	0.002	0.066	盘锦市	0.001	0.021	0.031	0.001	0.053
衡水市	0.002	0.029	0.032	0.002	0.065	齐齐哈尔市	0.002	0.018	0.030	0.003	0.053
运城市	0.002	0.028	0.032	0.002	0.065	咸宁市	0.001	0.024	0.025	0.001	0.052

续表

城市	职能规模	职能活力	职能强度	职能尺度	综合得分	城市	职能规模	职能活力	职能强度	职能尺度	综合得分
梅州市	0.002	0.022	0.025	0.002	0.052	毕节市	0.001	0.024	0.020	0.001	0.045
韶关市	0.002	0.023	0.024	0.002	0.052	包头市	0.003	0.018	0.019	0.004	0.045
淮南市	0.003	0.021	0.025	0.003	0.051	张掖市	0.002	0.018	0.022	0.002	0.043
茂名市	0.002	0.024	0.022	0.002	0.051	鄂尔多斯	0.001	0.018	0.022	0.001	0.043
泸州市	0.002	0.024	0.022	0.002	0.050	榆林市	0.002	0.021	0.018	0.001	0.042
晋城市	0.001	0.024	0.024	0.001	0.049	三门峡市	0.001	0.022	0.015	0.001	0.038
新余市	0.001	0.025	0.020	0.002	0.048	来宾市	0.000	0.017	0.019	0.000	0.036
长治市	0.001	0.022	0.023	0.001	0.047	铜川市	0.000	0.015	0.019	0.000	0.034
临汾市	0.002	0.021	0.021	0.003	0.046	嘉峪关市	0.000	0.011	0.009	0.000	0.020

在 182 个地级及以上城市知识创新职能的综合得分的基础上，根据 Jenks 自然断裂点法，可将全部样本城市划分 4 个等级（表 22-10）。从表中可以看出中国城市知识创新职能等级体系呈金字塔形结构，城市数随知识创新职能等级自下而上逐渐减少。北京、深圳、上海为第一等级，分值在 0.5 到 1 分之间，远大于其他城市，无论知识创新职能的规模、活力、强度还是尺度都处于中国的前列，可划分为国家知识创新中心城市。第二等级包括南京、广州、苏州等 19 个城市，这些城市的知识创新职能得分均在 0.2 到 0.5 分之间，分值虽低于第一等级的城市，但其自身具备一定的知识创新基础和优势条件，能够对周边区域产生一定影响力，可以归为区域知识创新中心城市。排在第三等级的城市包括沈阳、常州、珠海等 33 个城市，这些城市的知识创新职能综合得分较低，但均在 0.120 分以上范围内，对地区仅有一定的知识创新影响力，可定义为地区知识创新中心城市。对于排在第四等级的城市，分值在 0 到 0.12 分之间，知识创新能力均低于平均水平，这些城市一般依赖于全国或区域知识创新中心的知识扩散，受周边区域知识创新活动的影响而进行创新，知识创新条件正在形成，可称之为知识创新发展型城市。

位于"塔顶"城市的发展主要得益于创新要素投入和国家政策的强力支持，如直辖市、省会城市等，也有大量自知识密集型产业集群发展起来的"塔身"城市，如长三角城市群的嘉兴、徐州、扬州等，珠三角城市群中的珠海、中山和

表 22-10 中国 182 个城市知识创新职能等级类型

等级体系	特征描述	得分范围	城市
第一等级	国家知识创新中心城市（Ⅰ）	0.50≤得分<1	北京、深圳、上海
第二等级	区域知识创新中心城市（Ⅱ）	0.20≤得分<0.50	南京、广州、苏州、东莞、天津、成都、杭州、西安、武汉、重庆、郑州、佛山、长沙、青岛、无锡、合肥、长春、宁波、厦门
第三等级	地区知识创新中心城市（Ⅲ）	0.12≤得分<0.20	沈阳、常州、珠海、济南、大连、中山、扬州、泰州、南通、镇江、吉林、福州、徐州、潍坊、南昌、太原、嘉兴、哈尔滨、昆明、盐城、烟台、江门、石家庄、惠州、温州、威海、贵阳、襄阳、保定、东营、泉州、洛阳、南宁
第四等级	知识创新发展型城市（Ⅳ）	0≤得分<0.12	宜昌、连云港、十堰、聊城、金华、邵阳、吉安、清远、绵阳、秦皇岛、滁州、邢台、河源、景德镇、赣州、台州、南阳、桂林、绍兴、淄博、德州、新乡、肇庆、濮阳、宁德、信阳、汕头、安庆、岳阳、湖州、汕尾、荆州、梅州、咸宁、柳州、兰州、孝感、上饶、郴州、丽水、西宁、淮安、济宁、安阳、云浮、乌鲁木齐、邢台、沧州、宿迁、漳州、衢州、滨州、宜城、马鞍山、菏泽、毕节、晋中、遂宁、三明、廊坊、眉山、安康、佳木斯、阜阳、运城、亳州、邯郸、南平、银川、临沂、承德、衡水、开封、乐山、自贡、九江、阳江、泸州、齐齐哈尔、定西、荆门、龙岩、韶关、宜宾、安顺、呼和浩特、唐山、内江、泰安、临汾、资阳、海口、石嘴山、淮北、蚌埠、平顶山、长治、宿州、莆田、枣庄、咸阳、茂名、黄石、晋城、吕梁、铜陵、张掖、黄山、汉中、四平、商丘、淮南、盘锦、来宾、六安、抚州、三门峡、日照、铜川、鹰潭、随州、包头、池州、鄂尔多斯、新余、榆林、嘉峪关

江门，京津冀城市群的石家庄、保定，从而共同构成相对稳定的金字塔形结构。中国知识创新职能等级东部地区高于中西部地区，在空间上形成以京津冀、长三角、珠三角、陕成渝为四顶点，中部武汉、合肥为中心的菱形结构，构成我国稳固的五大知识圈。

第六节　结论

在借鉴国内外学者研究的基础上，本章分别从职能规模、职能活力、职能强度和职能尺度构建知识创新职能评价方法，基于我国182个地级及以上城市进行知识创新职能评价分析，根据熵值法和线性加权综合方法计算182个城市的知识创新职能综合得分并划分等级体系，分析了中国城市知识创新职能的基本格局。

第一，本章结合知识创新理论和城市职能理论，在已有研究的基础上构建了知识创新职能的研究框架与测度指标体系。城市知识创新职能是城市创新职能中最重要的职能之一，是城市在知识创新过程中所承担的任务和所起的作用，不仅对城市自身发展有重要影响，而且对区域、国家和世界都产生深刻的影响，需要进行科学的测度与评价。本章从职能规模、职能活力、职能强度和职能尺度四方面建立测度方法和指标，职能规模是城市知识创新职能的主要量态特征，包括显性知识存量和隐性知识存量；职能活力是表征城市持续发展的能力和潜力，体现在知识创造能力、知识更新速度以及知识应用水平；职能强度是地域的中心地所保持的中心职能的强度，用知识密集型产业集中系数和专业化指数衡量；知识创新职能尺度是知识创新活动对外服务影响的范围，用知识创新中心性指数和知识流强度分析。

第二，中国城市知识创新职能规模相差较大，知识存量高度集中于少数发达城市且隐性知识存量少于显性知识存量，在空间上集中分布在东部沿海和中西部少数发达地区，形成以北京、上海为核心，省会城市为次核心的空间格局。知识创新职能活力相对较高，但城市之间知识创造能力和知识更新速度相差较大，以深圳市、广州市、北京市、上海市和武汉市构成的大三角形是我国的主要高创新活力区。由于城市的人口密度和经济发展水平各不相同，中国城市知识密集型产业集中系数大于1的城市数量多于专业化指数大于1的城市，且城市间集中系数差距更大，在空间分布上更集中于京津冀、长三角和珠三角地区。专业化指数排名优于集中系数的城市虽然整体知识密集型产业产值和就业规模在全国占比较大，但知识含金量略低。根据知识创新中心性指数和知识流强度将城市知识创新职能划为全国性跨区域职能、省域间跨区性职能、城市间区域性职能和市区性职能，但以论文、专利和以产业测度的职能尺度结果差距较大，城市依附产业形式对外产生知识创新服务比通过论文和专利等基础研究对外提供知识创新服务多。

第三，中国大部分城市的知识创新职能综合得分较低，只有北京市等54个城市高于样本平均值且城市之间差距较大，综合得分较高的城市主要集中在东部沿海地区和中西部的少数省会中心城市，其中京津冀、长三角和珠三角地区是高分值集聚地。知识创新职能规模的平均分值最低，知识创新职能尺度平均分值较低，说明中国城市知识创新职能形成和发展的短板首先是城市自身知识基础薄弱，其次是知识创新活动的辐射影响力较小，大部分城市目前的知识创新活动仅限于提供本城市自身或周边小范围的知识创新需要。知识创新职能强度和职能活力的整体得分高于职能规模和职能尺度，说明中国城市的知识基础虽然较为薄弱但知识创新的整体积极性较高，尤其体现在知识应用能力上，知识密集型产业对知识存量较低的城市知识创新贡献最大。

第四，中国城市知识创新职能等级体系呈金字塔形，北京、深圳、上海划分为国家知识创新中心城市，南京、广州等19个城市为区域知识创新中心城市，这些"塔顶"城市的发展得益于创新要素投入和国家政策的强力支持。得益于知识密集型产业集群发展起来的"塔身"城市，如沈阳、常州等33个城市为地区知识创新中心城市。分值在0到0.12分之间的宜昌等127个城市知识创新条件正在形成，成为知识创新发展型城市。中国城市知识创新职能等级体系在空间上形成以京津冀、长三角、珠三角、陕成渝为四顶点，中部武汉、合肥为中心的菱形结构，构成我国稳固的五大知识圈。

知识创新职能的理论研究和实践建设尚处于起步和探索阶段，对知识创新职能进行评价并建立科学、合理的评价指标体系更是当前乃至未来相当长一段时间内研究的热点、难点问题。在今后的研究中还需进一步修正城市知识创新职能评价体系，将不同职能类别如劳动密集型产业、自然资源密集型产业等同时纳入评价指标体系，加入职能结构维度以全面分析城市的知识创新职能。

参考文献

Anttiroiko A V. Making of an Asia-Pacific High-Technology Hub: reflections on the large-scale business site development projects of the Osaka City and the Osaka Prefecture[J]. Regional Studies, 2009, 43(5): 759-769.

Asheim B, Coenen L, Vang J. Face-to-face, buzz, and knowledge bases: Sociospatial implications for learning, innovation, and innovation policy[J]. Environment and Planning C Government and Policy, 2007, 25(5): 655-670.

Asheim B T, Coenen L. Knowledge bases and regional innovation systems: Comparing Nordic clusters[J]. Research Policy, 2005, 34(8): 1173-1190.

Bulu M. Upgrading a city via technology[J]. Technological Forecasting and Social Change, 2014(89): 63-67.

Burton E. The compact city: just or just compact? A preliminary analysis[J]. Urban Studies, 2000, 37(11): 1969-2006.

Cantner U, Graf H. The network of innovators in Jena: An application of social network analysis[J]. Research Policy, 2006, 35(4): 463-480.

Castells M, Hall P. Technopoles of the World: Making of the 21st-century Industrial Complexes[M]. London: Routledge, 1994.

Charles D. Universities as Key Knowledge Infrastructures in Regional Innovation System Innovation[J]. Invotion, 2006(1): 117-130.

Cleveland C J. Technical progress, structural change, and the environmental Kuznets curve[J]. Ecological Economics, 2002, 42(3): 381-389.

Cooke P, Urangam G, Etxebrria G. Regional innovation systems: institutional and organizational dimensions[J]. Research Policy, 1997, 26(4): 475-491.

Cooke P. The new wave of regional innovation networks: analysis, characteristics and strategy[J]. Small Business Economics, 1996, 8(2): 159-171.

Culas R J. Deforestation and the environmental Kuznets curve: An institutional perspective[J]. Ecological Economics, 2007, 61(2-3): 429-437.

Dickson D. United-states Government to Review Industrial Innovation[J]. Nature, 1978 (5661): 330-330.

Duranton G, Puga D. Nursery Cities: Urban Diversity, Process Innovation, and the Life-Cycle of Products[J]. The American Economic Review, 2001, 91(5): 1454-1477.

Edquist C. Systems of innovation—perspectives and challenges[M]//Fagerberg J, Mowery D, Nelson R. The Oxford Handbook of Innovation. London: Oxford University Press, 2005: 181-208.

Fischer M M, Revilla D J, Snickars F. Metropolitan Innovation Systems: Theory and Evidence[M]//Three Metropolitan Regions in Europe. Berlin: Springer Verlag Berlin Heidelberg, 2001.

Fischer M M. Innovation, networks, and knowledge spillovers: selected essays[M]. Berlin: Springer Science & Business Media, 2006: 1-272.

Fischer M, Fröhlich J. Knowledge, complexity and innovation systems[M]. Berlin: Springer, 2001.

Florida R, Adler P, Mellander C. The city as innovation machine[J]. Regional Studies, 2017, 51(1): 86-96.

Florida R. The Rise of Creative Class[M]. New York: Basic Books, 2002.

Freeman C. Networks of innovators: a synthesis of research issues[J]. Research Policy, 1991, 20(5): 499-514.

Fritsch. Measuring the Quality of Regional Innovation Systems-A Knowledge Production Function Approach[J]. International Regional Science Review, 2002, 25(1): 86-101.

Fu X. Foreign direct investment, absorptive capacity and regional innovation capabilities: Evidence from China[J]. Oxford Development Studies, 2008, 36(1): 89-110.

Gertler M. Tacit Knowledge and the Economic Geography of Context, or the Indefinable Tacitness of Being (there)[J]. Journal of Economic Geography, 2003(3): 75-99.

Geuna A, Nesta L. University patenting and its effectson academic research: the emerging European evidence[J]. Research Policy, 2006, 35(6): 790-807.

Glaeser E L. Review of Richard Florida's the rise of the creative class[J]. Regional Science and Urban Economics, 2005, 35(5): 593-596.

Glaeser E. Triumph of the City[M]. London: Pan Macmillan, 2011.

Glückler J. Economic geography and the evolution of networks[J]. Journal of Economic Geography, 2007, 7(5): 619-634.

Hagerstrand T. Innovation Diffusion as a Spatial Process[M]. Chicago: University of Chicago Press, 1967.

Hospers G J. Creative cities: Breeding places in the knowledge economy[J]. Knowledge, Technology & Policy, 2003, 16(3): 143-162.

Jeroen P J, Freel M. Geographical Distance of Innovation Collaborations[J]. Business and Policy Research, 2010(2): 56-74.

Lammarino S. Regional Innovation and Diversity[M]//Cooke P, Asheim B, Handbook of Regional Innovation and Growth. Cheltenham: Edward Elgar, 2011.

Landry C. The creative city: A toolkit for urban innovators [M]. London: Routledge, 2012.

Lee J, Kurisu K, An K, et al. Development of the compact city index and its application to Japanese cities[J]. Urban Studies, 2015, 52(6): 1054-1070.

Lever, W. Correlating the knowledge-base of cities with economic growth[J]. Urban Studies, 2002, 39(5/6): 859-870.

Levy R, Roux P, Wolff S. An analysis of science-industry collaborative patterns in a large European University[J]. The Journal of Technology Transfer, 2009, 34(1): 1-23.

Lu L, Huang R. Urban hierarchy of innovation capability and inter-city linkages of knowledge in post-reform China[J]. Chinese Geographical Science, 2012, 22(5): 602-616.

Lundquist K J, Trippl M. Distance, proximity and types of cross-border innovation systems: A conceptual analysis [J]. Regional Studies, 2013, 47(3): 450-460.

Lundvall B. National systems of innovation: Toward a theory of innovation and interactive learning [M]. London: Printer Publishers Ltd, 1992: 1-19.

Lyu G, Liefner I. The spatial configuration of innovation networks in China[J]. GeoJournal, 2018, 83(6): 1393-1410.

Lyu L, Sun F, Huang R. Innovation-based urbanization: Evidence from 270 cities at the prefecture level or above in China[J]. Journal of Geographical Sciences, 2019, 29(8): 1283-1299.

Lyu L, Wu W, Hu H, et al. An evolving regional innovation network: collaboration among industry, university, and research institution in China's first technology hub[J]. Journal of Technology Transfer, 2019(44): 659-680.

Matthiessen C W, Schwarz A W, Find S. The Top-level Global Research System, 1997-1999: Centres, Networks and Nodality. An Analysis Based on Bibliometric Indicators[J]. Urban Studies, 2002, 39(5-6): 903-927.

Michael D S, Alok K C. Firm size and technology centrality in industry-university interactions[J]. Research Policy, 2002(31): 1163-1180.

Nelson R. National innovation systems: a comparative study [M]. New York and Oxford: Oxford University Press, 1993.

Nonaka I, Takeuchi H. The knowledge creating company? How Japanese companies create the dynamics of innovation[M]. Oxford: Oxford University Press, 1995.

Porter M, Stern S. National innovative capacity[J]. Research Policy, 2002, 31(6): 899-933.

Porter M. The Economic Performance of Regions[J]. Regional Studies, 2003, 37(6): 549-578.

Pred A. City System in Advanced Societies[M]. London: Hutchinson, 1977.

Qian H. Diversity versus tolerance: The social drivers of innovation and entrepreneurship in US cities[J]. Urban Studies, 2013, 50(13): 2718-2735.

Rodríguez-Pose A, Lee N. Hipsters vs. geeks? Creative workers, STEM and innovation in US cities[J]. Cities, 2020(100): 102653.

Romer P M. Endogenous technological change[J]. Journal of Political Economy, 1990, 98(5): 71-102.

Ryan C D, Li B, Langford C H. Innovative workers in relation to the city: The case of a naturalresource-based centre (Calgary)[J]. City, Culture and Society, 2011, 2(1): 45-54.

Schwarz A W. Scientific centres in Europe: an analysis of research strength and patterns of specialisation based on bibliometric indicators[J]. Urban Studies, 1999, 36(3): 453-477.

Scott A J. Beyond the creative city: cognitive-cultural capitalism and the new urbanism [J]. Regional Studies, 2014, 48(4): 565-578.

Shearmur R. Are cities the font of innovation? a critical review of the literature on cities and innovation[J]. Cities, 2012, 29(29): 9-18.

Storper M, Scott A J. Rethinking human capital, creativity and urban growth[J]. Journal of Economic Geography, 2009, 9(2): 147-167.

Trippl M, Maier G. Knowledge spillover agents and regional development[J]. Papers in Regional Science, 2010, 89(2): 229-233.

Wang C C, Lin G C S. Dynamics of innovation in a globalizing china: regional environment, inter-firm relations and firm attributes[J]. Journal of Economic Geography, 2013, 13(3): 397-418.

Wolfe D. 21st Century cities in Canada: The Geography of Innovation[M]. Ottawa: Conference Board of Canada, 2009.

Yigitcanlar T, Bulu M. Dubaization of Istanbul: Insights from the knowledge-based urban development journey of an emerging local economy[J]. Environment and Planning A, 2015, 47(1): 89-107.

Zhang F, Wu F. Rethinking the city and innovation: A political economic view from China's biotech[J]. Cities, 2019(85): 150-155.

Mark Dodgson, Roy Rothwell. 创新聚集——产业创新手册[M]. 陈劲, 等, 译. 北京: 清华大学出版社, 2000.

程开明. 城市体系中创新扩散的空间特征研究[J]. 科学学研究, 2010, 28(5): 793-799.

程叶青, 王哲野, 马靖. 中国区域创新的时空动态分析[J]. 地理学报, 2014, 69(12): 1779-1789.

丁军, 吕拉昌, 黄茹. 苏南城市制造业创新职能演化与优化[J]. 科技管理研究, 2016, 36(22): 78-81.

董会忠, 李旋, 张仁杰. 粤港澳大湾区绿色创新效率时空特征及驱动因素分析[J]. 经济地理, 2021, 41(5): 134-144.

杜志威, 吕拉昌, 黄茹. 中国地级以上城市工业创新效率空间格局研究[J]. 地理科学, 2016, 36(3): 312-327.

段德忠, 杜德斌, 刘承良. 上海和北京城市创新空间结构的时空演化模式[J]. 地理学报, 2015, 70(12): 1911-1925.

段德忠, 杜德斌, 谌颖, 等. 中国城市创新网络的时空复杂性及生长机制研究[J]. 地理科学, 2018, 38(11): 1759-1768.

范斐, 杜德斌, 李恒. 中国地级以上城市科技资源配置效率的时空格局[J]. 地理学报,

2013，68(10)：1331-1343.

符文颖，董诗涵．技术型新创企业的地理学研究进展[J]．地理科学，2019，39(9)：1398-1406.

顾高翔，王铮．技术扩散和资本流动作用下中国区域空间结构演化——基于Agent的模拟[J]．地理学报，2014，69(6)：808-822.

桂黄宝．我国高技术产业创新效率及其影响因素空间计量分析[J]．经济地理，2014，29(6)：100-107.

韩丽，吕拉昌，韦乐章．广东城市创新空间体系研究[J]．经济地理，2010，30(12)：1978-1984.

胡海鹏，吕拉昌，黄茹，等．基于创新流视角的广东省城市创新体系与职能[J]．城市发展研究，2015，22(6)：71-76.

胡杨，李郁．地理邻近对产学研合作创新的影响途径与作用机制[J]．经济地理，2016，36(6)：109-115.

胡志强，苗健铭，苗长虹．中国地市尺度工业污染的集聚特征与影响因素[J]．地理研究，2016，35(8)：1470-1482.

黄茹，梁绮君，吕拉昌．城市人口结构与创新能力的关系——基于中国城市的实证分析[J]．城市发展研究，2014(9)：84-91.

黄志基，贺灿飞，杨帆，等．中国环境规制、地理区位与企业生产率增长[J]．地理学报，2015，70(10)：1581-1591.

贾晓明，吕拉昌．中国文化贸易的影响因素分析——以核心文化产品出口为例[J]．地理科学，2017(8)：1145-1150.

姜鑫，申君宜，张东英．人力资本对绿色创新系统创新绩效的影响研究——基于我国制造业的DEA-Tobit分析[J]．科技与管理，2019，21(2)：20-26.

李福柱．演化经济地理学的理论框架与研究范式：一个文献综述[J]．经济地理，2011，31(12)：1975-1980.

梁政骥，吕拉昌．基于锡尔系数的广东省城市创新能力差异研究[J]．地域研究与开发，2012，31(3)：73-77，87.

廖倩，吕拉昌，黄茹．长江经济带区域创新效率评价及空间相关性分析[J]．科技与创新，2016(18)：1-4.

廖倩，吕拉昌，黄茹．基于文献计量的中国创新地理研究进展[J]．地域研究与开发，2016，35(5)：1-6.

林康子，吕拉昌，黄茹，等. 边缘城市理论在中国应用的可能性[J]. 地域研究与开发，2014，33(4)：53-58.

刘树峰，杜德斌，覃雄合，等. 中国沿海三大城市群企业创新时空格局与影响因素[J]. 经济地理，2018，38(12)：111-118.

吕拉昌，陈东霞. 人居环境气候舒适度对城市创新的影响分析[J]. 地域研究与开发，2021，40(2)：45-49.

吕拉昌，何爱，黄茹. 基于知识产出的北京城市创新职能[J]. 地理研究，2014，33(10)：1817-1824.

吕拉昌，黄茹，廖倩. 创新地理学研究的几个理论问题[J]. 地理科学，2016，36(5)：653-661.

吕拉昌，黄茹. 人地关系认知路线图[J]. 经济地理，2013，33(8)：5-9.

吕拉昌，李永洁，刘毅华. 城市创新职能与创新城市空间体系[J]. 经济地理，2009，29(5)：710-713，751.

吕拉昌，李勇. 基于城市创新职能的中国创新城市空间体系[J]. 地理学报，2010，65(2)：177-190.

吕拉昌，梁政骥，黄茹. 中国主要城市间的创新联系研究[J]. 地理科学，2015，35(1)：30-37.

吕拉昌，梁政骥. 广州城市创新职能的若干建议[J]. 城市观察，2010(1)：103-107.

吕拉昌，廖倩，黄茹. 基于期刊论文的中国地级以上城市知识专业化研究[J]. 地理科学，2018，38(8)：1245-1255.

吕拉昌，孟国力，黄茹，等. 城市群创新网络的空间演化与组织——以京津冀城市群为例[J]. 地域研究与开发，2019，38(1)：50-55.

吕拉昌，孙飞翔，黄茹. 基于创新的城市化——中国270个地级及以上城市数据的实证分析[J]. 地理学报，2018，73(10)：1910-1922.

吕拉昌，谢媛媛，黄茹. 我国三大都市圈城市创新能级体系比较[J]. 人文地理，2013，28(3)：91-95.

吕拉昌，辛晓华，陈东霞. 城市创新基础设施空间格局与创新产出——基于中国290个地级及以上城市的实证分析[J]. 人文地理，2021，36(4)：104-113，125.

吕拉昌，许诺，黄茹. 高新区业主自治模式的治理绩效——以中关村软件园为例[J]. 地域研究与开发，2017，36(6)：1-5.

吕拉昌，于英杰，栾惠. 北京城市舒适性、差异性与创新能力的关系[J]. 地理科学，

2022，42(1)：115-125.

吕拉昌，赵雅楠，马铭晨，等. 区域创新系统研究进展与趋势——基于1998年—2020年国内外核心期刊的知识图谱分析[J]. 华中师范大学学报(自然科学版)，2021，55(5)：671-685.

吕拉昌. 知识经济下广东区域发展的新趋势[J]. 经济地理，2002(6)：671-674.

吕拉昌. 创新地理学[M]. 北京：科学出版社，2017.

吕拉昌. 新经济时代我国特大城市发展与空间组织[J]. 人文地理，2004(2)：17-21.

吕拉昌. 基于创新的城市化：深圳、底特律、硅谷的案例分析[J]. 河北师范大学学报(自然科学版)，2020，44(2)：166-169.

马海涛. 基于人才流动的城市网络关系构建[J]. 地理研究，2017，36(1)：161-170.

苑泽锋，曾刚. 本地知识基础对新兴产业知识流动的影响——以中国燃料电池产业为例[J]. 地理学报，2021，76(4)：1006-1018.

牛欣，陈向东. 城市创新跨边界合作与辐射距离探析——基于城市间合作申请专利数据的研究[J]. 地理科学，2013，33(6)：659-667.

沈满洪. 环境制度经济学的构建[J]. 生态经济，2000(2)：6-10.

孙飞翔，吕拉昌. 城市紧凑度对中国城市创新的影响[J]. 人文地理，2021，36(3)：97-107.

孙飞翔，吕拉昌. 国家创新系统研究综述与展望[J]. 科技管理研究，2017，37(23)：1-9.

童昕，王缉慈. 论全球化背景下的本地创新网络[J]. 中国软科学，2000(9)：80-83.

王承云，孙飞翔. 长三角城市创新空间的集聚与溢出效应[J]. 地理研究，2017，36(6)：1042-1052.

王缉慈. 创新的空间[M]. 北京：北京大学出版社，2001.

王秋玉，曾刚，吕国庆. 中国装备制造业产学研合作创新网络初探[J]. 地理学报，2016(2)：251-264.

辛晓华，吕拉昌. 中国城市创新重心的时空演变特征[J]. 地域研究与开发，2020，39(4)：53-59.

辛晓华，吕拉昌. 中国主要城市技术创新影响环境污染的空间分异与机理[J]. 地理科学，2021，41(1)：129-139.

许诺，吕拉昌，黄茹，等. 中国城市人口迁移和创新[J]. 地域研究与开发，2016，35(2)：165-169.

杨俊博，吕拉昌. 近10年中国城市创新空间体系的变化分析[J]. 特区经济，2020(1)：42-48.

于涛方，吕拉昌，刘云刚，孙斌栋，汪明峰. 中国城市地理学研究进展与展望[J]. 地理科学进展，2011，30(12)：1488-1497.

于英杰，吕拉昌. 中国城市创新基础设施的时空特征及影响因素——基于291个地级及以上城市数据的实证分析[J]. 科技管理研究，2021，41(16)：9-19.

于英杰，吕拉昌. 中国城市知识创新职能空间分异及其影响因素[J]. 地理学报，2023，78(2)：315-333.

詹·法格博格，戴维·莫利，理查德·纳尔逊. 牛津创新手册[M]. 柳卸林，郑刚，蔺雷，等，译. 北京：知识产权出版社，2009.

张永庆. 知识经济与经济地理学的新发展[J]. 经济地理，1999(6)：18-22.

赵黎明，冷晓明. 城市创新系统[M]. 天津：天津大学出版社，2002.

赵雅楠，吕拉昌，赵娟娟，等. 中国综合性国家科学中心体系建设[J]. 科学管理研究，2022，40(2)：7-13.

周灿，曾刚，曹贤忠. 中国城市创新网络结构与创新能力研究[J]. 地理研究，2017，36(7)：1297-1308.